方便与真实

夢参 壬辰年九十八歲

妙法蓮華經講述

【導讀篇・方便篇】

《上冊》

夢參老和尚　主講
丁亥年五臺山普壽寺
方廣編輯部　整理

目錄《上冊》

【導讀篇】

深山中的一盞明燈 7

凡例 13

壹、緣起分

一、緣起性空 15

二、一心緣起 45

三、性起與性具 70

四、分科判教 82

五、釋經名 105

六、釋譯者 131

【方便篇】

貳、說法由致分

敍品 第一 137

參、開佛知見分

- 方便品 第二 ………… 219
- 譬喻品 第三 ………… 332
- 信解品 第四 ………… 461
- 藥草喻品 第五 ………… 523
- 授記品 第六 ………… 565
- 化城喻品 第七 ………… 588
- 五百弟子授記品 第八 ………… 670
- 授學無學人記品 第九 ………… 704
- 法師品 第十 ………… 722

深山中的一盞明燈

夢參老和尚生於西元一九一五年，中國黑龍江省開通縣人。年少輕狂，個性機靈、特立獨行，年僅十三歲便踏入社會，加入東北講武堂軍校，自此展開浪漫又傳奇的修行生涯。

隨著九一八事變，東北講武堂退至北京，講武堂併入黃埔軍校第八期，但他未去學校，轉而出家。

他之所以發心出家是因為曾在作夢中夢見自己墜入大海，有一位老太太以小船救離困境。這位老太太向他指示兩條路，其中一條路是前往一棟宮殿般的地方，說這是他一生的歸宿。醒後，經過詢問，夢中的宮殿境界就是上房山的下院，遂於一九三一年，前往北京近郊上房山兜率寺，依止修林和尚出家；惟修林和尚的小廟位於海淀藥王廟剃度落髮，法名為「覺醒」。但是他認為自己沒有覺也沒有醒，再加

上是作夢的因緣出家，便給自己取名為「夢參」。

當時年僅十六歲的夢參法師，得知北京拈花寺將舉辦三壇大戒，遂前往依止全朗和尚受具足戒。受戒後，又因作夢因緣，催促他南下九華山朝山，正適逢六十年舉行一次的開啟地藏菩薩肉身塔法會，當時並不為意，此次的參訪地藏菩薩肉身，卻為他日後平反出獄，全面弘揚《地藏三經》法門，種下深遠的因緣。

在九華山這段期間，他看到慈舟老法師在鼓山開辦法界學苑的招生簡章，遂於一九三二年到鼓山湧泉寺，入法界學苑，依止慈舟老法師學習《華嚴經》與戒律。

鼓山學習《華嚴經》的期間，在慈舟老法師的親自指點下，日夜禮拜〈普賢行願品〉，開啟宿世學習經論的智慧；又在慈老的教導下，年僅二十歲便以代座講課的機緣，逐步成長為獨當一面，口若懸河，暢演《彌陀經》等大小經論的法師。

法界學苑是由虛雲老和尚創辦的，經歷五年時間停辦。學苑圓滿之後，夢參法師又轉往青島湛山寺，向倓虛老法師學習天台四教。

在青島湛山寺期間，他擔任湛山寺書記，經常銜命負責涉外事務。曾赴廈門迎請弘一老法師赴湛山，講述「隨機羯磨」，並做弘老的外護侍者，護持弘老生活起居半年。弘一老法師除親贈手書的〈淨行品〉，並囑托他弘揚《地藏三經》。

當時中國內憂外患日益加劇，日本關東軍逐步佔領華北地區，在北京期間，以善巧方便智慧，掩護許多國共兩黨的抗日份子幸免於難。

一九四〇年，終因遭人檢舉被日軍追捕，遂喬裝雍和宮喇嘛的侍者身份離開北京，轉往上海、香港；並獲得香港方養秋居士的鼎力資助，順利經由印度，前往西藏色拉寺依止夏巴仁波切，學習黃教菩提道修法次第。

在西藏拉薩修學五年，藏傳法名為「滾卻圖登」；由於當時西藏政局產生重大變化，排除漢人、漢僧風潮日起，遂前往青海、西康等地遊

歷。一九四九年底，在夏巴仁波切與夢境的催促下離開藏區。此時中國內戰結束，國民黨退守臺灣，中華人民共和國在北京宣布成立。一九五〇年元月，正值青壯年的夢參法師，在四川甘孜時因不願意放棄僧人身份，不願意進藏參與工作，雖經過二年學習依舊不願意還俗，遂被捕入獄；又因在獄中宣傳佛法，被以反革命之名判刑十五年、勞動改造十八年，自此「夢參」的名字隱退了，被獄中各種的代號所替換。他雖然入獄三十三年，卻也避開了三反五反、文革等動亂，並看盡真實的人性，將深奧佛法與具體的生活智慧結合起來；為日後出獄弘法，形成了一套獨具魅力的弘法語言與修行風格。

時年六十九歲，中央落實宗教政策，於一九八二年平反出獄，自四川返回北京落戶，任教於北京中國佛學院；並以講師身份講述〈四分律〉，踏出重新弘法的第一步。夢老希望以未來三十三年的時間，補足這段失落的歲月。

因妙湛等舊友出任廈門南普陀寺方丈，遂於一九八四年受邀恢復閩南佛學院，並擔任教務長一職。一方面培育新一代的僧人，一方面開講《華嚴經》，講至〈離世間品〉便因萬佛城宣化老和尚的邀請前往美國，中止了《華嚴經》的課程。

自此在美國、加拿大、紐西蘭、新加坡、香港、臺灣等地區弘法的夢老，開始弘揚世所罕聞的《地藏三經》：《占察善惡業報經》、《地藏經》、《地藏十輪經》與〈華嚴三品〉，終因契合時機，法緣日益鼎盛。

夢老在海外弘法十五年，廣開皈依、剃度因緣，滿各地三寶弟子的願心。夢老所剃度的弟子，遍及中國大陸、臺灣、香港、加拿大、美國等地區。他並承通願法師之遺願囑託，鼎力掖助她的弟子，興建女眾戒律道場；同時，順利恢復雁蕩山能仁寺。

年屆九十，也是落葉歸根的時候了，夢老在五臺山度過九十大壽，並勉力克服身心環境的障礙，在普壽寺開講《大方廣佛華嚴經》（八十

華嚴》,共五百餘座圓滿,了卻多年來的心願。這其間,又應各地皈依弟子之請求,陸續開講《大乘起信論》、《大乘大集地藏十輪經》、《法華經》、《楞嚴經》等大乘經論。

夢老在五臺山靜修、說法開示,雖已百歲高齡,除耳疾等色身問題外,依舊聲如洪鐘,法音攝受人心;在這期間,除非身體違和等特殊情形,還是維持長久以來定時定量的個人日課,儼然成為深山中的一盞明燈,常時照耀加被幽冥眾生。

二〇一七年十一月二十七日(農曆丁酉年十月初十申時),圓寂於五臺山真容寺,享年一〇三歲。十二月三日午時,在五臺山碧山寺塔林化身窯荼毗。

夢參老和尚出家八十七載,一本雲遊僧道風,隨緣度眾,無任何傳法舉措,未興建個人專屬道場。曾親筆書寫「童貞入道、白首窮經」八字,為一生的求法修行,作了平凡的註腳。二〇一八年 方廣編輯部修訂

凡例

一、本書依夢參老和尚二〇〇七年五臺山普壽寺《妙法蓮華經講述》文稿彙整而成，共上下兩冊，上冊為「導讀篇」暨「方便篇」，下冊為「真實篇」，老和尚並親題「方便與真實」，以資誌念。

二、成佛的法華是建立在超越身份、性別、善惡、時空的普遍授記上，這是大乘佛法的基石，更是中國佛教最具特色的教理。

三、本書以深入淺出的義理架構，導入一乘的真實境界，鳥瞰法華開權顯實的大意。全書的義理架構據此判分為六部份，「緣起分」、「說法由致分」、「開佛知見分」、「示佛知見分」、「悟佛知見分」、「入佛知見分」。

四、《妙法蓮華經》經文，依偶虛大師刻印之明代蕅益大師《妙法蓮華經冠科》校正；名相科判依明代憨山大師《妙法蓮華經通義》、清代道霈法師《妙法蓮華經文句纂要》暨大義法師《法華大成》補實文句，並以「編者按」的方式註明相關經論的出處，望識者見諒，是禱。

妙法蓮華經講述（導讀篇）

夢參老和尚講述
方廣編輯部整理

壹、緣起分

一、緣起性空

《妙法蓮華經》的妙法

我們現在開始講《妙法蓮華經》，不過在講《妙法蓮華經》之前，先跟大家講講緣起性空的法則。

為什麼講緣起性空呢？因為我們剛講完《華嚴經》，現在要開講《法華經》，這兩部經都是圓滿的。《華嚴經》的道理是甚深廣大的，但是容易產生籠統

一切法都是因緣生的

的思想。《妙法蓮華經》這妙法很不容易講，籠統說就是妙法，不可思議的法。

先講講緣起性空的法則，說說這些圓滿教義的來源。如果我們直接講妙法，不容易入。緣起性空就是贊成妙法。《妙法蓮華經》，什麼是妙法？「性空緣起」，「緣起性空」。說你把「緣起性空」懂了，那你對於妙法也就理解什麼叫妙法。特別是一個「妙」字。智者大師講《妙法蓮華經》就講一個「妙」字！「妙」字講完了，《法華經》也講完了。古來讚歎智者大師是九旬談妙。光講一個「妙」字，講了九十天。九十天，一部經講完了就是個「妙」字，也是一個「妙」。

在我們沒有講《妙法蓮華經》之前，講講緣起的法則，講講「緣起性空」。等我們明白「緣起性空」，你就知道「妙」了。知道什麼妙呢？法妙。

如來所說的法不可思議。

先講緣起　後講性空

「緣起性空」又叫緣起。先講緣起，後講性空。性空是無言說的，緣起就是代表性空。緣起又叫緣生，因緣所生的。或者作為因緣生；或者緣集，因為緣集合到一起。緣就是怎麼樣把一切事物，集合到一起。像我們說話做事，總有個依賴，言說的條件是什麼？這就是緣起，或者叫緣成。因緣而成就，緣成就一切法。

簡單說就是在一切的條件下所生起的事物，他們是互相依存的，不是孤立的，不是單獨的。這就叫緣起，是種種因緣合成的，就說我們要修行，修哪一法，不是孤立的，是很多法而成的，是聚集一切法而成就的。就是因為你種種條件，想作一件事，種種條件集合到一起才能生出這個現相。

看我們這座大殿吧！修大殿得用好多材料，這裡有鋼鐵、有水泥、有木材，那還得假人工。聚集很多因而生起，這叫緣起義。就是種種的條件合成，種種的現相生起，才有這一法。

因為緣才產生有，這都說的是有法。性空呢？就沒有什麼可談的。緣起法都是沒有自性，我們說緣，因這個事物緣而有，就是「此生則彼生，此滅則彼滅。」所演出來的一切法的意義，大多是依緣而生的；或者是依他起。一說到緣就有動作，就有生起。一說到性就沒有了，性是體的意思。

我們剛講完《華嚴經》，華嚴四祖澄觀大師說這個緣起法，他說：「緣起法必備諸緣各異」。每一個緣都不一樣的，諸緣各異。聚集到一起叫緣集。聚集到一起，互相資助、互相成就而成一切法。但是每緣都跟每緣都不相礙，一體相入、一體相成、一體相即。這就是緣起。

在《大方廣佛華嚴經》，我們講體和用。體融入於用，用融入於體。那就性空融入於緣起，緣起融入於性空。現在我們從這個一般的緣起，講一切緣起

力量強者為因　力量弱者為緣

又者因緣合成，以力量強者為因，力量弱者為緣。力量強的，就作為因，力量弱就是促成的，是緣。但是內外和合，就是因緣和合。我們經常說條件具備，諸法就生起了。說因緣不具備，少一緣而不成，法則不生。因緣變化了，這個事情作不成了。因緣變化，這個事情就滅了。因緣滅，一切事物隨著也

的法則，說他怎麼樣緣起的？有的約理，有的約事。事跟理都不一樣的，因為因緣和合，說他怎麼樣緣起的？有的約理，有的約事。事跟理都不一樣的，因為因緣和合而生諸法，不是單一的。

任何事物，因緣合成才有這些現相發生。因緣合成才有這些現相發生有一定的因緣，有一定的條件。因是指根本，那是內在作用。但是這個現相發生有一定的因緣，是指著外邊起的作用，輔助而成的，那就叫緣。就是外邊作用的條件加外邊作用的條件，兩者相合生起一切法。內裏作用的條件加外邊作用的條件，兩者相合生起一切法。

滅。因此講萬事萬物共同具有的一個根本的性，這個根本的性呢？我們普徧的說就是性空。說一切現相的產生，都尊重自然的規律。

說諸法是因緣生，這個諸法不是指無爲法。我們現在講《華嚴經》講慣了，都是無爲的。但這個是有爲諸法。因緣生的都是有爲的，不是無爲的，也就是造作的意思。說你所依持的，在這個生滅法變異當中，所產生一定的現相。這幾個現相在佛教講，都屬於法相宗所說的諸法。

緣起大多數屬於法相宗。因爲我們在《華嚴經》講的很多法相沒去分別，都拿性體、性空把他圓融了。現在我們要講《法華經》的妙法，那法的妙處得靠因緣來顯現。所以先講因緣生法。

因緣所生法是空的

因緣所生法是空的，性空以什麼顯現呢？以因緣諸法來顯現。假使說你在現

相上不明了，你也達不到性空。因為達不到性空，我們以這種方式來學，學什麼呢？學我們的認識論。你要先認識一切現相，認得現相才能識到他的本體。

在相應法中，一切都是因緣和合的。就是人生所有的，你所認識的方法，認識的現相，包括內在的身心、外邊的世界。這一切現相都是因緣而生，無一法不是因緣而生。他的消失也是依因緣而滅的。一切生滅法，因因緣而生，因因緣而滅。任何事物都是如是。

我們先說這個世界。地球是因為太陽的引力才轉動，如果沒有太陽的引力，地球不會轉動的。這個道理我們現在都懂。說人，人的生命是依著空氣、依著水、依著飲食，才能維持你的生命。空氣沒了，人馬上就活不成。但是我們內心世界是依著我們的心念。依著我們的心念，分別外邊的一切境界相。如果沒有心念，境界相誰識得他呢？誰來認知他呢？你的觀念思想，都依著我們的意識而生的。就從外邊的事物、星雲，小至微塵，你拈哪一東西，哪一法，各各都依一定的因緣條件而生的。因緣和合，生起諸法。

壹、緣起分　一、緣起性空

21

佛教不是籠統的

因此佛教不是籠統的。從我們另一方面講因緣的時候，就是因緣一切法的和合，聚合到一起才生起諸法。除因緣之外，一法不生。因緣之外沒有一切諸法，別無諸法生起。

在這一段時間，我們盡講大乘經論，講《華嚴經》就講了幾年。但是沒說這個根本條件，忘失了。所以人家稱我們專講圓教教義的，是「籠統真如，顢頇佛性」。我們得假因緣給他分析，才能進入甚深境界。進入什麼呢？法空，也就是性空。現在我們單講緣起，最後講性空。因此，因緣之外不立一切法，沒有一切法，只有各種條件。

這次到北京，他們跟我講自行車丟的非常多。北京的人口一千多萬人，丟棄的自行車有一千幾百萬輛，丟了又買，買了又丟。一輛自行車有很多零件，每個人都看過自行車，你把它卸開是由許多零件組合而成的。

人的存在 就是身心諸緣所集合的

我就想到，人的存在就是身心諸緣所集合的，就像那自行車零件一樣的，少一個也不成。說離開我們的身心之外，沒有我也沒有人，就是身心諸法所組成的、緣所組成的。所以在《入楞伽經》上說：「因緣生世間，佛不如是說，因緣即世間，如乾達婆城。」（編者按：《入楞伽經》卷第五〈佛心品第四〉）因緣生世間是這樣子嗎？佛不如是說。

佛是怎麼說的呢？「因緣即世間，如乾達婆城。」乾達婆城是什麼樣呢？沒有，就是海市蜃樓。在山東嶗山，若感到天氣晴朗的時候，從嶗山頂上看嶗山的底下那個大海，有座大城，也有人買賣，什麼都有的。太陽一出來沒有了，那就叫乾達婆城。

說如乾達婆城一樣的。那是什麼呢？因緣。你觀見乾達婆城得有因緣的，天氣很晴朗，太陽似出沒出的時候，看那海上現出一個大城市。等太陽一出

壹、緣起分 一、緣起性空

來，沒有了。所以，拿這個乾達婆城形容世間，因緣即世間。因緣生世間呢？佛不如是說，不是因緣生的，因緣就是世間，世間就是因緣。因為一切諸法生起的條件，各各不同。

一切有為法 需具足因緣

就總體而言，有為法就是我們所能見到的一切現相，一切有為法都需具足因緣。「因緣」，還要具足「次第緣」、具足「緣緣」、具足「增上緣」，就叫四緣所成。

在我們古德，立三論宗的〈中論〉上講，「因緣次第緣，緣緣增上緣，四緣生諸法，更無第五緣。」（〈中觀論頌〉〈觀因緣品第一〉龍樹菩薩造）這是〈中論〉上講的。「因緣」、「次第緣」、「緣緣」、「增上緣」，四緣生諸法。只有這四個緣，一切諸法都是四個緣生起的，「更無第五緣」。沒有第五緣，就是四緣。

「因緣」是什麼呢？因就能生起，緣就能助成。總說的因緣就是因，他親自能結果，假因緣而成就一切法，因緣就能成就。他能產生一切的果報，這是根本的緣義。你作任何事想讓他成就，總有很多條件吧！一個因的條件，一個緣的條件。

這包括很多經論、很多教派。像法相宗，他把眾生的阿賴耶識當成是種子，種子就是因。依他次第緣所作成的，一樣一樣次第，「次第緣」就是外邊的緣，不是一個，而是無量的緣，一個一個緣，一個一個緣來促成。

同時還有「無間緣」。那你從任何事物，從時間上來看，因果相續不斷的這個緣促成了。所以又叫「等無間緣」。這是從時間上來計算的。一切諸法都有他外在的條件，有他內具的條件。因果是相續的、不間斷的，這就叫緣。

例如我們人的生命，離開水，離開空氣，你能活嗎？水跟空氣是不間斷的，那這個還是外在的條件，心呢？心所識，心緣的是識。識，緣慮分別一切諸法是外邊的境界相。說你的心分別緣慮的外邊一切境界相，這個境界相有

「親緣」（親所緣緣），有「疏緣」（疏所緣緣）。親所緣的境界就是訊息在你的心識當中形成主觀意識，你這個主觀意識的影響一切諸法。這是「親緣」。「疏緣」呢？好像離這遠一點似的，「疏緣」呢？沒有比親緣離的遠一點的似的。那就是緣他外邊的境界相。外在的一切體相又來給你作境界，給你作增上。這又叫「增上緣」。這都是法相宗。

因為我們學性宗學慣了，所以對這個很生疏，聽起來就不那麼順耳。但是你必須得建立這個基礎上。我們經常講圓滿，講性宗，怎麼來的？在開頭的時候得分別分別，不然將來我們講起《妙法蓮華經》，你就那麼一妙就妙過去了，那是不行的。怎麼妙的？是這樣子一步一步才能妙，不然人家批評我們「籠統真如，顢頇佛教」。人人都具足有佛性，人人都能成佛。好簡單呢！其實沒有那麼簡單，複雜得很。

在你的修行過程當中，如果不知道這些的話，還不知道自己產生什麼毛病，為什麼修道修不成？因為我們知道的太少，不能了解心裡的一切作用、一

切妄想、一切分別。說一切法生起，都具備有一定的條件。說心生一切法，他還有個次第，叫「次第緣」，也就是緣念而起的。你追查那個妄想，他是有次第的。因為什麼境界相，他還有聯繫的。

每一法，都有多種因緣來促成的，而能成立一切法。說打妄想，說犯戒，犯錯誤，他也是很多緣促成的。如果中間少一緣，在這個緣中間你把他斷了，這個業造不成。

所有的一切緣非常密切，如果你學這些法的時候，知道中間缺一個緣，少一緣法不成。為什麼講「次第緣」呢？一法跟一法相合的，十二因緣和合才能立一切法。若缺一個，兩法缺一法，那一法立不起來。說小才說大，說一才說多。沒有小怎麼說大？沒有一怎麼說多？我們講《華嚴經》時，說一多無礙、大小圓融，這一圓融就圓融過去了。現在不行，一切法把他分析的清清楚楚；完了才知道他的妙處。不然，你不能

知道他的妙處。但是一切緣是無常的。那緣不是常聚的，諸緣無常。

諸緣無常　因果可是相續的

諸緣無常，因果可是相續的。這兩個是相對的，緣是無常的，因果是相續的。為什麼人有富貴壽夭？因為富的緣斷了，殊勝的緣沒有了，貧賤的緣生了。總而言之，因緣所生法是因緣合集才有一切的有為法。因緣合集了有為法，有為法立起來，無為法可就不存在。因為我們經常在有為當中，無為法立不起來。無為法立起來，有為法就漸漸的斷了，修道的人就是這樣。

一切法不是常住不變，他是變化的。大自然也如是，日出、日落、黑日、白日、初一、十五、月缺、月圓，大自然也如是。夜間，你看那星象，人家說斗轉星移。七斗星在那裡轉變了。春夏秋冬四季，一切事物，草木一會青了一會黃了，一會滅了一會又生起了。「花開花謝，時去時來。」這就是說明他的

變異。滄海變桑田，桑田變滄海，都在這麼變異當中。說緣不停的在變，事物都不同的變化。歷史是演不完的。永遠都如是，宇宙萬物都如是。

大自然如是，人也如是。我到北京，看我住的那個地區，以前那是荒地，我有四年沒到北京，這四年變化就是這麼大，還不用說更長的時間了。說這個變化並不是因為這麼個時間，剎那剎那在變。生住異滅四相的變遷輪轉，他是不停歇的，念念生滅，在《華嚴經》也是這樣講的。我們現在都學智慧，學智慧啊！在《仁王護國般若波羅蜜多經》上說，「是法即生、即住、即滅。即有、即空。」（《仁王護國般若波羅蜜多經》《觀空品第二》）生的時候就是住的時候，住的時候正是變異滅的時候。應該這樣來認識一切法，看見這法是空的。

一切有為法的滅是不待因

現在我們蓋大殿，它必定會壞，因為是有為法。我經常跟大家講，覺證

大師在這裡住的時候是大華嚴寺,一兩千人,看看後頭碑文吧!現在我們在大華嚴寺的空地上又建立普壽寺。就是這麼循環,心心生滅。這個時間還是很長了。在《俱舍論》上說:「謂有為法,滅不待因。」(《阿毘達磨俱舍論卷第十三》〈分別業品第四之一〉)《俱舍論》就是這樣談的。一切有為法,他的滅是不待因。

為什麼滅?不待因而滅。

在一切的經論,不論大乘小乘都如是說,無常。什麼無常呢?一切有為法共具的本性,凡是有為法的本性,就是無常的。什麼是無為法?無常。所以說有為法不待於因。還等找個因,為什麼滅的嗎?不待因而滅。滅了不是沒有了嗎?不斷滅,這個滅又不斷。

什麼意思呢?滅後又生。滅而後生。前頭大華嚴寺滅了,現在普壽寺又生起了。滅而後生,滅後就是生,生後即是滅,這又屬於華嚴義。因即能生果!因恆能生果!常時間如是生果,沒有間斷的時候。前念的因就是後念之果。這個是無間,這個叫什麼緣呢?「等無

間緣」。沒有間斷的時候。為什麼如是說呢？因果相續。因果是接著相續不斷的。一切事物，不論任何事物，有一段時間呈現相續的狀態。

拿事物來比喻，像金剛、黃金，他能萬萬年不朽不壞，但是他隱了不見，不見了認為這個東西沒有了，沒有就是隱了。例如現在考古學家在河南、山西、陝西這幾個地區，到處都在挖古來的東西。得隱了，把他挖出來了他又現了。這叫因因果果，果果因因。在〈瑜伽師地論〉說：「依托眾緣，速謝滅已，還和合生，故名緣起。」（〈瑜伽師地論卷第十〉〈本地分中有尋有伺等三地之七〉）一切緣起的涵義，他是依托一切緣生了，又依一切緣滅了。滅沒有滅，生即無生，和合相續，這才叫緣起，故名緣起。數數現滅，又數數相續生起。

凡有相對的法　互相不捨離

一般的講法是相對的，凡有相對的法互相不捨離。就是有相對法，相互的

是矛盾的，但是他互相不捨離。有大必有小。大絕對不是小，小也不是大，這叫相對法。相對相持，是兩法相聚的。

相對法太多了，大與小、長與短、陰與陽、男與女、真與妄，全都是相對法。生和死，乃至生死合起來跟涅槃，涅槃是不生死的。依著諸法，依他而起的道理，依一切諸法，依他而起，叫依他起。因為這個關係，在〈瑜伽師地論〉上說：「同處一處，不相捨離。」大跟小永遠同處的，但永遠不相捨離。有大一定具足小，有小一定具足大。所有相對法都如是。

無對法性　隨順轉故

什麼叫無對法性呢？隨順轉故。比如這個杯子對這個桌子，桌子是大，杯子當然是小，這是相對性。那桌子對這個房子，那桌子又太小了，那房子又大、桌子又小了，他是互相轉移的。大不是絕對大，小不是絕對小，他一轉移

對象，那法就變了，輾轉相順，隨順而轉來立一切法。

一法能徧一切法

同時，一法能徧一切法，一切法能徧於一法，是互徧的。徧是此徧於彼。說是這個天地之間，一切萬物緣起法中。任何一緣，他能夠徧入一切多緣，一緣徧入多緣，多種的事物能作給一切萬物生起的條件，能作給一切萬物生起的條件。這叫什麼呢？一應多，一法應一切多法。在天地間的萬物，最初是因為生起之緣，多法應一法。在《華嚴經》上說，「知以一故眾。知以眾故一。」（《大方廣佛華嚴經》〈須彌頂上偈讚品第十四〉）知道一法，一切眾法都如是，知道一切眾法，知一法就知道一切法，知道一切眾法就是一法，知眾彼一。這是《華嚴經》的意思。知一法就知道一切法，知道一切法還是一法。

如一個人一生，這一生包括很多，他有父母，有子女，男的他有他妻子，女

緣起法則　就是辯證方法

一切諸法都如是，要這樣理解。說我們佛學的緣起法，就是辯證方法。過去講辯證唯物論，我們佛教是不是有辯證的方法呢？我們這些所講的都叫「辯證」。緣起法則就是辯證方法。社會的一切法都如是。但是我們這個是很樸素的辯證方法。佛教的辯證法跟唯物主義的辯證法思惟不一樣，只能說大致相

的她有她的丈夫，由一個成員而聯想到他一切成員。社會也如是。人是整個世界人類當中的一分子，有人的存在，就知道一切人。同時我們生存的最大需要，空氣、水、飲食，這三樣哪個也離不開，離開了你不存在了。大地，大地依於太陽。依於太陽，沒有太陽的吸引力，大地也不存在。一個人在這個社會上，他起他一定的作用。因為他是人，在人的社會上他起人的作用。

因為性空才能緣起

講性空。緣起是從什麼地方起來的？因為性空才能緣起。緣起是依著性空。因為諸法緣起，如實說明這個現相的本來面目。現相的本來面目是什麼呢？蘊含著業、力、因果。這是我們經常講的。業有善有惡，善有善的因果，惡有惡的因果。他所產生的力用。蘊是含藏之義，就說我們人身，說五蘊，色受想行識。色心二法，有形有相的屬於色法，想受行識是入於心法也好，有形有相也好，都建立在空中。建立在空中，這個空是指著性空，建立

同，有些地方是共同點，相通的。

這種道理，不論任何時候都離不開。能夠離開緣起嗎？離不開緣起。社會的辯證法也如是。這是我們佛教最根本的思想方法。我們最根本的思想是什麼呢？一切法是緣起的。那麼就把一切法歸納於緣起法則。就是什麼呢？緣起。

在無我。

空義跟無我義就深了。這不是社會上所講的空,也不是一般人所說的空,什麼都沒有了,虛空那個空。佛教的空不是這個空,佛教是性空。我們單有一部論叫〈法性論〉(東晉慧遠造),談的是真諦。這就談到我們所要講的妙法的妙。把有相的說完了,說到無相。無相就是性空義,因為諸法緣起是說現相的本來面目。

觀你本來的面目是什麼

另外還有一個是禪宗,觀你本來的面目是什麼?本來的面目不是蘊,也不是業,也不是因果,也不是空,也不是無我。就我們說的一真法界性,《大方廣佛華嚴經》說的那個大,本來面目是本來沒有,一切都沒有,甚深心源。如何觀想這個性空的道理呢?從緣起法上講那麼多緣

壹、緣起分　一、緣起性空

起法，那些相狀結構，那是法相論，屬於俗諦。真俗二諦，屬於俗諦道理。但是我們從觀諸法的體性，這進入〈法性論〉，論法性。法性是講真諦。性也好，相也好，相即是性。依真而起故，一切法皆真。

緣起法是不是真實的？依著性空而起的。性空空故，徧一切法，一切法都是真實的。這就是《大方廣佛華嚴經》。一切法都是真實的，俗諦即是真諦，俗諦不立，依真而立。真又顯現不出來，拿俗諦顯現。俗能顯真，真能立俗。

《大方廣佛華嚴經》講體相用一性，這就是妙法。妙就妙在這個地方。明明是有，說它沒有。明明是沒有，又說它是有。性空不變，那時候把小乘的教義都變成大乘法了。苦集滅道，苦的性即是滅的性，道的性跟苦的性是一樣的。集是因，因即是性，集沒有，依著真性而集的。

這是諸法緣起，緣起性空。「因緣所生法，我說即是空，亦名實相義，亦名隨緣義。」（天台智者大師依〈中觀論頌〉〈觀四諦品〉偈頌濃縮而成）隨緣而建立的。

自性是不是實有呢？可別把自性當成實有。自性非有非空。自性是什麼？本具的，不依於任何法顯現，它是不變、不滅、真實、自體。《大方廣佛華嚴經》叫大，《妙法蓮華經》叫妙。

般若法門也如是說。《大智度論》說，「自性者，名本有決定實事。」（〈大智度論卷第一百〉〈曇無竭品第八十九〉）本有的，決定的，殊勝的，不假言說。既不相待也不相同，常因獨有。什麼叫性空呢？在〈中論〉上講，「性名為無作，不待異法成。法若無自性，云何有他性？」（〈中觀論頌〉〈觀有無品第十五〉）性即無作，不待異法成。不依一切法來成就性。性不依任何法而成的，常如是自然具足的。暗的性不變，就是明，明的性不是暗。性即是明。

所以在〈中論〉講，不待異法成，不是靠其他的法而成立的。性呢？是決定有，永遠也不變異。這叫性。金子絕不會變成銅，真金絕不會變成銅，永遠也不會變的。說諸法都有自性，不待因緣。

上來講的都是因緣法，說諸法之性不是待因緣才有的。常恆如是，永遠也不變異。這叫性。說我們那個自性，不是隨緣義，隨緣義就不同了。假使懂得我們自性常恆的。那我們小孩子，嬰兒永遠是嬰兒不會再變的，若變了就不是性了。不是這樣子的。他變異，所以說性空隨緣。但是你不要在中間起一點執著，起執著就不是了。

因此說諸法因緣生，沒有一法不是因緣生的。既然諸法因緣生，是故說一切法，無不是空者。沒有一法不是空的，這叫性空。從無常、從不變，獨存沒有依靠，不依靠任何法而主宰的角度來看空。

沒有實體 沒有自性

沒有實體，沒有自性，所以說無我。空、無我，但是隨緣，緣起法則必然就成立了，所以叫緣起性空。緣起呢？沒有我，沒有主宰的，是緣起的。因為

一切諸法緣起，緣起沒有實在的，是可滅性，所以說性空，空中的緣起。雖然是萬象森羅，種種相，此生了彼就滅了。實在是沒有一個實有的自性，沒有一個實物出生。因此叫無生。

沒有一法是有實物自性的，沒有實體的，所以叫無生。但是生的是幻相，幻相非實有，所以叫無生。凡是有對待的法，絕對離不開的。小不離大，長不離短。不會失掉一法，失掉一法那個長從什麼立的？對短而言的。那短要是沒有了，長還長得了嗎？小是對大而言的。大沒有了，小也不小了，也不是大了。

你修行的時候，這個道理都要觀，平常說觀察，觀察思惟修。修什麼？就是修這個。拿這個比涅槃。涅槃是不生不死，有生有死不叫涅槃。我們把釋迦牟尼佛入涅槃都理解的，說釋迦牟尼佛死了，死了還叫涅槃嗎？那叫死了，不叫涅槃。涅槃是不生不死，釋迦牟尼佛沒有死，涅槃了。他為什麼不叫死，叫涅槃呢？有些人說佛不在了，佛到哪去了？佛從來沒有不在，常在的。那又不可見相，涅槃就是不生不滅吧！即無生相也無滅相，什麼空相？性空。涅槃就是性空相。

圓義 什麼都沒有

為什麼「緣起性空」的另一面叫「性空緣起」？「性空緣起」的另一面叫「緣起性空」。看來好像顛倒似的，其實這是圓義。

大家參禪的時候，畫個圓圈形容開悟的境界，這就是圓義，什麼都沒有。圓圈，從哪起的？沒有起處；從哪滅的？無始終，無內外。求這個都是妄求，不是真實的。

究竟什麼是「性空緣起」？真正的因，因能生起嗎？真正的因是什麼？沒有自性，真正的正因是沒有自性。一切法依因緣而生起，那個因緣是沒有自性的。依因緣而生起的，就叫正因，無自性。這樣來認識世界。說宇宙萬物的紛紜萬象，所呈現出來的全是假相。山河大地，草木的生長，沒有一法是實在的。以空義故一切法得成，空，你能建立一切法，不相障礙的。假使沒有空

壹、緣起分 一、緣起性空

義，一切則不成。

要有空義，一切法才能成；若是沒有空義，一切法則不成。說這有塊空地，你建佛殿也好，建房舍也好，你建工廠也好，因為有空地才能建。如果沒有空地，都建滿了你到哪去建？你建不成了。地上頭都擠滿了，都是建築物了，你再想建，沒有地方建了。

拿這個比喻，我們心識當中裝滿了一切世間相。煩惱！執著！你那個空義，你那智慧能建立得起來嗎？到什麼地方去建立？沒有，什麼都空掉，空了才能建立。建立什麼呢？建立智慧。破一切法，諸因緣空。破一切世間相，住於所有法。如果把世間相全破了，一切法也不立。如果緣起性空義能被破壞，世間一切現相，世間這一切現相，包括緣起性空的人，連你那否定緣起性空義的邪知邪見，也無法存在。

緣起性空義 沒能破壞得了的

壹、緣起分　一、緣起性空

如果緣起性空義能被破壞,「緣起性空」這種道理要是能被破壞了,那世間一切現相,包括一切人,這種知見否定了「緣起性空」。能被破壞就是否定,否定性空,哪有實物還可以破壞,是空的,你破壞什麼?說這種性空義要能被破壞的話,那就否定了。這種見解對不對?這個見不對,緣起性空否定義不了的。你否定了,無一法存在,那緣起法不起作用了。一切物質正在運動當中,把他凝固起來不動,那世間還能存在嗎?就是現在我們這一分鐘,世界不能凝固。如果凝固了,世間整個就壞了,無法存在了。

這個道理我想大家都會明白,依著性空而依著空建立法,依著性空緣起這種法,一切法都是因緣而生的。一切法都是因緣而生的,離開因緣沒有一切法。緣起法起作用,一切法宛然存在。一切法不起作用凝固起來,一切世界上沒有了。一切法都沒有了,一切法都被破壞了。因為一切法都是依著性空而緣起,依著緣起而生萬法。依著性空而緣起諸法,依著緣起而生一切諸法。那你一定得遵循,因緣具足了才能生。缺一緣不能生的,一切物質都如是。

43

緣生諸法，缺緣而不能生。為什麼？因為一切法都是因果相續，因緣相聚。無有因，沒有緣，什麼法都立不起來的。法依因緣生，亦依因緣而滅。所以因此而定義，定什麼義呢？緣起性空義沒能破壞得了的。如果不承認這個法則，那世間上的一切現相，什麼都沒有了。還能有一切法嗎？沒有了。因此說緣起性空。

如果把「性空」擺在前頭，「緣起」擺到後頭，「性空緣起」。緣起而生一切法，性空就成了道。證得真理，隨緣利一切眾生，那叫緣起。但是得隨緣，以緣起為主的。

無緣呢？無緣不成。我們掌握這麼個原則，一切法無緣而不立。沒有緣是立不起來一切法的。說成了真空，具足了法性，法性佛是法身，那叫法身佛。但是隱，隱什麼呢？無明他要利益眾生必須以報化。法身眾生本身都具足的。但是隱，隱什麼呢？無明而遮難。但你證得了，無非是原有的，也不是外來的，也不是增加一分，不增不減。這是我們經常說的不增不減，乃至於相對法都不立了，是這個涵義。

二、一心緣起

緣起性空義是不能破壞的，也不會被一切法所破壞，這包括一切世間現相。世間所有一切現相亦復如是，永遠存在的。《地藏經》上，說地獄壞了，這個世界壞了，他搬到那個世界，說那個世界又壞了，這個世界成就了又移回來了。哪地方生起，他緣起在哪個地方。這是形容地獄永遠不會空的。地獄，這個大地壞了，搬到不壞的地方。

另一種依著性空說，地獄根本沒有。沒有，那怎麼會有呢？眾生的業。業是虛妄的，是緣起的，性空裡頭沒有。這有兩種涵義，一個是緣起性空，一個是性空緣起，看來是一個，不是一個。一個是一切法的世間相，一個是一切法的真實相。一個是如來的淨佛國土相，一個是染佛國土相，各有各的涵義。為什麼要講「性空緣起、緣起性空」？讓我們知道「妙法」，等我們講《法華經》，這就是「妙法」了。

我們現在學「性空緣起」，也叫「如來藏緣起」，也叫「法性緣起」，使我們能夠把《華嚴經》學完了之後，總結一下。在開講《法華經》之前，我們先理解他的妙處，不過大家聽起來不像以前講經論那麼熟悉，那樣容易懂，因此要有一點耐心。

能夠懂得「性空緣起」的道理，對如來一代時教，你就可以明白大意了。後頭還要講密宗的緣起，這包括如來的一切時教。釋迦牟尼佛在世的這種緣起法，你要能夠進入緣起法的話，無論聞哪一部經論、哪一法，你能夠領受它的大意。

一心緣起的涵義

現在講「一心緣起」。「性空緣起」包括很多的緣起法，得耐心的講，耐心的聽。如《心經》「色不異空、空不異色，色即是空、空即是色，受想行識亦復如是。」這段經文只有幾句，就包括《大般若經》六百卷，這是般若的甚深義，

也是佛說的一代時教的中心義理。就像一把鑰匙似的，要想知道裡頭內容，你把門打開就進去了。我們不是在大寶樓閣，彌勒菩薩給善財童子打開大寶樓閣，讓善財童子進去參拜、了解一下，「性空緣起」的深義，等於是這樣子。

舉《心經》這幾句話來說，這幾句話的涵義是什麼呢？緣起。色的緣起。色的緣起不異於空，空的緣起不異於色。就是色的緣起，即是空；空的緣起呢？反過來又即是色。受想行識都是緣起法。「亦復如是」，就是緣起的意思。色受想行識五蘊，乃至於包括一切物質、精神、心理，沒有不是因緣而生的。你能舉出哪一法不是因緣而生的？所以說一切法是因緣生。因緣生故沒有自性，緣生無性。

我們經常說佛教是講空義，這可不是一般人所說的那像的那個空，而是緣起故空。在緣起法上，緣起法的本身不存在，因為是緣起的沒有自體，假因緣而生的沒有自性，所以才說空。佛所說的空義，是這個涵義。一切法都是恆依著空性而建立，但是這個空性，可不是一般我們所說的那

個空。因這空而生起色受想行識，色受想行識的現相，沒有一件是實在的，都是空的。

說自性空，自性空就是緣起，這樣講，空與有不二，有即是空，這兩個別分家。「諸法因緣生，我說即是空」，因為它是假名，假名也是空，是假名不是真實的。但是佛法說的中道義，這就是一切諸法緣起故自性空，自性空緣起而生的萬有，一切法都是如是。所有一切法是托依諸緣生的，無緣不生。緣生的不是真有，是假有而非實有。

假有，是因為我們的人依他特定的條件，特定的認識，這樣來理解，有各種語言、各種概念來表示這個東西是假的，沒有真實的。譬如我們人的名字，你可以隨便起個名字，這個名字不要再起一個，他沒有實體的，隨便可以起個名字，這只是標籤符號，不是真實，真實就不變了。因此一切法統一在緣起當中。

還有「一心緣起」。什麼叫「一心緣起」？緣起的法則觀察一切的境界

相，你把他放開演繹一切法。現在世界上社會上所有的科學方法、思想的方法，都不出於緣起法。說修道者要了生死，你先得懂得緣起法，不懂得緣起法你生死了不了。從你內部觀察，一切眾生，生了死了，死了生了。

有一部經叫《了本生死經》，在經裡頭所分析的，緣起是內，觀察一切眾生生死流轉的因果，這是內緣起。還有外緣起，外緣起就是觀一切事物，內緣起專指人說的，樹木，你種下的種子，種子又發芽，發芽漸漸就成長了，成了就結果了。但是佛的四眾弟子，大都是觀內緣起。內緣起是注重你的心，從你的生死根本出發，我們都要了生死，斷煩惱，這就是生死根本，從這個出發點出發觀察內緣起。這叫內緣起。

從你的內緣起跟外邊的現相緣起，拿兩個作了解作比喻，一個生滅法，生死流轉，生死流轉有因有果。我們想要了生脫死，關鍵在什麼呢？就是我們自己的心，或者是染，或者是淨。染，就流轉生死；淨，就脫離生死，不離開這兩種。說外頭一切的世界，器世間也如是，生住異滅。

這就是大乘佛教所說的種種精神。有精神才能變物質,物質反過來影響你的精神,這叫「一心緣起」的法則。「一心緣起」的法則,不會變化的,同一個緣起觀察,一切事物的演變、到一切事物的深化,乃至很複雜、很複雜。就像現在講基因、講嫁接,嫁接本身就是緣起。這是我們佛教的理論,我們根本的立場,了生死,求解脫。苦集滅道四聖諦,諦者就是理的意思,把這個理收攝歸於我們的心,使我們的心跟我們外邊的世界,就是世界觀,內心的世界跟外邊的世界,這樣認真的觀察,觀察他的真理。

佛教講緣起法,跟其他的道教、回教、天主教、基督教相較,我們跟他們的立場是不一樣的。不一樣的特點在什麼呢?佛教講一切教義,不離開於心。所以說唯心法門,這是一切緣起法,他的中心點是以自心觀察著染和淨,觀察因和果,這就是我們佛教的綱領,染淨因果。

掌握「一心緣起」的內容之後，依著「一心緣起」的義理，順著這個道理去研究佛法、學習佛法，他與一切的道不同點在什麼地方？在佛教的本身，四教、五教、法相、唯識、戒律，有種種的派性，但是基本的原理是一心。所以叫「一心緣起」。懂得「一心緣起」貫攝於大小偏圓頓漸，一切佛所總持的法。

業感緣起

首先是「業感緣起」，由業的因緣而緣起。這是第一種緣起。

「業感緣起」，不論是大乘小乘，聲聞的四諦法，緣覺的十二因緣法，大乘的六度，四無量心，慈悲喜捨，「此生故彼生，此有故彼有」，大多數緣起的涵義是這樣。眾生所現的現相，就是苦集滅道的四諦。生老病死、五蘊熾盛、愛別離、怨憎會、求不得，這一個是苦果，八苦交煎的苦果，是苦諦。苦諦是顯理的，苦是事實，諦者是不苦，八苦沒有。沒有的原因是由緣起

法故，那造成這些苦果的因是什麼？是心。因為你心生起的貪瞋癡，起著種種煩惱，這些煩惱是本，造了你有惡有漏的善業惡業。這是說感到輪迴的果，集諦招集來的，集諦就是因，苦果就是受的果，就是集的因。

一般說六道輪迴。造了這個苦果，這個苦果就是集感來的，我們一般說淨心之法，是把我們的心清淨得修道。滅的果呢？滅非滅，是涅槃，就是不生不滅的意思。苦集滅道四聖諦法是佛的根本教義。修行就是修道。修道的因一定要感滅的果。你不修行，心怎麼清淨呢？

進一步是十二因緣法。依著苦集滅道而產生的因緣法，有生一定要死，生於三界。生了之後，你會取，執著取捨，愛你自己的身，愛你的身就有一種領受。你在生活當中一定有苦有樂，一定會接觸萬物，萬物就是心跟境接觸。當你一接觸境的時候，有希求，那境有苦有樂，有愛有捨。那你不愛你就想捨掉，愛你想取。所以你這個六根就接觸六塵，接觸六塵的境。眼耳鼻舌身意接觸色聲香味觸法。但是你的根跟境接觸，一定產生分別，這個分別叫六識。

阿賴耶緣起

總說起來，十八界都是五蘊，色受想行識。在這裡頭就生起次第，這個就是業緣。你起惑造業了，緣念外頭境界，煩惱業惑是根本。煩惱業惑是什麼的表現？愚癡。愚癡是什麼？無明。無明是什麼涵義呢？無明的涵義很簡單，黑暗、不明白、沒有光明。說這人很愚魯，為什麼？不了真實，說他沒有智慧。

前面所說的都是屬於小乘教義。小乘教義破除什麼呢？他看成一切事物都是實在的，我是實在的我，外頭所有境界相，任何事物都是實在的，他不知幻，也不知道緣起法無我，他把這個我當成實在的。執著一切法，執著實我。這就苦了，他不知道這個東西都是假的，生滅法，沒有實的，二乘法就是如是。

大乘法，特別是密宗，實際上也不離開四諦十二緣起，能離開染淨因果嗎？離不開這個框架。佛說這一切法，眾生不能理解，不過他深入了，更細緻了。

其次就是「阿賴耶緣起」。「阿賴耶緣起」，華嚴宗判為法相宗，以第八識阿賴耶識為主的，判為法相。主要的經論是依著〈攝大乘論〉。在攝大乘裡，就是三自性緣起(依他性、分別性、真實性)，每一部經論都講緣起法的。〈攝大乘論〉說，眾生的阿賴耶識，具足無始以來的有漏種子，但不是無漏的。有漏的種子為因，以此為因，把他自己的心和識，變現出來的末那，末那就是第七識，眼耳鼻舌身意，這叫六識。

他不能理解這一切境界相，唯識變現。不理解就不明了，不明了就是唯識變現，把這個有漏的種子當成因，把這個作成因；把他心識所變現的外境界相為緣，因緣。這個中間含藏著無始以來的有漏種子，不能離開他的心，就是識，與生俱生。我們一生下來，八識就與你俱生。生來之後了，不斷的起惑造業，生生世世都在起惑造業，輪轉生死當中。因為他不了解這是心識所變的，他起執著，不斷起惑造業，起惑造業就得生死流轉，自己給自己作障礙。自己就造成有礙的，沒有智慧。因此生生世世的都在染汙當中，污染的報身，污染的外

邊境界相，全是染汙的。

這些種子是誰呢？阿賴耶識，阿賴耶識是種子。我們若想把這個染翻過來還淨，要發心，發菩提心，修六度，修四攝法，轉變了。因此說萬法唯識，就是一個阿賴耶識。若想翻染還淨，先得破除我執我見，進一步再破境界相，破我法二執。這個時候把八識轉八識成智，把煩惱的苦惱的身心轉成佛身；把外邊的境界相，染土轉成淨土。這就是「阿賴耶識緣起」的轉變。

在大乘教義講，說空宗，這是因為大乘之中有一派，叫中觀派，或者是三論宗。中觀派跟三論宗的教義，他叫性空緣起論，也就是我們現在講的「性空緣起」。

說諸法是因緣生的，本來就沒有自性，因此說他空。這個空不是究竟，空亦復空，再把這個空掉，說諸法實相義，說諸法的實相法。這個空掉的是什麼呢？眾生妄想，識心，阿賴耶緣識的那個識心。因為這個識心違於緣起性空，違背眞實，把假的當成實有的，所以才生起我執法執，產生無量戲論。

如來藏緣起

大乘的空宗雖然證得諸法實相，勤修六度萬行，滅我法二執，但是不能證如來藏心，所以第三個就講「如來藏緣起」。

華嚴宗判《楞伽經》、《大乘起信論》等經論，講「真如緣起」、「如來藏緣起」。因為一切眾生的心哪，本覺的真心，也叫佛性，如來藏、心真如。本來是寂滅的，寂滅的是沒有一切法的，是清淨的、所證得的都是清淨功德。給這世間出世間法，是為體，所謂世間法出世法的本體。在世間法、出世間法，隨緣現相，隨著而產生的現相。因為不覺，真心產生了無明。〈大乘起信論〉是這樣講的，「一念不覺生三細，境界為緣長六粗。」這樣子就得生死流轉，造成生死流轉的眾生界。雖然在生死流轉，但是真如隨緣，隨緣不變。如來藏性不滅也不會滅了，滅都不滅還能滅！所以能夠轉迷成悟，轉一下就把迷轉成悟。這就涵義就說

是，本來就是佛，跟佛無二無別，這叫「如來藏緣起」。說眾生與佛只在迷悟之間，中國禪宗也如是說，迷悟之間。但是迷也好、悟也好，都是一個眞心，依本覺而起。

法界緣起

但是這幾種緣起，都不是我們所要講的緣起眞實義。我們所要講的緣起是什麼呢？華嚴、法華。華嚴、法華所依的緣起，叫「法界緣起」，也就是圓融法界無量的緣起。所以《華嚴經》判成一乘圓教。《華嚴經》與天台宗之說，都是一眞法界。這一眞法界，說一切眾生本自覺悟的眞心，由是眞心而體現，宇宙萬法，萬法皆自性空，這就叫「法界緣起」，唯心識觀，這叫唯心觀。《華嚴經》把唯心觀分成「眞空絕相」、「理事無礙」、「周徧含融」，天台宗把眞實觀分了空假中三觀。空假中三觀跟華嚴三觀，名字不同、意義相同，

總說叫唯心觀，萬法都是自性空的。這就是唯心觀。萬法皆是唯心現，同是一真如。

《華嚴經》也講一即一切，一切即一，一毛毫端現寶王剎，互相攝入無礙，法界緣起，緣起無盡。所以互相交織成為事事圓融，事事都無礙，重重交現的。這叫法界大緣起網。日本也依中國這個如是說，日本真言宗講「六大緣起」，世間出世間的一切法，都是以地水火風空識而成就的，以六大為體性。眾生身跟佛身，六大沒有差別，因為眾生自然具足佛的智慧，本具不是修成的。

《心經》上講，心和色沒有礙，心即是色，色即是心，心色無二。所以這個跟禪宗說，當下就是道，凡是一切事都是真理，事事皆真；但是有粗有細，有極細。為什麼不能顯現？妄執妄念，遮蓋住了，你自性的清淨心被這個六大給障礙住了，遮閉了，所以不能夠顯現。但是假修為，有修有相法，進入到無相法，就把你的身口意跟佛的身口意相應，在密宗叫三密相應。就是我們念那個「唵啊吽」，身口意三密，三密相應。這是從粗到細，即事而真，即事而

呢？把事相所起的變成真的，把你有生的分別妄執跟你那細心，就是七、八二識，我們在識說識相，我們現在所用的識就是七識、八識。密宗叫明點，密宗修明點的法就是觀明點，觀筋脈。俱生法執，跟有生以來的自然就具足的，把你那個本具的心體的光明，它給你遮蓋住了，所以顯發不了。因此，再起妄想起惑造業，有惑起業，造什麼業流轉到哪一道，六道輪轉。粗惑有細惑，說天道、人道、地獄、餓鬼、畜生，就隨你所造的業，這個就叫眾生。

同時，密宗講「即身成佛」，修大圓滿手印，修大圓滿見，這是藏密，不是東密。日本的密宗是從中國傳去的，沒有藏密。西藏的藏密是從印度直接傳的，修大手印法就是能夠親見道果。

心生的喜悅是什麼呢？了得自己自心即是佛，生大喜悅。即身是佛，生死和涅槃，一切法，你本覺真心所具足的。這叫「法界緣起」，都在法界緣起之內。真心本來具足三身四智，這叫密。你不知道，所以叫密。你啟發出來，啟發是得假修造吧？不假修造，當體即是。這一種就是我們禪宗說的頓觀心性，

我本來就是佛,把塵垢洗去就是了。這叫「法界緣起」。懂得這個道理,先要明理而後才能起修。懂得什麼道理呢?窮盡法性真如實體。即身成佛,速成佛,都是這個道理。這個在「如來藏緣起」,在「一心緣起」當中沒有什麼差別。這跟「法界緣起」有什麼差別嗎?眼耳不離佛的法身。

《佛說造塔功德經》有句緣起的偈頌。這個偈頌叫什麼?「諸法因緣生,我說是因緣,因緣盡故滅,我作如是說。」從你的心來觀,染法、淨法,染有染的因果,淨法有淨的因果,把生死流轉的因,歸結到自心的迷惑,把無明的染因解脫了。無明的染因解除了,第一個先解脫了生死輪轉的苦,把因緣和合破壞了,超出因緣和合,破壞了有為的境界相。那你所觀的心,有真有妄。

我們所說的無明,有淺有深,迷的深就深了。迷的淺智慧還是在。就所觀的心來說,這叫「業感緣起」。「性空緣起」所觀的,只有前六識。「阿賴耶緣起」所觀起的為八識,前六與八識全都屬於妄,沒有一樣真的。「如來藏緣起」、「法界緣起」,乃至「六大緣起」,把它所有能觀的心,屬於真心。

「業感緣起」說的是滅妄歸真。「阿賴耶緣起」是轉妄為真，不同的。「業感緣起」是滅妄為真，「阿賴耶緣起」說轉妄為真，「性空緣起」說離妄即是真，離無明妄即名涅槃，都按根本惑來說的。

「業感緣起」說是滅妄歸真，由業感，是業，把妄業滅了，歸於真實。「性空緣起」離妄就是真，沒有什麼轉也沒有什麼滅，你轉一下就是了，性空緣起。「如來藏緣起」，寂滅涅槃。

就無明來說的，「業感緣起」，因為不知諸法，無我的真實性而起的煩惱無明。「性空緣起」是以名言分別戲論，所起的我法二執，這個就叫無明。「阿賴耶緣起」，不了萬法唯識，俱生我法二執叫無明，與生以來的我執把這個當作無明。「如來藏緣起」是迷昧了本覺真心，迷了這個絕對圓滿真心，這個就叫無明。每個緣起所含的定義，有所差別。

我們現在先講華嚴、後講法華，天台華嚴二宗，我們把它融歸到一起。天台宗也好，華嚴宗也好，都是以苦集滅道四諦，一切眾生的共同綱領。不論天台宗、華嚴宗，苦集滅道都是相同的，這是綱領、宗旨。

生滅四諦

所有判教的諸家，把苦集滅道歸納為四種四諦，以下分別說一說四諦緣起。第一種「生滅四諦」，生生滅滅，滅滅生生，從滅生的角度出發，說滅盡無明，染因沒有了，證得寂滅涅槃。「業感緣起」，屬這一類攝。你起惑造業的緣起，都攝到生滅四諦裡頭。一個說法，一個說惑業。這是「生滅四諦」。

無生四諦

「無生四諦」，從因緣生法、自性本空的角度來說因緣所生法，我說即是

空，證得無明沒有本，無明是假的。煩惱沒自性，煩惱本空。一切諸法本來就是不生不滅，與實相相應。這時候修菩薩萬行，證入涅槃。「性空緣起」，就是這種道理，這個講的是「性空緣起」。

第一個「生滅四諦」，第二個「無生四諦」，也就是性空緣起。

無作四諦

第三個是「無作四諦」，原來就沒有，還有什麼造作呢？苦集滅道本來就沒有，是空的，所以無作。肯定眾生心，眾生的心性就是佛性，從佛的角度看，無作。說眾生心本覺的就是真心，這個真心在凡不減，也沒減少，在聖不增，也沒有增加，原來如是。在聖的不增，沒有造作，沒有修為，你修成佛了也沒增加一分，在眾生也沒減少一分，轉一下，轉迷成悟。是本覺自然具足的具足德用，叫本覺性，這是什麼呢？「如來藏緣起」，「如來藏緣起」屬於這一類。

壹、緣起分 二、一心緣起

63

無量四諦

還有一個「無量四諦」，這不是苦集滅道的四聖諦法。縱觀佛的因行果報，以佛因行的果報，以境地的覺度來看這一法，一真法界，本具無量無礙的妙用，緣起真理沒有什麼願心而顯現的，不假發願心而顯現，這叫「法界緣起」。

佛教傳入東土以來的歷代祖師所判的教義，從「業惑緣起」到「法界緣起」，從「生滅四諦」到「無量四諦」，都是依心的真妄而定的，心真心妄，說無明的深淺，說觀境的廣狹，都是從圓融的體性，圓融的相，圓融的性，真諦俗諦中道而言的。空假中三觀，真諦俗諦中諦。

那麼所說的無明，無明有淺有深哪，視無明的淺深而定。但是你所觀的境，看你修什麼觀。像我們修真空絕相觀，跟事事無礙觀，二個絕不相同。看你修什麼觀來定，觀境，看你對外邊境界相怎麼看法，舉例說，我們這一舉一動，所有的言語，身上的行為，心裡的思惟，無非

是三業，一舉一動都有軌範的。依著佛的教導，你哪個是不許做，哪個是你不能做，這是初步的教義，也是對境而言的。

大乘就不是這樣。大乘在一切法上都是自在無礙的，怎麼做都是利益眾生。本來我們做起來就是破戒，菩薩戒菩薩做起來就利益眾生。這就是妙用。看你證得真理如何，所顯現的道理不同。為什麼說觀境的時候，看你怎麼對待境界相的。如果你不但觀空，而且做起來一切法是空的，那你做任何事情都沒有什麼戒不戒的，對境驗心，這叫「法界緣起」。

總的說，一切諸家的論述，唯獨一心的境界，一心的緣起，道理是很精純，義理非常繁複。在《華嚴經》上講，文殊菩薩教授我們「善用其心」，能把心哪，有智慧現用的。把你現前這個妄心，現前我們現在都是妄想心。我們把這個妄想心攝受好，在心對待外邊境界相的時候，你的心不被聲色所誘惑，一點的煩惱都不生。凡使你身心煩惱的都是惡業，心裡一煩惱，惡業的根本。

那你一生這個煩惱,一切根本就是欲界的苦果。你把欲望除掉了,煩惱不生了,欲界苦果就沒有了,因滅了,果就滅了。一切染因沒有了,那你還能感到染果嗎?這個惡感緣起就不起,沒有了。

一切法都如是。因為我們內心總有一些分別,執著名相。都是自己自心編造的,這個自心屬於阿賴耶識的緣起。如果你光外邊的境界相沒有,依著自己的心而生起,因為依著外邊的境界生起分別心來,曉得這個境界相沒有,依著自己的心而生起,因為依著外邊的境界生起分別心來,曉得這個分別心不是真實的,是空性的。那心空了,外邊境界相也就沒有了。心空了,觀念所想的空,境界相也空,無所障礙。心行處滅,言語道斷,心裡頭沒有運動,沒有思念。那就沒有言語,外邊境界相也不生了,那證到什麼境界?諸法實相。這個實相怎麼觀的呢?是觀性空緣起而得到。依你所觀的境界與實相相應,這就是我們講《華嚴經》說離念相應的境界相,離念是達到什麼呢?

空、明、樂,密宗是這樣講的明點樂點,眾德現前具足如來智慧德相。

因此,研究學習緣起諸法,能制止你的心不生不起,萬法皆寂,一切萬法

都清淨，達到事事無礙。緣起法，他的妙用，他的圓融，這就入了法界了，圓融妙入法界。因此諸佛所證得的，性起之妙相或者是妙用，這就是妙法。

《妙法蓮華經》跟《華嚴經》講的道義，一開始絕對不同的。《法華經》都是大阿羅漢，《華嚴經》都是諸大菩薩，這兩部經能契合真如法性，一個是「成佛的法華」，一個是「入法界的華嚴」。由這種修行的一切法，都變成善業，你的一舉一動都是萬行莊嚴，處處都是真的。把眾生自己的體性，圓滿的開發出來，它所具足的真理、所有一切道德都在生活當中顯現。眾生的身心即是諸佛的身心，諸佛的身心就是眾生的身心。你能夠這樣的如實觀察，一切現相在理性當中得到了證實，這叫什麼呢？緣起法則。

同時你認識到諸法皆是因緣和合的，沒有一法不是因緣和合的，他都沒有理性，沒有自性，所以說空。他怎麼樣顯現的呢？唯心所現。因此在時間空間，一和多、淨和染、境界和智慧，都是空的，沒有不空的，都沒有自性，唯心所現。

壹、緣起分　二、一心緣起

67

心本來是無礙的，你產生了種種的妄想執著，自己給自己生障礙。這障礙怎麼來呢？迷了，執著不捨而有的，一切現相都是你迷，眾生自心迷執，迷了又執著，不迷還執著嗎？這是迷了執著無明。但是執著也好、迷也好、無明也好，沒有體性的，不是實在的東西，根本就沒有。

像我們講〈大乘起信論〉，迷人認東為西，把東邊當成西邊了；一旦覺悟了，知東非西，東邊可不是西邊。其實，東也沒有、西也沒有，自設境界，因此知道生滅法是無常的。依緣起而產生的萬法是假的，不是真有的、是假有的。

你能夠從這個道理懂得一切法不生不滅，不以緣起而有的實體，這個實體叫佛心，無體之體的。而且這個實體跟萬法一體，萬法依之而生的，無二無別，也就是不生不滅的。是這樣解釋不生不滅的。因此懂得緣起，依著本來的自性空，本來自性空而起的緣起，從理上說，緣起的當體便是性起，緣起就是性起。

〈華嚴遊心法界記〉說，諸法無自性，無性的果生的，無生而生，無生而生即是生即不生。那叫什麼呢？給它起一個名字叫「性起」。在晉譯華嚴，不

叫緣起，晉譯華嚴叫〈性起品〉，唐譯的華嚴叫〈如來出現品〉，〈性起品〉是指性起無性。懂得這個道理了，才真正的明白「緣起性空、性空緣起」。

〈普賢行願品〉是最後翻譯的，說世間出世間一些諸法，全是性起，性外沒有別的法。諸佛與眾生，淨土與穢土，是一個，是融通的，淨收穢、穢收淨，淨的法性，穢的法性，只是一個性，就是法性，彼此互收。微塵、法界，微塵是法界極小的部分，但是一微塵就是一法界，舉一微塵就是全體法界，這叫相即相入，無礙融攝。

因為我們要講妙法、講《妙法蓮華經》，你得懂得這個道理。你不知道這種義理，你看《法華經》是羊車、鹿車、牛車，想像火宅去了，其實也沒有火宅。那是比喻，不然你聽《華嚴經》白聽，聽了《妙法蓮華經》也白聽。

必須懂得緣起，因為法華、華嚴都是「法界緣起」，為什麼要說這部經？「法界緣起」。所以在諸佛與眾生之間，極樂世界與娑婆世界，一個淨一個穢。無論哪一法，法法互收，哪一類的微塵都是四法界。它是相即相入的，無

礙融攝的,這才真正的叫佛法。這種講佛法的道理,除非我們講《華嚴經》這樣講。你跟一般的道友講什麼叫佛法,你把《華嚴經》的意思搬出來給他講,他莫名其妙,不曉得到達什麼地方,所以得應機說法。

三、性起與性具

性起法界

緣起法,有時候說諸佛所證的法性,就叫「性起」。性所生起的妙用,這個妙用契合於本具的法性,因此就說「性起」。諸佛所證的性起妙用,就叫「性起」。這個妙用顯什麼?顯你修行的一切萬行。修行包羅的很多,所以加一個萬行,這個就是因。因必須假緣而顯現。沒有緣,因所具足的不能顯現也不能成

就。這是眾生自己證得的自性自體，把潛在內心當中的開發出來。這個道理，諸佛所證得的就是一切眾生本具的。內具的必須得顯現，就是眾生的身心應該通過實觀修行顯理的境界，這就叫「性起」。

這都是解釋「性起」的，因為修的因緣顯現而生起的緣起，這個緣起在諸佛當中又叫「性起」。同時要認識到，一切法是因緣和合的。但是，因緣和合的沒有自性，因此名約空。空就是唯心所現的境界相，沒有境界相。所現的境界相是無境界相的境界，因此而說空，都是唯心所現的。

或者說一多，或者淨穢，或者境，外頭的境跟你的智慧，其實都沒有。這叫不空的自性。不空就顯現有些境界相，境界相不是實的，不是自體所具，但是惟心所現的。所以說「性起無礙」，性起假緣生而無礙，因為它本來就無礙。但是所有的眾生因為生起了障礙，障礙是什麼呢？迷了性了。自己障礙，迷了這個性，就不知道自性。這叫障礙。

一旦覺悟了，覺悟了明白自體之後，一切的緣、幻化境界悉歸消滅。因為

一切的生滅都是無常的,說緣起的萬法都是假有的,不是真實的。真實的是什麼呢?是不生不滅,不是生滅法。我們本具的性體是不依著緣起而有,那個實體是萬法一體,無二無別,也就是我們經常說的不生不滅常住的自性,就是萬法的體性。

若能懂得這個體性,就知道顯理,這是從理上說。因為我們現在是講緣起。緣起的當體就是性起,把緣起作為性起來說。賢首大師有一部作品叫〈華嚴遊心法界記〉,說緣生無相,一切相沒有自性的,無性能生起法,這個法是無生而生。無性而生的法,生即無生。生即無生就是不生。不生怎麼又有了生。無性怎麼還能生呢?性起,依性而起的。什麼原因這樣說?因為他自己本心本具的,無性而生。這一段話都是解釋「性起」的意思。諸佛所證得的那個,叫「性起」。諸佛的妙用是性起的,不是緣起的。這個生一切法叫性起法,性者說是妙用。因為所生的都是自性,自體的自性。這一段話是在〈華嚴經探玄記〉起生的。

裡頭這麼說的，「緣起即名性起」。在〈普賢行願品〉的疏鈔，說一切世間法，或出世間，一切諸法全是性起；性以外沒有法，性外無法。因此諸佛即是眾生，眾生即是諸佛，生佛交徹，眾生徹位為佛，佛徹底來說就是眾生。淨土與穢土是融通的，土就是莊嚴佛土，沒有淨穢之分。

為什麼呢？法法皆是法性，沒有彼也沒有此，沒有彼此。凡是有塵有相的叫色法界。色法界沒有淨穢之分的，無礙圓融。若是化別的說，淨土的人生不到穢土去，穢土的人也不會到淨土去，各各不相干。若是融通的說，在穢土也能生到淨土，淨土也能夠示現到穢土。這種道理非常的深，不是我們現在這個知識所能理解的，因為我們現在是識分別。這是性，性無分別，這叫眞性靈明。權體就是用，用就是權體。這個法，就是妙法。

在理上，萬法常時寂然不隨緣。隨緣而現的一切眾生界，那就叫緣分，萬法的本身是不隨緣的，這叫「性起」。但是我們現體是講緣起，這是約佛的自分講；約眾生分上講，眞如隨緣而顯現的眾生界，這叫緣起。眞如隨一切眾生

緣。但是眾生是違背真如的，違背真如而造業，這個緣起所造的業。雖然造了業也不能使性空，也不能使性空的性體變為眾生，是這個涵義。所以在融通方面講眾生能夠成佛，佛也能隨緣度眾生。就法性的自分說，《華嚴經》講權體即是用，權為用就叫性體。眾生雖違背真如起惑造業，但是不能令性空緣起的法性，稍有改變。這是說法性永遠不會改變的，獨顯法性，依著這個道理我們一切眾生的法性是清淨無染的。所有眾生相是浮現的浮塵，這個意思就是權體即是妙用。

性具三千

反過來說，權用即是體。當下所有一切現相就是真理，而事事皆真。即事即真。為什麼這樣說？因為法性的理體本來具足的，所以天台宗叫「性具三千」。現在我們講天台宗，因為要講《法華經》才如是說。這是法華教義

由於法性的體具，所以叫「性具」。天台宗說，佛不斷性惡，眾生也不斷性善。眾生心性本具的善業，眾生不斷性善，諸佛不斷性惡。天台宗是這樣立教的。乃至密宗教義說貪瞋癡，也是諸佛的方便道，把貪瞋癡為方便道。

天台宗說，權體都是大用，一念就是三千，說這一念是假借權體而起的，有性有惡，有性善有性惡。眾生具足性善而不斷。這就是性具的理論。但是就一切世間相，世法而言，那麼諸佛順著法性而起，從體所起的妙用，妙用是無礙的，是常樂我淨。永遠就是如是的。眾生迷了這個理了，迷了啊，不是失掉。眾生迷了這個理，背理合塵。背了這個理所起的念頭，所生起的心。那就叫迷了。這個念、這個心，都叫迷了，所以跟諸佛的常樂我淨就不一樣。

儘管是一性，諸佛是證得了這個性，眾生是迷了這個性。所以眾生是流轉六道。但是這個心是妙用無窮。諸佛取這個心，證得這個心來利益眾生、化度眾生。眾生本具有這個心的善性一面，所以他也能轉迷為悟。因隨緣故叫「緣起」，隨性故叫「性起」。一切諸佛從這個妙體而起的大用，那是自受用境

界，亦令他受用，以此來化度眾生。因此佛是絕對自在的。眾生呢？迷了就不能自在。這是受諸法的自樂。依著這個道理就說明我們能夠修，修就是隨緣而起的善修，在事上的事修。

這個緣起是順善的、順因緣的，能夠回歸你本性。在諸佛呢？就叫性體，佛與眾生都有這無礙的利用。眾生迷失了，不能用，諸佛還歸用，這是相同的。

如果是由境界因緣講，單從佛的方面研究，佛有無礙的利用，但能不能轉眾生業？把眾生都度盡呢？辦不到。如果辦得到的話，過去無量諸佛早把眾生度盡了，可是眾生界不盡。為什麼？佛不能夠令眾生業消失，眾生業得眾生自己轉。佛是能度無量有情，但是不能盡眾生界。佛能夠示現無量身，隨緣赴感靡不應，但是無緣難度。所以眾生界盡不了，無緣的見不到。

儘管現在佛法很普遍，經書印的很多很多，寺廟很多很多，但是多數人沒有見過寺廟，沒有見過佛經。如果你調查一下，我們國家現在十三億人，能夠跟佛法有緣的、跟寺廟有緣的，還是為數不多。度不盡哪，原因就在此。

佛能度無量有情，但不能度盡眾生界，無緣難度。佛若想度盡眾生，一廂情願是辦不到的，因為眾生不接受。就像日光月光，他是普徧照耀的，有沒有黑暗面啊？有。生下來就是瞎子的人，他看見過月亮是什麼樣子？看見過太陽是什麼樣子？太陽跟月夜是無私的，並不是想讓誰看不見我，沒有這個意願的。盲者生來就是盲的，他根本沒見過日月。佛法也如是。我們一般說歸依三寶，信仰三寶供養布施，聞聞三寶的名字。不知道大家考驗過沒有，像來普壽寺受三歸的不少吧，但這個數字對全國人民來說，那是太少了，不只普壽寺，別的寺廟說三歸的，總說起來的歸依三寶還是太少了。歸依三寶是不是就能修行呢？能夠把業障消失呢？還是辦不到。

以這個道理來推斷，能夠得到佛菩薩加持利益的、聞法生信解的，還是少數。無緣哪！佛的神力再大用不上，不信的無緣的，無緣的怎麼度啊？所以度不成。我們經常有說念佛就能可以往生極樂世界，這個道理很普徧的誰都懂，怎麼念哪？念法不一樣的。一會念，一會不念，能夠往生嘛？往生不了。

說帶業往生,帶得動的業你可帶著往生了。帶不動的怎麼辦哪?還沒到能帶動業往生那個程度上。因為你還帶不動,帶不動還是去不了。帶動帶不動從什麼上講?功德的大小。一個是說功德,二者說修行力量的大小,這一切都得由因緣而定。因此說因緣,也就是緣起法。

並不是一入三寶門就能離苦得樂,每位道友天天在修行,你的修行善業跟你的煩惱還是交雜在一起的,沒有離開煩惱。看哪個重了。但是我們的心,我們現在眾生的心跟佛的願結合起來了。我們這個心,現在我們的境界相跟佛利益眾生的相,兩個相應了,佛就能攝受到我們,佛的力量能攝受我們。如果我們業障重,佛攝受不動,那你還得輪轉、還得受。

性起加持力

密宗《大日經》也講這個道理,《華嚴經》的〈如來出現品〉,在《大

日經》叫〈悉地出現品〉（《大毘盧遮那成佛神變加持經》第六品），也如是說你本性自具有的清淨功德，那個產生無量妙用，能夠顯現。那你就能夠成就。這叫什麼呢？性起力，就是法界力，我們經常講的法界力。但是你自己的功德跟如來的功德加一個法界力三結合，你才能夠生到淨土或者了生死、證涅槃，這叫性起加持力，三力結合。或者自力佛力，跟法界的自然力，跟佛的加持力，三力結合。你自己的功德力，跟法界無障礙的功德，能夠速能顯現。淨土法門說深奧的時候，也就是秘密法門。

因此「性起」跟「緣起」非常的重要，給大家解釋解釋「性起」，這才知道無緣的眾生也能得度的。說無緣大慈，每位佛都這樣發心，每位大菩薩也是這樣發心。我們學佛學菩薩也是這樣發心，無緣大慈。但是無緣的慈悲他還得不到。那是說性的作用，性的作用就是性起的作用。雖然我跟他無緣，他也具足自性、佛性。乃至一隻螞蟻，一隻蚊子，一隻老鼠，一隻蒼蠅，牠也具足佛性。佛性是平等的，但是業惑不平等的。佛的神力妙用，但是你無緣，無緣

壹、緣起分 三、性起與性具

79

接觸不到，佛不能夠代眾生消業。如果能的話，眾生界沒有了。因此業得自己消，這是「性起」的意思。

眾生本具足的自性能可以成佛，但是得遇緣。遇著逐漸的能成佛，沒遇著緣、業障沒消的時候，那就等到有因緣再說。跟釋迦牟尼佛沒緣，等到彌勒佛；跟彌勒佛沒緣，等到樓至佛，等到一千尊佛，最後韋駄菩薩來成佛的時候，賢劫千佛沒有緣，等到星宿劫千佛，那就等吧。所以說未成佛果，先結人緣。

比如說我們大家看著一堆螞蟻或見著一些畜生，或乃至見著人，你發了結緣心嗎？我跟你們結緣，我要度他們，起碼得發個心，這是結緣的方法。或者我們坐火車這一列車，我們這坐的一列車一百多人，這一趟的火車那一千多人，你坐個汽車十來個人，坐飛機，大飛機二百多人，一般的飛機一百多人，你發願了嗎？跟我同乘這個飛機的、同坐輪船的、乃至同一同走路的，我發心跟他們結緣，將來都度他們。見著螞蟻、見著一些小動物，你給牠說個三歸，你作過好多呀？要結緣得發菩薩的大心，這才能結緣。

這個道理，如果你這樣用，漸漸地你的緣法就多了。緣法多了，你度眾生才成佛，眾生也度的多。你對眾生如是，反過來，眾生對你也如是。我們這裡有好幾百人，總有聖人。聖人就是他已經成道了，他示現在這裡，你認識他嗎？也是跟他結緣，他跟我們結緣，我們跟他結緣。這個緣就是這樣結的。

這就叫「緣起」，也叫「性起」。現在可以對我們說佛性都顯現了，我們不只是三歸，乃至於五戒，比丘、比丘尼戒，菩薩戒，還不只戒。他聞著《大方廣佛華嚴經》，同在華嚴會上。現在又到靈鷲山法華會上。這個緣所結的不是我上來所說的緣，我們這個當中有一位佛，有一位菩薩哪個先成來度大家，我們跟他一起成。這叫結緣，這叫緣義。緣起，就從現在開始起，以前的不說了。以前沒緣聚不到一起，聚到一起盡打架吵嘴，那叫惡緣。惡緣也好，只要有緣。為什麼？有惡緣，漸漸惡緣能變成善緣。反正你跟我、我跟你，糾纏不清。有了緣，今生到一塊堆，來生我還找你，我要報復，這是惡緣。反正得結個緣，無緣是不行的。無緣不聚，沒有緣聚不更不同，這就叫緣起。

到一起。

大家想一想，我們不說國外，就說中國十三億人，你能接觸幾個人？我現在我感覺到接觸的人不多，到的國家也還是不多。但是在地球上六十五億人口，你接觸好多？這光說人，還有其他的眾生呢！這就是緣起。緣起就是有緣，但是得生起，一切事物都在因緣所生起的。

四、分科判教

現在我們要講《妙法蓮華經》，《妙法蓮華經》第一個「教起因緣」，還是講因緣。說這部經《法華經》，佛就教導我們，以《法華經》能成佛，「成佛的法華」。何因何緣說《法華經》？如果釋迦牟尼佛在印度靈鷲山沒有說《法華經》，我們也聞不到這個法。這個教是什麼因、什麼緣發起的？

佛說《法華經》是在印度在靈鷲山說的，我們在東土，這部經從印度傳到

中國來。印度的語言文字要把它翻成中國語言，就是《法華經》傳譯的時間，他的條件。

第一，教起因緣。第二，說《法華經》傳到東方中國來，傳譯的情況。第三，把《法華經》分科判教，一個一個項目分開判教。第四，解釋《法華經》有多少品多少類，品類的具足，度的是哪些人。第五，解釋《法華經》有三大部；這是標題，完了再講三大部。在四教講，每一法都有五重玄義，五重玄義是懸談！第六，略釋五重玄義。第七，五時八教。第八，誰譯的，譯者的大師。第九，解釋經文。第十，勸修。這十種，從第一教起因緣，乃至第十結文勸修，以下一個一個解釋。

以前我們講《華嚴經》，或者這幾十年我講經，沒有分科也沒判教，直接講經文。為什麼現在講《法華經》要分科判教呢？因為我們現在結夏安居，大多數都是出家人，出家人能夠耐心接受，在外邊給居士講沒這個耐心，聽的不耐煩。你講《法華經》，給我們講《法華經》就是了，說了這麼多，聽也聽不

壹、緣起分 四、分科判教

83

懂，不知道說到哪裡去了。

我們講「緣起性空」，感覺大家聽的不耐煩。以前很少這樣聽、這樣來學。講哪部經，那就開頭講哪部經，也沒有什麼懸談，也沒有教義的分判，也沒有什麼因緣。現在囉嗦一點。為什麼？講這部經的正文，前頭還有很多條件。每一法都有一個因緣，都有傳譯的時間，哪部經誰譯的。一部經好多人翻譯，好多大德給這部經寫注解。你解釋一道，我又有我的知見，我又解釋一道。這都是住佛學院，在佛學院裡頭給你分析詳細；現在佛學院也不大分科判教。我們這是有點古老的形式。所以還沒有講經之前，先懸談一下。

《法華經》的傳譯

《妙法蓮華經》一共分七卷二十八品。卷是多數，品是一品一類的。這就要分科判教，總共是二十八品，六萬九千多個字。

《法華經》的翻譯有幾種譯本，現在我們講的《法華經》譯本是後秦時代鳩摩羅什大師翻譯的。鳩摩羅什大師，他的名字叫「童壽」。說他小孩的時候，就有很大智慧，壽命很長的，鳩摩羅什是三果羅漢，證得三果的。

他媽媽在鳩摩羅什七歲的時候，帶他到廟裡，廟上有一個很大的鉢，才幾歲小孩，他拿著就扣到腦殼上了，在扣的時候沒有動念，把那拿著就扣上了，扣了他思想了，「我這麼大一點，這個這麼大，我怎麼能扣上的？」這一想就把他壓下去了，心一作念分了心，原來是無念。當別人把他抬出來，他在這裡就開悟了。他悟得什麼？無心的時候什麼事都能作，一起分別心，什麼事都不能作（《法華文句纂要》卷第一）。

我們現在所學的經，多數都依著鳩摩羅什法師翻譯的。因為他的譯本簡潔明了，為什麼呢？意譯。唐代的玄奘大師對這種翻譯有意見，所以親自到印度取經，玄奘法師翻的是依照印度的語言文字，用中國文字把它翻譯，還是保留著倒裝句，翻譯的是真實的。不過讀玄奘法師翻譯的人很少，講解鳩摩羅什法

師翻譯的很多。因為中國人怕麻煩，鳩摩羅什法師的翻譯，簡潔明了。

釋迦牟尼佛晚年，在靈鷲山王舍城說大乘經典《法華經》。釋迦牟尼佛成道之後說了種種經，一共說了四十年。隨順哪一類的眾生應該聞哪一類的法，佛就如是說了哪一類的法，有時候說大、有時候說小，有時候說空、有時候又說有，得看緣。

緣起就是這個涵義。因緣說法得有緣，哪一類眾生應該聞哪一類法，佛就說哪一類的法。先說華嚴，到佛臨要圓寂了，說法華涅槃。說法華才是佛出世的真正根本因緣，「性起」，講「性起」暢佛的本懷，願一切眾生都成佛。授記的法華，給眾生都授記。

法華的要義是讓眾生具足佛的知見，這是眾生本身具足的，但是沒有開。所以《法華經》就是開示悟入佛的知見。開佛知見，示給你佛的知見，讓你修道，入佛的知見，等到經文裡頭就知道了。給很多眾生授記，給大家都授記了。凡是聞到《法華經》、學《法華經》，佛都給授記了。授什麼記呢？當來一定能成

佛。當來的時間是長啊？是短哪？那就沒有說了，那就看你個人的修行。

所以說二乘人，乃至舍利弗、目犍連、迦葉尊者，在《華嚴經》時候，他們還沒有出家。等到講《法華經》的時候，他們都成佛了。所以說《華嚴經》時沒有二乘人，佛剛成佛，專給過去那些大菩薩說的。《法華經》不同了，佛說法四十多年了，這些阿羅漢都可轉小成大，佛才說的《法華經》。法華跟華嚴絕對不同點，《法華經》這部經就是讓一切眾生開示悟入佛見，說一切眾生都可以成佛。法華最主要的要義，說一切眾生都能成佛，地獄、畜生、餓鬼道、畜生道都能成佛。但是什麼時候成佛？什麼時候能轉變？時間就不定了。

在說法華的時候，佛令他所有的弟子都入法華境界，皆共成佛道。「若人入於塔廟中，單合掌小低頭，皆已成佛道。」佛從發心到出家，可不都是釋迦牟尼佛。釋迦牟尼佛是化身，眾生看到在印度降生迦毗羅國淨飯王家作太子，這是這段的示現。佛是早已成佛的，那是毗盧遮那，這是示現的釋迦牟尼佛。同時以示現的化身佛，化一切眾生從凡入聖，從凡夫地進入聖人地。經上

說的，五百億那些世界化為微塵，一微塵一劫，釋迦牟尼佛在這個之前就成道了，化導眾生示現，在印度迦毗羅國示現成佛。

《法華經》最後說的是真實的一乘法，真實是什麼呢？一切眾生都能成佛。這是天台宗，講法華得依著天台宗。智者大師依著《法華經》來立天台宗的藏、通、別、圓四教義，說五時八教。

《法華經》主要是講空、無相。空是講般若義空。這個涵義跟《法華經》、《涅槃經》是一個涵義。宣揚怎麼樣利益世間？怎麼讓眾生能夠成道？同時也說密教，兼說陀羅尼法。

以大乘的思想佛說法，到這個時候將要入涅槃的時候，把一切的法會歸大乘。以前所說的小乘、中乘、大乘，那個大乘不是最後這個大乘，那是方便道，也就是三乘方便。這是說《法華經》道理的宗旨。為什麼要說《法華經》？就是這個道理。

佛在印度靈鷲山說，什麼時候傳到中國來？傳到中國來得翻譯成漢語。第

88

《法華經》傳譯的版本

現在存世的漢譯版本，僅有三種。晉朝早期的竺法護尊者，從印度來中國的僧侶都稱為尊者，竺法護尊者是在公元二百八十六年譯的，譯的經名為《正法華經》，一共十卷二十七品。鳩摩羅什法師的譯本，公元四百零六年，在長安逍遙園譯的，長安就是現在的西安。那就叫《妙法蓮華經》，七卷二十八品。到了隋朝的時候，闍那崛（掘）多和達摩笈多，他們在西元六百零一年譯出的是《添品妙法蓮華經》，有的說七卷，或者分成八卷，也是二十七品。

二個就是傳譯的注釋，有很多的大德給《法華經》寫注解、作解釋，使後人能夠學習、能夠進入。《法華經》的經本，或者是印度的梵文，或者是西藏的藏文，或者是中國的漢文，一共有十七種。漢譯《妙法蓮華經》，漢譯不是專指漢朝，而是指大漢，有別於西藏，有別於日本。

我們現在所受持學習的，是依鳩摩羅什法師翻譯的七卷二十八品。不過，《妙法蓮華經》翻的最好的是鳩摩羅什法師的譯本，流傳的非常廣，所以一般學習《法華經》都依著鳩摩羅什法師譯本學習。

《法華經》的注疏

同時，我們的漢譯本傳到朝鮮、傳到日本，日本的日蓮宗以《妙法蓮華經》為主的。到了晚近期間，《法華經》又翻成法文、翻成英文，現在歐洲也有了。最早的注疏是在印度的時候，世親菩薩給《妙法蓮華經》作過注解，注有很少，只有兩卷。鳩摩羅什法師翻譯以後，注解就多了，一代一代作注解的大概有二百多部。南朝的宋國竺道生法師，他注的〈法華經疏〉有二卷。光宅寺法雲法師注的有兩卷，那叫〈法華經義記〉，有八卷。

智顗法師的〈法華三大部〉就是智者大師，他注法華三大部〈法華玄

〈義〉、〈法華文句〉、〈摩訶止觀〉來解釋，其他分科我們就不再講了。以下先講講二十八品經文的大意。

二十八品大意

第一品是〈序品〉（或作〈敘品〉），敘述佛在靈鷲山的時候，先說《無量義經》。說完《無量義經》，佛就入了三昧。在三昧當中，顯現種種瑞相，顯瑞相的目的，表示佛要說《法華經》的緣起。

第二品〈方便品〉，〈方便品〉是佛從三昧起，告訴舍利弗說：「唯佛與佛，乃能究盡諸法實相。」不被一切諸法的相所迷惑，才能夠達到諸法的究竟實相。佛說完，就沒有再說。那麼舍利弗因佛說諸法實相的涵義，舍利弗就請佛說，開示佛的知見。

第三品〈譬喻品〉，舍利弗第一次請，佛沒有允許，舍利弗又第二次請，又第三次請。經過舍利弗的三請之後，佛才說明「開示悟入，佛之知見」。怎麼樣開佛的知見？怎麼樣示佛的知見？把一切的有緣者都能悟入佛之知見。同時佛又跟舍利弗說：「佛法唯是一乘。」說二乘、三乘都是方便善巧，不是真實的，說二說三都不是究竟的，也不是真實的。就是一法，真實實義，在第三品〈譬喻品〉是這樣講的。

第四品〈信解品〉，〈信解品〉的當機眾是須菩提，摩訶迦葉聞佛所說的法生大歡喜。佛以長者窮子作譬喻，等他領會了佛的涵義，生起信解，才能夠深信理解，這是〈信解品〉的大意。

第五品〈藥草喻品〉，佛說的三草二木，三草呢？小草、中草、大草，拿這個作比喻。二木呢？小樹、大樹；拿這個顯示眾生的根機，有大有小、有厚有薄，這是根機不同的。那麼佛就隨著眾生的根機，他能夠領受什麼樣的法，就給他說什麼樣的法。這就是應機說法，是〈藥草喻品〉所說的大意。

第六品〈授記品〉，佛給摩訶迦葉、舍利弗、須菩提、迦旃延、大目犍連授記，授記就是說他們將來一定能成佛，這就是〈授記品〉。

第七品〈化城喻品〉，佛說往昔大通智勝如來，他有十六個兒子，也就是十六位王子；同時與在會的大眾說這個化城！化城就不是究竟的，顯示說的小法，這叫方便法門。漸令入佛道，以後才能漸漸領悟佛的智慧。

第八品〈五百弟子授記品〉，那就是富樓那、憍陳如五百位大阿羅漢，佛也給他們授記將來成佛。

第九品〈授學無學人記品〉，有學位是沒證得阿羅漢果的，無學位是證得阿羅漢果的，都給他們授記。這些二人以阿難為代表。阿難、羅睺羅、有學無學的大眾，二千人，佛都給他們授記了，未來成佛。

第十品是〈法師品〉，專指著解說《法華經》的法師，當機眾是對藥王菩薩說的。凡是聞《法華經》的，乃至聽人家講解，他讚歎隨喜。或者把《法華經》的經文給人家解說，凡是有種種功德的，都是〈法師品〉所說。

壹、緣起分　四、分科判教

93

第十一品〈見寶塔品〉，過去古佛多寶佛，從地涌出。佛在說《法華經》時從地裡涌出，讚歎釋迦牟尼，演說《法華經》。

第十二品〈提婆達多品〉，提婆達多，大家都知道，他是身陷地獄，破出佛身血。但是《法華經》〈提婆達多品〉，佛也給他授記，授記他當來成佛。同時文殊師利菩薩在龍宮，宣揚《法華經》，龍女獻珠成佛，她把龍珠獻給佛，當時就成佛了。龍女即身成佛，這是第十二品。

第十三品〈勸持品〉（或作〈持品〉），藥王菩薩、大樂說菩薩跟一切大眾，跟已授記的這些阿羅漢、有學無學，廣演說《法華經》。摩訶波闍波提以及耶輸陀羅等女眾，全部得授記成佛。

第十四品〈安樂行品〉，佛告訴文殊師利菩薩《法華經》的安住四法。哪四法呢？身安樂、口安樂、意安樂、誓願安樂。身業安樂，說身離一切權貴，一切世事，這有十種事。口業安樂，說輕慢、讚歎、毀呰等法。意業安樂，離嫉妒，離諂曲，無有過失，修養自心。這就是身、口、意三業。還有誓願安

樂，為什麼經常說發願呢？因為願跟身口意同行的，發願令一切人，一切眾生都能夠入於法華三昧，都能夠聞到《法華經》，修習《法華經》，修攝自己，這叫「四安樂行」。

第十五品〈從地涌出品〉，諸多菩薩、菩薩眷屬，從地顯現，向多寶佛塔，向釋迦牟尼佛禮拜。會中突然間出現這麼多大菩薩，佛就跟彌勒菩薩說，這些菩薩眾都是佛在往昔，於娑婆世界所化度、發菩提心、行菩薩道的菩薩。

第十六品〈如來壽量品〉，佛因彌勒菩薩的請求，說久遠劫前，佛早已成佛。這個久遠哪，沒有時間性的，不是千百萬億了，而是無量劫前，佛早就成佛了。釋迦牟尼佛跟彌勒菩薩成佛不是現在才成佛的，在久遠久遠劫前已經成佛，壽命是無盡的、無量的。為了教化眾生，示現涅槃，示現出生，示現八相成道，那就把釋迦牟尼佛看成了八十歲，如果這樣來看壽命，那是錯誤的。《法華經》上說，佛的壽量是無盡，無量無量劫前早已成佛了。

第十七品〈分別功德品〉，說當時與會大眾聞法受益，不論任何人，聞

到《法華經》，他所得到的好處無量；或者「後世」，我們的「現在」就是經文中的「後世」，凡是授持讀誦《法華經》的、書寫《法華經》的、講說《法華經》的，功德無量。

第十八品〈隨喜功德品〉，佛告彌勒菩薩說，聽授《法華經》種種功德，讚歡隨喜，隨喜的功德都無量。

第十九品〈法師功德品〉，這是佛對常精進菩薩說的。凡是能夠受持、讀誦、解說、受持、讀誦、解說，這些法師功德無量，並不是說一定要給人家講解，只要你能念《法華經》，你也是法師。常時念，這叫受持；偶爾念，也算是讀誦《法華經》的。受持、解說、讀誦的功德無量，這是佛對常精進菩薩說的。

第二十品〈常不輕菩薩品〉，常不輕菩薩的故事，是佛對得大勢（大勢至）菩薩說的。常不輕的意思是常被人家輕慢，他被人家輕慢的時候，他能忍受，這是修忍辱般若波羅蜜修成就的。

第二十一品〈如來神力品〉，佛於大眾之前，現起的神力跟著大眾說，

如來滅後，說我不在世間了，寂滅已，入了涅槃之後，凡有對於《法華經》受持、讀誦、解說、書寫，或者如說修行，以如來神力加持《法華經》住世。

第二十二品〈囑累品〉，佛以右手摩大眾頂。摩頂作什麼呢？凡是當時在法會的，佛用右手徧摩其頂，沒有一個眾生沒有摩到的。囑託他們廣宣《法華經》，使《法華經》長久住世。

第二十三品〈藥王菩薩本事品〉，佛告訴宿王華菩薩，關於藥王菩薩往昔聞法供養日月淨明德佛的本事。同時受持法華藥王本事，藥王菩薩是專受持《法華經》的，說他的功德是命終之後生得安養。我們從《法華經》、《華嚴經》都提到極樂世界，也叫安樂世界。凡是任何佛的世界都叫安樂世界，這是廣泛的說。

第二十四品〈妙音菩薩品〉，佛告華德菩薩說，關於妙音菩薩過去，供養過雲雷音王佛的因果和處處現身，說《法華經》的本事。這一品引證這些過去的菩薩來作證。

第二十五品〈觀世音菩薩普門品〉,這是佛給無盡意菩薩說,解說觀世音菩薩,為什麼叫觀世音?名號的因緣,他的作用,乃至於觀世音菩薩三十二應所有的功德。你誦《法華經》的觀世音菩薩這一品,普門深入,就等於誦《法華經》一部,功德無量。

第二十六〈陀羅尼品〉,藥王菩薩他們都說個咒,護持講說《法華經》者。

第二十七品〈妙莊嚴王本事品〉,佛說妙莊嚴王以往古世,為他的兩個兒子所化現的本事。

第二十八品〈普賢菩薩勸發品〉,普賢菩薩問佛,如來滅後,如何才能夠使《法華經》流傳不斷?佛就告訴普賢菩薩,植眾德本,入正定聚,發救度眾生之心的四法,當得法華。普賢白佛,「凡得此經者,必得守護。」誰要是受持《法華經》,普賢菩薩就守護他。所以《法華經》、《華嚴經》,都是得到普賢菩薩的行願加持。

這是大致把《法華經》的二十八品大意說一遍,沒有講經之前,先玄遠的

法華三大部

提一下。

我們平常說〈法華三大部〉，哪三大部？這三部是智者大師說，傳道、學法、行法，有三大部來解釋《法華經》。

〈法華玄義〉只說教相，〈法華文句〉就是注解，隨文解釋。每句話都有的，這是解釋法華的經文。入了《法華經》經文，這叫文句解釋。

〈摩訶止觀〉，說你的心應該有定有慧。依著《法華經》說，經文所教導的，分出來止和觀。止是心之止，觀是心之觀。止是定，觀是慧。說這個教理，《法華經》的教跟他所顯的道理，就在你一心顯現，這不是修觀，而是修慧，修止是修定。是大定大慧在你一心，這是天台宗的教義。天台宗的教義之理，都依法華而定。

法華三大部裡頭的注解相當豐富。〈法華玄義〉有十卷，講五種玄義。〈法華文句〉，解釋《法華經》二十八品的要義，隨文作解釋。〈摩訶止觀〉，有十卷，說你要依著《法華經》修行，怎麼修行？學〈摩訶止觀〉，就叫大止觀。這是天台三大部。

摩訶止觀

〈摩訶止觀〉是智者大師的禪觀思想，這是實踐的。智者大師對於止觀的分析解釋，有以下幾種。

第一種是「圓頓止觀」，這是智者大師在湖北荊洲玉泉山說的圓頓妙觀。「法」就是告訴你的方法。這方法都是說你初發心想要修行，就觀諸法實相。說什麼方法呢？從你六根六塵六識入手，佛在《法華經》上講的，開、示、悟、入佛之知實相，就觀他那一心的真心。他們的實相是什麼，觀他的

見。那怎麼開？怎麼顯示？怎麼悟？怎麼入？在你修煉當中，開佛知見，佛怎麼開？佛怎麼看問題，我也怎麼學著怎麼看，那就開佛知見了，隨文入觀。開佛知見了，就得到無生法忍。這叫「摩訶止觀」，大止觀，開佛知見。證得了就是入，悟入了佛的知見。開佛知見，證得無生法忍。但是開佛知見，必須得證得無生法忍，如果這種智慧達不到，還有漸次止觀。這個止觀叫「圓頓止觀」。

第二種是「漸次止觀」。「漸次止觀」是智者大師在南京柏楓寺說的，「圓頓止觀」是智者大師在荊洲玉泉山說的。「漸次止觀」說你先受了三歸五戒，漸漸從淺入深。由凡夫達到聖人，那次第修學吧。不是光受了三歸就完了，還要觀念三歸。這是初步。這是禪波羅蜜的次第法門。「漸次止觀」，從你受三歸起。這是修禪定、修觀的修行功夫。這是六度的禪波羅蜜，禪的次第法門。

第三種是「不定止觀」。說隨各人的根性不同，修習的時候，也不局限修哪一定。前頭跟後頭的互相攝入，能大能小的。這就開始修〈六妙門〉。〈六

妙門〉單有一部書。這種是妙，說妙說是你修行的時候，入到妙境，這個有時候就叫〈童蒙止觀〉，剛開始發蒙，修止觀的方法。

智者大師，他哥哥比他出家還早，但修行的方法不行。他哥哥入定入不了，智者大師就給他哥哥說小止觀。他哥哥叫陳鍼，依著小止觀的修行方法，對於身心健康很有效果的。〈六妙門〉是〈摩訶止觀〉一個大概的要領。這是下手的功夫，也就是數息的下手功夫。這是天台宗最初學佛修定的法門。

五重玄義

不論天台、賢首，沒有講經之前，都會講玄義。一般的說，天台有五重玄義。第一個「釋名」，先說這部經的名字。名必具體。第二「辨體」，辨別他實體。第三「明宗」，說這部經他的宗旨是什麼？第四「論用」，顯他的用處，用就是修行成道，用於成佛。第五「判教」，賢首教相為五教教相，小始

終頓圓；天台教相為四教教相，藏通別圓。

《法華經》的五重玄義，先大概解釋一下。

第一，釋名。《法華經》這部經的名字，《妙法蓮華經》經題是什麼意思？法是法，法華就指著法說的。妙法，妙法是指著法說的。法就是妙法呢？比喻蓮華，拿蓮華作妙法的比喻。此經講十界、十如，這裡頭有權有實。權是方便善巧，實是顯示佛的究竟本性，顯佛體。這權實之法，都是想像不到的、意念不到的，就叫妙，妙不可思議。法，不能契入，假譬喻來契入。妙法，有的是權巧方便，有的是實義。

蓮華跟別的花不同，開華的時候就結果。蓮蓬啊，華開就結果，花果同時。《妙法蓮華經》也如是。這部經的題目是以什麼為名？以法和喻，以妙法蓮華譬喻，這叫《妙法蓮華經》，法喻為名。

第二，辨體。什麼是他的體？實相。實相為體。經講實相，講中道。就自己體性，佛性。這部經的名字就是以法為喻，以喻顯法。法喻就是《法華

經》的名字。妙法蓮華，妙法是法，蓮華是喻。中道實相就是《法華經》的妙體。實相爲體，實相是無相的。我們說的佛性是性起的。爲什麼要講「緣起性空」？這個體是以性空爲體。性空又名實相，又名眞如，亦名一眞法界。在《華嚴經》叫法界，也就是實相。《法華經》所講的因果，不是一般的因果，不是世間相說的因果，一乘因果，一乘就是實相。

第三，明宗。宗是主要的涵義，修實相之行，修行，這叫因。證得實相的理就叫果。一乘因果，是《法華經》的宗旨。

第四，論用。用是什麼？讓你生信斷疑。生什麼信？信我能成佛，人人都可以成佛，不要懷疑。學完《法華經》，就得佛授記。這就是《法華經》的利用。以大乘一乘的妙法，開示一切眾生，在「跡門」跟「本門」叫你斷了懷疑，不要懷疑，我能成佛。這叫實悟信心。生起實信，信實相。「本門」，是斷近的懷疑，生起遠的信仰，發菩提心行菩薩道。在《華嚴經》就是十信門，斷疑生信，就是《法華經》的用。讓一切聞到《法華經》的人，不再

生懷疑，相信自己一定能成佛。

第五，判教。五重玄義有無上的教理，教相。印度說法都用牛奶作比喻，醍醐是牛奶的上味，就是醍醐為教相。乳啊，酪啊，牛奶啊，以奶字為意。說《法華經》是純原獨妙，或者叫極妙。比喻佛四十年所說的法，是偏小之教，不是獨願的大乘，這個教叫醍醐上味。也不是牛奶，也不是熟酪，叫醍醐。

解釋《法華經》的名字有時候略，有時候簡。就我們此部經《妙法蓮華經》，「妙法」就是法，「蓮華」是比喻，就是法喻為題。「經」是通稱。凡是佛所說法的都叫經。經是常義、不變義、貫串（穿）義，那涵義就很多了。

五、釋經名

現在我們單講此經的經名，「妙法蓮華」。

先講「妙」，一般講妙，有通妙和別妙兩部分，一切法都妙，但是《妙法蓮華經》的妙不同。一般普通解釋的妙，相待的，有相待的，有絕待的。《法華經》的妙是絕待的，不是相對的。一般的妙是相對的，相對的妙，妙跟權。絕對的，沒有權，光是獨妙。在一般的教義裡頭，絕待的妙沒有什麼方便善巧。相對的妙，就是假設方便善巧來顯的妙。絕對妙不假方便，直暢如來的本懷。這叫絕對的妙。《法華經》就是絕對的妙。

十種妙

這個解釋就很多了，共有十種妙。第一個妙是「境妙」。境界就是外相、境界相，「境妙」。「智妙」，智慧不可思議。這個我們恐怕有些人都懂，但是智慧是什麼樣子？舉不出例子也拿不出，說這個人智慧大，那個人智慧沒有。怎麼樣來辨別？知的多，什麼都瞭解。那智慧就大，什麼也不瞭解，沒得

智慧。

修行也妙。「境妙」「智妙」，境對智了。修行，修個止觀，妙在什麼地方？自己要想一想。

「位妙」，初地跟二地，二地就妙，初地不妙。三地四地，三地就不妙。後後勝於前前，越往後越妙。功夫在修行的時候，就「行妙」。「位妙」、「三法妙」、「感應妙」，你有感應，他沒有感應。感的時候跟菩薩在應的時候，這也不可思議。「神通妙」、「說法妙」、「眷屬妙」、「利益妙」，都加個妙，以下我們一個一個講。

第一個妙是「境妙」，什麼叫「境妙」呢？就是把佛教所有觀理，一真法界，妙明真心，真如，這都是境。真理之境，很微妙。你說十二因緣法，十二個都叫妙。苦集滅道四諦法，也都叫妙。三諦，空假中三諦；二諦，真俗二諦；一諦，在一諦的範圍內，什麼諦都具足。乃至於無諦，究竟了。這十個境界相都叫妙。

第二個妙叫「智妙」。說修行的人，他能契合各種的真理。只要思想運用的時候，隨他智慧的大小，對境生心而起的妙用。念一句阿彌陀佛也是修行，這個行，妙。為什麼呢？他念的阿彌陀佛跟你念的阿彌陀佛不一樣。修行的用功的功力不一樣，看你智慧大小。

第三個妙是「行妙」，有的人念佛，佛即是心，心即是佛。阿彌陀佛就是自己，自己念自己。這叫妙。你念那是阿彌陀佛極樂世界佛，想到佛，在佛的方面是妙。這叫智慧的不同。說你懷各種的智慧，實踐的去用功，或者是修定，或者是學法，智慧跟境兩個結合在一起，那妙了。特別是修密宗，要觀想，智與境，密切的相關。

智慧是顯理的、觀想理的。如果智慧很妙，那得靠境界來顯，境界來顯你智慧的妙，以能知觀於所知。關於智妙，在這個藏教裡頭講「七智」。藏教來講智慧講七智。世智，世間的世智辯聰，這世智。五停心、四念處，這個是智慧。四善根指的是善根智。四果智，初果二果所生的智慧。辟支佛智，菩薩六

度智、體法聲聞智。這分為四組，這一組是七智的。

通教的，大乘了，通大通小。說通，通大乘。這個講五智。這智，體法知佛智，體法菩薩入真實方便智，體法菩薩出般若智。

別教十信智，三十心智、十地智、三十地智、藏佛智、通教佛智，這是別教佛智。圓教四智，圓教五品位、弟子智、六根清淨智、等覺菩薩智、妙覺菩薩智，叫智妙。

「行妙」，包括佛教所有的修行，也就是實踐的種類。智者大師分別論述這四教，藏通別圓，修行的方法不同，定義跟內容也就不同了。但是重點在別教跟圓教的五種修法，說聖行、梵行、天行、嬰兒行、病行。

聖行呢？我們修的戒律，成聖的聖行，凡是我們所講的戒律法都叫聖行，那就指的止觀方法，各各不同。禪定修法共同，是定的聖行。從三歸五戒到八戒，到比丘、比丘尼戒，那是戒的聖行，各種淨律修行。戒的修行就是持戒不犯，不犯就是修行。

那定的修行呢？各種觀法，修觀，習禪定的就叫定行。慧的聖行，修智慧、讀誦、解說。讀誦解說，頌詞都叫聖智慧的。生滅四諦，無量無作的四諦。讀誦解說，這叫四聖諦慧。這是慧力的不同。

別教菩薩的慧，那不同了。可能獲得二十五種三昧，破三界二十五有。破了有我性，變成佛性，把我性破了，變成佛性。清淨梵行，我們讀〈梵行品〉就知道了，慈悲喜捨，福德莊嚴。

天行，說菩薩發真意，發起自己的本有真性，這叫天行。本有真性，天行是自然意，本有的體性，真性是本具的。感你修習得來的智慧，因修習、因佛經，學佛道而得聽智慧，這個智慧又不同。

病行，凡是行貪瞋癡的利益眾生，這叫病行。或者行逆行的，逆行是怎麼行的呢？破戒，那是病行。總的說來，「眾生病故我病」。菩薩道是這樣講的，無緣大悲，無緣大慈。因為眾生病故我病。在《維摩詰經》上說，什麼叫病啊？「眾生病故我病」。你下地獄，下地獄度眾生，那都叫病行，跟眾生處

的一樣的行為。本來他沒得病，因為眾生病故，他示現病也病了。這都叫病行。這叫緣五行的菩薩。這就叫一行，什麼行呢？如來一行，其他的都叫方便善巧。

我們所說的戒都不是佛戒，佛也有戒，佛什麼戒呢？寂照，寂者是定，照者是慧。定慧均等。真諦俗諦中諦，這種的三昧，這是佛以慈悲救度九界眾生，得入佛的法界，代表著俗諦三昧。這是佛的戒。

圓天行，圓滿的天行。十法界，寂滅，中道，王三昧，這叫佛的天行，圓天行，就是中道王三昧。

嬰兒行，這是雙照雙泯。九法界的善性是什麼樣子？體現到真諦俗諦中諦三昧。病行，菩薩在九法界度眾生的時候，示現病行。眾生作惡，你要度他，你給他示現病行，這體現俗諦真諦中諦，這是三諦三昧。

第四個妙是「位妙」，佛教修證裡頭，把修行的果位分成三草二木，三草二木，從低到高，次第而上。根據你修行的層次不一樣，那你所得到的果位

當然也不一樣。三草二木的小草，小草就是行十善、持五戒、受三歸、欲界四天。無色界的三十三天，持五戒，修十善的位置，就叫小草。上草，上藥草，三藏菩薩位？二乘，齊賢位、齊聖位、齊辟支佛位。這叫中草。上草，上藥草，三藏菩薩位。釋迦牟尼佛，經歷三大阿僧祇劫所修的位置。初發菩提心，起了慈悲誓願，完了又修六度波羅蜜，觀察四諦法，直至道場，成就阿耨多羅三藐三菩提。這都是佛的上草，以上是三草。

二木，小樹就是小乘中乘大乘，通三乘。聲聞緣覺菩薩法，共有的位置，屬於小樹。大樹，在別教的位置，五十二個菩薩位。大樹，行菩薩道，把十信加上，十信、十住、十行、十回向、十地、等覺、妙覺，這叫大樹，拿樹來形容。

第五個妙是「三法妙」。依著「真性軌」，定慧均等修，就是定慧均等，把定慧修成大乘。這就是諸位之法的妙，三法諸位妙。說三法成大乘。

「真性軌、觀照軌、資成軌」，真性軌，加上觀照的功夫，修定的功夫，三個合起來謂之妙，也就是法妙。境、智慧、行，修得，關閉對境，一切現

相。一切相以智慧觀照境去修行所成之德，叫「三軌」，性德本具的。依眞理為境，「眞性軌」契入眞理，這是「資成軌」，也是法妙，解釋法妙的。修行成了這個果位，就是性德的三軌，這是對佛性來說的。眞性歸道是正覺，正因的佛性。眾生本來就具足實相眞相，實相的眞理，本來具足的。

「觀照軌」，照是慧。觀是定，止觀雙運，觀照啊。這個是了因佛性。說正因佛性，了因佛性。眾生本來具足有的，說證悟了，實得了實相的智慧的能力，了因佛性。

「資成軌」，緣因佛性，是眾生潛在的功德、積累的能力，能使眾生本具的實相眞理得到顯現，成就佛果，這叫緣因佛性。

因，本具佛性。緣，促成你的實相顯現。這叫三種軌。這個境界是眞理的境界，智慧和實踐組成的。這叫「三法妙」。

第六個妙是「感應妙」。我們都求感應，感應就是諸佛加持力。這種就

是聖人和凡夫，聖凡的關係。聖人有神通力，凡夫也有力量，什麼力量？業障力。那佛菩薩的神通力把我們的業障力給你感變，轉變了。這種力量是不同。這叫「感應力」。

諸佛菩薩是感，在眾生是應。「感應道交難思議」，感應道交。但是在佛說無緣大慈，為什麼未成佛果先結人緣？跟佛沒緣，沒緣慈悲也要度你。就是這個涵義。

同體大悲，我的性體跟佛的性體是一個。我這個機本來就具足，跟佛同體，能夠感佛來應。當眾生在惡的當中，他能有一念的善生起，佛就以無緣大慈來度他。雖然沒緣，但是生起善念，佛以神通力感召。因為同體大悲，佛就來度你了。佛成佛了之後，要救度眾生。救度眾生得有機、得有緣，應機示現。但是沒有緣，眾生生起的善根，他這個善根的善念，就拿他作為緣，感得佛來應。這叫感應。感應是雙向的，不是單向的。我們求，佛來應，這是雙向感應，但是這種感應是微妙的。

第七個妙是「神通妙」，神通妙是不可思議的，化他有情的境界相。佛，或者是大菩薩，運用他的神通，以他的身或以他的口輪說法。或者以他的意念能夠幫助眾生摧伏你的惑業，加深你的修行力量。這力就是佛的感化、教化的功用。現在我們都在求佛的神通妙，求感應當中。

第八個妙是「說法妙」。佛說的「十二部經典」（分教），這十二部經典是佛說的「方廣」，「未曾有」等。那十二部，不是指經書十二部。這總括了一切的佛法，佛說的法是對治四種緣。什麼緣呢？下根、中根、上根、上上根，你是什麼根器，跟你說什麼樣法，給你說十二部，或者「方廣」、「未曾有」，就說這些法。藏、通、別、圓，四種不同的緣，說的法也不同，說的法是妙法，喚醒眾生，讓眾生能夠學習，能夠悟入佛道。

第九個妙是「眷屬妙」，所有娑婆世界的眾生都是釋迦牟尼佛的眷屬，佛如是說。這個就妙了。娑婆世界眾生都因釋迦牟尼佛的說法而能領受道義，因受道而能成就佛的眷屬。現在我們都是佛的眷屬，受了三歸的都是佛的眷屬。

但是有近因、有遠因。我們算是近因的眷屬,是理性的。還有業生的,現在我們一天造業,造什麼業呢?淨業。念佛,乃至上殿過堂,這一切的行為,我們在修佛的聖業,這是業生的眷屬。願生的眷屬,大家都發心想成佛,發這個願,現在我們有很多人是阿彌陀佛的眷屬,在娑婆世界發心,要生極樂世界去。那你念念這樣想,你就是阿彌陀佛眷屬。還有神通眷屬、感應力的應生眷屬,共有這五類眷屬。妙是不可思議的。用語言表達不出來,用語言也說不清楚。那是眷屬的微妙。

第十個妙是「功德利益妙」。總結起來,釋迦牟尼佛所說的法教化眾生成就的,怎麼成就的?釋迦牟尼佛教法,我們學釋迦牟尼佛教法。我們不就是他的眷屬嗎?這就是成就的眷屬。我們就感佛恩,感佛恩報佛恩,沾到佛的雨露,雨露滋潤,所以成為釋迦牟尼佛的眷屬,能受很多的利益,把三界二十五有轉變了,不受三界二十五有,作佛的眷屬。但是我們因花開放,成就果德三昧的真諦俗諦中諦,三諦加持力,就是中草盆。俗諦三昧五同盆,上草

《法華經》之體

壹、緣起分 五、釋經名

益，神通眷屬。真諦三昧起法益，小樹，小樹的利益。俗諦利益感六通、諸佛菩薩六通，是大樹益。中道三昧，應眾生的利益。這是「跡門十妙」。

「本門十妙」，本具有的妙，「本因妙」、「本果妙」、「本國土妙」、「本感應妙」、「本神通妙」、「本說法妙」、「本眷屬妙」、「本涅槃妙」、「本壽量妙」、「本利益妙」。

為什麼要講這麼多？現在佛學院、在外面講經，諸位法師現在要說一說呢？這都取消了，以往我講經的時候也把它取消了，認為這個很好懂，知道一下子、瞭解一下，對我們還是有好處的，所以懸談一下。懸談是沒有講經之前，說些大概的意思。有的法師認為懸談是廢話，跟經毫不相干。其實懸談都是經上的義理，本來就是一事，互相關連的。不管大家的感覺如何，我還是跟大家懸談一下。

上來所講的《妙法蓮華經》是講名，名必詮實體。《妙法蓮華經》的體是什麼？是以實相為體。《華嚴經》是以法界為體，《法華經》以一實相應為體，不是假相，而是實際中道義。實相的體是什麼形相？實相的體是空。《法華經》也以空為體，空中具足假，具足中道。空即是假，也即是中道。三為一體，空、假、中三相圓融，三個是三個嗎？即是一個嗎？不是一個。如果不是一個，那就是空、假、中三個？也不是三個。三即是一，三個就是一體實相的意思。一體而分空、假、中三觀，但是實相體，只是一法。這一法所包含的道理、義理，說他的實體功用，功用不同。空中顯有，這個有不是真有，而是妙有。但是這個妙有，所有的相是真善美的，是實際的。實際的是畢竟空義，有時候說涅槃，有時候說如如，佛性是空的，如來藏心是實的，在這個非有非無之中，顯的是第一義諦。微妙不可思議的種種名相，這些是佛隨緣而說一切法的結果。因此，說實相義是依著圓教義而說的。實相不僅是《法華經》之體，也是一切經之體。因為它包括一切法的真實相。世間的一切生活，乃至一切世

118

《法華經》的妙用

宗旨是什麼？明宗，辨明顯體名宗。體與宗，不可分的，體即含著宗旨，宗旨即是體。讓人人都證得實相，返本還源，這就是他的宗旨。但是智者大師把體跟宗分開來作解釋的。要支撐一個房子靠柱頭，沒有柱頭，沒有大樑，這間屋子空不起來了。有樑才能顯空，空是因有樑柱而顯空。《法華經》也如是。以理，以法性的理體，讓人人都去證得這個理體。空必有作用，怎麼樣達到空理，空能顯作用。就這樣想，屋子能顯出樑，顯出柱頭。因為《法華經》的宗旨，是讓一切眾生都能契合於此理。什麼理呢？實相。

間法。世間法不違背實相，實相也不違開實相來作體。因此而總說一切諸法，粗法、妙法、大法、小法，所有圓融而無礙，這就叫妙法。這就是《法華經》之體。

其次，明宗就是論他的用，《法華經》的妙用是什麼？那你要觀察一下，《妙法蓮華經》的目的是讓一切眾生成佛。佛是果，在這個法的當中，讓一切眾生都能夠翻迷成悟，讓一切眾生都能證果。這就是《法華經》的用，讓一切眾生都成佛，這就是《法華經》的用處。

但是得從根本起。什麼是根本呢？跟《華嚴經》一樣，得建立信心，斷疑生信。說你都能成佛，你不信啊，不信沒有了，因為你懷疑，懷疑怎麼成得到。當你一學《法華經》的時候，你給自己定個標準，我學《法華經》的目的是為了成佛，那就是用。用此經的教義，達到斷惑、證得實相的真理，這就是《妙法蓮華經》的用。

《法華經》的教相

釋名、辨體、明宗、論用、判教，以下開始講《法華經》的教相。四教：

藏、通、別、圓，屬於哪一教教相啊？告訴我們了，這是圓教的。之後的頓漸秘密這三類當中，都是依教而起的，依著《法華經》的言教，使我們生起信心。這裡頭有漸有頓，《法華經》之前頭，諸經論都叫漸教。唯《法華經》是頓教。約人來說，得能信，信而能成。約人來說，哪類根機的人才是此圓教教相所攝的。這是明宗、顯體、判教。

五時八教

這是智者大師把佛教的經論，凡是佛所說的教法，加以分類解釋。最初一開始是序分。序分就顯理了，就是正宗分。三分，序分、正宗分、流通分，讓一切眾生都能明了，這個中間就分五時，分五個時間說的法。說的法，有教、有義，那叫五時八教。八教又分為化法四教、化儀四教。

五時是怎麼分呢？最初是華嚴時，第二是鹿野苑時，第三是方等時，第四

壹、緣起分 五、釋經名

121

是般若時，第五是法華涅槃時，這叫五時。天台宗講的四教四儀，化法四教，化儀四教，就是八教。藏、通、別、圓，這是化法四教，依眾生的根機來分教的、各各的時期不同。

智者大師把佛所說的教判定五時，五時所說的法，第一時說的華嚴時，這個我們講完了。佛成道了三七天開始說法，是三七日。從三七日說華嚴。同時智者大師再用譬喻說明，就像太陽剛出來，照的是高山。當時說教的內容，說的是圓教。但是圓教當中，兼說有別教義。哪些當機眾呢？說法的對象都是大菩薩。我們講《華嚴經》的時候，沒有阿羅漢，沒有二乘，沒有其他的眾生，都是大菩薩，專給大菩薩說的，那都是圓教成就的，都是研究生了。從佛教化的涵義當中，佛在這段說法的時候，說《華嚴經》的時候，全是自證。專說自證的境界，說的是佛的智慧，合乎當時那一類眾生的根機。

從說教的順序來說，最初說的是根本法。這是第一個時期。第二個時期，佛到鹿野苑度五比丘，鹿野苑是古來國王養鹿的處所。因為憍陳如五比丘，他

們是跟佛一同從宮裡出家修道的人。後來因為看佛接受牧羊女的供養，他們認為佛退了道心，不修苦行，就跟佛分開，自己到鹿野苑去修道。

佛在菩提場成道之後，說的華嚴會，這五比丘不聞不知，他們不知道的。

佛在華嚴會結束之後，觀機的時候，就到了鹿野苑給五比丘說《阿含經》，開始說第二時，叫鹿苑時期。鹿苑時說《阿含經》，四諦，苦集滅道四諦法，叫四聖諦，因為佛最初說法是在鹿野苑。菩提場，那是秘密境界，《華嚴經》是在人間，但不是人間境界。

《華嚴經》的菩提道場。我在一九四零年到西藏時，先到印度，又到菩提場。我是迷，不是悟。我還把它當成世間相去找《華嚴經》境相，普光明殿離菩提場沒有好遠，到了菩提場，菩提樹還在，金剛座還在，其他的什麼都沒有，想找華嚴境界，一點也沒有。《華嚴經》所說的境界，在人間不是人間。

在以前註解經上講的普光明殿，離菩提場是八華里，尼連河旁邊，那你去找去吧！哪有普光明殿？那是理上，不是事。從菩提場到鹿野苑大概一天的路

程，古來國王養鹿的地方，佛到這個地方說第二個時期。給他們說的是《阿含經》，都說的小乘法，叫《阿含經》的四諦法。

第三個時期，人間的時間八年之後，佛說的方等。在這個時候，這時候開始說《思益經》、《勝鬘經》、《維摩詰經》，大乘初期的經典。這個教法就是藏教、通教、別教、圓教，圓教第一個時期說的。最後又說圓教，現在我們說的《法華經》就是圓教。中間就是藏、通是通於四教，有藏教義也有別圓義。像《方等經》、《思益經》，這些都是通教。

藏教就是阿含時期。在第四個時期，就說般若，般若時期是在方等之後，這時候佛說法成道已經二十二年了。最初七日是說《華嚴經》，阿含十二年，方等八年，二十二年般若談。說般若時間最長，大乘般若的涵義，因為它能夠攝大也能攝小。

這是佛說法的次序。但是有時候判分的方式不一樣，智者大師將傳到中國來的佛典，判分為藏通別圓，化法四教；頓漸祕密不定，化儀四教。他把時期

分得很清楚，哪個時期說什麼經，哪個時期說什麼經，中間又有差別的。判教是這樣判的，佛在實際說法的時候，有時候有大根機的人，那佛就給他說圓教法。正在說大乘的時候，有的接受不了，那是二乘人，佛有時候也給他們說小教法。我們東土的祖師，大致是這樣分的。

《法華經》跟《涅槃經》說的是一佛乘，佛的一乘法。這跟《華嚴經》說的是同一個涵義。在四教說，法華最圓滿，究竟大乘，華嚴是圓有別，還有菩薩法；《法華經》說的都是佛乘。四教講是這樣的，這樣判的。華嚴的五教家就不同了。五教之說，唯華嚴最圓最滿，法華是轉小成大的，都是給阿羅漢轉成大菩薩的。其實，佛沒有這個意見，那是後來眾生的知見。

佛所說的法，「如來一音演說法，眾生隨類各得解」。看那根機啊，你聽到什麼法，聞什麼法，我們的智慧沒有，不要去爭哪個圓，哪個不圓了。我們把圓法都學成扁的，不圓了。讀完《華嚴經》，你還是生死裡頭，一天還中煩煩惱惱的。你學完《法華經》，「成佛的法華」，我們講《法華經》講的人不

但不是佛,學的人也沒有成佛。

學法的時候,不要產生知見,這是凡夫的偏見。學華嚴的,贊成華嚴,學法華的,贊成法華,學阿含的又贊成阿含,都說是最根本的。這是凡執,不是聖人,聖人沒有這種分別。分科判教的目的是為了什麼?為了你學習能夠進入,不是哪個圓,哪個不圓,端看你自己的根機。圓人受法,無法不圓,四聖諦也講成極圓滿。

四教也好,五教也好,律宗也好,法相宗也好,唯識宗也好,同一個目的,教化眾生斷煩惱。斷了煩惱,就逐漸成聖了。藏、通、別、圓,這是化法四教。還有化儀四教,化儀四教就是形式。法的形式,有一些規則、義理,這是佛教化眾生的內容。頓教,佛最初的時候,把內證之法直接就交給眾生,那就是華嚴所說的「頓超直入、立證菩提」,善財童子是一生成就的。有些根機不是這樣,以後就叫漸。頓漸是教化的內容,由淺而深,直至涅槃,這就是化儀,化眾生一個儀式的方法。也講阿含、講方等、講般若。從阿

含、方等到般若，從小向大，這都叫漸教，漸次而生的。

秘密教，咒語密教，像《法華經》成佛授記，那也是密。眾生的根機不同，因人施教。明明是說四阿含，但是有的眾生從四阿含他悟得了，那就叫秘密。悟得什麼了？悟得成佛了。般若也有這個涵義，三時說教，這就叫漸。

頓、漸、秘密，還有不定，化法的儀式。不定教是什麼意思呢？這個所說的密教，可不是一般的密宗，密教就是不同根機了，因人施法。有的他聞小乘法，成就大乘道，有的聽到大乘法，他沒有進入，只是了生死去了，類似這類意思，這叫秘密。藏、通、別、圓四教，互相通的，而是秘密的。

還有一個不定，眾生的根機不一樣，同坐一個法會裡頭，有的聽到佛給他講的是圓頓教，有的他聽到是，只是了生死斷煩惱。斷煩惱有淺有深，光是斷的見思煩惱，斷不到根本煩惱，那就小了。能夠一聞到法，就能斷到根本煩惱，斷到無明，那就是大了。大小不在法，在你眾生的根。所以叫不定教。

化法四教，藏、通、別、圓，化儀四教，頓、漸、秘密、不定，這是五時八

教。密教與不定教,這兩種有時候合起來,在一個法會當中,同時聽的法,得到的利益不同。同在一座經,同在一座法中,不同的,那叫秘密,這是不定的。這是個人的體會,聞著一句話,他體會的不同。這就叫秘密不定,化的方式而已。

藏、通、別、圓,化法四教。藏教就是小乘教,佛給三乘人,藏教、通教、別教,說的《阿含經》,這個時候只知道空的一面,不知道還有不空,空裡頭含著有不空的一面,他不能全領略,說空啊,他就光領會空,二乘人所說的空,二乘所證得的空,這個空理由分析而得到的,這是析空觀。析空觀,分析而得到進入空理。大乘根機他一聽到空,當體即空,不假分析,體無一切法,直接悟得體了。這是不空的一面。

圓人受法,說空、說不空、說圓滿,都是隨緣而已。他悟得性起,也就是我們講的緣起性空,悟得性起,就是這個涵義。有的菩薩他一聞到法,立證菩提,像善財童子立證菩提。還有《法華經》的龍女,也是立證菩提。

佛教化眾生的時候,經過三大阿僧祇劫所證悟的法,再加上他的實踐,他

所行證的東西，伏惑利一切眾生。這又分藏教、通教！藏教就指著四諦、十二因緣；通教，有聲聞、有緣覺、有菩薩，三乘同是通的，但是這個三乘大乘是初入門。大乘的初門，所以叫通，通大通小。那就觀一切法都是幻化的，幻化空，如化如幻，這樣觀空，不能夠體會當體畢竟空，空即不空，更體會不到。在菩薩上的頓根，頓根的菩薩只知道本具的佛性是畢竟空。但是，對度眾生，隨緣度眾生的時候又不空了。不空是眾生不空，菩薩知道空，從空出有。藏教的菩薩跟二乘人他們證的果都是一樣的。菩薩就能領悟深奧的妙義。深奧妙義是什麼呢？領會到後來的圓頓二教，不是藏通二教。別教是不共的，不與通教、藏教共，叫不共教，不共三乘法，獨為菩薩說。那叫一乘教。

像我們學《華嚴》、學《法華》，叫一乘法。前頭的叫三乘法。在這個時候，菩薩能悟得中道的道理，他對空、假、中三觀，注重於空觀中觀假觀，中觀為主。為什麼？空不離中，假也不離中，以中理為主。

我們講《華嚴經》，初信的菩薩開始之後，到初發心住了，到十回向三賢

位，就進入圓教了。雖然是三十位，初位跟第三十位是通的，層次略有差別，這都是取圓教的根機。圓教是不偏的意思，圓滿不偏。即不落於空，但是也不滯於有，叫空有圓融。

我們經常講迷和悟，圓教講圓融的，沒有迷、沒有悟。說他的本質，所具的佛性也沒有個悟，也沒有個迷，是約機來說的，約眾生來說的。法沒有區別的，說他真實的理，佛所證得的，所悟得的真實理地，那是顯佛悟得了，佛自證的境界相。感一發之於教，佛把自證相利益眾生的時候，那就區別了。空、假、中，三諦理。佛的自證理，教授眾生的時候，眾生接受不了，《華嚴經》能接受。佛看一下子眾生接受不了，所以才說十二因緣，說四諦，說菩薩乘，說六度，說般若，是這個涵義。圓教的菩薩，他一觀空的時候就知道空、假、中，三觀具足的觀，他一心觀空觀假觀中，三觀同時，所以叫一心三觀。一心三觀具足空觀、假觀、中觀。

這個不是次第的，對菩薩、對二乘人、對大乘說，那叫次第三觀。一心三

六、釋譯者

觀，次第三觀，還有一個圓融三觀。在四教當中講，藏、通、別、圓。藏通二教的，所證得的全是權，不是真實的，是方便的，權實之法不是真實法，非真實法。別教的教義，叫你從權入實，證真實法。圓教的教義單為證真實法，沒有開權顯實，這就是圓教的教義。五時八教，華嚴時，鹿野苑時，方等時，般若時，法華涅槃時。

現在我們講《法華經》是圓教，都是圓的，圓什麼呢？圓以上所有的藏通別。藏也是圓，通也圓，別也是圓，因為它們具足的體性是圓的。所以一切皆圓，沒有什麼二樣，由這個教義顯的次序不同，如是來說。這就是《法華經》五時八教的教，化儀四教，化法四教。這就是《法華經》的大意。《法華經》的大意跟《華嚴經》的大意，兩個不同的。不同點呢？那個是分頓、分漸的。《法華經》是佛把以前所說的都收攏來圓融的，讓你契入。

壹、緣起分 六、釋譯者

131

這部經是在什麼時候翻譯的？是誰翻譯的？以下就解釋譯者，翻譯這部經的人。鳩摩羅什法師在東晉的時候，翻譯這部經。因為這部經是佛在印度說的，是梵語。譯經師從梵語譯成華言。

鳩摩羅什法師，在印度是從事僧伽教育的。「鳩摩羅什」是印度話，翻成中國話的華言，叫「童壽」，龜茲國的人，他在印度的五種種族當中，是婆羅門族。他的父親叫鳩摩羅琰，棄了相位出了家，到各地弘法，到了中國新疆，國王不讓他出家，就把妹妹強嫁給他，讓他還俗。鳩摩羅琰沒辦法，就跟國王的妹妹結婚，生了鳩摩羅什。鳩摩羅什的媽媽也不是一般的人，不是凡夫，他媽媽證了三果。那弟弟同時生了鳩摩羅什、弗沙提婆倆弟兄。鳩摩羅什七歲就跟他母親一起出家。他從佛陀舍彌通學習〈阿毗達磨論〉，後來棄捨小乘、徧學大乘法。他學得最進入的是般若。

那個時候，前秦的符堅知道在新疆印度這一帶，鳩摩羅什法師很有名的，是有大智慧者，用現在的話說，在國際上很有名望的。那時候我們中國的高

僧，住長安的道安法師，他知道鳩摩羅什法師的學識道力是很高的。道安法師就勸符堅迎接鳩摩羅什法師，請他到中國來弘法。

符堅就派了鷹揚大將軍呂光去請，那時候不是你請就請得來，得通過戰爭，發兵到新疆攻打龜茲國，當然打勝仗了，把羅什法師迎請來。雖說是迎請，其實就是以兵力來強逼人家來的。他派的這位大將呂光根本就不信佛，他對鳩摩羅什法師一點也不恭敬。他把鳩摩羅什法師當成俘虜，所以他帶鳩摩羅什法師來的時候，拿一般人對待他，強逼鳩摩羅什法師跟龜茲國王的女兒結婚，也常常開他的玩笑。後來，符堅被刺死了，呂光就不附屬于前秦，自己叛變，在梁州自己稱王。他看不起羅什法師，也不信佛教。

後來姚萇在西安稱帝，他知道鳩摩羅什法師是位聖者，因為姚萇是佛教徒，就派人去請。但是那時候呂光跟呂光的兒子呂隆，嫉妒姚萇，不放鳩摩羅什法師到內地來。鳩摩羅什法師在這個地方也沒法弘法，就開始學華言，一直在梁州困守了十七年。等到鳩摩羅什法師年齡已經五十八歲，姚萇之子姚興就派

兵以國之禮把他請到了長安。那時候姚興的國號，叫姚秦弘始三年，羅什法師因姚興之請才到了長安，譯經地點叫逍遙園，就在逍遙園譯經場開始譯經。所有翻譯經典的譯師當中，玄奘法師、義淨法師、法顯法師是中國的法師，其中玄奘法師的翻譯最多了，但是弘傳最廣的大乘教義，還是以羅什法師翻譯的經典居多。中國的僧人，大多數都是讀誦羅什法師翻譯的佛典。

羅什法師五十八歲開始翻譯經律論，一共譯了三百九十餘卷。但是這裡頭遺漏了四、五部，羅什法師到中國來，在長安的弟子很多，號約三千賢聖，大約有三千人。同時羅什法師年紀大了，這些經翻完了，他感覺身體不大適應，四大不調，知道可能要圓寂。這個時候，他就跟大眾僧告別說：「我自己很愚昧，對於佛的經教譯傳，雖然譯七十餘部，還有《十誦律》、《廣律》沒有譯完，還沒有審定。雖然還想繼續譯，想是想，但是事實不可能了」。他就念《延壽經》，還請其他的大德幫助共同去念，沒有效果，知道不能延壽了，他就向大眾發願說：「我所譯的經卷，如果沒有錯誤的話，在我圓寂

之後火化,讓我的舌根,火燒不爛。」在他圓寂之後焚化,其他的部分都燒爛了,只有舌根儼然不壞,這就證明羅什法師翻譯的經論沒有錯漏。那時候他是在長安圓寂的。這就說明《法華經》的譯者是聖人。我們現在讀誦的這部《法華經》,是鳩摩羅什法師翻譯的。

妙法蓮華經講述（方便篇）

夢參老和尚講述
方廣編輯部整理

貳、說法由致分

敍品第一

現在我們開始講經文。歷代大德講經都有個次序，第一是序分，第二是正宗分，第三是流通分。這些大德講經論的時候最初是這樣立的，後來〈佛地經論〉傳到中國來，印度結集佛經也是按這三分來立的，東土跟西方是相合的。序分有兩種，一種是此經的別序，一種是一切經論都如是序頌。序頌的意思就是「如是我聞，一時佛在某處」，佛的遺囑也是這樣說的。在經前一定加

「如是我聞,佛在某處,哪些二大眾來參加會」,這個序分叫通序。每部經首都應當如是,這是通序。

佛所說的經都是由佛心演說的,必須有因緣請,佛才說。每部經都有一個發起因緣,也就是這部經的因緣,總的說叫序分。通序是這樣,別序就不一定。如《楞嚴經》,阿難尊者遇摩登伽女之難,文殊菩薩持楞嚴咒去救他,那個序就是別序。像《阿彌陀經》無請自說,佛自己說,沒人請,那是特別的,叫別序。

《妙法蓮華經》本經有七卷二十八品,本來梵文的譯本是二十七品,姚秦鳩摩羅什譯本依龜茲之文從〈見寶塔品〉分為二品,添立〈提婆達多品〉,共七卷二十八品。現在依經義上講,在正宗分之前都要序說一下,也就是開始的時候描述一下。

每部經的描述不同,因為因緣不同。放光現瑞,每一經佛都要放光,現個瑞相。這也是序。有菩薩或者當機眾請問,佛來答,這也叫序說,所以稱為

貳、說法由致分 敘品第一

序。說法依著次第，依著階位叫序。

品就是一卷一卷、一類一類。像我們講華嚴三品，〈淨行品〉、〈梵行品〉、〈普賢行願品〉，一類一類的，哪位菩薩作發起人說這一品，哪個菩薩又發起說那一品，這是品類不同。

但是，序中有通、有別。聞法的時間、地點、條件，大概是有別的、有通的。有時候在一個地點，有時不是一個地點。還有說法主，有時候說法主不是佛，但是佛作證。有時候說法是伴，伴為主，有時候聞法是伴，在問法的時候，伴與伴之間相問。

《法華經》第一品是〈敘品〉，述說此經的大意。說佛在靈鷲山，那時候有天神，八部鬼神，那是人間的神，也有天上的諸天，也有大眾的弟子，有菩薩，有聲聞，還有凡夫。

佛從眉間放大光明，彌勒菩薩就問佛放光明的涵義，佛還沒答，文殊菩薩就跟彌勒菩薩說，諸佛要宣說《法華經》之前都現這種瑞相。彌勒菩薩問，文

殊菩薩答，那是此經，佛在沒說之前，眉間放光也屬瑞相。

現在開始講〈敍品〉。

如是我聞一時佛住王舍城耆闍崛山中。

「如是」是信成就。為什麼表「如是」？說這一部經如是之法。「我聞」，「我」是代表阿難尊者，因為集結經典都是由阿難尊者結集的。這部經的法是我親自聽到的，「我聞」就是這樣子。這個法是可信的，不如是，就不可信。說可信，因為是我親自聽聞的。「如是」是指《法華經》這部經。阿難尊者說，這是我親自聽佛說的。

「如是」就是信成就，「我聞」就是聞成就，在〈大智度論〉卷二上這樣說。佛在入滅的時候，阿泥盧豆長老敦促阿難，「佛要圓寂了，你要問佛！以後佛滅度後，結集經的時候，經首該怎麼樣說？同時，佛在世以佛為師，佛入

貳、說法由致分 敘品第一

滅了,以何為師?碰見惡性比丘,怎麼辦?」一共有三問。

結集經的時候,經首如何安置,怎麼樣說?佛告訴阿難,「如是我聞。一時。」叫作「六成證信序」。信成就、聞成就、時成就、主成就、處所成就、眾成就,總合起來叫「六成證信序」。

六種成就一定可信,證明是佛說的法,就是「如是我聞」。信、聞、時間,說法主佛,處所王舍城,眾成就,這就是「六成證信序」。

過去有這種說法,心迷了就被《法華經》轉,心悟了就轉《法華經》,「心悟轉法華」,心迷就被法華轉。我想大家都是願意當悟者,不願意當迷者,就是轉法華。

我們開始正式講經文,每部經在起始都一樣的。大乘如是,小乘也如是。

佛說一切法,前頭有「六成證信序」,六種成就你的信心。

「如是我聞」,「如是」就是信成就,說這一部經的法,就是如是之法,此事此時是佛親說的,可以信的,是我親自聞到的。「我聞」大多數是指著阿

難說的，因為他是結集佛經的。佛說法，阿難都在，「我」字是指阿難自己說，「我聞」，我親自從佛那裡聽到的。

「一時」是時間，什麼時間？緣起的時間，一般說因緣和合了。佛說每一部經，對機說法，有這種機緣，佛就說這種法，所以時不定體。因為佛是智慧者，現在結集經的時候，時間該怎麼定？這部經的因緣成熟了，與會者、說者、大家和合，也就是因緣和合的時候。

佛，就是說法主，主成就，誰說的？法華道場是佛說的，不是其他人說的。在什麼地方說的？在王舍城耆闍崛山，也就是在靈鷲山說的。王舍城的解釋很多，這是中印度摩揭陀國的一個都城，那個國王把這座城捨棄，遷到別處去了，所以叫王舍城。「耆闍崛山」，華言叫「靈鷲山」。

與大比丘眾萬二千人俱。皆是阿羅漢諸漏已盡無復煩惱。逮得己利盡諸有結心得自在。

在山裡頭，聽的人是哪些人？「大比丘眾萬二千人」，那不是常隨眾。這個有一萬二千人，因緣成熟。「比丘」是印度梵語，我們翻「沙門」，或者翻「乞士」、「破惡」、「怖魔」都是比丘的別名。但是與會的比丘跟平常的比丘不一樣，都是阿羅漢，都是證果的。

「諸漏已盡」，斷了見思煩惱，不再墮落人天，不再墮落六道，不再漏落。「無復煩惱」，這是指枝末煩惱說的，他斷了見思惑沒有煩惱。專門利益自己，「逮得己利」，證得不生不滅，生死果報不再流轉。這僅是指二乘位說的。「無復煩惱」是指見思惑說的，說自利沒有利他，他得到了，自己利益自己。一切結使都沒有了，「心得自在」。因為他斷煩惱惑，心裡當然就自在，沒有見思煩惱就自在了。

「漏」字，我們現在都是有漏的。你造業還能不漏嗎？造什麼業就漏落什麼地方。現在阿羅漢說無漏是指著見思煩惱說的，塵沙無明、根本無明，他還不知道！就像我們一般人根本不知道自己所造業是惑，誰認為自己是造惑？沒

有這樣想法的。因為是佛說的，我們才知道。

「逮得己利」，就是斷欲界、色界、無色界的因果，這些有為法，他們都斷除了。「利」是指著什麼說的？用他的智慧斷了煩惱、證得的功德，他自己就具足這個利益。

同時還有哪個利益？「應供」。比丘的另一個名字叫「應供」，受人天的供養，那也得看他的福德，羅漢跟羅漢也不一樣的。有些羅漢去乞食，人家不給他。印度古來有那麼兩句話，「修福不修慧」，只修福不修智慧，「香象掛瓔珞」，沒有智慧，墮落到畜生道，但是他有福德。瓔珞珠寶，是指國王的象，不是所有象都那樣子。國王騎的坐騎就是象。印度那個時候坐騎以象為主，那就是有福的。「羅漢托空鉢」，雖然證得阿羅漢果了，出去乞食的時候，沒人給他。因此必須福慧雙修，這些三大阿羅漢都是有福有慧的。

「盡諸有結，心得自在。」二十五有的煩惱、結使的煩惱，他都沒有了，「心得自在」，不受三界輪轉。「結」，就是惑業的根本。二十五有生起的

因,三界二十五有都是有生死的。因盡了,果沒有了。業果沒有了,業盡了,不作這些惡業,所以他就沒有惡果。他也不作一些善業,這個善是指著人天的善,他也沒有了。「盡諸結使」,這樣就是他證果了。「心得自在」,都在定的當中,心自在又有智慧。但是沒有菩薩的利他智慧,自利的智慧都有,說他慧自在,心還不見得自在,不明心呢?那個心是指真心,所以才來聞《法華經》。都是哪些證得大阿羅漢果來聞法?

其名曰阿若憍陳如摩訶迦葉優樓頻螺迦葉伽耶迦葉那提迦葉舍利弗大目犍連摩訶迦旃延阿㝹樓馱劫賓那憍梵波提離婆多畢陵伽婆蹉薄拘羅摩訶拘絺羅難陀孫陀羅難陀富樓那彌多羅尼子須菩提阿難羅睺羅如是眾所知識大阿羅漢等。

共有一萬二千人,這裡只舉常在佛身邊的大弟子。(《妙法蓮華經文句纂要》〈列

〈名總結章〉。「憍陳如」,這是五比丘之首。佛說完《華嚴經》到鹿野苑去度五比丘,以憍陳如為首的。「憍陳如」是梵語,翻成華言叫「火器」,盛火的器皿。為什麼起這麼個名字?他先世的祖先是專門供養火的,禮拜火的。用外道的話,就是事火婆羅門。

「摩訶迦葉」是佛很有德望的大弟子。迦葉又叫「飲光」,說他身上有光,所以就叫飲光,他是十大弟子之一。禪宗二十八祖,迦葉尊者是初祖。因為他的德行,佛涅槃之後,以迦葉尊者為首結集經典。

「優樓頻螺迦葉、伽耶迦葉、那提迦葉」叫「木瓜林」,佛當時的時候是四迦葉,這裡是三迦葉。「優樓頻螺迦葉」,佛華言是木瓜樹林子。為什麼?因為他住到木瓜樹林子裡,因此給他起個名字,就叫木瓜林。

「伽耶迦葉」,翻華言就是「城」。過去他們家在王舍城南,因此給他起個名字就叫「城」。他在佛的弟子當中,化度眾生最為第一。

「那提迦葉」,「那提」是「河」,江湖河海的河。因為他在河邊上住,

就給他起個名字就叫「河」。他得道了,心裡頭常是定然的。那些結業、自己的惑業,都能調伏、寂靜。

「舍利弗」,是十大弟子當中的舍利弗,華言爲「鶖鷺子」,他是佛弟子當中智慧最大的。他先是信外道,遇著馬勝比丘,他就開悟了。

「大目犍連尊者」,「舊曰訛也」,在佛弟子當中神通第一。因爲在古印度時候,王舍城外有個俱陀律村,俱陀律村裡有位婆羅門神,這位神人帶著二百五十個徒眾,他跟迦葉尊者最好。他說:「我們倆人,誰要是先悟了,得了道了,互相通報一下。」他倆都領著二百五十個弟子,倆人合成五百。因爲有這個約定,舍利弗先開悟了,遇見馬勝比丘說個偈子開悟了,跟大目犍連尊者通報,他也開了悟。他們倆就領著五百個弟子,跟佛學法出家。他們一出家就證得阿羅漢果,聞法即開悟。這些大阿羅漢,聞法證入的速度非常之快,見佛就開悟,佛一說法就開悟。宿因故,過去世常就是隨著佛的,善根深厚。

「摩訶迦旃延」叫「文飾」,佛的弟子十大弟子之一,西印度阿盤提國的

人。他們那個聚落的人，最初在山裡頭聞著外道的法，叫思陀仙。他見世尊的相好光明，就發願要跟世尊學，以佛為師。出家歸依佛後，就號稱大迦旃延，而後證得道果，愛跟人辯論，稱為議論第一。

「阿㝹樓馱」，又名叫「阿那律」，經常與外道論戰，阿㝹樓馱是佛的十大弟子之一。古代印度迦毗羅衛城的持釋，持釋跟釋迦牟尼佛同一個種族，是佛的從弟，算是佛本門宗的一個弟弟，也是釋迦宗。在《五分律》，他是白飯王的兒子，在〈大智度論〉，他是甘露飯王的兒子。這個我們不去考究，反正是佛的叔伯兄弟。阿㝹樓馱最初出家的時候，愛睡覺。佛講經的時候，他就睡覺了。佛就訶斥他，說你跟蚌蛤殼一類的，光是睡覺，不聞佛名字。佛這麼一訶斥，他就精進發奮，晝夜不睡，把眼睛熬瞎了。因為精進修行得了天眼，也就是天眼第一阿那律尊者。

「憍梵波提」，他有一種習性，過去五百世轉生到牛，具足牛的習性。牛的習性是什麼呢？吃完飯能夠翻出來，因此他的名字叫憍梵波提。憍梵波提的

胃跟牛相似,又稱「牛呞比丘」,也是佛的大弟子之一。

「離婆多」是舍利弗的弟弟,用我們的話翻譯叫「常作聲」,這個名字我們不習慣。《法句經》上說,他倆年齡到了結婚的年齡,家裡給他找了一位妻子。正在結婚當中,他突然間思想警悟了,跑到樹林子,從此就沒有結婚,而後出家學道。又有的說出門遇見下大雨,他就跑到神寺,看見神寺兩個鬼吃人的屍體。完了他就跑到佛所,跟佛出家。因為當時看鬼吃人,他說人是無常的,就悟道了,發心出家。

「畢陵伽婆蹉」,他是舍衛城的一個婆羅門種,最初學隱身咒,後來在遇見佛的時候,他的隱身咒失掉,就歸依佛跟佛學法出家,一出家就證得阿羅漢果了。

「薄拘羅」又叫「善容」。因為他的親生母親死了,父親又續娶,他的繼母殺害他,刀砍不入,入火不焚,五種不死,都沒有把他整死,等大一點就出家了。出家之後,在佛的弟子當中長壽第一,活了一百六十多歲。

「孫陀羅難陀」,翻「善歡喜」,或者叫「放牛」。他不是放牛的,但是

他名字叫放牛。孫陀羅是他妻子的名字，出家後還眷戀他的妻子，經常往家裡跑，後來佛給他制止，給他說法，悟道之後，就再沒有犯了。

「富樓那彌多羅尼子」，叫「滿慈子」，又叫「滿願子」，因為是他父親祝禱梵天得來的。生他的時候，他的媽媽夢見一個器皿裝著七寶，因此又叫滿願。

「須菩提」，我們念《金剛經》，須菩提是當機眾。在佛的弟子當中，解空第一。因為他生的時候，家室寶藏都空了。家裡就很恐怖，找個相師來給他相，相師就起個名字叫「善吉」，因此須菩提又翻「善吉」。當時空了，以後又滿了，不空了。在佛阿羅漢的弟子當中，須菩提的般若智慧很大。凡是佛說《般若經》，須菩提都是當機眾。

「阿難」，這位阿難是結集經的阿難，是佛的堂弟，又翻「歡喜」、「慶喜」。他是斛飯王（或白飯王）的兒子，佛的父親是淨飯王，阿難是提婆達多的親弟弟，也是佛的堂弟。

「羅睺羅」，羅睺羅是佛的兒子。佛離家六年，成道的時候，羅睺羅才降生。因此他母親懷孕六年，等到佛成道那天，羅睺羅才降生。羅睺羅出家之後，認舍利弗作師父，目犍連作阿闍梨。這是佛教有沙彌的開始。為什麼說他密行第一？他很少說話，修行不為人所知。「如是眾所知識，大阿羅漢等」，一萬二千人說不完，只說這十幾位，這些都證得大阿羅漢果。

復有學無學二千人摩訶波闍波提比丘尼與眷屬六千人俱羅睺羅母耶輸陀羅比丘尼亦與眷屬俱。

除此以外，還有有學、無學。「有學」，還沒成到阿羅漢果，初果、二果、三果都叫有學位；等證得阿羅漢果、證四果，就到了無學位。二者之間，「復有學、無學二千人。摩訶波闍波提比丘尼，與眷屬六千人俱。羅睺羅母，耶輸陀羅比丘尼，亦與眷屬俱。」這裡沒有說具體的數字。

「摩訶波闍波提」,翻為「大愛道」,或稱「憍曇彌」。他是釋迦族的瞿曇種族,是印度善覺王之女。摩耶夫人,佛母親的妹妹,叫「波闍波提」。佛出生七天,摩耶夫人就過世了,釋迦牟尼佛是他的姨母波闍波提養大的。感佛成道之後,淨飯王父親命終,大愛道率著耶輸陀羅五百釋迦種族的女子,跟著佛出家。「耶輸陀羅」,是佛未出家之前,羅睺羅的母親。這個時候也一起出家,證得阿羅漢。

菩薩摩訶薩八萬人皆於阿耨多羅三藐三菩提不退轉。皆得陀羅尼樂說辯才轉不退轉法輪供養無量百千諸佛於諸佛所植眾德本常為諸佛之所稱歎以慈修身善入佛慧通達大智到於彼岸名稱普聞無量世界能度無數百千眾生。

除了阿羅漢,還有「菩薩摩訶薩八萬人」,跟沒有證得阿羅漢的二果、三

果。「一萬二千俱」,這是當機眾。《法華經》的主要當機眾有八萬人,「皆於阿耨多羅三藐三菩提不退轉」。在《華嚴經》,這是在什麼位置?初發菩提心,發心住的位置。信心具足,發菩提心住在菩提心上,這叫不退轉。這就含著三十位,十住、十行、十回向。這是賢人,還沒有成聖。登了初地就成聖了,但是智慧無礙、辯才無礙、說法無礙,「皆得陀羅尼」,就得了三昧。

「樂說辯才」。「樂說」就是說法不厭倦,辯才無礙,能夠輔佛揚化,「轉不退轉法輪」;供養無量百千諸佛,於諸佛所,得不退轉的法輪。同時供養百千諸佛。在諸佛所聞法,培植善根,種了福德智慧。「常為諸佛之所稱歎,以慈修身」,菩薩是講慈悲喜捨的,以利他為主,給眾生快樂。

「善入佛慧」,這些大菩薩得到佛的智慧,「通達大智,到於彼岸」。

「到於彼岸」,就知道這些菩薩已經成了登地的菩薩。從三賢位到於十地,登地才算到於彼岸。一般說初發心住的菩薩已經到於彼岸,不退了,不再生死流轉。

後面所說的是大菩薩,「名稱普聞無量世界,能度無數百千眾生」,皆於阿耨多羅三藐三菩提不退轉位,到了什麼位置?以下就說行菩薩道度眾生所證得的,緣起是對境說的,是境微妙。度眾生是對境微妙,位微妙、境微妙不退轉。他能念念不退心,不退菩提心,住在菩提心上。同時位不退,不退的意思就是他再不墮落六道輪迴;而他可能到六道輪迴示現度眾生,但是菩薩位沒退。同時他還有什麼樣的功德?「不生邊地,諸根完具,不受女身,行不退」。宿命智,念念能知道自己的過去,這是行不退。

我們現在是毛道凡夫,隨風一吹就變了,信還沒有紮根。我們的信還沒有紮根,叫輕毛菩薩,信根不備。剛才說的初住菩薩,信紮根了。我們行菩薩道絕不退墮二乘。是三乘教的菩薩大乘,小中大三乘的大乘!菩薩行菩薩道絕不退墮二乘,有時候說他退到二乘,那是權教的菩薩,不是實教的菩薩。這裡說位不退,是實教的菩薩。

十地以上的菩薩一切不退,我們講《華嚴經》十一地菩薩,那是將近於成

佛,位不退。善財童子到了十一位,參文殊、彌勒、普賢,這個是位不退。為首的菩薩都是哪些?

其名曰文殊師利菩薩觀世音菩薩得大勢菩薩常精進菩薩不休息菩薩寶掌菩薩藥王菩薩勇施菩薩寶月菩薩月光菩薩滿月菩薩大力菩薩無量力菩薩越三界菩薩跋陀婆羅菩薩彌勒菩薩寶積菩薩導師菩薩如是等菩薩摩訶薩八萬人俱。

這是舉菩薩的名字,雖然只有十八位,該攝的是八萬菩薩。

「文殊師利菩薩」,是五臺山的山主,又叫「妙德」,也叫「妙吉祥」,這是果後行因的菩薩。這些大菩薩都說法轉法輪,說法不起法相。為什麼?了明性空緣起。說法不執一切相,不起法相、不起非法相,所以名字是「妙德菩薩」。妙就是不可思議。在《悲華經》上講,行菩薩道的大菩薩,在十方化度

一切眾生，有的是成正覺，有的是說將近於成正覺。第一位是文殊師利菩薩，這是過去成過佛的。

「觀世音菩薩」，梵語「盧婁亘」（漢譯為「阿婆盧吉低舍婆羅」（觀世音菩薩）或「阿縛盧枳低濕伐邏」（觀自世菩薩））觀音度生，觀音你得念，眾生見者皆歡喜，於菩提永遠不退，免除眾生苦。觀不是眼睛看！你這一念，觀世音菩薩，觀世音菩薩靈感就來了。因為你觀這個音，念念觀世音菩薩，觀世音菩薩就來度你，你就有感覺了。念念觀世音就是你的心，其一切眾生在苦難當中，假使眾生一念就結緣了。緣起，菩薩就來了，為什麼？因為是空的，性空才能無障礙。

「常精進菩薩」，在《大寶積經》上，常精進菩薩為救一眾生，經過無量劫，隨逐不捨。眾生隨業流轉，菩薩就隨著他，所以叫精進。沒有一念捨棄眾生，心不捨也示現身不捨。因此叫常精進。

「不休息菩薩」，《思益經》上講，此菩薩經過恆河沙劫長時間，攝為一

日夜,這一日夜心不斷,念念度眾生不捨不休息,蒙佛授記,所以叫不休息菩薩。有這麼多的菩薩,我們只舉幾位菩薩來說明。

爾時釋提桓因與其眷屬二萬天子俱復有名月天子普香天子寶光天子四大天王與其眷屬萬天子俱自在天子大自在天子與其眷屬三萬天子俱。

除了常隨阿羅漢、大菩薩,還有忉利天的天主,就是釋提桓因,他和他的天人眷屬,「二萬天子俱」。哪些天子?「名月天子、普香天子、寶光天子」,還有四王天的「四大天王,與其眷屬萬天子俱。」天王都有天王的諸眷屬,還有一萬個天子俱。「自在天子、大自在天子,與其眷屬三萬天子俱」。

「釋提桓因」,專指帝釋天天主說的,他作忉利天天主,忉利天是三十三天,四面八城,每一面有八城,八個城市,四八三十二,加上忉利天,共

三十三天，都在須彌山。四方呢？須彌山的四方，天王住在須彌山的山頂。

「須彌山」翻「安明」，須彌山是四寶所成的，高三百三十六萬里。拿人間的里數算，三百三十六萬里那麼高。帝釋天就是這個天的天主，住在須彌山上。

「明月等三天子」，是他的大臣，明月是寶吉祥月天子，大勢至應作。普香是明星天子，虛空藏菩薩應作。寶光是寶意日天子，觀音菩薩應作。應作是什麼呢？這些菩薩有時候示現的，到這個天上為天子的。有時候是菩薩的化身，有時候是在菩薩意識當中的。四大天王就是帝釋天子的外臣，居著四山，就是須彌山的四個角落。

「東提頭賴吒」，云「持國天王」，或者「安名」，居的山是黃金山。他底下有兩部鬼神，一個犍闥婆，一個富單那，就是八部鬼神眾，一個天王率領兩部鬼神。

「南毗留勒叉」，就是增長天王，云「免離」。居的是琉璃山領二部鬼神，一個毗荔多，一個鳩槃荼。

「西毗留博叉」，此云「非好報」，亦名「雜語」，居白銀山。領二個鬼神，毒龍、毗舍闍。

北方，叫「毗沙門」，此名「種種聞」亦名「多聞」。居的是水精山，領二部鬼神，一個羅剎，一個夜叉。這些鬼神不是特殊的因緣，不能干擾人民的生活，四大天王專管他們的，不然我們人間就不得安定。但是有些特別因緣的，他就來到人間，一般是來不到。

娑婆世界主梵天王尸棄大梵。光明大梵等。與其眷屬萬二千天子俱。

「娑婆世界主」，說到人間，「梵天王、尸棄大梵、光明大梵等，與其眷屬萬二千天子俱」。娑婆世界的世界主，前面說的是欲界天，大梵天王是統領娑婆世界的。梵者就是「離欲」，清淨的意思。《華嚴經》講〈梵行品〉，就

是清淨的意思。這是色界天,離開欲界諸天。

「梵天王」是總說。「尸棄大梵」翻爲「頂髻」,在印度喚火爲樹的樹提尸棄。這個王他修火光定,入的定是火光定,他破除欲界二十五有,惑業沒有了,從他的德立名,叫「尸棄」。經上所說的梵王,大多數是指尸棄爲主,因爲他所修的火光定,破了欲界惑,雖然破了欲界惑,跟欲界還是接近。從他破惑,立他的名,就叫「尸棄」。

「光明大梵」,什麼叫光明?二禪天叫光明天,光還不太,有的光音是音聲之中帶光,有的是大梵顯出來的光明,說顯的光明,比欲界天的光明大,所以叫無量光。光音光出二禪天,一禪叫無量光,二禪叫光音光。三禪有三天,少淨天、無量淨天、徧淨天。四禪有密身及無量礙,無量密亦受福,密果、廣果、無想密和無想。

又有五那含,不煩天、不熱天、善見天、善現天、色究竟天、大自在天。

摩醯首羅天,大自在天,摩醯首羅天諸天。以上從欲界說到色界,說到無色

界。這是天眾。

有八龍王難陀龍王跋難陀龍王娑伽羅龍王和修吉龍王德叉迦龍王阿那婆達多龍王摩那斯龍王優鉢羅龍王等各與若干百千眷屬俱。

八部神眾的龍眾,全說的是龍,名字約略提一下就行了。

「難陀」叫「歡喜」,「跋」字叫「善」,「跋難陀」就是「善歡喜」,常護持摩竭提國。「娑伽羅」呢?《華嚴經》說的,因那個國得名,智度大海叫娑伽羅,就是滄溟海中。「和修吉」,這龍王腦殼很多,叫「多頭」亦名「寶稱」,這是水裡的龍王,能夠現色身三昧,能化為人,能變化的。「德叉迦」此云「現毒」,這個龍舌頭很多,從兩舌到無量舌。但是他放毒,是毒蛇,龍即是蛇。

「阿那婆達多」,從池得名,此云「無熱」。「摩那斯」,此名大身,又名大意,大力。「優鉢羅」,此云「黛色蓮華池」,就是龍依住的地點。

有四緊那羅王法緊那羅王妙法緊那羅王大法緊那羅王持法緊那羅王各與若干百千眷屬俱。

每位羅王有很多眷屬,八部鬼神眾也參加法會。「緊那羅王」是懷疑神,他的腦殼上有個角,就像麒麟似的。號曰人非人,像人不是人,他是給天帝作樂的神。「法緊那羅王、妙法緊那羅王、大法緊那羅王、持法緊那羅王」,分四個龍王。

有四乾闥婆王樂乾闥婆王樂音乾闥婆王美乾闥婆王美音乾闥婆王各與若干百千眷屬俱。

「乾闥婆」，就是嗅香神，不吃飲食，以香為食；又叫香陰，他自己的身上出香，也是天帝作藥的神。

有四阿修羅王婆稚阿修羅王佉羅騫馱阿修羅王毘摩質多羅阿修羅王羅睺阿修羅王各與若干百千眷屬俱。

「阿修羅」，此云「無酒」，涵義就是沒有酒。行為不端正、諂曲，諂曲就是不真實，說話沒有真實相。這屬於鬼類，居住在大海邊上。這種阿修羅屬於畜生道。前面龍王還沒說他是畜生道，但是人間所說的龍是屬於畜生道。阿修羅屬於畜生道，他的住處在大海底，居到海底下。

「婆稚」，此云「被縛」。五處被縛，五種惡物繫頸，他脫離不了，在他身上有五種惡物纏著。「佉羅騫馱」，此云「廣肩胛」，亦名「惡陰」，在海中住，又叫寶錦。權實二智，慈荷眾僧故。

「毘摩質多」，此云叫「淨心」，亦名「種種疑」，就是懷疑的意思。波海水出聲，又名「毗摩質多」。《觀佛三昧海經》云，光音天生到這個地方，地使有欲。墮泥變為卵，把泥巴變成蛋。八千年生一女，千頭少一，就是九百九十九個頭。二十四手，這就是女精、水精。八千歲生一男，二十四個頭，千手少一手。

海水波音名為「毘摩質多」，索乾闥婆女生舍脂，帝釋的業力，令父居七寶殿，納為妻。後讒其父，交兵腳波海水，手攻喜見，帝釋以般若呪力不能為害。毘摩質多這類鬼神，八部鬼神眾的鬼。

「羅睺羅」就是「障持」，可以障日月，舉起手來把日頭月亮遮住，使你看不見，天上就黑暗了。

有四迦樓羅王。大威德迦樓羅王。大身迦樓羅王。大滿迦樓羅王。如意迦樓羅王各與若干百千眷屬俱韋提希子阿闍世王與若干

百千眷屬俱各禮佛足退坐一面。

這又是一類。「迦樓羅」，就是「大鵬金翅鳥」。有的佛像上有隻鳥站著，那是大鵬金翅鳥，專以龍食。龍王求佛，救護龍王，佛就叫這個龍把比丘的袈裟衣披上，哪管只掛一條，迦樓羅王就吃不到了。迦樓羅王就跟佛要求，說佛爲了救度龍，我們却餓死了。

我們吃飯的時候，施食大鵬緊那羅，就是專門給他一分食。但要加呪語，我們早晨吃飯往外頭送飲食，「大鵬金翅鳥，曠野鬼神眾，羅刹鬼子母，甘露悉充滿。唵。穆帝莎訶。」

「韋提希子，阿闍世王，與若干百千眷屬俱。各禮佛足，退坐一面。」這是摩揭陀國國王的王后，「韋提希子」，阿闍世王的母親。阿闍世王與韋提希子帶來很多眷屬，也到法會來聞法，這是指人間的世間相。上來所說的法會大眾，都禮佛「退坐一面」。我們講八部鬼神都是菩薩化身的，在法華會上，不

貳、說法由致分 敍品第一

165

是那些畜生能到得來的，能到的都是有一定緣的。

佛在說《法華經》的時候，人間天上一切鬼神都有，每部經都如是。這些菩薩示現跟《法華經》有一定因緣的，不然怎麼能到得了法華法會呢？別把他們當成畜生，要把那些鬼神眾當作菩薩的化身，有一定因緣才能參加這個法會。

爾時世尊四眾圍繞供養恭敬尊重讚歎。為諸菩薩說大乘經名無量義教菩薩法佛所護念佛說此經已結跏趺坐入於無量義處三昧身心不動是時天雨曼陀羅華摩訶曼陀羅華曼殊沙華摩訶曼殊沙華而散佛上及諸大眾普佛世界六種震動。

在法華法會當中，聽眾是在家二眾、出家二眾，在家是優婆塞、優婆夷，出家是比丘、比丘尼，一般是這樣的四眾。《法華經》除了此四眾之外，還有「發起眾」，發起《法華經》的人。還有「當機眾」，聞法他能開悟了，證入

法華三昧。「影響眾」是大菩薩，已經證得法華三昧。還有些「結緣眾」，結緣就是他雖然在法華會上聞法也沒證，但是結個法緣，也能得佛授記。這樣解釋就成八眾。

凡是與會大眾，對佛行供養。供養是指心供養。念法供養，或念個讚頌偈子供養，心都是恭敬的，對佛都是尊重的。「讚歎」，只是對佛的讚歎。同時在與會當中佛說法的，我們上來講的「六成證信序」，眾成就之後有種種瑞相，總說就是祥瑞的意思。《妙法蓮華經》的法本身就是祥瑞的。

還有「佛入定」，入無量義三昧定的祥瑞。在佛要說法的時候，天上下華，不是下雨，而是下華。以天華為供養的祥瑞。大地六種震動，這個地動是祥瑞的相，不是現在我們發生地震的地動。

第五，大眾歡喜的瑞相。第六，就是放光的瑞相，佛從眉毫放光的瑞相。

佛說《法華經》，是在說完《無量義經》之後；佛給那些大菩薩說的大乘經典，叫《無量義經》。無量義的法門是宣說實相，教授菩薩的法，義既無

量,法也就無量,顯無量的法。以此經來說,無量法是從實相而生,這跟《華嚴經》是一樣的,無量法皆從法界而生起;因為無量義是理,由菩薩教授菩薩的法而顯出來無量義。

我們講完《華嚴經》,大家對無量義都體會了。《華嚴經》是說法界之體。《法華經》說現在的一實境界,真心體無量。無量還歸於一,就是一實相境界。義有境界相,法的實相沒有境界相,境界相顯實相;因為法甚深故,所以義理也很深。這個義理就稱為義,義不是言說相。

「佛說此經已」,是指《無量義經》說的。之後,佛就入定了,入了什麼定?無量義三昧。身心不動,入實相定。身心不動,就是性空與緣起相應,緣起法跟性空相應。性空就是心,緣起就是身。所緣之處與心相應,所緣的真實相能使身心不動,也就是三昧。

在佛入三昧的時候,天雨無量的四種華,「曼陀羅華、摩訶曼陀羅華、曼

殊沙華、摩訶曼殊沙華」。這四種華不是人間的，是諸天所有的。

就在這個時間，三千大千世界有現相，什麼現相呢？六種震動，我們不講現相，先講講表法。在讀《華嚴經》的時候，十住、十行、十回向、十地、十一地。六種震動的意思就是六種眾生，都能依著佛的一實境界。這些菩薩生起了，就是震動的意思。一地一地往前運動，一地一地滅伏煩惱，形容這些菩薩得道的意思。

世間相說六種震動，「動、起、涌、震、吼、覺」。先有個動相，動相是表生起的。涌，現在看見大海邊上站著就看見了，等那水流涌起波浪了，有時候波浪有聲音，有時候沒有聲音。要地震的時候，先有一種吼。在拉薩西藏，一年不知有多少次地動，根本也不上報也沒人報。將要地動的頭幾天就吼，哪來的聲音呢？地殼的運動。這裡加個「覺」字，《法華經》是覺，覺形容著動的意思，使你明白了。一地一地的菩薩往前進步覺悟，一地一地菩薩覺悟。

爾時會中比丘比丘尼優婆塞優婆夷天龍夜叉乾闥婆阿修羅迦樓羅緊那羅摩睺羅伽人非人及諸小王轉輪聖王是諸大眾得未曾有歡喜合掌一心觀佛。

參加法華會的人除了四眾弟子之外，還有天龍八部鬼神，這裡加上鬼道。

「比丘、比丘尼、優婆塞、優婆夷、天龍、夜叉、乾闥婆、阿修羅、迦樓羅、緊那羅、摩睺羅伽」，有鬼、有神、有天人。「人非人」，這是乾闥婆，你說他是人道吧？不是的。他是乾闥婆道，但是確實是現的人相，這就是非人。但是，他也在人道當中。

還有小國王，「及諸小王、轉輪聖王，是諸大眾」，其他的旁類。「得未曾有，歡喜合掌，一心觀佛」。心歡喜的瑞相，天上下華這個形相，過去沒有，六種震動也沒有。因此大眾心裡頭就生歡喜，這都是佛的神力加持。喜呢？有時候遇著高興事，歡喜了。煩惱心事，人家傷害你，就憤怒了。這叫喜

怒相,這個大家都能明白的。但是這個不是怒,而是歡喜。這是佛在定中所現的現相。

爾時佛放眉間白毫相光照東方萬八千世界靡不周徧。

佛在定中,並沒有說法。有的時候放光就是說法,但是一般的四眾弟子、天龍八部體會不到的。佛在定中,就放白毫相光。

為什麼專向東方照呢?照東方萬八千世界,靡不周徧。佛放的白毫相光,在《觀佛三昧海經》,其實就是說十方,舉一方而包括其餘。照東方萬八千世界,雖然沒有說十方,有說,佛在一降生的時候,白毫就放光,只有五尺長,光照的不長。感到行道、行菩薩的時候,光長一丈四尺。光就比五尺長多了,一丈四尺。感佛成佛的時候,是一丈五尺。現在法華會上,白毫相光就不同了,能夠照東方萬八千世界。東方如是,其他的方也如是。

為什麼專說東方？表十住法，這個光單攝十住法門。大家學過《華嚴經》五位，十住是開始，住在菩提心上而發菩提心。住什麼？住在佛的菩提心上，其實也是住自己的心上。

佛放白毫相光，像白珍珠、琉璃一樣的，內外清澈。發菩提心，住在菩提心上，我們講十住菩薩講過了。他能夠觀察大千世界，以菩提心觀。

光，為什麼都說白色？沒有其他的顏色？從初發心到十住位，經過十行、十回向、十地、十一地，每一光中所現的就是法，一直到佛入涅槃。所有的功德都在白毫相光出現，相相皆現，在二眉中間。

在四教上，這是表示中道義，不住二邊獨顯中道，非有非無。「非有」，表示空，但是不空非空。這是顯中道的，佛一切總是快樂、柔和、舒卷自在的。無我之我，白毫光表佛是無我。無我表一切清淨，無我之我，破除一切黑暗。破除什麼黑暗呢？二邊的黑暗。為什麼單表東方？一切世界最初開始都從東方開始，太陽從東邊照，月亮從東方升起的。表法就是十住位，開始進入佛道。

這個放光不是表過去,而是表當時法華會上放的光。照當時的現在,不是未來也不是過去。有放、有收,這裡兼講放。一切諸佛都如是,佛佛道同。我們經常說放光如來,佛佛都放光。如來放光,放光如來。同時,佛說法的時候都要放光。

《法華經》放光,佛要說什麼法?法華,讓一切眾生開始悟入佛之知見,讓你學了法華,開佛的知見,佛示給你佛的知見,讓你悟到佛的知見,完了入佛的知見,證得。這有四大程序。你學《法華經》,那看你的智慧,看你過去的功德,使你開示悟入佛的知見,自然的獲得。這就是放光的目的。如來所以要放光,是讓一切眾生都能夠進入十住、十行、十回向、十地、十一地。

貳、說法由致分 敘品第一

下至阿鼻地獄。上至阿迦尼吒天於此世界盡見彼土六趣眾生。又見彼土現在諸佛及聞諸佛所說經法并見彼諸比丘。比丘尼。優婆塞優婆夷諸修行得道者復見諸菩薩摩訶薩種種因緣種種信解。

種種相貌行菩薩道復見諸佛般涅槃者復見諸佛般涅槃後以佛舍利起七寶塔。

這種光,「下至阿鼻地獄」,到地獄的最底層。「上至阿迦尼吒天」,阿尼迦吒天是最上的天,色究竟天。下至阿鼻地獄,上至阿迦尼吒天。這個世界是指照徧,從上到下。在這個中間,六道眾生也能看見十方世界現在諸佛,光照顯現十方諸佛。不但見十方諸佛,還能聞到十方諸佛所說的經、所說的法。

佛說法必有大眾,同時也見到聞法的得道者,「於此世界,盡見彼土六趣眾生,又見彼土現在諸佛,及聞諸佛所說經法。并見彼諸比丘、比丘尼、優婆塞、優婆夷,諸修行得道者。」大眾與得道者,都在佛的光中顯現。

「復見諸菩薩摩訶薩,種種因緣、種種信解」,每一位菩薩是怎麼信佛的,怎麼從信心住到住位的!住位完了就能到解行,解行是理解佛所說的教法,完了行道,從十行位進入十地。「種種相貌,行菩薩道。」行菩薩道的過

貳、說法由致分 敘品第一

程,都在佛的白毫光中顯現。你有好大程度、好大智慧,從白毫相光就顯現出來了。

佛的白毫相光是沒分別的,自己的福德智慧不同,所見到的不同。例如現在解釋《法華經》,講解圓滿,大家平等的共同學習,但是你進入佛的知見就不同了。有的現在心開意解,悟到無生法忍。有的種善根,有的雖然也聽了,收獲不大,要等到來生、再來生。

在白毫相光,見到一切諸佛說法圓寂、入涅槃,也看著佛說法涅槃之後,起七寶塔、修舍利塔。佛入滅以後、各各佛入滅以後所現的相,這種現相不尋常,彌勒菩薩就這樣想了。

爾時彌勒菩薩作是念今者世尊現神變相。以何因緣而有此瑞今佛世尊入於三昧。是不可思議現希有事當以問誰誰能答者復作此念是文殊師利法王之子已曾親近供養過去無量諸佛必應見

此希有之相。我今當問爾時比丘比丘尼優婆塞優婆夷及諸天龍鬼神等咸作此念是佛光明神通之相今當問誰爾時彌勒菩薩欲自決疑又觀四眾比丘比丘尼優婆塞優婆夷及諸天龍鬼神等眾會之心而問文殊師利言以何因緣而有此瑞神通之相放大光明照於東方萬八千土悉見彼佛國界莊嚴於是彌勒菩薩欲重宣此義以偈問曰。

彌勒菩薩就想，「今者，世尊現神變相」，佛放白毫相光，現了這些種相，為什麼？「以何因緣，而有此瑞？」什麼因、什麼緣有這種瑞相？現在佛世尊入是三昧所放的白毫相光，真是不可思議。跟佛很久了，彌勒菩薩沒有看見這種現相，現希有事。「今佛世尊入於三昧，是不可思議、現希有事。當以問誰？誰能答者？」哪個人能答的上來。

其實彌勒菩薩自己知道，現在都是等覺位的菩薩，臨佛位了。一者是表

貳、說法由致分 敘品第一

法,要請文殊師利菩薩說,推崇文殊師利菩薩。因為要取信於大眾,他如是思惟,誰能答這個問題?「復作此念」,這個問題找文殊師利菩薩,「是文殊師利,法王之子,已曾親近供養過去無量諸佛,必應見此希有之相。我今當問。」這是彌勒菩薩作如是觀。

「爾時」,在這個時候各有各的想法,大會中那麼多人,無量眾。「爾時比丘、比丘尼、優婆塞、優婆夷」,這是四種,還有天龍八部鬼神。「及諸天龍、鬼神等,咸作此念」,佛放這個光明現這神通,佛在定中不能說,我當問誰?大眾也如是念。「是佛光明神通之相,今當問誰?」彌勒菩薩給大眾解除疑惑。

「爾時彌勒菩薩,欲自決疑,又觀四眾比丘、比丘尼、優婆塞、優婆夷,及諸天龍、鬼神等,眾會之心,而問文殊師利言」,彌勒菩薩向文殊師利菩薩請問,今天什麼因緣而有這個瑞相呢?「以何因緣,而有此瑞,神通之相,放大光明,照於東方萬八千土,悉見彼佛國界莊嚴?」彌勒菩薩把這個道理重說一遍,用偈頌體裁問文殊師利菩薩。

文殊師利　導師何故　眉間白毫　大光普照。

過去沒有這種現相,今天為什麼佛放白毫相光照這麼多世界、這麼多佛?

雨曼陀羅　曼殊沙華　栴檀香風　悅可眾心。
以是因緣　地皆嚴淨　而此世界　六種震動
時四部眾　咸皆歡喜　身意快然　得未曾有。

「地皆嚴淨」,突然間變了,天地之間都在變化。在這個世界上六種震動,「而此世界,六種震動」。現在與會的四眾大眾都生大歡喜、身心快樂,得未曾有。

眉間光明　照於東方　萬八千土　皆如金色
從阿鼻獄　上至有頂　諸世界中　六道眾生

生死所趣　善惡業緣　受報好醜　於此悉見。

同時世界顏色都變了。「皆如金色，從阿鼻獄，上至有頂。諸世界中，六道眾生」叫六趣，六道生死眾生，天人地獄餓鬼畜生。

「生死所趣，善惡業緣，受報好醜」，惡報善報，不是一個世界，東方萬八千世界都如是，「於此悉見」。我想大家都看過電視，一打開電視整個地球你都看到了。這是開心的智慧，不是電力，而是心心相應。佛的眉毫相光也如是。同時還看見佛，每個世界都有個佛世界。

又覩諸佛　聖主師子　演說經典　微妙第一。
其聲清淨　出柔軟音　教諸菩薩　無數億萬
梵音深妙　令人樂聞　各於世界　講說正法
種種因緣　以無量喻　照明佛法　開悟眾生。

貳、說法由致分　敘品第一

若人遭苦　厭老病死　為說涅槃　盡諸苦際。

若人有福　曾供養佛　志求勝法　為說緣覺。

若有佛子　修種種行　求無上慧　為說淨道。

「又覩諸佛，聖主師子，演說經典」，每尊佛都在那說法，說的法都是微妙的妙法。「微妙第一，其聲清淨」，所說法的聲音，清淨柔軟，是教授菩薩的。數量呢？無數億。數量不可說，無數億。所有諸佛演的法音，甚深微妙。聽者呢？生歡喜、生快樂。

「出柔軟音，教諸菩薩，無數億萬，梵音深妙，令人樂聞。各於世界，講說正法」，演法當中，又加無量的比喻，「種種因緣。以無量喻，照明佛法」。法理當中，有些人遭難了。「若人遭苦，厭老病死」，這屬於人間法、四諦法，佛就給他說厭離生死法、說涅槃。這是二乘。二乘人的法，怎麼樣斷苦樂？說苦集滅道法，知苦斷集、慕滅修道，能把生老病死苦斷了，給

他說不生不滅法。

「爲說涅槃，盡諸苦際。若人有福」，勸他供養三寶。有的人有福德，是過去供養佛來的。他現在求殊勝法，那就比苦集滅道高，說十二因緣法。給緣覺菩薩說法，說無量世界光所照的世界，諸佛都在說法。有說四諦法，有說十二因緣法，還有說菩薩法。

「曾供養佛，志求勝法，爲說緣覺。若有佛子、修種種行，求無上慧，爲說淨道」。淨道法，就是菩薩法、無上慧法，種種行菩薩道的法。

文殊師利　我住於此　見聞若斯　及千億事
如是眾多　今當略說　我見彼土　恆沙菩薩
種種因緣　而求佛道　或有行施　金銀珊瑚
眞珠摩尼　硨磲碼碯　金剛諸珍　奴婢車乘
寶飾輦輿　歡喜布施　迴向佛道　願得是乘

貳、說法由致分　敍品第一

三界第一　諸佛所歎。或有菩薩　駟馬寶車
欄楯華蓋　軒飾布施。復見菩薩　身肉手足
及妻子施　求無上道。又見菩薩　頭目身體
欣樂施與　求佛智慧。

「文殊師利」！彌勒菩薩表達那些世界的情況，完了來問文殊菩薩。「我住於此，見聞若斯，及千億事，如是眾多，今當略說。」我現在住在娑婆世界，見到東方那麼多的世界。我聽到也看到，這個事情太多了，佛多、法多、眾生多，你應當給大眾略說一說。同時，「我見彼土，恆沙菩薩，種種因緣」，發心、修道、成道、證果，都在求佛道。

「或有行施，金銀珊瑚、眞珠摩尼、硨磲碼碯、金剛諸珍」，什麼都捨，捨的目的是迴向成佛。「迴向佛道，願得是乘，三界第一，諸佛所歎。或有菩薩，駟馬寶車、欄

「奴婢車乘、寶飾輦輿，歡喜布施」，拿這些寶物作布施。

楯華蓋、軒飾布施。復見菩薩,身肉手足,及妻子施,求無上道」,大菩薩行布施道的。「又見菩薩,頭目身體,欣樂施與,求佛智慧」。行布施度,看見那些國土當中,為了求佛道而行布施。

文殊師利　我見諸王　往詣佛所　問無上道
便捨樂土　宮殿臣妾　剃除鬚髮　而被法服。
或見菩薩　而作比丘　獨處閒靜　樂誦經典。
又見菩薩　勇猛精進　入於深山　思惟佛道。
又見菩薩　常處空閒　深修禪定　得五神通。
又見離欲　常處空閒　深修禪定　得五神通。
又見菩薩　安禪合掌　以千萬偈　讚諸法王。

「文殊師利!我見諸王」,同時還看到無量國王,到各各佛所在地,問無上道。「往詣佛所,問無上道」,把自己的國土都捨離了,「便捨樂土、宮

貳、說法由致分 敍品第一

183

殿臣妾」，作什麼呢？出家了，「剃除鬚髮，而被法服」。不樂世間國王的欲樂，而好樂去作沙門，為了求不生不滅法。

「或見菩薩」，有發大心的菩薩出家作比丘。「而作比丘，獨處閒靜，樂誦經典」，自己一天的讀誦大乘，不沾世事，閒靜修禪定。前面是行布施，這個是修定。

「又見菩薩，勇猛精進」，到深山老林當中，「入於深山，思惟佛道」，不在閙當中。修真相精進修行，念念精勤佛道。「又見離欲」，見到有此離欲的菩薩愛住空閒的地點，深修禪定。「常處空閒，深修禪定，得五神通」。

「又見菩薩，安禪合掌，以千萬偈、讚諸法王」。這是修根本禪定、修三昧的，佛大定是上上禪。離欲，就是得了五通，這是通教的禪定。四教，他要判教，通教的禪定、別教的禪定、圓教的禪定。這個是通教的禪定，只是離欲、修棄捨、修不淨觀。發初禪的定不深，還屬於人間九品定，修八背捨，九次第定。還有修上上禪定，別教的禪、圓教的禪，各各不同。修禪定的、修布

施的，我看見有這麼多。

復見菩薩　智深志固　能問諸佛　聞悉受持。
又見佛子　定慧具足　以無量喻　為眾講法
欣樂說法　化諸菩薩　破魔兵眾　而擊法鼓。

有的菩薩求智慧的修觀力，智慧深堅固不動，向諸佛請問，受持甚深的般若。「復見菩薩，智深志固，能問諸佛，聞悉受持」，修觀力，智慧深堅固不動。向諸佛請問，受持甚深的般若。

「又見佛子，定慧具足，以無量喻，為眾講法」，說法利眾生，喜歡說法。「欣樂說法，化諸菩薩，破魔兵眾，而擊法鼓」，用無量義的四種方便，辭說、義理、樂說，說法利益眾生。說法得用好多譬喻，或直接宣讀經文，用無量義顯法。你這麼說眾生領悟不了，又一種方法顯示無量的方法，叫種種善

巧方便,這叫方便慧。在宣揚佛教的時候,得加種種的方便譬喻,讓眾生能進入第一義,能得到佛現在所放的光,那就明白了,「破魔兵眾,而擊法鼓」。

又見菩薩　寂然宴默　天龍恭敬　不以為喜。
又見菩薩　處林放光　濟地獄苦　令入佛道。
又見佛子　未嘗睡眠　經行林中　勤求佛道。
又見具戒　威儀無缺　淨如寶珠　以求佛道。
又見佛子　住忍辱力　增上慢人　惡罵捶打
皆悉能忍　以求佛道。又見菩薩　離諸戲笑
及癡眷屬　親近智者　一心除亂　攝念山林
億千萬歲　以求佛道。

「又見菩薩,寂然宴默」,在定中,「天龍恭敬」。這些菩薩,天龍恭

敬也不以為喜，不忘他的禪功。「又見菩薩，處林放光，濟地獄苦，令入佛道」，菩薩自己修道得成就放光，照哪個地方呢？專照三惡道，專照地獄，令他聞光得救。

「又見佛子，未嘗睡眠，經行林中，勤求佛道」，把睡眠蓋給降伏了，不休息，晝夜不睡。「又見具戒，威儀無缺，淨如寶珠，以求佛道」，持戒清淨。「又見忍辱力，增上慢人，惡罵捶打，皆悉能忍」，不論人家罵他、打他、汙辱他，為求佛道都能忍受。

「又見菩薩，離諸戲笑，及癡眷屬，親近智者」，親近有智慧的人。「一心除亂，攝念山林，億千萬歲」，常在山中修道，以求佛道。離開戲論，離開掉舉，唯求懺悔，懺悔業求佛道。

或見菩薩　肴膳飲食　百種湯藥　施佛及僧
名衣上服　價值千萬　或無價衣　施佛及僧。

又見佛子　心無所著　以此妙慧　求無上道。
或見菩薩　觀諸法性　無有二相　猶如虛空。
或見菩薩　說寂滅法　種種教詔　無數眾生。
如是等施　種種微妙　歡喜無厭　求無上道。
清淨園林　華果茂盛　流泉浴池　施佛及僧。
千萬億種　栴檀寶舍　眾妙臥具　施佛及僧。

「或見菩薩，肴膳飲食、百種湯藥，施佛及僧」，供給佛及眾生的供齋，乃至有病者，供養湯藥。或者供養衣服，好衣服。「名衣上服，價值千萬，或無價衣，施佛及僧。千萬億種，栴檀寶舍、眾妙臥具，施佛及僧。清淨園林，華果茂盛，流泉浴池，施佛及僧。如是等施，種種微妙，歡喜無厭，求無上道。或有菩薩，說寂滅法」，說禪定法，「種種教詔，無數眾生」，給眾生說，讓他安定修寂靜法、修禪定法。

「或見菩薩，觀諸法性，無有二相」，觀性體，「猶如虛空」，修空觀。

「又見佛子，心無所著」，什麼都不執著，無罣無礙，這樣的求無上道。「以此妙慧、求無上道」。這完全是論般若，學般若。寂滅般若，是為方等。

文殊師利　又有菩薩　佛滅度後　供養舍利。
又見佛子　造諸塔廟　無數恆沙　嚴飾國界
寶塔高妙　五千由旬　縱廣正等　二千由旬。
一一塔廟　各千幢幡　珠交露幔　寶鈴和鳴。

「文殊師利」，彌勒菩薩又稱文殊師利菩薩說，「又有菩薩，佛滅度後」，佛滅度之後火化，佛的骨灰就是舍利。「舍利」是印度原話，翻中國話就叫骨灰。燒化了，他的骨頭就叫舍利。

「又見佛子，造諸塔廟」，有的修廟、有的修塔，「無數恆河，嚴飾國

貳、說法由致分　敍品第一

189

界,寶塔高妙,五千由旬,縱廣正等,二千由旬。」塔即是廟,廟即是塔。在印度,塔廟是一個,不是兩個。寺院塔廟是一種形式。「一一塔廟,各千幢旛,珠交露幔,寶鈴和鳴」。廟上轉法輪塔底下都掛些鈴鐺,風一吹都是演說妙法。

諸天龍神　人及非人　香華伎樂　常以供養
文殊師利　諸佛子等　為供舍利　嚴飾塔廟
國界自然　殊特妙好　如天樹王　其華開敷

天上的樹,特別是最出名的樹王,它開出的華不同。

佛放一光　我及眾會　見此國界　種種殊妙
諸佛神力　智慧希有　放一淨光　照無量國
我等見此　得未曾有　佛子文殊　願決眾疑

四眾欣仰　瞻仁及我　世尊何故　放斯光明。
佛子時答　決疑令喜　何所饒益　演斯光明。
佛坐道場　所得妙法　為欲說此　為當授記
示諸佛土　眾寶嚴淨　及見諸佛　此非小緣
文殊當知。四眾龍神　瞻察仁者　為說何等。

到此總結一下。彌勒菩薩說，佛只放白毫光一光，我跟與會大眾見著這麼多的無量國土，無量國界，種種殊妙。此佛放光，那些諸佛都在放光，「諸佛神力、智慧希有」，很難得見到，很希少。「放一淨光，照無量國」，這是專指此佛說的。釋迦牟尼就放這麼一個光，照東邊那麼多國土。「我等見此」，說我們此會的大眾都見到了。「得未曾有」，過去沒見過，希有。

「佛子文殊！願決眾疑」。彌勒菩薩就請文殊師利菩薩說，你給大家說一說，讓我們的疑惑消失。為什麼佛的白毫光一光這麼希奇？希奇就是少有。佛

的光是表智慧,佛的智慧像海那麼深,海那麼廣。現在四眾弟子都以仰望的心求,「四眾欣仰,瞻仁及我」。大眾都看著我和你,世尊什麼原因放這個光明呢?「佛子時答」,彌勒菩薩請文殊師利菩薩解釋這光,令大家更歡喜。佛的放光是加持與會大眾的。「決疑令喜。何所饒益,演斯光明?」佛放這光,對我們、對一切與會大眾都有哪些好處?饒益就是得到利益。

「佛坐道場,所得妙法」,佛在道場就為了把他得的妙法給大家說。「為欲說此?」是給我們授記?「為當授記?示諸佛土?眾寶嚴淨,及見諸佛」,這種緣可不是小因緣。「此非小緣,文殊當知」,你是了不得的智慧,一定能知道。同時,你觀望「四眾龍神,瞻察仁者,為說何等。」與會大眾都瞻仰你,希望你給我們說一說。

爾時文殊師利語彌勒菩薩摩訶薩及諸大士善男子等。如我惟忖。今佛世尊欲說大法。雨大法雨。吹大法螺。擊大法鼓。演大法義諸善

男子我於過去諸佛曾見此瑞放斯光已即說大法是故當知今佛現光亦復如是欲令眾生咸得聞知一切世間難信之法故現斯瑞。

「爾時文殊師利語彌勒菩薩摩訶薩，及諸大士」，一切菩薩大菩薩。「善男子等」，包括所有與會的大眾。「如我惟忖」，我是這樣想的，如我的思量。現在佛放光的涵義是要說大法，大法就不是一般所說的法，而是殊勝的法。「今佛世尊欲說大法，雨大法雨，吹大法螺，擊大法鼓，演大法義」。這個瑞相表示佛要說大法，讓大家滿意、大家歡喜。

「諸善男子」，文殊師利菩薩跟與會大眾說，稱讚與會大眾，「我於過去諸佛，曾見此瑞」，這種瑞相在過去很多佛都現過。「放斯光已」，諸佛一樣的放這種光，要說法。「即說大法」，不是一般的法。

「是故當知」，由過去聯想到現在。大家知道現在佛放的光、現這個光，「今佛現光，亦復如是」，要說大法。「欲令眾生，咸得聞知一切世間難信之

法」，佛現在要說的法不是一般的法，很難得信，很難得入。信就是入，你不信怎麼入！這一法非常難信，所以要先現瑞相。

諸善男子。如過去無量無邊不可思議阿僧祇劫。爾時有佛。號日月燈明如來應供正徧知明行足善逝世間解無上士調御丈夫天人師佛世尊。

「諸善男子！如過去無量無邊不可思議阿僧祇劫」，在時間上沒法計算。「爾時有佛，號日月燈明如來」，佛的聖號，日月燈明如來。「應供、正徧知、明行足、善逝、世間解、無上士、調御丈夫、天人師、佛、世尊」，佛佛都具足十號，這是通號。

那個時候，佛號日月燈，「日月」是表智慧，日是智慧，月亮是清涼定。日月表智慧定，定慧均等。修行具足了德，德就是行道有得於心。「燈」是照

亮別人，說日月燈佛度眾生的時候，把眾生心都照亮了。日月燈三種光明，證明佛的三智慧。

我們經常說「能仁寂默」，「能仁」是德，「寂默」是指定，利益自己也利益他人，這叫三智。若以三德說，法身德、般若德、解脫德，有的說涅槃德，法身、解脫、般若。其他的經論也如是說，像《楞伽經》上，佛對大慧菩薩說，在娑婆世界，佛修無量德，得的名號，百千萬名號，三阿僧祇劫。這是無盡的，看隨講《華嚴經》，說此四天下，佛的名號一萬個，名號很多。我們哪一方的眾生緣，對哪一類的眾生，說佛身說法。

佛的十種功德，「應供」，一切眾生供養佛，眾生供養佛之後，種大善根。包括我們供佛像也在內，像即是佛。應供的時候，佛就接受眾生的供養。佛的智慧無所不知，無所不曉，就叫「正徧知」。佛利益眾生的時候，「明行足」，佛在利益眾生的時候，他全都明了，自己的智慧跟眾生的智慧都圓滿。

不過佛的德號，各個經論解釋的不同。

「善逝」,就是佛涅槃。佛涅槃是對世間絕對解脫的、無障礙的。行即無行,善逝就是沒走而走,涅槃的涵義沒有超過佛的。「調御丈夫」,難調難伏,佛都能調御,這是大丈夫的事業。「天人師」,給人天作師表。「佛、世尊」,三世所說的,大家常時念。這是佛應得的名號。

佛的本業是空的,佛的體,實相無相。性體是空的,但是緣起不同。為什麼有十號?各各都有各各的緣起,每尊佛都如是。彌勒菩薩說,那個時候有日月燈明如來,十號圓滿、演說正法。

演說正法初善中善後善其義深遠其語巧妙。純一無雜具足清白梵行之相為求聲聞者說應四諦法度生老病死究竟涅槃為求辟支佛者說應十二因緣法為諸菩薩說應六波羅密令得阿耨多羅三藐三菩提成一切種智。

次復有佛亦名日月燈明次復有佛亦名日月燈明。如是二萬佛皆同一字號日月燈明又同一姓姓頗羅墮彌勒當知初佛後佛皆同一字名日月燈明十號具足所可說法初中後善其最後佛未出家時有八王子一名有意二名善意三名無量意四名寶意五名增意六名除疑意七名響意八名法意是八王子威德自在各領四天下是諸王子聞父出家得阿耨多羅三藐三菩提悉捨王位亦隨出家。發大乘意常修梵行皆為法師已於千萬佛所植諸善本。

彌勒菩薩請文殊師利菩薩說一說，佛入三昧的這種現相。文殊師利菩薩跟彌勒菩薩說，在過去的時候，也有如是現相。現在釋迦牟尼佛入三昧，說《無量義經》圓滿，入三昧了。在往昔的時候，有世尊具足十號，號日月燈明如來，演說的正法，初、中、後都是善的。善是深遠的意思，演說法都是先頓後

貳、說法由致分 敘品第一

197

漸，先說頓教義，講清白梵行的行相；以後漸漸的說二乘法，攝受一切眾生，最後進入大乘圓滿教義。

這一種義理非常深遠。中間所說的法，語言是巧妙的，對機說法，純一無雜。中間說很多的比喻、很多的過程，目的只有一個，不是雜亂的。什麼目的呢？梵行清白。梵行本身就是清淨，清白無染意。因為釋迦牟尼佛演完《無量義經》之後，入定了，現種種祥瑞相，乃至天上降華、供養具，種種的威儀、所有的現相；這種境界相，與會大眾都不知道。彌勒菩薩看大眾內心茫然，彌勒菩薩就向文殊師利菩薩請法，說文殊菩薩你是智者，見過的事多，請講一講這種現相是什麼因緣。

文殊師利菩薩對彌勒菩薩說，這種現相，我過去遇見過，日月燈明如來，這是說過去的故事。文殊師利菩薩跟彌勒菩薩講無量劫前的故事，講日月燈明如來說法的情況。那個時候，有向日月燈明佛求聲聞乘的，燈明佛就跟他說四諦法，苦集滅道四諦，世間因果、出世間因果，消滅世間因果、斷絕世間因

果,叫出世的因果。斷絕生老病死,達到涅槃,達到不生死。

或有求辟支佛乘的緣覺乘,佛就給他說十二因緣法。或者是求菩薩乘的,佛就給他說六波羅蜜法。目的是讓他們都成佛,得到阿耨多羅三藐三菩提,成一切種智。日月燈明佛相續的有二萬佛。一尊佛入滅了,又一尊佛降生,一尊佛入滅了,又一尊佛降生,都叫日月燈明。相繼有二千佛,都同一個名字號日月燈明,同一姓,姓頗羅墮。文殊菩薩就跟彌勒菩薩說,彌勒當知,二萬佛,只說最後這尊日月燈佛,不一個一個說。

日月燈明如來,十號具足,說法,初中後善,完全是妙法,最初開始說的乃至到最後說的,都是好的。在最後這尊日月燈明佛沒有出家的時候,他是國王,有八個兒子,八王子。第一個叫有意,第二個叫善意,第三個叫無量意,第四個叫寶意,第五個叫增意,第六個叫除疑意,第七個叫響意,第八個叫法意。

文殊菩薩跟彌勒菩薩說這個故事。這八個王子威德自在,「威德」就是莊嚴,「自在」是王子都有的權利。八個王子,每個王子都領有四天下,統領的

天下是三十二。日月燈明佛最後這尊佛統領三十二天，還有自己的本土。日明燈明佛棄家出道，出家成佛了，不但修道而且成佛。

他的八個兒子聽說父親出家，他們也都出家。父親出家成了佛，這八個王子出家之後掉王位，隨父親出家。修行梵行，就是修道，修清淨法門。

後都當法師，都能說法；同時在千萬佛所，「植諸善本」，這個是文殊師利菩薩向彌勒菩薩說的古老故事，無量劫無量劫以前。

是時日月燈明佛說大乘經名無量義教菩薩法佛所護念說是經已。即於大眾中結跏趺坐入於無量義處三昧身心不動是時天雨曼陀羅華摩訶曼陀羅華曼殊沙華摩訶曼殊沙華而散佛上及諸大眾普佛世界六種震動爾時會中比丘比丘尼優婆塞優婆夷天龍夜叉乾闥婆阿修羅迦樓羅緊那羅摩睺羅伽人非人及諸小王轉輪聖王等是諸大眾得未曾有歡喜合掌一心觀佛。

二萬佛最後的日月燈明佛,也像現在釋迦牟尼佛一樣,說《無量義經》。《無量義經》教授的都是菩薩法門,這是唯佛所護念。說《無量義經》圓滿,也與大眾結跏趺坐,入無量義處三昧,跟現在釋迦牟尼佛入無量義三昧一樣。身得安穩、心不動搖,身心不動,入定了。

在這個時間也像現在的,天雨曼陀羅華、摩訶曼陀羅華、曼殊沙華、摩訶曼殊沙華,這是華的名詞。這華不是人間的,是天人供佛的。佛世界也是六種震動,在那個時候的會中,比丘、比丘尼、優婆塞、優婆夷,這是四眾弟子。還有天龍、夜叉、乾闥婆、阿修羅、迦樓羅、緊那羅、摩睺羅伽、人非人等,八部鬼神眾。還有人間諸小王,轉輪聖王,大家都歡歡喜喜的一心觀佛。

爾時如來放眉間白毫相光照東方萬八千佛土靡不周徧如今所見是諸佛土彌勒當知爾時會中有二十億菩薩樂欲聽法是諸菩薩見此光明普照佛土得未曾有欲知此光所爲因緣。

時有菩薩名曰妙光有八百弟子是時日月燈明佛從三昧起。因妙光菩薩說大乘經名妙法蓮華教菩薩法佛所護念六十小劫不起於座。時會聽者亦坐一處六十小劫身心不動聽佛所說謂如食頃。是時眾中無有一人若身若心而生懈倦。

這是文殊師利菩薩跟彌勒菩薩說，在過去無量無量劫前，有二萬日月燈明佛，最後的燈明佛，也像現在我們釋迦牟尼佛要說《法華經》一樣的入了定。這段故事介紹完了，文殊菩薩又跟彌勒菩薩說，你應該知道，在那個時候的會場當中，有二十億菩薩樂欲聽法，大家都想聽佛說法。那些菩薩都看見佛放光明，眉間放光明。普照一切佛國土，得未曾有。大家也像現在一樣，都想知道為什麼放光明？想知道因緣。

在那個時間，有位菩薩名曰妙光，妙光菩薩帶著八百個弟子也在會場當中。妙光菩薩是說法者。「是時」，那個時候，日月燈明佛從三昧起了。在日

貳、說法由致分 敘品第一

日月燈明佛於六十小劫說是經已。即於梵魔沙門婆羅門及天人。

月燈明佛入定的時候，在法會當中，妙光菩薩給大家說法，說大乘經，叫什麼名字？《妙法蓮華經》。這是說日月燈明佛，無量劫前說《妙法蓮華經》的時候，他入定，座下有位菩薩叫妙光菩薩，就演《妙法蓮華經》。《妙法蓮華經》所教授的都是菩薩法，是佛所護念。

這一說法，說好長時間呢？六十小劫，坐著不動，一座坐了六十小劫。

一小劫是好多年呢？在佛經上講，人的壽命從十歲過一百年增一歲，增到八萬四千歲。從八萬四千歲，過一百年減一歲，一直減到人的壽命十歲，這一增一減算一個小劫。六十個小劫就是六十個增減，這個時間不是數字所能計算的。

「一座說法，不起於座」。聽法的人也是六十小劫沒動，聽佛所說法。時間這麼長，感覺到就像吃頓飯的時間一樣，「謂如食頃」。在這會中聞法的人，沒有一個人心生疲倦想。這是妙光菩薩說法，妙光菩薩就是文殊師利菩薩。

阿修羅眾中。而宣此言。如來於今日中夜。當入無餘涅槃時有菩薩。名曰德藏。日月燈明佛即授其記告諸比丘是德藏菩薩次當作佛。號曰淨身多陀阿伽度阿羅訶三藐三佛陀。佛授記已便於中夜入無餘涅槃。佛滅度後妙光菩薩持妙法蓮華經滿八十小劫為人演說。日月燈明佛八子皆師妙光。妙光教化令其堅固阿耨多羅三藐三菩提。是諸王子供養無量百千萬億佛已皆成佛道。其最後成佛者名曰然燈。八百弟子中有一人號曰求名貪著利養。雖復讀誦眾經而不通利多所忘失故號求名。是人亦以種諸善根因緣故得值無量百千萬億諸佛供養恭敬尊重讚歎。

日月燈明佛，六十小劫說完經，在大眾中就出定了，即於梵、魔、沙門、婆羅門、天、人、阿修羅，宣說此言：「如來於今日中夜，當入無餘涅槃」。

貳、說法由致分 敘品第一

日月燈明佛向大眾說：「我在今天中夜的時候，圓寂了。」文殊師利菩薩告訴大眾，釋迦牟尼佛入了定，說完《法華經》也要圓寂了。

在會中有位菩薩叫德藏菩薩，是日月燈明佛的弟子，日月燈明佛最後就給他授記。告諸比丘：「是德藏菩薩，次當作佛，號曰淨身多陀阿伽度、阿羅訶、三藐三佛陀。」如來應供正等覺，翻「正徧知」。佛授記已，日月燈明佛給德藏菩薩授記完了之後，於中夜入無餘涅槃，圓寂了。

佛滅度後，妙光菩薩住持《妙法蓮華經》，又說了八十小劫。日月燈明佛有八子，這八王子都拜妙光法師為師。妙光法師就給這八王子說法，讓他們堅固阿耨多羅三藐三菩提，讓他們發菩提心，行菩薩道，堅固不退，直至成佛，達到正等正覺。

這八王子供養無量千萬億佛，都成佛道了。其中最後成佛的名叫然燈。但是在妙光菩薩的八百弟子當中，有一個名字叫求名，他不好修行，貪著利養，他也念經也學法，但是不通達，多所忘失，因此給他名字就叫求名。雖然他不精

進，但是善根因緣，遇著無量百千億佛，也對諸佛供養、恭敬、尊重、讚歎。

彌勒當知爾時妙光菩薩豈異人乎我身是也求名菩薩汝身是也今見此瑞與本無異是故惟忖今日如來當說大乘經名妙法蓮華教菩薩法佛所護念。

「彌勒當知」，文殊師利菩薩跟彌勒菩薩說，那個時候的妙光菩薩，不是別人，「豈異人乎？我身是也」，就是我文殊師利。求名菩薩是誰？就是你彌勒，「汝身是也」。

有的經上說，釋迦牟尼佛比彌勒菩薩學法晚，彌勒佛在前。但是彌勒佛懈懈怠怠的，釋迦牟尼佛超過他，超前成佛。在過去，彌勒菩薩是懈懈怠怠的；現在我們供的彌勒像是大肚彌勒。在雁蕩山我們修能仁寺，沒有供彌勒菩薩像。但是印度的彌勒菩薩像，非常莊嚴，跟文殊普賢一樣。這就是彌勒菩薩請

文殊師利菩薩說，文殊菩薩就講他倆的故事。文殊菩薩自己是妙光菩薩，彌勒菩薩就是八百弟子當中的求名菩薩。

今天看見釋迦牟尼佛這個瑞相，跟我們過去看的沒什麼差別；其實彌勒菩薩的地位，在《華嚴經》，善財童子參彌勒菩薩，已是等覺菩薩。這些事彌勒菩薩都曉得，拿文殊跟彌勒來作例子，讓與會大眾見著瑞相，生歡喜心。但是一到〈方便品〉，五千位比丘、比丘尼、優婆塞、優婆夷退席了。佛將要說《法華經》，他們不聽就走了。這到〈方便品〉再講。

現在這個瑞相，跟過去我們那個時候是一樣的，現在佛也要說大乘經典，說《妙法蓮華經》。完全教菩薩成佛的法，佛佛所護念的《妙法蓮華經》。

爾時文殊師利於大眾中。欲重宣此義而說偈言。

我念過去世　無量無數劫　有佛人中尊　號日月燈明。

世尊演說法　度無量眾生　無數億菩薩　令入佛智慧。

貳、說法由致分　敘品第一

207

佛未出家時　所生八王子　見大聖出家　亦隨修梵行。
時佛說大乘　經名無量義　於諸大眾中　而為廣分別。
佛說此經已　即於法座上　跏趺坐三昧　名無量義處。
天雨曼陀華　天鼓自然鳴　諸天龍鬼神　供養人中尊。
一切諸佛土　即時大震動　佛放眉間光　現諸希有事。
此光照東方　萬八千佛土　示一切眾生　生死業報處。
有見諸佛土　以眾寶莊嚴　琉璃玻瓈色　斯由佛光照。
及見諸天人　龍神夜叉眾　乾闥緊那羅　各供養其佛。
又見諸如來　自然成佛道　身色如金山　端嚴甚微妙。
如淨琉璃中　內現真金像。　世尊在大眾　敷演深法義。
一一諸佛土　聲聞眾無數　因佛光所照　悉見彼大眾。
或有諸比丘　在於山林中　精進持淨戒　猶如護明珠。

又見諸菩薩　行施忍辱等　其數如恆沙　斯由佛光照
又見諸菩薩　深入諸禪定　身心寂不動　以求無上道
又見諸菩薩　知法寂滅相　各於其國土　說法求佛道。
爾時四部眾　見日月燈佛　現大神通力　其心皆歡喜
各各自相問　是事何因緣。　天人所奉尊　適從三昧起
讚妙光菩薩　汝為世間眼　一切所歸信　能奉持法藏
如我所說法　唯汝能證知。　世尊既讚歎　令妙光歡喜
說是法華經　滿六十小劫　不起於此座。　所說上妙法
是妙光法師　悉皆能受持。　佛說是法華　令眾歡喜已
尋即於是日　告於天人眾　諸法實相義　已為汝等說
我今於中夜　當入於涅槃　汝一心精進　當離於放逸
諸佛甚難值　億劫時一遇。　世尊諸子等　聞佛入涅槃

各各懷悲惱　佛滅一何速。
我若滅度時　汝等勿憂怖
心已得通達　其次當作佛
佛此夜滅度　號曰為淨身
比丘比丘尼　如薪盡火滅
是妙光法師　其數如恆沙
是諸八王子　分布諸舍利
供養諸佛已　倍復加精進
最後天中天　八十小劫中
是妙光法師　妙光所開化
求名利無厭　堅固無上道
以是因緣故　相繼得成佛
　　　　　　轉次而授記。
　　　　　　諸仙之導師
　　　　　　度脫無量眾
　　　　　　時有一弟子
　　　　　　心常懷懈怠
　　　　　　貪著於名利
　　　　　　多游族姓家
　　　　　　棄舍所習誦
　　　　　　廢忘不通利。
　　　　　　奉持佛法藏
　　　　　　隨順行大道
　　　　　　號曰然燈佛
　　　　　　聖主法之王
　　　　　　安慰無量眾
　　　　　　於無漏實相
　　　　　　亦度無量眾
　　　　　　而起無量塔。
　　　　　　以求無上道。
　　　　　　廣宣法華經
　　　　　　當見無數佛。
　　　　　　號之為求名。
　　　　　　亦行眾善業
　　　　　　得見無數佛
　　　　　　是德藏菩薩

供養於諸佛　隨順行大道　具六波羅密　今見釋師子。
其後當作佛　號名曰彌勒　廣度諸眾生　其數無有量。
彼佛滅度後　懈怠者汝是　妙光法師者　今則我身是。
我見燈明佛　本光瑞如此　以是知今佛　欲說法華經。
今相如本瑞　是諸佛方便　今佛放光明　助發實相義。
諸人今當知　合掌一心待　佛當雨法雨　充足求道者。
諸求三乘人　若有疑悔者　佛當為除斷　令盡無有餘。

「爾時文殊師利於大眾中」，想把這個故事，簡短再說一遍。而說偈言：「我念過去世，無量無數劫」。回憶過去沒有量、無數劫時間，那個時候有佛叫日月燈明，也演說妙法，度無量眾生，無數億菩薩令入佛之智慧。這是重頌以前的長文。

貳、說法由致分 紋品第一

211

佛在沒出家的時候，生了八個王子。見到父王出家、見大聖出家，他們也都出家，「亦隨修梵行」。日月燈明佛說大乘經典，說《無量義經》，跟釋迦牟尼佛現在說《無量義經》一樣的，於大眾中廣為分別，分別就是講《無量義經》，如何修菩薩道、如何行菩薩道、如何利益眾生，就廣分別菩薩法。

佛說完《無量義經》，於法座上，結跏趺坐入了三昧，什麼三昧呢？無量義三昧。這個時候，天降曼陀羅華現瑞相，天鼓自然鳴，諸天龍鬼神，供養佛，人中最尊貴的。

「一切諸佛土，即時大震動，佛放眉間光，現諸希有事」，跟現在釋迦牟尼佛現相一樣。「此光照東方，萬八千佛土」，放的眉間光，照向東邊八千佛國土。同時也光中示現，一切眾生生死業報輪迴，光中顯現的生死業道，乃至造業起業，種種社會現相。

同時諸佛國土也現到淨佛國土，七寶莊嚴，七寶就是琉璃、瑪瑙、珍珠這些東西。這是由佛光照而顯現的，這個會中人都能見的原因是假佛的神力。還

看到那個世界的人，天人、龍、八部鬼神眾，供養佛。

「又見諸如來，自然成佛道」，成就佛果，自然而成。又見佛的身如金山，光明徧照，「端嚴甚微妙。如淨琉璃中，內現眞金像」。見的是見像，「眞金像」是指法身。淨琉璃是化身，說從化身見到佛的報身，報身見到佛的法身，「眞金像」。

「世尊在大眾，敷演深法義。一一諸佛土，聲聞眾無數」。佛在會上演的是甚深法，無量義法。「因佛光所照，悉見彼大眾」。為什麼能見到？因為佛的光照原因，假佛的加持力，所以能見到。或者看見那個佛國土，也有些出家比丘，有在山林中修行的，有在持淨戒的，也有在行菩薩道的。

「又見諸菩薩，行施忍辱等」。行六度萬行，布施、持戒、忍辱、禪定，那些佛國土的菩薩，如恆河沙。見到每一位菩薩修行，能見到的原因是由佛的光、佛的智慧，照而現的，是眉間光照現的。

「又見諸菩薩，深入諸禪定。身心寂不動，以求無上道」。光照當中，看

那些菩薩有修這個法門,有修那個法門,或者看見菩薩修定,心不動,修無上道果。或者見菩薩,知道一切諸法寂滅相,現法的寂滅相。「各於其國土,說法求佛道」。

「爾時四部眾」,說佛光所照的那些四部眾。「見日月燈佛,現大神通力,其心皆歡喜」。都很高興,讚歎隨喜。「各各自相問,是事何因緣」?都互相的問,佛眉間放光是什麼因緣呢?跟現在一樣。文殊菩薩跟彌勒說,你來問我,那個時候日月燈明佛照也有如是現相。

之後日月燈明佛從三昧起了,讚歎妙光菩薩。佛在三昧中,妙光菩薩在那裡演說《妙法蓮華經》,佛從三昧起讚歎妙光菩薩。「汝為世間眼,一切所歸信」。你是天的眼目,指示人間的明燈,一切都歸順你,歸信你。「能奉持法藏」,能夠持一切諸佛的法藏,宣揚法藏。「如我所說法」,那是妙光菩薩,唯有妙光菩薩能證得,「世尊既讚歎,令妙光歡喜」。世尊讚歎妙光菩薩,使妙光菩薩歡喜。

「說是《法華經》,滿六十小劫,不起於此座。所說上妙法,是妙光法師,悉皆能受持」。往昔一切諸佛法,妙光法師都能受持。讚歎妙光法師,其實是文殊菩薩讚歎自己,妙光法師就是他,他就是妙光法師。讚歎自己,批評彌勒,你是很懈怠的。

「佛說是法華,令眾歡喜已」。佛說完《法華經》,令大眾歡喜。「尋即於是日,告於天人眾。諸法實相義,已為汝等說。」諸佛真實的道理,已向你宣說完了。「我今於中夜,當入於涅槃」,我要走了,緣盡了,佛到哪裡去了?入涅槃,我們就講性空。我們講《華嚴經》的時候,先講〈大乘起信論〉,講《妙法蓮華經》的時候,先給大家講緣起性空,你就歸於緣起性空。

「諸佛甚難值,億劫時一遇」,想遇見佛很難!經過很長的劫數才能遇到。「世尊諸子等,聞佛入涅槃」。世尊就是日月燈明如來,他不是有八個兒子嗎?那八個兒子聽到佛要入涅槃,「各各懷悲惱」,悲是傷感,惱是煩惱。

「佛滅一何速」,說佛為什麼快就涅槃呢?「聖主法之王,安慰無量

眾」，佛就安慰他們，說我滅的時候，你們不要憂愁也不要恐怖。德藏菩薩已經得到無漏實相，他的心已得到通達，馬上就成佛了，「其次當作佛，號曰為淨身」，淨身如來。「亦度無量眾」，他會度你們的。

「佛此夜滅度，如薪盡火滅」。佛要入涅槃，就像柴火燒盡，火就沒有了。「薪」是木柴，木材燒盡，火就沒有了。「分布諸舍利，而起無量塔。比丘比丘尼，其數如恆沙」。在日月燈明佛涅槃的時候，那些比丘、比丘尼有好多？像恆河沙那麼多。「倍復加精進」，佛在的時候，精進還不夠，佛涅槃了沒有導師，自己要勤加精進，以求無上道。

「是妙光法師，奉持佛法藏，八十小劫中，廣宣《法華經》」。佛不在世，妙光法師就住世，繼續說《法華經》。「是諸八王子」，國王的八個兒子，「妙光所開化」，他們以後都以妙光為師。「堅固無上道，當見無數佛。供養諸佛已，隨順行大道」，都在行菩薩道。「相繼得成佛」，這八個王子相續成佛。最後，彌勒菩薩也要成佛，八王

子中最後的王子。「最後天中天,號曰然燈佛,諸仙之導師,度脫無量眾。是妙光法師,時有一弟子,心常懷懈怠,貪著於名利,求名利無厭,多游族姓家」,經常到居士家,不好好的在廟裡修行,是這樣的涵義。

「棄捨所習誦」,大乘經典不念,專門搞名利,廢忘不通利。以是因緣,「號之爲求名」。雖然這樣,他還是做了很多的善業也能行一切善業,也見著無量佛,也供養諸佛。「隨順行大道」,也隨著佛的教法行大道。

「具六波羅密」,今見釋師子,其後當作佛,號名曰彌勒」,你要成佛了。

「廣度諸眾生,其數無有量。彼佛滅度後,懈怠者汝是,妙光法師者,今則我身是。我見燈明佛,本光瑞如此」,燈明佛也如是說《無量義經》,也如是放眉間光,現在釋迦牟尼佛也如是要說《法華經》。

「今相如本瑞」,現在釋迦牟尼佛的瑞相,跟日月燈明佛所現的是一樣的,這是諸佛的方便善巧。「今佛放光明,助發實相義。諸人今當知,合掌一心待」,說你合著掌祈求等待,等待什麼呢?

貳、說法由致分 敘品第一

「佛當雨法雨」,佛很快就要說《法華經》。「充足求道者」,使求道的人都能滿足。「諸求三乘人,若有疑悔者,佛當為除斷,令盡無有餘」。這是《法華經》的〈敘品〉。

參、開佛知見分

方便品第二

現在講第二品〈方便品〉，《法華經》共有七卷二十八品，現在是第一卷，二十八品當中的第二品。

什麼叫〈方便品〉？「方便」就是善巧的意思。釋迦牟尼佛入了無量義三昧，告訴舍利弗，佛從定起之後，對舍利弗說，這種甚深的義理，唯佛與佛才能究竟。這是一切諸法的實相。佛的諸法實相就是性空，方便就是緣起，說《法華經》的因緣成熟了。

「方」就是法，說學佛有方法，就是學佛的方便法；「便」就是用的意思，「方便」就是法的用，你怎麼用善巧方便。方便是對著真實說的，《法華經》的真實義，你不能進入，怎麼辦呢？就用方便善巧來接引，所以有第二品

〈方便品〉。

爾時世尊從三昧安詳而起。告舍利弗。諸佛智慧甚深無量其智慧門難解難入一切聲聞辟支佛所不能知所以者何佛曾親近百千萬億無數諸佛盡行諸佛無量道法勇猛精進名稱普聞成就甚深未曾有法隨宜所說意趣難解舍利弗吾從成佛已來種種因緣種種譬喻廣演言教無數方便引導眾生令離諸著所以者何如來方便知見波羅蜜皆已具足舍利弗如來知見廣大深遠無量無礙力無所畏禪定解脫三昧深入無際成就一切未曾有法。

「爾時世尊從三昧安詳而起」，出定了。「爾時」，就在彌勒問、文殊答這個時候，佛就從三昧起了。諸佛的智慧甚深無量，這個意思佛弟子都知道。

參、開佛知見分 方便品第二

因為甚深無量，我們明白不了，也很難入到佛的智慧，一切二乘人、聲聞、辟支佛，乃至一般菩薩所不能知的。

為什麼這樣說？「所以者何」？什麼原因？乃至說什麼道理？因為佛曾親近百千萬億無數諸佛，佛經過很長的時間，親近過無量無量諸佛。佛佛道同，釋迦牟尼佛已經把諸佛的法都學到了，成就佛了。

「勇猛精進，名稱普聞」。現在佛已經成就甚深未曾有法，這是專指《法華經》說的。隨眾生的根器，現在已經有這個因緣，眾生能夠理解，難解能解。

佛又跟舍利弗說：舍利弗！吾從成佛已來，種種因緣，緣起諸法無量種種因緣，用種種方法、種種譬喻、種種善巧，說三乘法，說人天法，廣演言教。

凡是所說的法，無數方便，所以佛說苦集滅道，說十二因緣，說六度四攝，說慈悲喜捨，都叫方便。

這些方便作什麼呢？令眾生不要執著，目的只有一個，解脫！解脫了就得自在，自在就成佛。但是得有因緣，沒有緣起、沒有因緣不能進入的，所以

才說方便法。在一般經論裡講六度,我們剛講完《華嚴經》又說《法華經》,《華嚴經》講十度,方便是一度,把智慧展開爲慧度、方便度、願度、力度、智度,那個慧不是智,而是方便善巧慧。爲什麼?引導眾生!不然眾生離不開執著,讓一切眾生放下,不要執著,執著了入不了道。離開執著,那得有善巧方便讓他離開執著。眾生執著慣了,有什麼方便讓他離開執著?以善巧方便的波羅蜜法門,讓眾生具足,就離開執著。

佛又跟舍利弗說,如來的知見,如來看一切事物,那是廣大、深遠、無量無礙的,有力量無所畏懼,一切無畏。我們對於「成佛」,心裡有恐怖感,認爲要行好多菩薩道才能成佛,要行無量無量無量劫的時間。但是你有力量,信仰深了,萬劫一念、一念萬劫!修禪定也好,修解脫三昧也好,成就如來的一切未曾有法。

舍利弗。如來能種種分別巧說諸法言辭柔輭悅可眾心舍利弗取

要言之。無量無邊未曾有法佛悉成就。

「舍利弗!如來能種種分別,巧說諸法。」如來善能分別,為什麼?他了知眾生根,知眾生性,如來是從性空而悟道,所以能緣起,乃至種種方便,能令大家歡喜。

佛說法,眾生聞到都能歡喜。巧說,假因緣、假譬喻、假本事、假未曾有。現在文殊師利跟彌勒菩薩說的是本事、未曾有;十二分教的本事,也講過去,諸佛成佛,信佛,發菩薩心,行菩薩道,成佛。所以如來有方便善巧能種種方便,巧說諸法。「言辭柔輭,悅可眾心」,使聽的人都能夠進入、能夠歡喜。

「舍利弗!取要言之」,無量無邊未曾有法,佛都成就了。無量無邊希奇的妙法,佛都成就了。

止舍利弗不須復說所以者何佛所成就第一希有難解之法唯佛

參、開佛知見分 方便品第二

223

與佛乃能究盡諸法實相所謂諸法如是相如是性如是體如是力如是作如是因如是緣如是果如是報如是本末究竟等。

「止，舍利弗！不須復說。」行了，不能再講下去，佛就不說了。

「所以者何」？為什麼我不說？佛成就第一希有難解之法，唯有佛與佛才能究盡諸法實相。等覺菩薩還要經過很長時間，才能夠成佛。究盡諸法實相，就是證得空的道理。現在這都是緣起的法相，諸法實相就是性空，達到性空就是《華嚴經》的一眞法界，我們所說的妙明眞心。

所謂諸法實相是什麼？「所謂諸法，如是相，如是性，如是體，如是力，如是作，如是因，如是緣，如是果，如是報，如是本末究竟等」，這就是深法。

「如是」是什麼呢？佛的心，就是性空，這就「如是」。一共有十種，這是根本。

「如是相」，你看見相，知道它的性，這叫「如是」。從相而見性，善惡現於外，而產生善惡的相是心！見相觀心，我們俗話說察言觀色，聽他的話，

看他的表現，就知道他的心在想什麼，這叫神通。

「如是性」，是內在的，人人本具。但是你自己不能悟得，不是肉眼看見我們的性，也不是心裡想像我們的性，識知不到，見也見不到，這就是「如是性」。

「如是體」，體有二種，一個是我們現在身體的體，一個是離開身體又輪轉不壞的性體，那個我們見不到，明白了就是佛。

「如是力」，力就是功能，作用所產生的效果，力的功能。

「如是作」，作是造作，任何事情都是造作出來的，怎麼造作的？就是你的身口意。身不造殺盜婬，口不說妄言、綺語、兩舌、惡口，意不起貪、瞋、癡，這三業翻過來了，三業就是十業。如是回歸本體，不造三業。既不作惡也不造善，本體不動。

「如是因」，因有二種，一個習，熏習來的因。熏習來因也有二種，一個善因、一個惡因。我們講〈大乘起信論〉二種熏習。用三寶的教法來熏習，那你成佛了；用貪瞋癡來熏習，那就下地獄了。看你如何熏習，「因」就是這樣的意思。

「如是緣」，幫助你熏習的緣，你在什麼環境下就有什麼的熏習。城市有城市的熏習，農村有農村的熏習，工廠有工廠的熏習；但是你在佛教團體，當佛的弟子，那就是佛的熏習。

「如是果」，有什麼因結什麼果。這也是熏習的涵義。若種麥子，絕不會長出稻米；種黃豆，黃豆的種子，你想把它變成大米，能辦得到嗎？什麼因結什麼果，因必結果，果必成因。

「如是報」，就是你所作的業。有了因就報果，因必得報，報即是果，果報果報。你要想種惡因，殺人放火，那你也被人家殺因，想得戒定慧辦不到。

「如是本末究竟」，後來的報為「末」，前報為「本」。當你作一件事，裡頭夾雜很多因緣，異熟因果，異熟因、異熟果。有的人一生波波折折，時而順利，時而悲哀，時而災難重重，時而又很幸福。為什麼？當你做的時候，時而善、時而惡，並不是一生都做善事。時而做好事、時

而又做壞事，起心動念，造成你的因因果果。因為心種種的變化，才產生種種的因果。我們學的小乘法、中乘法、大乘法三乘法，「相、性、果、報、本、末」，這六種都是具足的。就看你的心怎麼樣作，自然就感什麼果。

爾時世尊欲重宣此義而說偈言。

世雄不可量　諸天及世人　一切眾生類　無能知佛者。

佛力無所畏　解脫諸三昧　及佛諸餘法　無能測量者。

本從無數佛　具足行諸道　甚深微妙法　難見難可了。

於無量億劫　行此諸道已　道場得成果　我已悉知見。

如是大果報　種種性相義　我及十方佛　乃能知是事。

是法不可示　言辭相寂滅　諸餘眾生類　無有能得解。

除諸菩薩眾　信力堅固者　諸佛弟子眾　曾供養諸佛

參、開佛知見分　方便品第二

227

一切漏已盡　住是最後身　如是諸人等　其力所不堪。
假使滿世間　皆如舍利弗　盡思共度量　不能測佛智。
正使滿十方　皆如舍利弗　及餘諸弟子　亦滿十方刹
盡思共度量　亦復不能知　辟支佛利智　無漏最後身
亦滿十方界　其數如竹林　斯等共一心　於億無量劫
欲思佛實智　莫能知少分。新發意菩薩　供養無數佛
了達諸義趣　又能善說法　如稻麻竹葦　充滿十方刹
一心以妙智　於恆河沙劫　咸皆共思量　不能知佛智。
不退諸菩薩　其數如恆沙　一心共思求　亦復不能知。
又告舍利弗　無漏不思議　甚深微妙法　我今已具得
唯我知是相　十方佛亦然。舍利弗當知　諸佛語無異
於佛所說法　當生大信力　世尊法久後　要當說眞實。

告諸聲聞眾　及求緣覺乘　我令脫苦縛　逮得涅槃者
佛以方便力　示以三乘教　眾生處處著　引之令得出。

「爾時世尊欲重宣此義，而說偈言：世雄不可量，諸天及世人，一切眾生類，無能知佛者。」說要想知道佛的所行所作，一般眾生是沒辦法知道的。連等覺菩薩都不知道，何況一般菩薩！十地菩薩、等覺菩薩都不能知道，一般眾生、二乘的果位人，當然也不知道。

佛的十力、四無所畏，解脫的一切三昧，乃至佛的一切法，眾生無能測量。不但眾生，二乘人無能測量，三乘的聖人無能測量，唯佛與佛才能究竟。

「本從無數佛，具足行諸道」。這是一種甚深的微妙法，見不到的，知不到的，難見難知。無量億劫，行此諸道已，經過長劫修道，一直到修到成佛，惑業斷盡了。佛說自己，「我已悉知見」，已經能完全證得這個道理。

「如是大果報，種種性相義」，這種性相義，「我及十方佛，乃能知是

參、開佛知見分　方便品第二

229

事。是法不可示，言辭相寂滅，諸餘眾生類，無有能得解。除諸菩薩眾，信力堅固者。諸佛弟子眾，曾供養諸佛，一切漏已盡，住是最後身」，就是成了佛果，佛一入涅槃就是最後身。

「如是諸人等，其力所不堪」。唯佛與佛乃能究竟、乃能受，其他的沒有這個力量。「假使滿世間，皆如舍利弗，盡思共度量，不能測佛智。」所有世間都像舍利弗集合起來測量佛的智慧也測不到，不論多少人都測不到的。

「及餘諸弟子，亦滿十方剎，盡思共度量，亦復不能知。辟支佛利智，無漏最後身，亦滿十方界，其數如竹林」。辟支佛的量無論多少，像竹林那樣多，「斯等共一心，於億無量劫，欲思佛實智，莫能知少分」。想知佛的智慧，少分也不可能。

「新發意菩薩，供養無數佛，了達諸義趣，又能善說法，如稻麻竹葦，充滿十方剎，一心以妙智，於恆河沙劫，咸皆共思量，不能知佛智」。這是說佛智甚深難測。「不退諸菩薩，其數如恆沙，一心共思求，亦復不能知」。那些

發菩提心、成就不退位的菩薩,如恆河沙那麼多,共同來思求佛的智慧,也不能知。

「又告舍利弗,無漏不思議,甚深微妙法,我今已具得。唯我知是相,十方佛亦然」。唯佛與佛乃知道這個道理,認識這個相。「舍利弗當知,諸佛語無異,於佛所說法,當生大信力」。不要懷疑佛所說的法,應生起最大的信仰力。「世尊法久後,要當說真實」。世尊的法一定會說真實相,告諸聲聞或者緣覺,令脫苦縛,這樣子才能脫盡苦的纏縛。

「逮得涅槃者,佛以方便力,示以三乘教」,因機而說的三乘教法。這是佛的方便,不是真實的。「眾生處處著」,眾生見什麼、聞什麼、執著什麼,佛以方便力令他出離,不要執著。

爾時大眾中有諸聲聞漏盡阿羅漢阿若憍陳如等千二百人及發聲聞辟支佛心比丘比丘尼優婆塞優婆夷各作是念今者世尊何

故慇懃稱歎方便而作是言佛所得法甚深難解有所言說意趣難知一切聲聞辟支佛所不能及佛說一解脫義我等亦得此法到於涅槃而今不知是義所趣。

爾時舍利弗知四眾心疑自亦未了而白佛言世尊何因何緣慇懃稱歎諸佛第一方便甚深微妙難解之法我自昔來未曾從佛聞如是說今者四眾咸皆有疑惟願世尊敷演斯事世尊何故慇懃稱歎甚深微妙難解之法。

「爾時大眾中，有諸聲聞漏盡阿羅漢」，共千二百人，以阿若憍陳如為首，及發聲聞、辟支佛心的比丘、比丘尼、優婆塞、優婆夷，四眾弟子，各各都這樣想：「今者，世尊何故慇懃稱歎方便？」大家都懷疑了，佛今天為什麼要說這個法？而且是稱讚方便善巧，佛不是盡說真實嗎？今天為什麼只說方便

參、開佛知見分 方便品第二

善巧呢？佛所得的法，甚深難知，難知難解，有所說，意趣也沒法會得到，一切聲聞、辟支佛所不能知。

「佛說一解脫義，我等亦得此法」，這一千二百位阿羅漢都是證得了，佛說這個解脫義，我們已經都證得涅槃了。而今不知是義所趣！佛說這個道理是什麼涵義？這些阿羅漢認為他們證得的跟佛是一樣的，佛證得的也是這樣，我們得的這個涅槃，不也是這樣？佛今天為什麼樣說呢？佛說現在二乘人所證的阿羅漢是佛的方便善巧，不是真正得的。

舍利弗就代表大眾向佛說，「世尊！何因何緣？什麼因緣佛總稱歎諸佛的方便？說甚深微妙難解之法？」同時舍利弗又對佛說，我自往昔跟著佛以來，沒聽佛這樣說過，現在佛這樣說，我們四眾弟子，比丘比丘尼、優婆塞優婆夷，都有懷疑了。「唯願世尊敷演斯事。世尊！何故慇勤稱歎甚深微妙難解之法？」什麼道理？在我們之上還有一個甚深微妙的法嗎？這些阿羅漢認為他們已經究竟，證得涅槃。

爾時舍利弗欲重宣此義而說偈言。

慧日大聖尊　久乃說是法　自說得如是　力無畏三昧
禪定解脫等　不可思議法　道場所得法　無能發問者
我意難可測　亦無能問者　無問而自說　稱歎所行道
智慧甚微妙　諸佛之所得　無漏諸羅漢　及求涅槃者
今皆墮疑網　佛何故說是　其求緣覺者　比丘比丘尼
諸天龍鬼神　及乾闥婆等　相視懷猶豫　瞻仰兩足尊
是事為云何　願佛為解說　於諸聲聞眾　佛說我第一
我今自於智　疑惑不能了　為是究竟法　為是所行道

「爾時舍利弗欲重宣此義，而說偈言：慧日大聖尊，久乃說是法。」今天就感著希奇，從來沒聞過今天所要說的法。「自說得如是，力無畏三昧」。佛

說的十力無畏三昧法、禪定解脫不可思議法，乃至到道場所得的菩提法，沒有人能發問。「我意難可測」，我想不到，這是舍利弗向佛表白，沒有能問者，「無問而自說，稱歎所行道」。

佛今天的說法，沒有誰問，這叫無問而自說。這個智慧甚深微妙，諸佛所得的是無漏的，諸羅漢求涅槃者，「今皆墮疑網」。我們這些無漏阿羅漢，今天都墮落疑網，不知所措。「佛何故說是」？佛，您是什麼因、什麼緣說這個法？這是就求聲聞的羅漢而言。

求緣覺的比丘比丘尼，乃至諸天龍鬼神、乾闥婆，相視懷猶豫，大家你看看我、我看看你，不知所措。「瞻仰兩足尊，是事為云何，願佛為解說」。佛今天所說的法，大家都莫名其妙，懷疑佛為什麼要這樣說！「於諸聲聞眾，佛說我第一。我今自於智，疑惑不能了。為是究竟法？為是所行道？」這是舍利弗的話。佛常說，我在聲聞當中智慧第一，今天我的智慧像沒有一樣，懷疑起惑，不能了知這個究竟法。「為是所行道」，究竟我們該怎麼樣作？怎麼樣修道？

佛口所生子　合掌瞻仰待　願出微妙音　時為如實說。
諸天龍神等　其數如恆沙　求佛諸菩薩　大數有八萬
又諸萬億國　轉輪聖王至　合掌以敬心　欲聞具足道。

「佛口所生子，合掌瞻仰待，願出微妙音，時為如實說。」這是舍利弗請求佛說法。「佛口所生子」，是從佛口所說的法，所生的佛子叫法子。經常說法子，是指聞佛口所生的法。但是現在佛還沒說，舍利弗請求說我們都合掌、瞻仰，等待佛說法。「願出微妙音」，佛說的法是微妙的，所發的音聲也是微妙的。「時為如實說」，現在因緣成熟了，希望佛如實說，說真實的法、真實的義。

「諸天龍神等，其數如恆沙，求佛諸菩薩，大數有八萬」，現在在此法會中，等待佛說法，除了四眾弟子，天龍八部數量如恆河沙那麼多，乃至求成佛的諸大菩薩大數有八萬，這是有數字的。天龍八部跟比丘、比丘尼、優婆塞、

優婆夷,那數字就很多,沒法計算,像恆河沙那麼多。大菩薩求成佛道的大菩薩,大概有八萬人。

「又諸萬億國,轉輪聖王至,合掌以敬心,欲聞具足道。」還有人間的人王,各個國家的人王。「萬億國」,就是國度很多,那些轉輪聖王都在等待,合掌以敬心。以尊敬心合掌等待,「欲聞具足道」,想聽佛甚深的法。

爾時佛告舍利弗止。止不須復說若說是事一切世間諸天及人皆當驚疑。

「爾時佛告舍利弗:止,止!」你不要請了!「不須復說」,不必再說了,為什麼?「若說是事」,若說這種真實法義,「一切世間諸天、及人,皆當驚疑。」「驚」是產生一種驚怪的想法,「疑」就是不信。這是舍利弗的第一請,佛就制止他,不說的意思。

舍利弗重白佛言世尊。惟願說之惟願說之所以者何。是會無數百千萬億阿僧祇眾生曾見諸佛。諸根猛利智慧明了聞佛所說則能敬信。

舍利弗再向佛啟請，「世尊，惟願說之」，還是請佛說。「所以者何？」在此法會，「無數百千萬億阿僧祇眾生」，曾經見過諸佛，聞過法的，有善根的。「諸根猛利」，「猛利」是有智慧者能夠領受佛教。「智慧明了，聞佛所說，則能敬信」，他們聽到佛所說法，能夠恭敬，能夠產生信心。

爾時舍利弗欲重宣此義而說偈言。

法王無上尊　惟說願勿慮　是會無量眾　有能敬信者

說佛不要顧慮，現在這個大會中的無量眾能夠聞法，能夠生起敬信。

佛復止舍利弗若說是事一切世間天人阿修羅皆當驚疑增上慢比丘將墜於大坑。

「佛復止舍利弗」，佛跟舍利弗說，「若說是事」，若我說真實法，效果如何呢？不大好。「一切世間天、人、阿修羅，皆當驚疑」，他們就驚疑了，為什麼佛說這樣法？產生驚疑。同時會中有「增上慢比丘，將墜於大坑」，說這種甚深法的時候，在此會的增上慢比丘，就墮於大坑。

爾時世尊重說偈言。
止止不須說 我法妙難思 諸增上慢者 聞必不敬信。

佛也用偈頌來答覆舍利弗。「止！止！不須說」，你請求的到此為止，不須再說下去。為什麼？「我法妙難思」。這叫妙法。佛要說《妙法蓮華經》的

參、開佛知見分 方便品第二

239

妙法是微妙的,一般的眾生領略不了,意想不到叫「難思」。「諸增上慢者」,會中有此增上慢比丘,未得謂得,未證謂證。「聞必不敬信」,他們聽聞此法不會生起敬心,反倒墮於大坑。

爾時舍利弗重白佛言。世尊惟願說之惟願說之今此會中如我等比。百千萬億世世已曾從佛受化如此人等必能敬信長夜安隱多所饒益。

舍利弗再向佛請求,這是三請。「世尊!惟願說之,惟願說之!」加重語氣,重複一遍。說現在此會當中,「今此會中,如我等比」,跟我相等的同類百千萬億的佛弟子,「世世已曾從佛受化」,不是一生了,好多世都聽佛的教誨。「如此人等,必能敬信」,這些人聞佛所說的法,一定生起清淨信心,聞佛所說法都得到安穩,得到很大的利益。所以舍利弗用偈頌再向佛請求說法。

爾時舍利弗欲重宣此義而說偈言。

無上兩足尊　願說第一法　我為佛長子　惟垂分別說

是會無量眾　能敬信此法　佛已曾世世　教化如是等

皆一心合掌　欲聽受佛語　我等千二百　及餘求佛者

佛，您是福足慧足，說甚深第一法，無上希求。時，「我為佛長子」，在聲聞眾中說，佛說我是智慧第一，是佛的長子。「惟垂分別說」，我還是請求佛，從淺入深，分別的一一而說。

此會無量大眾能領受佛所說的法，不會有問題。「佛已曾世世」，不是一世親近佛，而是世世，一輩一輩、一輩一輩的，「教化如是等」，這都是佛一世一世的來教化，不是初聞佛法。現在都一心合掌，欲聽受佛說的甚深法。

「我等千二百」，就是常隨眾，我們這千二百人是常隨佛的，還有其他求佛的，不是一時聞佛法也不是一世聞佛法。

> 願為此眾故　惟垂分別說　是等聞此法　則生大歡喜。

「願為此眾故，惟垂分別說」。我們這些人，「是等聞此法，則生大歡喜」，一定生起大歡喜心。這是請法。佛一再止、止，是恐怕有人生起謗毀，要墮地獄大坑。

爾時世尊告舍利弗汝已慇懃三請豈得不說汝今諦聽善思念之吾當為汝分別解說。

「爾時世尊告舍利弗」，佛就對舍利弗說，「汝已慇懃三請，豈得不

說」。你一請、二請、三請,那我就不得不說。「汝今諦聽」,你要如理思惟觀察聽。「善思念之」,「善思」是思慧,聽了還要想。「念之」是修慧,思惟了之後加以修持,具足思慧、修慧。

說此語時會中有比丘比丘尼優婆塞優婆夷五千人等即從座起禮佛而退。

這叫「佛說法華,五千退席」,五千人不要聽,這是佛所觀察得到的。所以佛一再止、止,不說,知道會中有些人不信。所以聞此法者,必須得具足功德。佛在大經上說四善法:「親近善友,聽聞正法,思惟其義,如說修行。」這四法是涅槃的因,一定證得涅槃的果,是近因緣。這四眾弟子五千人,沒有這個善根,他們聞佛所說法就退席了。為什麼?他們過去有謗法因緣。

還有,聞《妙法蓮華經》的根機沒有成熟,假使聞法一定生謗毀,因此沒

參、開佛知見分 方便品第二

聽就走了。佛知道這些人是不信的,也不是聞《妙法蓮華經》法的人,退席了更好。在這個會中是五千四眾弟子,在佛說《瓔珞經》的時候是五千菩薩。

佛將說《瓔珞經》,說佛的法身功德,會中也有五千菩薩從座起立而去。當時目犍連尊者就問佛說:「這些大士發菩薩心,發了菩提心,入了如來正法眼藏,他們的修行超過二乘,為什麼佛說法身,他們會不受教,離席而去呢?」佛跟目犍連尊者說:「聞無上法,很不容易,他身上毛孔會冒出血。為什麼?無量劫以前,毀謗佛法,毀謗法身法。」

《瓔珞經》專說法身,是說性起。這些人不止五千,超過恆河沙數,他們也行六波羅蜜,但是行六波羅蜜有執著想,不是解脫,起執著心,因此退轉。所以說《瓔珞經》五千菩薩退席。佛在說《法華經》的時候,五千比丘、比丘尼、優婆塞、優婆夷四眾弟子退席。

所以者何此輩罪根深重及增上慢未得謂得。未證謂證。有如此失。

參、開佛知見分 方便品第二

是以不住。世尊默然而不制止。

為什麼有這種因緣?「所以者何?」徵啓的問號。為什麼這批四眾弟子退席,不聞法華?「此輩罪根深重」,他們的罪根深厚,還有增上慢,沒得到的認為得到了,未滿足的認為滿足了,「未得謂得、未證謂證」。本來證得阿羅漢果,或者還沒證阿羅漢果,這是不了義。佛說方便善巧,真正的《法華經》,才有這種過失,所以不住法會當中聞法。走了就走了,「世尊默然」,看見他們走,不加制止。

爾時佛告舍利弗。我今此眾無復枝葉純有貞實舍利弗。如是增上慢人退亦佳矣汝今善聽當為汝說。

「爾時佛告舍利弗」,佛對舍利弗說,他們退席了。「我今此眾,無復枝

葉，純有貞實。舍利弗！」枝葉沒有了，都是真實的，不真實的已經離去了。

舍利弗，你看見了嗎？「如是增上慢人」，這些增上慢人，「退亦佳矣」，退了很好。沒走的大眾，「汝今善聽」，好好聽聞佛法，「當為汝說」。

舍利弗言。唯然世尊。願樂欲聞佛告舍利弗。如是妙法。諸佛如來時乃說之如優曇鉢華時一現耳。

我一再請求，希望佛說，我是高高興興聽聞佛說法。「佛告舍利弗：如是妙法」，佛要說的妙法是什麼法呢？「諸佛如來時乃說之」，這種妙法不是常說的，一切諸佛都如是，那是因緣成熟，從性而起。

「如優曇鉢華，時一現耳」。在印度說優鉢羅曇華，三千年才開一回，有時乃現。又者說，這不是人間的華，是拿華來形容。佛說《法華經》的時候，阿含說了十二年，方等說了八年，般若說了二十二年，經過四十餘年之後才說

參、開佛知見分 方便品第二

《法華經》。在四十餘年當中沒有顯真實,所以法華之前,阿含、方等、般若都叫方便。

法華的涵義,不是常說,為什麼?聞法者不堪領受。二者,因緣沒成熟,時間還沒到。現在剛要說法華,五千退席,餘留下來的堪受大法。佛決定說此法勝於往昔,以前四十餘年所說的法,是方便善巧,引入佛的究竟法門。所以佛要說妙法,先勸你信,信絕不虛妄,這是無虛妄之法。

《妙法蓮華經》一乘法,故言「時乃說之」,拿優曇鉢華來譬喻,時一現耳。

舍利弗。汝等當信佛之所說言不虛妄。舍利弗。諸佛隨宜說法意趣難解。

佛又囑咐舍利弗,說你應當信佛所說的法,這才是真實的,不是虛妄的。

「舍利弗!諸佛隨宜說法,意趣難解」。佛在此時又跟舍利弗說,佛所

說的法是隨宜，宜以什麼法得度者，即說什麼法，隨緣說一切法，眾生莫能測度。以前說的權宜方便，就是方便法門。而佛的意思不在這些法上，在什麼上呢？在顯實。《法華經》是究竟實法，這種道理眾生不能理解，意趣甚深，難可以明白，難可以理解。

為了說法華顯實，佛才說四十餘年的方便法。那四十餘年所說的法，叫權。說那些法，目的在於演說《法華經》，開權顯實。

佛囑咐舍利弗說，應當知道，不要把實法當成權法。現在把權法消失，顯示實法。要知道，為了說法的時候是權法，但實法隱了。以前說的是權法。實法才說權法。現在顯實，以前說的是權法。權法隱了，顯的實法。現在說實法，開權顯實，現在佛說的才是一切諸法的本源。佛度眾生的目的是要一切眾生都成佛，不是半途而廢。為什麼這樣說？

所以者何。我以無數方便種種因緣譬喻言辭演說諸法是法非思

量分別之所能解。唯有諸佛乃能知之。

這是什麼道理？「我以無數方便，種種因緣」，那是緣起之法。緣起之法是由實而生的，那些方便善巧，種種因緣，假譬喻、假言說演說一切法。這是有目的，什麼目的呢？為了實法，那是叫開權。以前都是諸佛的方便，是佛的善巧方便慧。

釋迦牟尼佛說，以前無數的方便，講的都是權法，諸佛都如是，一切過去無量諸佛也如是說，也如是開權。以前四十餘年說的權教法，一切諸佛都如是，現在也到了開始說實法的時候。

「是法，非思量分別之所能解」，斷絕分別，斷絕思量，這是心法。我們講《華嚴經》是法界法、真實法、一真法界法，現在是開的實法，開權顯實。這種甚深的法，唯有佛與佛才能知，佛與佛同知，不是一般凡夫、權小、菩薩所能理解的。

參、開佛知見分 方便品第二

所以者何。諸佛世尊唯以一大事因緣故出現於世。諸佛世尊唯以一大事因緣故出現於世。舍利弗。云何名諸佛世尊唯以一大事因緣故出現於世？

為什麼我作如是說呢？「諸佛世尊」，一切諸佛都是以一大事因緣出現世間。諸佛要顯現真實的理體，令一切眾生都能得到實相，都能得到真實理體。

這件事是什麼事呢？讓一切諸佛、眾生都成佛。佛以一大事因緣出現於世間，欲令一切眾生都能成佛。就法相、義理來說，讓一切眾生都得到實相。如來為此大事因緣出現於世間，誠無別事，沒有其他的事。顯示諸法實相，除了此法之外，餘者皆是魔事。「唯此一實相，無二亦無三」。

「舍利弗！云何名諸佛世尊，唯以一大事因緣故，出現於世？」對於這句話，恐怕舍利弗不能理解，佛就解釋了。舍利弗，什麼叫作諸佛世尊唯以一大事因緣出現世間呢？舍利弗沒問，這是佛自己設問答，舍利弗也不會問。所以

參、開佛知見分 方便品第二

佛就向舍利弗說,自己問自己答。

諸佛世尊欲令眾生開佛知見使得清淨故出現於世。欲示眾生佛之知見故出現於世。欲令眾生悟佛知見故出現於世欲令眾生入佛知見道故出現於世

「欲令眾生開佛知見,使得清淨故,出現於世。」這是《法華經》主要的宗旨和目的。開示悟入佛的知見,諸佛世尊出現世間,讓一切眾生都能有佛的知見。佛的知見才是究竟之見,清淨的,佛為這個事出現於世間。

「欲示眾生佛之知見故,出現於世」,這句話是解釋,上句話是佛說的本意。目的就是讓一切眾生都成佛,具足佛的知見,才出現於世。「欲令眾生悟佛知見故,出現於世」。這是欲令眾生悟佛知見,出現於世。「欲令眾生入佛知見道」,見道、證道、成道,「出現於世」。

《法華經》最重要的義理就是開示悟入佛之知見，這是約四位而言的。

講《華嚴經》，大家就可以聯繫起來，《華嚴經》也如是說。但是語言不同，名字顯現不同。這是依著智者大師在〈法華文句〉裡頭說四位、四智、四門來觀你的心，這是四種不同的立場，哪四種？開示悟入。這是真理，這是一真法界，這是如來藏性，佛的種性。

「開佛知見」是《華嚴經》的十住位。他發了菩提心，進入菩提心，住所發菩提心上，十信位滿心了，再發菩提心，叫發心住。從初發心住到第十住，能夠認得無明，能夠認得法性，顯示如來藏。這是見到實相之理，開佛知見。

「示佛知見」是十行位。十行位的菩薩，障跟惑都除掉了，顯示如來藏，真正瞭解如來藏，見到體，體更彰顯了。知道這個體具足萬德，完全如來的智慧德相，這是法界的眾德，無不顯示分明。在《華嚴經》，十行位講的很清楚，這是「示佛知見」。「開佛知見」是十住位，「示佛知見」是十行位。

「悟佛知見」是十回向位，在十回向位的時候，障除了，顯體了。這是法界，入了法界德。十回向真正回入法界，向法界，在這個時候，事和理融為一體。事即是理，理能顯事，事能成理。以事成就理法界，以理法界顯示事法界。這就是「開佛知見」、「示佛知見」、「入佛知見」，運用自如開悟了。

「入佛知見」是十地位，真正成了佛的一分。十地成十分，一位一位證得，十地菩薩。配開、示、悟、入，這個階位，事和理成為一體，這才叫自在無礙，無礙就是自在。

我們念《心經》，觀自在菩薩是顯十地菩薩，不觀就不自在，觀才自在。一觀得到什麼？得到自在無礙。任運自如的入薩婆若海，那個修證就不費功夫。我們現在修，還得發心、發願、能修、所修、所修的一切事物。到了登地的菩薩，任運自然的修，這是「開示悟入」。

再進一層說，「開佛知見」是「道慧」，發菩提道、證道的智慧。在實性理體，以他的智慧能見到佛的體。雖然沒證得，他認識到了，見到佛的理體，

所有住位，只能見，是「見道位」，不是「證道位」。

「示佛知見」是「道種慧」，比「道慧」深入了。了知十法界，一切住道的種類，眾道的差別。開佛的知見，示佛的知見，一個道慧，加一個「種」，這是了知，怎樣理解惑？煩惱、迷惑，就是造業的惑相，加佛的知見顯惑相。我們經常說，起惑造業，還沒認識到惑。這得示佛知見之中才能理解，契入佛的智慧。

「悟佛知見」，「悟」配「一切智」，使你了知一切法是寂靜的，這個修道證得了，了知一切法是寂滅的。但是，這是佛的知見，一切諸法皆是寂靜的，一切諸法皆是寂滅的，實相是無相的，這叫悟佛的知見。

「入佛知見」，在一切智上加個「種」，「一切種智」。了達一切諸法寂滅之相，而能示現種種的相，這才是佛的知見。了達的是理，證得的是理，了達一切諸法寂滅，而能示現種種的相，這才是佛的知見。了達的是理，證得的是理，理徧一切事，所以叫事事無礙法界。在事上，事事都是理。事事都是理，理徧一切事，就是有了，再拿「有」來配「開示悟入」，共有三重。

「開」就是「空」，我們經常說頓入空門，一切事都空的，一空一切空，這個空是開發佛的知見，以佛的知見來認識的空，不是我們認識的空。佛知見所認識的空，說空門。進入空門了，進入佛的知見。

「示」呢？配「有」，空必具有，有才能顯空。在有門說一有一切有，在理上顯佛的知見。佛以度生的事業，八相成道，利益眾生所說一切法，那是佛的知見，都是「有」。怎麼住胎、出胎、成佛，都是「有」。

「開」是「空」，「示」是「有」，「悟」是「亦空亦有」。說空也可以，說有也可以，了達了一切諸法皆空，一切諸法也有。空即是有，有即是空，這就是理上悟得佛的體，悟得佛的知見。

「入」呢？就是證得「非空非有」，說空非空，說有非有。空非空就是不空，就是有；有不是有，非有。這是非空非有門。空門，有門，亦空亦有門，非空非有門。入佛知見了，一切非空，一切非有，這都是佛的知見。

我們經常舉禪宗說的意思，觀空就是觀心。如果以天台宗講，一心三觀。

華嚴五教講「一心二門三大」，天台宗講「一心三觀」，空、假、中三觀。現在拿天台宗空、假、中三觀，配開示悟入佛的知見。

「開佛知見」就是「了」，了什麼呢？了這個心性的空、假、中三諦。三觀、三諦，觀察空的理。空、假、中三諦的理不可思議，先觀他的光明體，清淨的，沒有滯礙。一切法都不懷疑了，沒有愚癡。

怎麼樣「示佛知見」？觀境，一個觀心性與境。心必對境。心是內心世界，境是外頭世界。光有內不行，也得有外，觀境的時候，境也不思議。「示佛知見」的觀境，空假中各各不同，空就是空，假就是假，中就是中，宛然有區別的。但是，空絕不是有，有絕不是空，中非空非有。這是「示佛知見」。

「悟佛知見」呢？怎麼樣來認為空、假、中呢？悟得了，開示悟入的悟，空假中的心，空了還有什麼？都是假的，也即是中，不是離開空另外有一個空。不是離開假了，有個空，離開中了，有個空。三者是一個，一即是三，三即是一，這是「悟佛知見」。

「入佛知見」呢？空假中三觀，不是各別的存在空、假、中，齊觀、齊照。齊觀呢？空假中都在一心當中，你入於一心，空假中三觀就在。第一種拿四位來配，十住、十行、十回向、十地。第二種拿慧來配，道慧、道種慧、一切智、一切種智。第三種開示悟入配，空門、有門、亦空亦有門，非空非人假中之心。三而一，一而三。入空假中齊照、齊觀，就是一心，不分三門。第四種觀心來說，了觀心性三諦。觀境，了於空假中三觀這一觀，悟入空假中之心。三而一，一而三。入空假中齊照、齊觀，就是一心，不分三。

舍利弗是為諸佛以一大事因緣故出現於世。

佛以這個大事因緣出現世間，什麼大事因緣呢？開示悟入佛之知見。佛欲令一切眾生，都能夠開佛知見、示佛知見、悟佛知見、入佛知見，成就佛的知見。佛又大致作個解說，過去諸佛以無量無數的方便，佛所說的八萬四千法門，都是方便善巧。

參、開佛知見分　方便品第二

佛告舍利弗。諸佛如來但教化菩薩諸有所作常為一事唯以佛之知見示悟眾生舍利弗如來但以一佛乘故為眾生說法無有餘乘若二若三舍利弗一切十方諸佛法亦如是。

「諸佛如來但教化菩薩」,諸佛菩薩出現於世就是為了教化菩薩。佛說法,乃至於示現降生、示現降生到成道度眾生,諸有所作,只是一件事。住胎、入胎,都是在說法,目的就是開示悟入佛之知見,示佛知見、入佛知見,使眾生都能開悟、理解。

小乘、中乘、大乘,這都是諸佛教,從圓滿的意思來說,就是一件事,叫佛之知見。趣向佛之知見,能夠達到成佛;離開佛的知見,不能成佛。事,就是你的行,你所作任何行為都屬於事;心裡所想的,就屬於理,事理兩方面。

舍利弗,你應當知道,如來但以一佛乘佛教,也就是一乘,為眾說法,沒有餘乘,說二、說三,是假設的。「唯以一佛乘,皆令入佛道。」「一切十方諸

佛，法亦如是。」佛到此跟舍利弗說，十方諸佛所說的法，一乘法，都如是。

舍利弗。過去諸佛以無量無數方便。種種因緣譬喻言辭。而為眾生演說諸法。是法皆為一佛乘故。是諸眾生從諸佛聞法究竟皆得一切種智。

「舍利弗！過去諸佛，以無量無數方便，種種因緣，假言語，假譬喻，假種種的方式演說諸法。種種因緣，種種譬喻言辭，都是為了一乘法。「是諸眾生，從諸佛聞法」，一切眾生從諸佛的教化，聞到佛所說的法。

「法」就是方式，你要想成佛，得依照佛所教授的各種方式。但是，三乘是前進的方便，沒有那個方便，怎麼能夠會歸到真實呢？因緣、譬喻、言辭，目的是讓眾生都成佛。是諸眾生從佛聞法，從諸佛聞法也是為成

參、開佛知見分 方便品第二

259

佛,「究竟皆得一切種智」。

舍利弗未來諸佛當出於世亦以無量無數方便種種因緣譬喻言辭而為眾生演說諸法是法皆為一佛乘故是諸眾生從佛聞法究竟皆得一切種智。

「舍利弗!」未來諸佛,過去諸佛如是,現在諸佛如是,「未來諸佛,當出於世」,也是以無量無數的方便,假種種因緣、譬喻言辭,給眾生演說諸法,「是法,皆為一佛乘」,都是為了一佛乘,沒有其他,無二亦無餘。過去無量劫來的一切古佛「是諸眾生,從佛聞法」,究竟皆得一切種智」。過去無量劫來的一切古佛還入於未來,並不是佛佛道同,並不是佛佛消失了,永遠度眾生都如是。未來的一切諸佛,那就是現在釋迦牟尼佛,給一切眾生都授記。所有法華會上的都授記,也都是未來諸佛,包括我們現在在內。

凡是聞到《法華經》的、即使是末法才聞到的也如是,都得到佛的授記。諸佛都如是授記,現在住世的各各世界的化佛也如是;次補佛位的也如是,三世諸佛皆如是。

舍利弗現在十方無量百千萬億佛土中諸佛世尊多所饒益安樂眾生是諸佛亦以無量無數方便種種因緣譬喻言辭而為眾生演說諸法是法皆為一佛乘故是諸眾生從佛聞法究竟皆得一切種智。

現在無量的佛土,在世的「諸佛世尊,多所饒益,安樂眾生」。我們念阿彌陀佛生極樂世界,極樂世界阿彌陀佛也如是。但是你到極樂世界,一生成佛;生到極樂世界,阿彌陀佛又給你授記,到他的國度一定能成佛,不會輪轉。一切諸佛度眾利生的目的就是成佛,饒益眾生,安樂眾生。過去諸佛、現在

諸佛、未來諸佛,「是諸佛,亦以無量無數方便」,假種種因緣、譬喻言辭。

釋迦牟尼佛正法、像法的時間非常短,我們現在在末法這個時間。阿彌陀佛住世的時間,成佛以來十劫。我們從釋迦牟尼佛的成佛,到他的正法、像法、末法才不到三千年,還沒有一劫,連阿彌陀佛萬分之一也沒有。這是什麼原因?這世界眾生的業,跟佛無關。眾生有什麼業,諸佛的教法就隨著眾生的業,這叫「性空緣起」。此世界的眾生就是這個因緣,那我們選一個世界吧!念阿彌陀佛,生到極樂世界,又跟極樂世界阿彌陀佛結緣。從此世界生到極樂世界,這是超越的。

以超越的法,加被我們這些超越的人,人跟法平等。這是阿彌陀佛的方便法;釋迦牟尼佛在此土說阿彌陀佛的法,也是方便善巧。這是無數方便當中最大的方便,而假種種的因緣。最大的因緣是你發願,發願就是因。釋迦牟尼佛教導你,讓你知道有個極樂,這就是緣。阿彌陀佛接引我們,攝受我們也是緣,這也是大事因緣。

參、開佛知見分 方便品第二

這中間假很多譬喻。我們開始講「蓮華」，你在佛經裡頭到處都現蓮華。蓮華的譬喻最確切，合乎實際。蓮華是長在污泥當中，它可生長出來色香味美。我們在娑婆世界是生於業障海，生在業障當中，但是發心所生出來的華果，清淨無染，像蓮華一樣。

一切諸佛都是以無量的方便，種種的因緣，假譬喻、假言辭，「而為眾生演說諸法」，這麼說眾生入不了，又那麼樣說，八萬四千法門，對眾生機而說的。為什麼說這些法？讓眾生成佛，就這麼一個目的。為了讓你成佛，佛才演說一切諸法，一切諸法都是方便。「是法，皆為一佛乘故」。這就是《法華經》的真義。「是諸眾生，從佛聞法，究竟皆得一切種智」，都能成佛。因此佛才給我們都授記了。聞到《法華經》，都給你授記，都能成佛。時間的長短，就看你的發心，看你的修行，看你的功力。

舍利弗是諸佛但教化菩薩欲以佛之知見示眾生故欲以佛之知

見悟眾生故。欲令眾生入佛之知見故。

這是真佛子，讓一切菩薩都能成佛，眾生發心就是菩薩。所以佛的知見示給眾生，但為菩薩，教化菩薩就是「開」，把佛的知見示給一切眾生，開佛知見，示佛知見。以佛之知見悟一切眾生，讓一切眾生都能夠明白，悟就是明白。以佛的知見悟一切眾生，明白了如何呢？入佛知見。不明白呢？多學學《法華經》就明白了。

聞法就是為了明白，達到明白。為了明白才學法，明白了如何呢？入佛知見。以佛的知見修道，以佛的知見修行觀想。開悟眾生，令一切眾生入佛的知見。但是有一個條件，不要執著。一執著什麼都喪失掉了，要解脫。

在這裡跟大家講個故事，是佛說的。有一位比丘尼（紫金光比丘尼），在印度的道場，不像我們這裡道場關門閉戶的，有個前門關後門關。精舍是一切眾生都能來，有一位比丘尼白天睡午覺的時候，有眾生到寺廟裡來逛，就把她強暴了。她認為自己犯了根本戒，就向佛去懺悔。

參、開佛知見分 方便品第二

佛問她,被強暴之後有什麼思想?有沒有快樂?她說:「什麼都沒有。」不能說沒感覺吧!她感覺著似乎沒感覺,好像睡覺作夢一樣的。佛問了她之後,佛跟她說:「妳沒有犯戒。」

大家怎麼想這個問題?一點影子都沒有,一點執著都沒有,不犯戒,執著才犯戒。從這個故事,你想一想,萬法唯心。我們經常說萬法唯心,是你心裡起執著犯戒。菩薩戒跟比丘戒、比丘尼戒是一樣的,當你思想有一個持戒、犯戒,犯了不得了,下地獄。我經常看見我們道友背著大包子、小包子,心裡有這麼多執著!應當依《法華經》開示悟入佛的知見,不要起執著。

你執著一個地獄,執著一個天,執著一個人,執著一個西方極樂世界,執著一個娑婆世界,執著太多了,你解脫得了嗎?解脫不了。你用開示悟入佛的知見來學來修行,就是要解脫。你解脫了,一切方便都是自在無礙的。但是得有智慧,有智慧一切方便都是解脫的,沒有智慧的方便善巧都是下地獄。

再引一部經,《維摩詰經》上,文殊菩薩問維摩詰居士:「如何修戒定

慧？」維摩詰用反面答他：「淫怒癡！」什麼是戒定慧？淫怒癡。淫怒癡的性跟戒定慧的性是一個，不是兩個。淫怒癡即是戒定慧，戒定慧就是淫怒癡。這是我們經常說的，煩惱即菩提，菩提即煩惱。看你以什麼知見來看問題，要這樣來學《法華經》開示悟入佛的知見。

如果你學此法，此法就是《妙法蓮華經》，這就是妙。淫怒癡就是戒定慧，戒定慧就是淫怒癡。犯了戒了，佛說沒犯戒，你說妙不妙！從事相上說，這是根本戒犯了，佛說沒犯戒。

肉體是假的，什麼都沒用，但是假它修行。妄心即真心，真即是妄。轉妄成真，把妄心轉成真心，那就是開示悟入佛之知見。今天我們就講到這裡，大家悟不悟呢？還得慢慢學。

舍利弗。我今亦復如是。知諸眾生有種種欲深心所著。隨其本性以種種因緣譬喻言辭方便力而爲說法。舍利弗如此皆爲得一佛乘。

一切種智故。

釋迦牟尼佛對舍利弗說,我也像過去諸佛說,以無量無數的方便,假種種的因緣譬喻,給眾生演說一切法。但是演說一切法的目的,只為一乘,這就是佛出現於娑婆世界說法的因緣。過去、未來、現在一切諸佛,佛佛道同,亦復如是。

「知諸眾生有種種欲,深心所著,隨其本性,以種種因緣、譬喻言辭,方便力,而為說法」。眾生有種種的想法!五乘根性的眾生,各人的欲望不同。欲是什麼呢?一切眾生的根。說欲而不說性,因為在業報纏繞當中,只有欲望,對未來才說性體,對現在一切眾生,就是根、欲、性。根是什麼呢?就是能生善生惡。有的眾生根機惡劣,惡根眾生。因為過去習慣的勢力,種種習染,那叫習種性,成了性,成了種子。

欲呢?就是以現境為欲,貪求現在外邊一切境界相。欲是顯示能的意思,眾生有種種欲,身心執著他放不下、看不破,這個根子很深的,就是欲望。有

善根有惡根，像我們都是過去的善根，能夠出家、能夠聞法，現在的四眾弟子。但惡根的眾生不能接近我們，離我們很遠。

這是我們所說的習種性，熏習成他的種性、成他的根。這個不是本具那個性的。習種性、性種性，我們現在都是習種性，習染成性，取境為能，欲望是取現前的境界，什麼境界呢？五欲。因為在五欲境界，他的身心執著不肯捨，財色名食睡，自己想想自己，看看一切眾生，能離開這五種相嗎？財色名食，這都叫欲。

一般的說，身心所著，對這些財色名食睡執著不捨。隨習染成的種性、隨其本性，這個本性是習染的，不是本具佛性的那個性。習染貪愛，以貪愛本執著不捨，就成了他的性。每個人不一樣，因為習染的不同，愛好的不同隨他的個性。

佛說法是為了對治這些習染，假種種因緣，假比喻、假言辭、假方便善巧而說法，不是說真實的，而是說方便善巧。這都不是如來的本願，也不是如來的本心，這是隨順眾生而說的一切法。根、欲、性，隨眾生的根機，隨眾生的

希望欲樂。眾生有些善根的,像我們四眾弟子現在能夠聞到《法華經》,這個善根匪淺,以下說到成佛,大家就知道了。

舍利弗十方世界中尚無二乘何況有三舍利弗諸佛出於五濁惡世所謂劫濁煩惱濁眾生濁見濁命濁如是舍利弗劫濁亂時眾生垢重慳貪嫉妒成就諸不善根故諸佛以方便力於一佛乘分別說三舍利弗若我弟子自謂阿羅漢辟支佛者。不聞不知諸佛如來但教化菩薩事此非佛弟子非阿羅漢非辟支佛。

前面佛所說的都是方便,舍利弗啊!如來出世於人間,就是為了一佛乘,願一切眾生都得到一佛乘。佛出世的因緣,就是讓一切眾生都成佛,說二說三都是方便,沒有二、沒有三,這是直顯法華的本意。

參、開佛知見分 方便品第二

269

「舍利弗,十方世界中,尚無二乘,何況有三。」這是諸佛菩薩開權顯實,二乘三乘四乘五乘都是權教法。其實性是一,總性、理性也是一,僅是一事實,餘二則非眞,其他都不是眞的。舍利弗啊!十方世界當中,尚無二乘,沒有二乘,沒有什麼三乘,何況有三呢?那些都是權教的方便善巧。

「舍利弗,諸佛出於五濁惡世」。一切諸佛在五濁惡世出現於世,什麼叫五濁惡世?劫濁、煩惱濁、眾生濁、見濁、命濁。

「劫濁」,劫濁就是在減劫當中,人的壽命平均三十歲,這個時候災害就起了,各種災害,饑饉、水火、地震就開始起了。等到人壽命減到二十歲的時候,災害就更嚴重了,最長的壽命活到二十歲,那時候災害非常嚴重,瘟疫特別多,飲食減少。人壽減到十歲的時候,刀兵劫就嚴重,草拔起來都是殺人的利器,都是刀,這是形容詞,「時一切世間眾生無不被害」。

「劫」是時分,印度話叫「劫波」,中國話叫「時分」。說在減劫的當中,減到人的壽命到十歲的時候,從三十歲減到二十歲,二十歲減到十歲的時

候,刀兵起的嚴重得很,眾生互相殘殺、無不被害,這是五濁惡世的劫濁。

「見濁」,見濁是正法已經滅了,一切眾生看問題看法不一樣;像法漸漸也沒有了,我們現在就是末法。邪法轉盛,正法消失,這個時候邪見增盛。我們現在就開始,國跟國、人跟人看問題的看法不一樣。那就沒有善道,眾生沒有善根,所有的眾生都是邪知邪見的惡見,善道沒有了,見濁的時候。

「煩惱濁」,這時候眾生就是慳貪鬥爭,盡說假話,沒有真的;諂曲虛妄,身心惱亂,不是正法,完全是邪法。這個時候眾生混濁不清,煩惱濁、眾生濁,眾生善根沒有了,全是作惡業的。不敬父母,不信善法,不怕任何因果,不畏惡業果報,沒有作功德,但作惡業,不作善事,一點智慧都沒有。那時候到三寶打齋供眾,什麼都沒有了。

「眾生濁」,善根的眾生沒有了,都是惡根眾生,這叫五濁惡世。

「命濁」,就是壽命。那個時候人的壽命,只活到二十歲,活到十歲。人

的壽命本來應該活到八萬歲,逐漸在惡世減,減到人的壽命最少十歲。我們還沒有到那個時候。

「如是,舍利弗」,像五濁惡世,這個時間亂得很。劫濁就是亂,這個時候就混亂。眾生的垢重,沒有善業,惡業的根很深,表現出來慳貪嫉妒,專門成就不善業。把不善業成了根,發生出來的還是不善,不善能生出善來嗎?因這個種種原因,佛在一乘法,分說三乘,分別說三乘。因為在劫濁、煩惱濁、眾生濁、見濁、命濁當中,在這個時間是混亂的,正法沒有了,佛也不出世了。因為說正法,眾生不信,這時候佛沒辦法,一乘才分出三乘。釋迦牟尼佛出世的時候,眾生的壽命,最高的是一百歲,現在最高也是一百歲。那個時候的世界是什麼樣子?

「如是」,就是五濁惡世的時候。「如是」是指到了五濁惡世的時候,劫很混亂,時分混亂不清,沒有一定。不亂是什麼樣子呢?活一百歲,人人壽命都活到一百歲,那不就清淨了嗎?不是,是亂的。有一百歲,有十幾歲,有

二十的，不一定了，沒個規定，劫亂，就是時候亂。眾生全是造業的，行善的很少。慳貪嫉妒，慳貪嫉妒就是不捨，自己沒有嫉妒、別人有，互相搶劫，互相殺害。善根沒有了，惡根就具足了，沒有善就是惡，不善根就是惡根。佛在這個時候，在這個眾生當中，以方便善巧說三乘，是這種原因說的三乘法。

「舍利弗，若我弟子」，佛對舍利弗說，我的弟子，就是學佛修法的弟子，自己得了阿羅漢，或者成了辟支佛，「不聞不知諸佛如來，但教化菩薩事」，沒有大乘法，他不聽、不聞、不問，乃至佛要說菩薩法，他不會信的。這樣的阿羅漢、辟支佛，非佛弟子。自謂是阿羅漢、辟支佛，其實不是阿羅漢也不是辟支佛，沒有阿羅漢的智慧，沒有辟支佛、緣覺菩薩的智慧。

又舍利弗。是諸比丘比丘尼自謂已得阿羅漢是最後身究竟涅槃。便不復志求阿耨多羅三藐三菩提。當知此輩皆是增上慢人所以

者何。若有比丘實得阿羅漢若不信此法無有是處除佛滅度後現前無佛所以者何佛滅度後如是等經受持讀誦解義者是人難得若遇餘佛於此法中便得決了舍利弗汝等當一心信解受持佛語諸佛如來言無虛妄無有餘乘唯一佛乘。

又舍利弗,是諸比丘、比丘尼,專門指出家二眾說的,「自謂已得阿羅漢,是最後身」。為什麼?從此再不生三界,再不受人身,這叫最後身。得了究竟涅槃,說成佛了。「不復志求阿耨多羅三藐三菩提」,這就是得少為足。甚至是「未得謂得」,明明沒得到,認為自己得到了,不是真正的得到。同時佛的教授,說這個不是究竟涅槃!這叫有餘涅槃,還在變異生死當中。若是大乘教,究竟了義,那才是究竟涅槃,二死永亡。分段生死、變異生死都斷了,那才是真正的阿耨多羅三藐三菩提。現在的聲聞跟緣覺,並沒有得到。

「當知此輩皆是增上慢人」。為什麼這樣說?要是有比丘真正證得阿羅

漢,無生了,不信此法,不信《法華經》,不可能。因為這樣,佛才說他是增上慢。佛剛要說《法華經》,五千退席啊!專指這一類不聞法華而退席的人,是不信此法的。但是真正得阿羅漢果,有智慧的,卻不信法華,沒有是處。

為什麼他們是增上慢?「未得謂得」,沒有得到認為得到,增上慢。認為從此再不受生死輪迴,這是最後生。阿羅漢證得阿羅漢果,他在入滅之後,「除佛滅後」,佛已經入涅槃,現前無有佛。「所以者何」?為什麼這樣說?「除佛滅後,那不叫增上慢,佛沒在世。佛滅度後,如是這種經,受持讀誦義理很難得解。這個他自己「自謂」,沒聞到大乘經典,說自己已經證得最後身,這個不叫增上慢,因為沒有佛在。

若是有佛在呢?「若遇餘佛」,「餘佛」就是釋迦牟尼佛滅後又遇見其他方的佛,那得你有善根!這個世界沒有佛,你生到極樂世界,阿彌陀佛,那就遇餘佛,那你就覺了。覺什麼呢?你所證的不是真的,沒有達到圓滿。佛為辨

別什麼是增上慢？什麼不是增上慢？才說明這個問題。

舍利弗，「汝等當一心信受」，說你要一心信受佛所說的話。「受」呢？領受佛的語言。諸佛如來言無虛妄，相信佛的話，佛說都是真實的。相信佛說的什麼話呢？「無有餘乘，唯一佛乘」，只有一佛乘，說二說三都是方便，假設的。只有一佛乘，餘二則非真哪！只有佛說這一乘法，都能成佛。

爾時世尊欲重宣此義而說偈言。

比丘比丘尼　有懷增上慢　優婆塞我慢　優婆夷不信
如是四眾等　其數有五千　不自見其過　於戒有缺漏
護惜其瑕疵　是小智已出　眾中之糟糠　佛威德故去
斯人尠福德　不堪受是法　此眾無枝葉　唯有諸貞實
舍利弗善聽　諸佛所得法　無量方便力　而為眾生說
眾生心所念　種種所行道　若干諸欲性　先世善惡業

參、開佛知見分 方便品第二

佛悉知是已　以諸緣譬喻　言辭方便力　令一切歡喜。
或說修多羅　伽陀及本事　本生未曾有。亦說於因緣
譬喻并祇夜　優婆提舍經。鈍根樂小法　貪著於生死
於諸無量佛　不行深妙道　眾苦所惱亂　為是說涅槃。
我設是方便　令得入佛慧　未曾說汝等　當得成佛道
所以未曾說　說時未至故　今正是其時　決定說大乘。
我此九部法　隨順眾生說　入大乘為本　以故說是經。
有佛子心淨　柔軟亦利根　無量諸佛所　而行深妙道。

「爾時世尊欲重宣此義」，佛說完這個道理，把這個道理再說一遍，而說偈言：「比丘比丘尼，有懷增上慢，優婆塞我慢，優婆夷不信。」退席這五千人，比丘比丘尼是增上慢，未得謂得，未證謂證。在家二眾呢？男居士、女居士，優婆塞、優婆夷，優婆塞是我慢，優婆夷是不信，不信一乘法，不信

佛語。「如是四眾等」，像四眾弟子，比丘比丘尼，優婆塞優婆夷，有好多？「其數有五千」，在這個法會裡頭，只有五千人，他們退了，法會就清淨了。

「不自見其過，於戒有缺漏」，自己的過失見不到，沒有持清淨戒。這個清淨戒，指的是我執我慢。見思煩惱斷了，無明沒斷！不能看見自己的不足之處，是有缺漏的。自己的汙點，他要護持，保持他的汙點。這是小智，沒得智慧。大眾之中的糟糠，糧食裡的穀子，「糠」不是真實的糧食，這是形容詞。

「佛威德故去」，因為佛的威德，排除邪知邪見。佛的威德就是佛要說上乘法，他沒辦法接受，以佛的威德，他們離開。「斯人尟福德」，這些人沒有福德，不能聞此《法華經》，「不堪受是法」，領受不了這種究竟的阿耨多羅三藐三菩提法。「此眾無枝葉，唯有諸貞實」。現在他們走了，五千離席好了，「無枝葉」是指不正確知見、不信一乘法的人離開了，現在都是貞實的。

好！現在就開始說《法華經》。「舍利弗善聽」！要真實說法了，舍利弗你要好好聽，「善聽」！「善聽」就是諦聽的意思。聽什麼呢？聽真實法。諸

參、開佛知見分 方便品第二

佛說的法無量方便力!「為眾生說,『眾生心所念』。就是佛所得的法,修道所得的一切,權實之法。前面說的方便道是權法,眾生的心念應當隨佛所說的方便法認識,這叫隨宜說法。諸佛所得的法,假無量方便顯示。「而為眾生說,眾生心所念」。種種所行道,若干諸欲性,先世善惡業,佛悉知是已」。

「種種所行道」,就是佛所說的教法,是依著眾生的存在而說的,隨他的染汙而說的法。因此,佛說十二分教。十二分教不是指哪部經典,平常都略略說一下,現在解釋一下。

十二分教,第一叫「契經」,或者叫「修多羅」。長行把一部經記載下來,這個既契合眾生的根機,亦契合諸佛的真理叫「契經」,契理契經,十二分教的一分。

第二叫「應頌」,印度的原話叫「祇夜」,這個祇夜跟契經相應的,能夠契合眾生之機,契合諸佛之理,是相應的。長行說完了,用偈頌再重複一遍,這叫重頌,印度原話叫「祇夜」。

279

第三是「記別」,就是「授記」,印度話叫「和伽羅那」。這是解釋佛所說的教理,解釋佛所說的道理,叫「記別」。說你將來一定能成佛,在什麼時候成佛,叫「記別」。

第四叫「諷頌」,印度原話叫「伽陀」,華言叫「諷頌」,又作孤起頌。一般的頌就是四言、五言、七言,一個四句,這叫頌,是重頌長行的。但是有的長行沒有說,一部經全用偈頌,孤起頌,以諷頌的體裁來說法。

第五叫「自說」,印度原話叫「優陀那」,華言叫「自說」。沒人請問,自己對弟子們說法。特別突出的就是《阿彌陀經》,無問而自說。

第六叫「因緣」,原話叫「尼陀那」。佛說法教化眾生的因緣,這是因緣法。無緣無因佛不說,說法必須得有因緣。每部經前頭都有個〈敘品〉,說這部經是什麼因什麼緣才發起說這部經的。

第七叫「譬喻」,印度原話叫「阿波陀那」。「譬喻」就是說法不用直接說法,眾生的機,聽不進去,講講譬喻,那叫比喻。是說這件事不容易懂,講

點比喻。

第八叫「本事」，佛最初修行，乃至佛降生的時候，前生都作些什麼事。每部經都說「如是我聞」，這就是「本事」。佛說這件事已經過去了，但是我聽到記下來的，說的是佛的本事。

第九叫「本生」，佛發菩提心、行菩薩道、行大悲行，這是「本生」，印度原話叫「闍多伽」。

第十叫「方廣」，像我們說《大方廣佛華嚴經》，「方廣」是說深奧的教義、甚深的道理。

十一叫「未曾有法」，印度原話叫「阿浮陀達摩」。佛的弟子，乃至佛本身，闡說希有的事，「未曾有法」。佛說法四十餘年，沒有說過《法華經》，現在說《法華經》更是未曾有，這是「未曾有法」。《彌陀經》也是「未曾有法」，這屬於「未曾有法」之類攝的。

第十二叫「論義」。「論義」就是討論，討論什麼呢？決定諸法之本性，

分別其義理。

這叫「十二分教」，或稱「十二部經」。我們往往把「十二部經」說成《大方廣佛華嚴經》、《法華經》、《楞伽經》，不是指那個，而這十二種才叫「十二部經」（分教）：「契經、應頌、記別、諷頌、自說、因緣、譬喻、本事、本生、方廣、未曾有、論義。」每部經都有這個涵義。法華也有，華嚴也有，楞伽也有，但是這一部經在「十二部經」（分教）屬於哪一部？解釋這個的就叫十二部經（分教）。

佛所得的法，「無量方便力，而為眾生說」，眾生心所念的。「種種所行道，若干諸欲性，先世善惡業，佛悉知是已」，對於每一個眾生，他的心裡想什麼，最愛的是什麼？愛就是欲。性體最相近的是什麼？跟性體不相近的又是什麼？那是學來的、習來的；習來不是真實的，性體本具的才是真實的。這是說先世的善業或者惡業，在現在生表現，唯佛與佛能夠知道，知道很清淨的。聞到愛意的就歡喜，不這樣的說法，對因對緣，假方便善巧，你很容易悟得。

愛意的就煩惱,佛說這樣的經,這叫契機,契合你的機緣,給你說如是法。或者說佛的故事,講佛的故事,怎麼生的?前生做什麼?一生一生的,這叫「本事」。或者說「未曾有法」,在人世間、在世間,不容易聽得到的。說「因緣」、說「譬喻」、說「祇夜」,引的就是剛才講的十二部經(分教),這是佛說法的形式。

同時,那個鈍根業障很重的,聞法也不能進入,為什麼?貪著生死,貪著世間相,對世間的生死法貪著的不得了。「於諸無量佛,不行深妙道」。深妙道求成佛,發菩提心,行菩薩道,他不修也不信。為什麼?為眾苦所惱亂。在這樣的苦難逼迫當中,佛給他說解脫法,說涅槃。這不是真實的,而是方便善巧,這個涅槃是二乘的涅槃。「我設是方便」,我說這個是方便引誘他進入佛門,不是真實的。但是真實的什麼呢?漸漸令他入佛慧,能得到佛的智慧。我以前盡說方便法,「未曾說汝等,當得成佛道」,我從來沒給你們說過,你們當來能成佛。佛對舍利弗說的話,我沒給你說,當來能成佛。為什麼

我不說?「說時未至故」,說的時候還沒到,因緣沒成熟。現在我要開始給你們說了,以前未說,現在說。

「決定說大乘。我此九部法,隨順眾生說」,十二部,只說九部,去了三部。「入大乘為本」,為說大乘法,以故說此經,這樣我才開演《法華經》。

現在佛還沒說《法華經》,準備開始說。

現在所說的法跟過去不同,現在說的令你們入佛慧,讓你們都開佛的知見。我們前面講開示悟入佛之知見。怎麼樣開佛知見?怎麼示佛知見、悟佛知見、入佛知見?

「開示悟入」,這是《法華經》主要的義理,開佛知見、示佛知見、悟佛知見、入佛知見,都能成佛。這叫「唯以一大事因緣」,如來出現於世,開權顯實。方便善巧都不說了,唯說一實境界,這就是令你們入佛的智慧。決定說大乘法,這是成佛的根本。

「入佛知見」,約法來說是這樣。約人說呢?「有佛子心淨,柔軟亦利

根,無量諸佛所,而行深妙道」。現在你們這些弟子都是真佛子,心清淨,圓教別教的人。心淨了,柔軟的涵義。隨順一切諸佛所聞的法而能夠深入,已經在無量佛所前,行深妙道。

為此諸佛子　說是大乘經
以深心念佛　修持淨戒故
佛知彼心行　故為說大乘
乃至於一偈　皆成佛無疑
無二亦無三　除佛方便說
說佛智慧故　諸佛出於世
終不以小乘　濟度於眾生
定慧力莊嚴　以此度眾生

我記如是人　來世成佛道
此等聞得佛　大喜充遍身
聲聞若菩薩　聞我所說法
十方佛土中　唯有一乘法
但以假名字　引導於眾生
唯此一事實　餘二則非真
佛自住大乘　如其所得法
自證無上道　大乘平等法

若以小乘化　乃至於一人　我則墮慳貪　此事為不可。
若人信歸佛　如來不欺誑　亦無貪嫉意　斷諸法中惡。
故佛於十方　而獨無所畏　我以相嚴身　光明照世間
無量眾所尊　為說實相印。

後面經文又說，舍利弗跟佛的因緣不是一生，而是無量劫、無量生，佛都沒給他說甚深法，到今生成熟了。這千二百人都跟佛無量劫的，現在都能成佛，佛現在給他們授記了。

「為此諸佛子，說是大乘經」，現在我為你們顯示說大乘法。「我記如是人，來世成佛道」，說將來你們一定都能成佛。這是圓滿真實的教義。「以深心念佛」，這個深心是指能夠入理思惟，見性的，得到佛性的，以得到佛性的心來念佛。不是指阿彌陀佛，而是念一切佛，心念想成佛。這個時候持的戒是心戒，修持淨戒。「此等聞得佛，大喜充徧身」，一聽

參、開佛知見分 方便品第二

到佛說這法，他那個心哪，「大喜」可不是一般歡喜，要成佛了還不歡喜嗎？「聲聞若菩薩，聞我所說法，乃至於一偈，皆成佛無疑」。與會的大眾，不論二乘人、菩薩，聞到這種法，一定能成佛。

在《法華經》，用四教來判教，通一切眾生，上通一切諸佛。「十方佛土中，唯有一乘法」，不論哪個佛世界，只是一乘佛教，「無二亦無三，除佛方便說」，方便不在內。佛為了讓你入一乘，方便說二說三，那是假的。「但以假名字，引導於眾生」。引導的目的是什麼呢？讓你入佛的智慧，「說佛智慧故」。就像我們說小乘、三乘、大乘，假名三教，不是真的。真的是什麼呢？顯佛的一教，只有一教。

「唯此一事實，餘二則非真」。三教是假名安立的，實際上沒有。「諸佛出於世，唯此一事實，餘二則非真」。佛降生在人間，示現在人間度眾生，度眾生成佛，只有一乘法，除此之外都不是真的，「餘二則非真」。

「終不以小乘，濟度於眾生」，佛終不是用二乘法用小乘法，來化度眾生

的。「佛自住大乘」，佛自己住在了義上，唯一的大乘，入法界，華嚴就是一實境界，住在佛知見上。「如其所得法」，諸佛所得的法，「定慧力莊嚴」，定慧均等，福慧雙足，以此來化度眾生。

「自證無上道，大乘平等法」，佛自己證得的是無上法門，究竟道，這叫大乘平等性，大乘平等的法。「若以小乘化，乃至於一人」，乃至對一個人說小乘法，佛就墮落慳貪了。「此事爲不可」，絕對不是這樣，佛不這樣做。

「若人信歸佛」，信仰歸依三寶、歸依佛，「如來不欺誑」，如來不會騙你們的。「亦無貪嫉意」，佛不是有個貪心，不是嫉妒，不給你說大乘法。「斷諸法中惡」，斷絕諸法中最惡的。「故佛於十方，而獨無所畏」，佛在一切法界當中、一切十方之中，說實無所畏，佛一切沒有恐懼，無畏就是無所恐懼。

「我以相嚴身，光明照世間」，相即是性，性即是相。以福德智慧莊嚴佛的法身，以法而報，顯的報身，以報現化，顯的化身。「光明照世間」，佛以智慧救度世間眾生，光明就是智慧。「無量眾所尊，爲說實相印」，實相無

相。這裡的經文還是勸眾生信，信實相、信佛果。

舍利弗當知　我本立誓願　欲令一切眾　如我等無異
如我昔所願　今者已滿足　化一切眾生　皆令入佛道
若我遇眾生　盡教以佛道　無智者錯亂　迷惑不受教
我知此眾生　未曾修善本　堅著於五欲　癡愛故生惱。

「舍利弗當知，我本立誓願」，說你應該知道，我最初發的誓願，「欲令一切眾，如我等無異」，願一切眾生跟我一樣一樣的平等，修成佛。「如我昔所願，今者已滿足」，現在佛很高興，為什麼呢？都滿願了。開講《法華經》，才滿佛的真實願。人人都成佛，「如我昔所願」，我以前發的願現在得到滿足了。

「化一切眾生，皆令入佛道」，佛自己滿願了，現在說真實法，教化一切

眾生，都能成佛。「若我遇眾生」，不論哪一個眾生，遇見眾生都叫他成佛，「盡教以佛道」。沒有智慧的，他一聽就錯亂了，迷惑不受，那五千人退席的就是這樣，迷惑不受。

《阿含經》講，佛在光音天的時候，到人間來、到地球上來，沒有男女，沒有尊卑也沒有老少。眾生是指那個時候的眾生，從光音天初到世間。世間沒人類，這個眾生是假的，假名為眾生，一起受報，眾生就受報一次。「未曾修善本」，諸善之本是真如實相。在《華嚴經》講的很多，那是眾生善之本，真正的善根。

以諸欲因緣　墜墮三惡道　備受諸苦毒
受胎之微形　世世常增長　薄德少福人　眾苦所逼迫
入邪見稠林　若有若無等　依止此諸見　具足六十二

「以諸欲因緣，墜墮三惡道」，眾生不信這個事，癡愛生惱，堅持五欲

境界,所以才墮到三惡道。「輪迴六趣中」,天人餓鬼畜生,備受一切苦毒。「受胎之微形,世世常增長。薄德少福人,眾苦所逼迫」,說你的心哪,一念作業就墮落了。

業是什麼呢?胎是什麼呢?胎就是業的代表。生胎成人形,業即胎。受胎以後的業,作的無窮,生生世世永遠不斷。不斷就是增長,生生世世得到增長。「受胎之微形」,你的壽命連持著不斷相續,諸蘊如是,五蘊色身隨時常相流轉,相續不斷,這就是生命的命。命不是清淨的,是昏濁的。命必具見,這就看問題的看法。

「入邪見稠林」,邪知邪見,沒有正確的見解,看問題都是邪見邪法,不正確的。或者是有、或者是無,這都是邪見。

眾生看問題,不是有就是無,總是落於二邊,不會入到中道。依此斷常二見產生一切諸知見,「具足六十二」。這叫稠林密茂。一個常見、一個斷見,根本二見。由斷常生起六十二見,依天台宗的解釋為,一、色即是我,二、離

色是我,有色才是我,有形相才是我,死了我就沒了,這是斷見。有色是我,是常見。

三、我為小,我住色中。四、我為大,色為小,色住我中。受想行識四蘊亦然,合而有二十。過去的五蘊、現在的五蘊、未來的五蘊,共有六十;再加上根本斷常二見,這叫六十二見,邪知邪見。

深著虛妄法　堅受不可捨　我慢自矜高　諂曲心不實
於千萬億劫　不聞佛名字　亦不聞正法　如是人難度
是故舍利弗　我為設方便　說諸盡苦道　示之以涅槃
我雖說涅槃　是亦非真滅　諸法從本來　常自寂滅相
佛子行道已　來世得作佛　我有方便力　開示三乘法
一切諸世尊　皆說一乘道　今此諸大眾　皆應除疑惑
諸佛語無異　唯一無二乘　過去無數劫　無量滅度佛

百千萬億種　其數不可量。
無數方便力　演說諸法相。
化無量眾生　令入於佛道。
若有眾生類　值諸過去佛
天人羣生類　深心之所欲
諸佛滅度後　若人善軟心
諸佛滅度已　供養舍利者
碑碟與碼碯　玫瑰琉璃珠
或有起石廟　栴檀及沈水
若於曠野中　積土成佛廟
如是諸人等　皆已成佛道。

如是諸世尊　種種緣譬喻
是諸世尊等　皆說一乘法
知一切世間　天人羣生類
又諸大聖主　知一切世間
若聞法布施　或持戒忍辱
精進禪智等　種種修福慧。
如是諸人等　皆已成佛道。
如是諸眾生　皆已成佛道。
起萬億種塔　金銀及玻瓈
清淨廣嚴飾　莊校於諸塔。
木樒并餘材　甎瓦泥土等。
乃至童子戲　聚沙為佛塔。

「深著虛妄法」，把假的當真的，這是虛妄不實的，但是不肯捨。「堅受不可捨」，保持非常的堅固，堅持不肯捨，作夢都離不開。

「我慢自矜高」，每個眾生都覺得自己了不起，那叫我慢。心不質直、諂曲，心不捨。「於千萬億劫」，時間非常長了。無量劫無量劫，聽不見佛的名字，學法信教，連佛的名字都聽不到。

這個大家肯定信。我們這世界上現在六十五億人口，能夠聽見佛名字、聽見三寶的很少，聽見了還謗毀，即使有的聽見，不但不信還謗毀。千萬億劫聞不到佛名字，你怎麼度他？聞不到正法，如是人難度。你要想度這樣的人，度不了的。佛門廣大，難度無緣之人，他不信，你怎麼度他？

「是故舍利弗，我為設方便」，因為這種原因我才設方便，說苦道、盡苦道，才示之以涅槃，這個不是真實的。為了一乘成佛道，「為大示小乘」，這是說的小乘法，「我雖說涅槃，是亦非真滅」，那個不是真實的，是假的。

「諸法從本來，常自寂滅相」，法無法，寂滅相就是法不生。

參、開佛知見分 方便品第二

「佛子行道已，來世得作佛」，能給大家授記。如果照現在所說的去行道，本來是寂靜，你要是不修，契合不了，得假修才能證。同時要開佛知見，示佛知見，悟佛知見，入佛知見。這是佛的方便道，來世一定能成佛。

「我有方便力，開示三乘法。一切諸世尊，皆說一乘道」。開示三乘法是善巧方便，不是真實的，一切諸佛說的都是一乘道。「今此諸大眾，皆應除疑惑」，現在法華會上的大眾，再沒有疑惑了，應該領悟佛語無異！佛說的話絕沒有差異，絕不兩樣。「唯一無二乘」，只有一佛乘，沒有什麼二乘三乘。

「過去無數劫，無量滅度佛」，過去那些諸佛已經入滅、滅度了。「百千萬億種，其數不可量」。諸佛說的法無量無邊，不可量，唯有一乘法。「如是諸世尊，種種緣譬喻」，說十二部經（分教）的時候，有「因緣」、有「譬喻」、有「未曾有」，那都叫方便。

「無數方便力，演說諸法相」，那時候說的是法相法門，不是真實的。

「是諸世尊等，皆說一乘法」，佛佛道同。一切佛化度眾生的時候，說的都是

一乘法,實際上讓你入佛道,也是一乘法。

「又諸大聖主,知一切世間,天人羣生類,深心之所欲,更以異方便,助顯第一義」。佛所說的法,隨順眾生,隨他先所欲的,給他說他所欲的方法。「若有眾生類,值諸過去佛」,假使眾生承事過過去諸佛,或者聞到,修布施法,或者修持戒、修忍辱、修禪定、六波羅蜜這些法,修福慧,福慧兩足了,就成佛了。

「如是諸人等,皆已成佛道」。一切眾生值過去佛,聽說過六度法門,這些眾生心開意解。六度法門就是佛的開佛知見,入佛知見,顯示佛的知見。

諸佛滅度後,若人以善軟心,善都是柔軟的,煩惱、惡都是強硬的。善是柔軟的,對什麼事都是柔順的,不強硬。社會上崇尚英雄,提倡剛強鬥爭,這種崇拜跟佛法是完全相對的。善軟心,施善、柔和、慈悲;有這個心的人呢?

「如是諸眾生,皆已成佛道」,聞到六道法的人,都成了佛。

「諸佛滅度已」,諸佛已經入滅了。「供養舍利者」,供佛的舍利,「起

萬億種塔，金銀及玻璃，玻璃、金銀、硨磲、碼碯用種種寶物，在塔上作莊嚴，或者在相上作莊嚴，或者在廟上作莊嚴，或者用石頭用土砌的修廟供佛，或者用栴檀香、沈水香、木櫃香、甎瓦泥土，只要供養三寶，顯現三寶。「若於曠野中」，拿土砌個塔，都算功德，都算佛廟。小孩子、童子作遊戲，聚那個沙子，說這是佛塔，「如是諸人等，皆已成佛道」。

若人為佛故　建立諸形像　刻彫成眾相　皆已成佛道。
或以七寶成　鍮鉐赤白銅　白鑞及鉛錫　鐵木及與泥
或以膠漆布　嚴飾作佛像　如是諸人等　皆已成佛道。

怎麼理解這些？佛說的，在佛門當中，你作一點點的善事，對三寶供養一點點的善事，都成了佛。「若人為佛故，建立諸形像」，乃至拿刻雕、泥塑、木雕、金銀所作的，供養佛，作佛像，「皆已成佛道」，都成佛了。

「或以七寶成，鍮鉐赤白銅」，銅有紅銅、黃銅，白銅就是白銀。「白鑞及鉛錫，鐵木及與泥」，不論拿什麼東西，作寺廟作佛像，乃至膠漆布，「嚴飾作佛像，如是諸人等，皆已成佛道」。沾著三寶的邊，塑像、造塔、立寺，作的這些功德，「皆已成佛道」。

為什麼這樣都能成佛？為什麼說二乘人不能成佛？前面那些退席的五千人，沒見過塔廟嗎？他們已經出家了。這是建立在心上，一念善心起，百萬善門開；一念惡心起，百萬惡門開，沾跟不沾是兩回事。或者作個彩像佛像，作個莊嚴像，種種因緣吧！大家想一想，為什麼能成佛道？

對於這個問題我們往往理解錯了，既然說「皆已成佛道」，可是我供養過佛，修過塔，或者建過廟，乃至隨喜，我作一尊佛像都算在內，但是現在還在業障當中！這裡說「皆已成佛道」，怎麼證明？對於這個問題，一般的世俗的人不太理解。

我在廈門的時候，有一位大學老教授，他看我們寺廟就寫《法華經》這

參、開佛知見分 方便品第二

些句子,「單合掌,小低頭,入於塔廟中,皆已成佛道」。他來質問我們,他說:「你們寫錯了。」那學生說:「沒錯啊,《法華經》上這樣說的!」他說:「我天天到廟,不是單合掌,我是雙合掌,誠誠懇懇的禮拜,現在也沒成道!」後來他來問到我,我說:「佛經上不是這樣說的,你是從文字上看道!」

「如是諸人等,皆已成佛道」,單合掌小低頭皆已成佛道,塑佛莊嚴,乃至隨喜,人家作,他站在旁邊,讚歎隨喜,他也成佛道。這得加以解釋。過去無量億諸佛,就因為這麼一個因緣到最後成佛,是這樣的「皆已成佛道」,不是你現在叩幾個頭,就說皆已成佛道。

拿過去無量諸佛來證明,你現在種了善根,一定能成佛,可不是現在,要經過無量劫。「皆已成佛道」,是說過去那些諸佛,他成佛是這樣種的因,因此而諸緣成就,成佛了,是過去諸佛。說你也這樣做,你也如是也能成佛,人人皆能成佛、人人皆是佛,這是《法華經》最重要的道理。

佛現在就給我們授記的,只有《法華經》。我們現在正在學成佛,學《法

妙法蓮華經講述（上冊）【方便篇】

華經》，就是正在學成佛。學成佛一定能成佛，佛授記了。在後面單有〈授記品〉，凡是見到《法華經》的，聞到《法華經》的，見不等於聞。那他看到《大乘妙法蓮華經》，這是見。聽到人家念《大乘妙法蓮華經》，乃至一品〈觀世音菩薩普門品〉，都能成佛道。

彩畫作佛像　百福莊嚴相　自作若使人　皆已成佛道
乃至童子戲　若草木及筆　或以指爪甲　而畫作佛像
如是諸人等　漸漸積功德　具足大悲心　皆已成佛道
但化諸菩薩　度脫無量眾　若人於塔廟　寶像及畫像
以華香旛蓋　敬心而供養　若使人作樂　擊鼓吹角貝
簫笛琴箜篌　琵琶鐃銅鈸　如是眾妙音　盡持以供養
或以歡喜心　歌唄頌佛德　乃至一小音　皆已成佛道

300

這一段經文講造佛像的功德。有一部《大乘造像功德經》，專講造像的功德。不過在《法華經》上提到的造像功德跟《大乘造像功德經》不同，《大乘造像功德經》只說是一般的世間、出世間因果得到的好處，《法華經》提的不同了。《法華經》提的是，造像功德一定能成佛。《法華經》都以成佛為標準的。像我們同學的在牆壁報上畫個佛像，一定能成佛。

在《大乘造像功德經》，造像有十一種功德。第一種「世世眼目清潔」，若過去生造佛像，你現在感覺著眼目清潔，一生的眼目都清潔。第二種是「生處無惡」，你生的地點沒有惡，都是善業。

第三種「常生貴家」，就是生尊貴家，生來就是有財有勢的。第四種「身如紫磨金色」，你身體的相貌莊嚴，顏色不同，身如紫磨金色。

第五種「豐饒珍寶」，有好多的寶物，珍珠瑪瑙，你都能夠具足。第六種「生賢善家」，受生的時候生到賢善的家庭。

第七種「生得為王」，或者生到帝王家，成為國王。第八種「作金輪

王」，王四天下。

第九種「生到梵天壽命一劫」，壽命非常長。第十種「不墮惡道」，永不墮惡道。第十一種「後生還能敬重三寶」，能夠恭敬三寶，信仰三寶，能夠生到梵天。

《大乘造像功德經》跟《法華經》所說的，是有所區別的。《法華經》說，以你造像的功德能成佛。「彩畫作佛像，百福莊嚴相，自作若使人，皆已成佛道。」自己造，或請別人幫你造，不過是你出錢。或者自作，若使人，或者請匠人，皆已成佛道。過去諸佛就因為造像的功德，他成佛了。

「乃至童子戲，若草木及筆，或以指爪甲」，童子戲，小孩作遊戲的時候，或拿草木，拿筆畫。小孩是作戲，將來一定能成佛的。拿手畫，拿指爪畫個佛像。「而畫作佛像，如是諸人等，漸漸積功德」，得有這個善因，所積累的功德，越積累越大。

「具足大悲心，皆已成佛道。」凡是畫佛像的時候，心裡有個大悲心的

存在,這個大悲心就讓人家見像能夠生起供養心。「但化諸菩薩,度脫無量眾」,造像的涵義是行菩薩道,能度無量眾生。

「若人於塔廟、寶像及畫像,以華香旛蓋,敬心而供養。若使人作樂」,「寶像」,或者拿七寶作佛像,或者拿筆墨畫佛像,乃至於華香旛蓋供養佛像,或者是作音樂,作鼓樂來。「擊鼓吹角貝」,「角貝」就是拿海螺、拿牛角吹,讚歎佛的。

「簫笛琴箜篌、琵琶鐃銅鈸,如是眾妙音,盡持以供養。」前面說造像,這個說作音樂,發音供養佛。但是心裡頭是供養佛,你不一定吹的很好,但是你的心以這個音樂來供養佛。「或以歡喜心,歌唄頌佛德」,或者以歡喜心讚歎歌頌,讚歎佛的德,唱個佛的偈子,讚歎佛的功德。「乃至一小音」,發的音聲很小,「皆已成佛道」。前面是造像,這是以音聲供養佛。

若人散亂心　乃至以一華　供養於畫像　漸見無數佛。

或有人禮拜　或復但合掌　乃至舉一手　或復小低頭
以此供養像　漸見無量佛。
入無餘涅槃　如薪盡火滅。

「若人散亂心」，不是定也不是恭敬心，而是散亂心。就以這麼個心，供養佛像一支華，「乃至以一華」，供養畫像，以這個因緣的功德能夠見到無數佛，能見到無數佛的來說法。或有人禮拜，乃至到廟裡頭去燒香禮拜的。「或復但合掌」，沒有禮拜，光合個掌，雙手合十。

見佛，見佛像產生恭敬心。「乃至舉一手」，就叫單合掌，舉一個手，小低頭，就點點頭而已。我們都是五體投地的禮，也不是單合掌。能夠見到佛像，乃至就能見到無量佛。「自成無上道，廣度無數眾」，以此因緣能夠成道，能夠入於無餘涅槃，換句話就是成佛。「如薪盡火滅」，柴火燒完了，火也就息了。

若人散亂心　入於塔廟中　一稱南無佛　皆已成佛道。
於諸過去佛　在世或滅後　若有聞是法　皆已成佛道。
未來諸世尊　其數無有量　是諸如來等　亦方便說法。
一切諸如來　以無量方便　度脫諸眾生　入佛無漏智
若有聞法者　無一不成佛。諸佛本誓願　我所行佛道
普欲令眾生　亦同得此道。

「若人散亂心，入於塔廟中，一稱南無佛，皆已成佛道。」這是散亂心，不是至誠心。像我們拜懺或者到這裡禮佛，那是以至誠心，比散亂心更前進一步了。把自己的生命都付給於佛，歸命禮。以這樣來供養像佛的功德，供養的功德比散亂心的不更大嗎？成佛的快一點。

「於諸過去佛，在世或滅後」，現在過去的佛都滅度了，沒有遇到，說過去的佛已經滅度了，或者在十方當中還有在世的。彌陀佛在世、不動如來在

世、藥師琉璃光如來在世,在世的佛像,我們念的八十八佛、三十五佛都是現在在世的諸佛。所以若能聞到佛的功德,就是供養功德、讚歎功德,音樂供養也好,入於塔廟中,合掌、低頭都算。假使有一眾生聞到這種法,就是聞到《法華經》所說的法。《法華經》是這樣說,其他經論有的有,有的沒有。

「若有聞是法,皆已成佛道。」過去的因,種的那個善因,那是緣因。

「皆已成佛道」是了因,因緣果滿,功德成就了。這是按諸佛行權巧方便,加持一切眾生。不管畫像也好,或用音聲讚歎也好,或者假工具讚歎也好,都能成佛。因為過去古佛、諸佛,就是這樣成佛的。驗知未來,一切眾生都能如是成佛。「若有聞是法,皆已成佛道」。因為過去佛是這樣成的。現在,我們如是種是因也能夠如是成佛。

「未來諸世尊,其數無有量」,還有未來一切佛,未來一切佛就包括我們都在內。在《法華經》,我們都是屬於授記的。未來一切佛,其數無有量,沒法計算未來的佛有多少佛,沒有數量可說。未來的諸佛也如是說法,也如是教

參、開佛知見分 方便品第二

化眾生,也給眾生授記。為什麼人家說「成佛的法華」?原因就在此。只是聞到《法華經》的名字,或聽一座也好,聽一部經也好,《法華經》就是如是的善巧方便。因為一切諸佛以無量的方便,諸佛的智慧是無量的,他以善巧方便救度眾生。

《法華經》跟《華嚴經》,兩者迥然不同,不同在哪裡呢?《華嚴經》專給大菩薩說的,都是久修有德,成就就快了。我們未來的眾生,自己沒有成佛想,也沒有認為自己能夠成佛,總感覺自己業障重,一開口就是「我業障很重」,隨便遇到哪位道友,把業障重掛到口頭了。

這有兩種,一種是「我就是這樣子,原來就是業障重,現在也很嚴重。你不要挑我的毛病,我是業障很重的人。」這是一種,拿它作擋箭牌。很多道友都是這樣,「唉呀,我業障很重,成不了道。」為什麼?掩蓋他造罪,掩蓋他作錯事,掩蓋他沒有精進行佛道。業障重不是掛在口上,要心裡想;如果你認為業障很重,該懺悔。多誦幾部《法華經》,業障就不重了,那就減輕了,就

成佛了。

過去的佛、未來的佛、現在的佛,都是無量的,都在說這個方便法門。什麼法門呢?開權顯實,都入《法華經》顯實,人人都能成佛。這段經文講畫像也好、音聲讚歎佛也好,只要有一點點的善根都能成佛。這叫方便法,這才叫真正的大慈大悲。

「一切諸如來,以無量方便」,方便法是說不完的,臨時又出一個方便法,我們每個人都有方便法門。每位道友去勸沒有接觸三寶的,歸依三寶就能成佛。入於塔廟中,單合掌,小低頭,都已成佛道;那歸依三寶不就更能成佛了。這是一切諸如來,以無量方便,「度脫諸眾生,入佛無漏智」,就是加持願力,使一切眾生都能夠成佛。

「若有聞法者,無一不成佛。諸佛本誓願,我所行佛道,普欲令眾生,亦同得此道。」一切佛發的誓願,是讓一切眾生都成佛。只要跟三寶結一點點的緣,以這個緣因絕對能成佛,普令一切眾生亦同得此道。什麼道呢?成佛之道。

未來世諸佛　雖說百千億　無數諸法門　其實為一乘
諸佛兩足尊　知法常無性　佛種從緣起　是故說一乘。

「未來世諸佛，雖說百千億，無數諸法門，其實為一乘。」未來的諸佛也如是說此法，儘管說的法很多，法門無量，其實就是一個，「其實為一乘」。「諸佛兩足尊，知法常無性，佛種從緣起，是故說一乘」。「兩足尊」就是佛道同，都是福足慧足成就佛果的。「知法無常性」，這個就深了，不是我們講的無常性，什麼法無常性呢？佛性、實相是常住的，常住無自性，是相不是性。無自性就是沒有因性，這是指因說的，把無性再說到無性。這是讓你修觀的，不是從德入，而是從智慧入。

一切諸法沒有本性，叫無常性。那麼，實相是常住的。無常性回歸於本性，那就叫實相。實相有相嗎？實相無相。無自性無相，即無因性，無因性諸法沒有個因，因緣所生法是空的，是無性之性，就叫無因性。這個無因性的無

性也無性,這才叫名無性。

這是未來諸佛說的無量法,「知法常無性」,知道所有一切法,都沒有常性的,既不常也不斷。「知法常無性」,這是在實理上講的,性體是空的。「知法無常性」,這是在實理上講的,性體是空的。無性的性是什麼樣子呢?性空。無性就是性空,無性的性空。實相是無自性的,因為實相無相。故知道是理性的性空,這個純粹講理,講佛性,是空的。性空,就影響一切相空。性空即是,相空也如是。無性故亦無相,這就是性空。體無故相也無,所以在一切經中言無相、無性。無性的性是什麼?就是無相中都講無相,這種言說是說無二性。

說相沒有的,所以叫性空常無,「諸佛兩足尊,知法無常性」。

知是什麼?「知法無常性」,這個知就是照,般若智照,沒有分別的。大家都念《心經》,觀自在菩薩照見五蘊皆空,照而不是智。這就是知,「知法無常性」。這個知就是照,沒有不分別,沒有形相,什麼都沒有,一照而已。我們想想太陽光照、月亮光照,它有分別?它有念,假那個照來形容。這個照是

純粹真常的智慧般若。這個般若為什麼不翻？這個照的義,沒有任何的分別。

佛教常講,「佛種從緣起者,中道無性」。佛種是從緣起的,中道無性,這就叫佛種。「佛種從緣起,是故說一乘」。那迷了,一切眾生迷了,無明為緣;有眾生的生起,叫無明為緣。〈大乘起信論〉說,「一念不覺生三細,境界為緣長六粗」。〈大乘起信論〉是這樣講的,形容佛種無緣。我們經常講中道義,佛種無緣,中道無性,是什麼?這就叫佛種。佛種從緣起,沒有自性。

一部《法華經》就依著這個道理,迷這個理是這樣子。解這個理呢?佛說的教導,教導我們什麼呢?修行!教你去行。觀察諸法,照了諸法,這個教和行是緣。教跟行,正覺的因生起了。要想生佛種,須得一乘教,以一乘的教導,專頌一乘教。這叫淨因淨緣,清淨緣起。

「聞說一乘經」,聞了一乘教起的行門,就是一乘的行。行通因通果,有正覺的因,成就正覺的果。因為你造,造佛像也好,讚頌佛也好,這就是佛果的因,一定成佛。但是佛果是從淨因緣而起的,佛種是從淨因緣而起的,所以眾

生的佛種從緣起,不離開一切法。這個道理,你必須把「性空緣起」,反反覆覆學通了。為什麼我們前面先講幾天「性空緣起」?進入了法華境界的時候,一定要了解「性空緣起、緣起性空」的意思。不然有些詞句,你不能進入的。

是法住法位　世間相常住　於道場知已　導師方便說。
天人所供養　現在十方佛　其數如恆沙　出現於世間
安隱眾生故　亦說如是法。
雖示種種道　其實為佛乘。知眾生諸行　深心之所念
過去所習業　欲性精進力　及諸根利鈍　以種種因緣
譬喻亦言辭　隨應方便說。今我亦如是　安隱眾生故
以種種法門　宣示於佛道。

「是法住法位,世間相常住,於道場知已,導師方便說。」眾生的正覺如

是，就是這樣。佛的正覺也如是，正覺沒有兩個，就是一個。眾生是本具的，佛是修顯的。但是都有一個「如」字，「是法住法位，世間相常住」。一切經的頭一個字，就是這一個「如」字。從「如」字生起，「是法住法位，世間相常住」，永遠如如不變。

一切眾生也以「如」爲位、爲本位，又以「如」爲相。世法眾生之相常如是，永遠常住的。世間相即是常住的，就是「如」的理常住。「世間相常住」，相是一個標誌而已。眾生的正覺位置，跟佛的正覺位置是一樣的。迷是迷這個理，悟也是悟這個理。開知見，開這個理。示知見，示這個理。悟知見，悟也是這個理。證知見也是證這個理。但是，以如爲相，如本來無相的，無相之相。無相者常住。所謂「是法住法位，世間相常住」，涵義是這樣解釋的。

理是一個，世間相、出世間相，相分出世間相、世間相，還是一個理。這是

顯現眾生為什麼都能成佛？因為理是一個，但是迷了理，悟了就行了。把這個理開示出來，示給一切眾生，讓眾生開悟，完了就證得這個理。理是常住，佛因為契合這個常，修成了。沒契合就是眾生，契合就是佛。所以說眾生相跟佛的正覺相常住的。相常住，但是染淨不同。染是正位，淨也是這個正位，正位一也。

所以，佛是依著世間而修成，達到這個理。理即了，所產生這些妙用。由此而驗證一切世間，就是這麼一個理。我們經常說，就這麼一個理，沒有兩樣。故云常住，所以「世間相常住」。這個是導師方便說，如是而已。

「天人所供養，現在十方佛，其數如恒沙，出現於世間，安隱眾生故，亦說如是法。知第一寂滅，以方便力故，雖示種種道，其實為佛乘」。同時要了知眾生所行的，身心之所念的，過去所有造的一切業，善也好，惡也好。「欲性精進力」，「欲」是希求，但是欲的體沒有希求，「欲性精進力」，返本還源。

「及諸根利鈍，以種種因緣、譬喻亦言辭，隨應方便說。今我亦如是，安

隱眾生故,以種種法門,宣示於佛道。」眾生的根機,有智慧,有愚鈍。利根的眾生,一聞就是住佛一乘,鈍根的不行,所以分種種因緣來顯示法。

佛講說十二部經(分教)的時候,有譬喻,有言辭。「譬喻亦言辭,隨應方便說」,對什麼機說什麼法。這一段經文簡單說,就是權和實。《法華經》叫開權顯實,把權都給他說清楚,把實在的實性理顯示出來。

釋迦牟尼佛對舍利弗說,「今我亦如是」。諸佛如是說法,我現在也如是,讓眾生都得到安穩。為了安穩眾生故,以種種法門「宣示於佛道」,就是要說一乘,說的那麼多方便善巧,目的是顯一佛乘。這就是顯示一個「如」,這個「如」就是一切諸佛同一實理。拿這個「如」教化一切眾生,讓眾生也顯示證得這個實理。這叫秘密。《法華經》就沒有秘密了,《法華經》就是開示悟入。那是什麼呢?究竟成佛是安隱處。因為說佛住其中,就是安隱處。

我以智慧力　知眾生性欲　方便說諸法　皆令得歡喜

舍利弗當知　我以佛眼觀　見六道眾生　貧窮無福慧
入生死險道　相續苦不斷　深著於五欲　如犛牛愛尾
以貪愛自蔽　盲冥無所見　不求大勢佛　及與斷苦法
深入諸邪見　以苦欲捨苦　為是眾生故　而起大悲心。
我始坐道場　觀樹亦經行　於三七日中　思惟如是事。
我所得智慧　微妙最第一。　眾生諸根鈍　著樂癡所盲
如斯之等類　云何而可度。

「我以智慧力，知眾生性欲」，知眾生的本體，知眾生的愛好，知眾生的業。兩種，一個佛的業，一個眾生的業。以前四十餘年所說的法都是方便善巧而已。方便說諸法，為了讓眾生生歡喜心，漸令入佛道。生了歡喜心，漸漸就引入他，教他成佛。

「舍利弗當知！」佛對舍利弗說，你應該知道，「我以佛眼觀，見六道眾

參、開佛知見分 方便品第二

生,貧窮無福慧,我看見一切眾生,沒有福沒得慧,在六道當中沒有福慧,但是「入生死險道」,生死在險道之中很危險。為什麼?「相續苦不斷」,六道輪迴相續的苦不斷。眾生的五濁惡世的命濁,生死在險道,隨時死亡,隨時生,生了又死了,死了又生了。

為什麼?因為他愛著於五欲境界。「深著於五欲,如犛牛愛尾」,像犛牛愛護牠的尾巴一樣。眾生愛五欲,不肯捨離五欲。五欲是以貪愛為本,因為貪愛障住他的本來佛性,正知正見沒有了,邪知邪見就像瞎子似的看不見。佛在出世間的時候,「盲冥無所見」,不求佛,「大勢佛」就是佛有很大的力量。佛有很大的力量來度眾生。

我們現在生這個時候,非常不好。什麼時候呢?劫濁,這個時候不對,因此而見不到。盲目瞎子,「盲冥無所見」,這是見濁,因為濁見生出很多的煩惱,煩惱濁。五欲的煩惱,就是邪見的煩惱。因為在苦中都想離苦得樂,都想把苦捨掉,每個眾生都如是。眾生有如是求,佛才生起大悲心,使眾生從邪見

317

網超脫出來。

「我始坐道場,觀樹亦經行,於三七日中,思惟如是事,我所得智慧,微妙最第一。」這是佛說,最初開始思惟這個道理,就叫「坐道場」。我始住在這裡,就是我想這個究竟理,思惟這個道理。開始坐道場的時候,在菩提樹下修觀。觀什麼呢?觀一切眾生的根本業。或者有時候經行的時候,在我思惟觀想這個時候,三七日,三個七的功夫,成道了。我所得到的智慧微妙最第一。

這是佛感菩提樹的恩。「經行」是念大地的恩。道成就了,以大地菩提樹為根基,為根地。那是智者,所以想以我所修得的來照了化度眾生,但是不可能。為什麼?眾生根太鈍了,貪著五欲境界。愚癡所感的黑暗,是瞎子,見不到光明。「如斯之等類」,像這一類的「云何而可度」?怎麼度他們。佛想了,必須把他們的貪欲止息了。怎麼能止息他的貪欲呢?

爾時諸梵王　及諸天帝釋　護世四天王　及大自在天

并餘諸天眾　眷屬百千萬　恭敬合掌禮　請我轉法輪。
我即自思惟　若但讚佛乘　眾生沒在苦　不能信是法
破法不信故　墜於三惡道　我寧不說法　疾入於涅槃。

「爾時諸梵王」，就是六欲天以上的，乃至於帝釋天，乃至於「護世四天王」，及大自在天，并餘諸天眾，眷屬百千萬，佛說他初成道的時候，這些天人，「恭敬合掌禮，請我轉法輪」。佛初成道的時候，這些天人都勸佛轉法輪度世。「若但讚佛乘」，若光是稱揚讚歎一乘法，眾生不能得度，因為他沒辦法接近，「眾生沒在苦。不能信是法」。不信呢？就是破法謗法。

「破法不信故，墜於三惡道。我寧不說法」，就說謗毀。不但不信，他要謗毀。因為謗毀就要墮三惡道。因此我寧願不說法，「疾入於涅槃」。佛觀機的時候，感覺著說這一乘法不對機。這些都是小機，在施化的方面很難，不入佛化。又想過去的諸佛，他們如何行呢？如何利益眾生呢？

尋念過去佛　所行方便力　我今所得道　亦應說三乘。
作是思惟時　十方佛皆現　梵音慰喻我　善哉釋迦文
第一之導師　得是無上法　隨諸一切佛　而用方便力
我等亦皆得　最妙第一法　為諸眾生類　分別說三乘。
少智樂小法　不自信作佛　是故以方便　分別說諸果。
雖復說三乘　但為教菩薩。舍利弗當知　我聞聖師子
深淨微妙音　稱南無諸佛。

「尋念過去佛」，過去佛也如是。因為他們所行的方便力，觀察過去諸佛方便利益眾生的事，我也該學諸佛。「我今所得道，亦應說三乘」。念一切眾生的苦，有的眾生沒有大根器，但是我不能捨棄眾生。一切諸佛都如是，不能捨棄眾生，要以方便法慢慢誘導。「亦應說三乘」，應該說三乘道。

「作是思惟時，十方佛皆現」，在我的思想觀念當中，十方佛就現前了。

以清淨的梵音來安慰我、喻慰我,假譬喻曉喻我。「善哉釋迦文,第一之導師,得是無上法,隨諸一切佛,而用方便力。」讚歎釋迦牟尼佛,你是人民的第一個大導師,現在得了無上法,應該入方便力,隨順一切佛。

過去一切佛都是成道之後,用的是方便力,善巧方便行。意思就說是應以三世,以一乘法,何以轉為是施三乘,布施給眾生三乘。完了漸漸引他入佛慧,這就是第一導師所要作的,因此就有開權顯實。

佛三乘法說了四十餘年,現在開始說《法華經》。但是佛最初得最上法,說華嚴時,是說佛的自得自證之法,那是度化過去無量劫來所有的眾生,這叫開權顯實。《法華經》開權顯實。《華嚴經》,先說實,後說方便。《法華經》先說方便,會歸於實,中間就是權。

「我等亦皆得,最妙第一法」,十方諸佛向釋迦牟尼佛說,這一法、最妙的法,我們都得到也如是,像你一樣的。「為諸眾生類,分別說三乘。少智樂小法,不自信作佛」,說這些眾生沒有智慧,喜歡小法,說二乘,乃至於最

參、開佛知見分 方便品第二

321

初說的是人天乘,還不是二乘,人天乘就是我們最初作善事。十善業,對治十惡,你讓他作好事別作壞事。他哪肯相信自己能成佛,不自信成佛。

「是故以方便,分別說諸果」,因此必須循循善誘。「雖復說三乘,但為教菩薩」。雖然是三乘法,還是為了顯實,叫菩薩法。這是佛說過去初成佛的一段因緣。「舍利弗當知」,說舍利弗你應當明白,「我聞聖師子」,十方諸佛就是大聖作師子吼。「深淨微妙音,稱南無諸佛」。歸依一切諸佛,佛佛歸佛,佛佛道同。

復作如是念　我出濁惡世　如諸佛所說　我亦隨順行。
思惟是事已　即趣波羅奈　諸法寂滅相　不可以言宣。
以方便力故　為五比丘說。是名轉法輪　便有涅槃音。
及以阿羅漢　法僧差別名。從久遠劫來　讚是涅槃法。
生死苦永盡　我常如是說。舍利弗當知　我見佛子等

志求佛道者　無量千萬億　咸以恭敬心　皆來至佛所
曾從諸佛聞　方便所說法。

「復作是念」，佛說我又觀察，「作是念」就是觀察。「我出濁惡世」，我出現世間是五濁惡世，不是清淨佛土。諸佛怎麼在五濁惡世度眾生的？「如諸佛所說」，十方諸佛向我講的，「我亦隨順行」，也是隨著一切諸佛。就在思惟觀察這個事情以後，「即趨波羅奈。諸法寂滅相，不可以言宣，以方便力故，為五比丘說」。

佛說自己觀察思惟，再加上十方諸佛勸導，思想就變了，不急於入涅槃，這樣才說的三乘法。舍利弗，你應知道。舍利弗知道什麼呢？說十方諸佛，以微妙音向我來說，讓我隨順濁世眾生說三乘法。諸佛如是，我也如是，隨順諸佛所行的教化如是行。

這樣觀察思惟之後，到了波羅奈，波羅奈是地名，是古聖的鹿野苑，開始

參、開佛知見分　方便品第二

去度五比丘。諸法寂滅相是不能用語言形容的，真實一乘道，我以方便力故，為五比丘說。這就說有門，說一切法無常，一切法苦，一切法空。這苦是怎麼來的？你招集來的。你作些苦事，以什麼因感什麼果，就是苦集法。

怎麼樣對治苦集的法呢？佛就說滅道法。說世法無常，讓你觀法無常、觀一切法空。無我，不要在這裡頭執著我。知道苦集了，苦果是自己感招的，因集招的。那你就悟得不生不滅不苦，慕滅修道，求寂滅離。寂滅不是究竟的。你定下來、寂下來，不隨著世間因果轉，說出世的因果。

「是名轉法輪」，這就是轉佛的法輪。佛說法轉法輪，滅除眾生的惑業。轉什麼法輪？化他，化眾生的法，度眾生的心，讓眾生心轉化。這叫轉法輪。以法把眾生煩惱給輾滅了，輪子是比喻，用這個出世法消滅世間法。出世法就是涅槃，知苦斷集，慕滅修道。悟得滅的理，要修道。

佛最初度憍陳如五比丘，先斷見惑。斷見惑當中，一分一分的滅，滅就是證得，滅煩惱證菩提。初步的，只是滅見惑證菩提。完了再滅你思想上的思

惑，這樣才出世間。從有學到無學，從這個有學，先是學四聖諦法、學戒，這都屬於四聖諦法之內的。從有學位到無學位，無學位就是阿羅漢果，有學位就是初果、二果、三果，這三果都叫有學位。

這樣就列出來有羅漢之名，也有佛的名。有名字，有語言，所說的是三乘法。聲聞是小乘，緣覺是中乘，菩薩是大乘，這屬於三乘法。但是這個三乘法的大乘跟我們講華嚴、法華的一乘法，不一樣的。這屬於三乘法，是對比而言說了，無生滅，無生也無死。這個是說三乘法的佛。涅槃就是生，不是死，那究竟是說三乘即是法。以二乘人為生，見諦，見到理了。見諦就見到理了，世間生滅法的真理。這樣的佛現世間，使三寶具足。

四諦法是法寶，佛是佛寶，憍陳如五比丘是僧寶，三寶依此現世間，這個時候有三寶了。佛說涅槃的一切音，這些阿羅漢領受佛的教導，知苦斷集，慕滅修道。這是煩惱斷處，斷的是一般現行煩惱。這叫生，生什麼呢？涅槃，涅

槃謂生。這個時候佛所教導的叫聖教,以言語音聲來教導,這叫聖教的開始,佛於眾生說法的開始。

這時候三寶就現世間了,佛才說三乘。從久遠劫以來,讚稱涅槃法就是脫離生死苦海。用涅槃表示,生死永遠盡了,斷生死了。為什麼五千人退席?他認為我們不用再修了,生死已斷,煩惱已滅,還要修什麼?唯佛與佛知道,說你那個不是成就,才走了一半,你的煩惱並沒有斷盡。粗惑斷了,細惑還在,真常流注,那叫細惑。生死苦是盡了,再不受生死苦。

「舍利弗當知!」這個時候佛跟舍利弗說,你應當明白,「我見佛子等」,凡是從佛法生,從佛口生,從佛音聲生。小中大,小乘中乘大乘,三乘都叫佛子。這說的是方便法,聞方便法也是佛子。這從佛口所化生,從佛音上所化生。但是還有發大心的,「志求佛道者」,一心想求成佛的。不是求小果的,「無量千萬億」,這一類機相當的多。

「咸以恭敬心，皆來至佛所，曾從諸佛聞，方便所說法」。這些人都從佛聞方便法，藏教、通教和別教，還是方便法，就是三教的方便。以小中大，使他的業障除了，心量大了。除了業障，開了智慧，他還想深入再求，不滿足。這是發大心的，這種根機跟《華嚴經》所講的不一樣，《華嚴經》是拿善財童子作例子，他就是菩提心，沒有經過二乘道，也不要求方便善巧，而是直接證入。

我即作是念　如來所以出　為說佛慧故　今正是其時。
舍利弗當知　鈍根小智人　著相憍慢者　不能信是法
今我喜無畏　於諸菩薩中　正直捨方便　但說無上道
菩薩聞是法　疑網皆已除　千二百羅漢　悉亦當作佛。
如三世諸佛　說法之儀式　我今亦如是　說無分別法。
諸佛興出世　懸遠值遇難　正使出於世　說是法復難

參、開佛知見分　方便品第二

無量無數劫　聞是法亦難　能聽是法者　斯人亦復難。

佛在這個時候就想，「我即作是念，如來所以出」，如來之所以出世間，目的不是這樣就成就了。「為說佛慧故」，想成佛之後的智慧，不是為了到三乘為止。現在時候到了，「今正是其時」，該演究竟法了，演一乘法、大乘法。

「舍利弗當知！鈍根小智人、著相憍慢者」，「菩薩聞是法，疑網皆已除」，這些發大心的菩薩聞到是法，他再沒有懷疑了。「千二百羅漢，悉亦當作佛」，說與會的千二百人都能成佛，當作佛。

「如三世諸佛，說法之儀式，我今亦如是，說無分別法」，以前的三乘法是有分別的，還是有著的。

去未來現在諸佛，都是如是說法，說什麼法呢？無分別。所以我也跟過去未來現在諸佛，都是如是說法，說什麼法呢？無分別。以前的三乘法是有分別的，還是有著的。

「諸佛興出世，懸遠值遇難」，說遇見佛很難。這是人，在人道當中能遇見佛很難。「正使出於世，說是法復難」。「是法」就是指著《法華經》這個

法,一乘法,就叫法難。前面是指人難,難能遇見佛。

「無量無數劫,聞是法亦難」,經過無量無數的劫,想聞《法華經》一乘教義,那是非常難的,「難」就是有難緣遇不到的意思。「能聽是法者」,能聽到《法華經》的,「斯人亦復難」。這個人得有大因緣,不是簡單的,信受難。這是四難,四種難關,人難、法難、聞法難、信受難。

譬如優曇華　一切皆愛樂　天人所希有　時時乃一出。
聞法歡喜讚　乃至發一言　則為已供養　一切三世佛。
是人甚希有　過於優曇華。
汝等勿有疑　我為諸法王
普告諸大眾　但以一乘道　教化諸菩薩　無聲聞弟子。
汝等舍利弗　聲聞及菩薩　當知是妙法　諸佛之秘要。
以五濁惡世　但樂著諸欲　如是等眾生　終不求佛道。

當來世惡人　聞佛說一乘　迷惑不信受　破法墮惡道

有慚愧清淨　志求佛道者　當為如是等　廣讚一乘道。

「譬如優曇華，一切皆愛樂，天人所希有，時時乃一出。聞法歡喜讚，乃至發一言」，像優曇華一樣的很難得見，不是常時開的，幾千年才開一次。《法華經》也如是，不是隨時演法華義。聞是法，若是能夠生歡喜心，乃能發言讚歎。「則為已供養，一切三世佛」，你聞到《法華經》，等於供養三世一切佛。你這樣讚歎，「是人甚希有，過於優曇華。汝等勿有疑，我為諸法王」，佛還有顧慮啊！你別懷疑，我是諸法之王，於法自在。「普告諸大眾，但以一乘道，教化諸菩薩，無聲聞弟子。」這裡沒有聲聞弟子。

「汝等舍利弗，聲聞及菩薩，當知是妙法，諸佛之秘要。」

「以五濁惡世，但樂著諸欲」，在五濁惡世，都貪著五欲境界，這些眾生不去求佛道。「如是等眾生，終不求佛道。當來世惡人，聞佛說一乘，迷惑不信

受,破法墮惡道」。

「當來」是我滅度之後,那些末法眾生聽到《法華經》,不但不信、還謗毀,一謗毀就墮惡道了。哪些能信受呢?「有慚愧清淨,志求佛道者」,有慚愧的、清淨的、求成佛的,「當為如是等,廣讚一乘道。」《法華經》是專給一乘根機說的。

舍利弗當知　諸佛法如是　以萬億方便　隨宜而說法
其不習學者　不能曉了此。汝等既已知　諸佛世之師
隨宜方便事　無復諸疑惑　心生大歡喜　自知當作佛。

「舍利弗當知!諸佛法如是」,舍利弗你明白,一切佛法都如是,不只我釋迦牟尼。「以萬億方便,隨宜而說法」,要隨眾生的根機來說一切法。「其不習學者」,有些人不學不習,「不能曉了此」,對這種道理沒辦法悟入。

「汝等既已知,諸佛世之師」,你們都成了阿羅漢,都知道了。諸佛出興於世,是一切世間之導師,「隨宜方便事,無復諸疑惑」,你們不要再疑惑。以前是方便善巧,現在顯真實了。「心生大歡喜,自知當作佛。」要成佛,還不歡喜嗎?佛一再囑託,讓大眾深信法華。

譬喻品第三

爾時舍利弗踊躍歡喜即起合掌瞻仰尊顏而白佛言今從世尊聞此法音心懷踊躍得未曾有所以者何我昔從佛聞如是法見諸菩薩受記作佛而我等不與斯事甚自感傷失於如來無量知見。

這一品是「譬喻品」,我們經常講的火宅、羊車、牛車、鹿車、大白牛車,這一品就是拿這些故事、比喻來表現法。佛說火宅,以羊車、牛車、鹿車

三車來比喻三乘方便法,不是一乘真實義(大白牛車)。現在說《法華經》的時候,就是顯一乘的真實義。

在講法的過程當中,舍利弗回憶自己的過去,對照現在佛所說的《法華經》,心裡生大歡喜,「踴躍歡喜」,這不是一般的歡喜。在這個時間,他合掌向佛,一面觀想佛。「合掌」表示尊敬,尊敬佛、一心聽佛說法。法是妙法。佛在演《妙法蓮華經》的時候,跟過去說二乘法不同,顯實的意思,說人也妙,法也妙。但是現在這個時間的舍利弗,不是以前的舍利弗,他知道自己將來一定能成佛。

過去各各法會聽到佛給大菩薩授記成佛,他心裡有悲傷之感。「為什麼佛不給我授記?」現在聽說給他授記了。過去學的是小乘,現在改學大乘,改小向大。這個時候,悔恨、憂思的細惑煩惱都斷了,再沒有疑惑。以前說不定還有疑惑,應當得到的現在都能得到,佛也給他授記了,知道將來一定能成佛。

我們講開權顯實,知道那是權巧方便,不是真實的。現在給他授記成佛

了，佛的境界是真實的，不是方便法，因此他向佛表白。「而白佛言：今從世尊聞此法音，心懷踊躍，得未曾有。」這是表現他的身、口、意三業，以身見佛身，見自己的佛身，生大歡喜。聞此殊勝的妙法，從佛口出，給他授記了，他也生大歡喜。

「得未曾有」，心裡頭思念，這是意。而現在的身口意，不是一般的歡喜。說我從世尊聞到佛現在的法音，以前在二乘地的時候，從來沒有過這種喜悅。爲什麼？「所以者何？」這是什麼道理？

「我昔從佛聞如是法，見諸菩薩受記作佛。」往昔佛在經上也有說這種法的時候，但是可不是跟我，而是給那些大菩薩授記作佛。我自己呢？「而我等不與（豫）斯事，甚自感傷。」佛給諸大菩薩授記，沒有我們這些人的份，「甚自感傷」。「失於如來無量知見。」沒有阿羅漢的份，因此心裡很傷感，所以佛才沒有給我們授記，而給那些大菩薩授記。大乘的實慧，往昔我們沒有得到，現在聞佛說實法，就說這個大乘法要，我們也得到

參、開佛知見分 譬喻品第三

了。這是回憶過去。

世尊我常獨處山林樹下若坐若行。每作是念我等同入法性云何如來以小乘法而見濟度是我等咎非世尊也所以者何若我等待說所因成就阿耨多羅三藐三菩提者必以大乘而得度脫然我等不解方便隨宜所說初聞佛法遇便信受思惟取證世尊我從昔來終日竟夜每自尅責而今從佛聞所未聞未曾有法斷諸疑悔身意泰然快得安隱今日乃知真是佛子從佛口生從法化生得佛法分。

過去我常在山裡樹林下經行，或者坐著思惟，常作如是想，常作如是念。我跟這些大菩薩都是同等的，為什麼如來以小乘法濟度我們？為什麼不給我們說大乘法？是如來的過錯嗎？不是的，是我們自己的過錯。因為我們自己的小

知小見小道，不能信受大乘法。

為什麼？這是徵啟的意思。「所以者何？若我等待說所因，成就阿耨多羅三藐三菩提者，必以大乘而得度脫。」假使我們過去有這種因，佛就會給我們說無上正等正覺法，一定以大乘法來救度我們。

「然我等不解方便隨宜所說，初聞佛法，遇便信受，思惟取證。」然而我們不理解佛說三乘法方便之道！在三乘道之中，初次聞佛法的時候，遇到佛法就信受了，信小乘道是真實的。方便隨宜，卻當成真實的，我們也思惟方便法，求方便法，求證得。「世尊！我從昔來，終日竟夜，每自尅責。」世尊，從我跟著佛學法以來，「終日竟夜」，日夜不停的呵責自己。

「而今從佛，聞所未聞，未曾有法，斷諸疑悔，身意泰然，快得安隱。」現在，從佛聞所未聞，過去沒聽到說這種大法，「未曾有法」，現在聽佛說了，一切疑悔沒有了。身心都很歡喜，「泰然」，「快得安隱」，快能成佛的意思。「今日乃知真是佛子，從佛口生，從法化生，得佛法分。」

現在才感覺自己是佛的子,從佛口生,從法化生,得了佛的法分。

爾時舍利弗欲重宣此義而說偈言。

我聞是法音　得所未曾有　心懷大歡喜　疑網皆已除。
昔來蒙佛教　不失於大乘　佛音甚希有　能除眾生惱。
我已得漏盡　聞亦除憂惱　我處於山谷　或在林樹下
若坐若經行　常思惟是事　嗚呼深自責　云何而自欺。
我等亦佛子　同入無漏法　不能於未來　演說無上道。
金色三十二　十力諸解脫　同共一法中　而不得此事
八十種妙好　十八不共法　如是等功德　而我皆已失。
我獨經行時　見佛在大眾　名聞滿十方　廣饒益眾生。

舍利弗把這個義理,用偈頌的體裁再說一遍。「我聞是法音,得所未曾

有，心懷大歡喜，疑網皆已除。」現在我聽佛說的這種無上妙法，過去「未曾有」，因此心懷大歡喜，「疑網皆已除」，再不懷疑了，自己也能成佛，所以心生大歡喜。

「昔來蒙佛教，不失於大乘」，往昔佛也曾如是教誨，「不失於大乘」，佛在說法當中含著大乘，但是我領會不到。「佛音甚希有，能除眾生惱。我已得漏盡，聞亦除憂惱」，佛出世間所說過法的法音，非常希有，能夠除盡眾生的苦惱，「能除眾生惱」。我以前雖然得了漏盡通，成阿羅漢，但是憂惱沒有除盡。現在我們把憂惱都除盡了，以前是斷見思惑，現在是斷塵沙無明惑。

「我處於山谷，或在林樹下」，在山谷裡或樹林下。「若坐若經行」，不管走也好、坐也好，總想著為什麼佛不給我們授記，而給那些大菩薩授記成佛？「嗚呼深自責」，歎息的意思。自己只能責備自己，沒有這個根器，不怪佛。「云何而自欺，我等亦佛子，同入無漏法」，明明沒得到，自己欺騙自己，認為自己得了；明明沒有解

脫，認為解脫了，這就是自欺。但是我們跟菩薩是一樣的，我們也是佛子，同入無漏法。現在知道錯了，沒有究竟。

「不能於未來，演說無上道，金色三十二，十力諸解脫。」不能說佛的甚深道理，成佛的道理，「金色三十二」，就是佛的三十二相，金色身。十力十八解脫，「同共一法中，而不得此事，八十種妙好，十八不共法。」我們沒有得，「而不得此事」，成不了佛。八十種好事，十八不共，我們都沒有。

「如是等功德，而我皆已失」，我在森林當中經行打坐散步，常這樣想的。意思是不敢謗佛，說佛顯示不平等。為什麼大菩薩都能授記，而我們不能授記呢？「如是等功德，而我皆已失」，我全失掉了。「我獨經行時，見佛在大眾」，我在獨行時「見佛在大眾」，我在獨行時想，佛在大眾當中，「名聞滿十方，廣饒益眾生」，佛度眾生普徧廣大，名聞徧滿一切世界。

自惟失此利　我為自欺誑。我常於日夜　每思惟是事

欲以問世尊　為失為不失　我常見世尊　稱讚諸菩薩
以是於日夜　籌量如是事　今聞佛音聲　隨宜而說法
無漏難思議　令眾至道場　我本著邪見　為諸梵志師
世尊知我心　拔邪說涅槃　我悉除邪見　於空法得證
爾時心自謂　得至於滅度　而今乃自覺　非是實滅度
若得作佛時　具三十二相　天人夜叉眾　龍神等恭敬
是時乃可謂　永盡滅無餘　佛於大眾中　說我當作佛
聞如是法音　疑悔悉已除　初聞佛所說　心中大驚疑
將非魔作佛　惱亂我心耶　佛以種種緣　譬喻巧言說
其心安如海　我聞疑網斷　佛說過去世　無量滅度佛
安住方便中　亦皆說是法　現在未來佛　其數無有量
亦以諸方便　演說如是法　如今者世尊　從生及出家

參、開佛知見分 譬喻品第三

得道轉法輪　亦以方便說。

世尊說實道　波旬無此事
以是我定知　非是魔作佛
聞佛柔軟音　深遠甚微妙　演暢清淨法
我墮疑網故　謂是魔所為
疑悔永已盡　安住實智中　我定當作佛　為天人所敬
轉無上法輪　教化諸菩薩。

「自惟失此利」，自己思惟當中想，沒有得到這種好處。欺騙自己，認為自己得到了，自己誑自己。因此常在日夜當中，思惟這件事。這是形容在生死當中，在生死輪轉當中，認為自己證得涅槃了，其實不是的，還在生死當中。

生死中有涅槃，涅槃是生死之外有的？還是生死之內有的？還沒有悟得。把生死、涅槃當成是黑闇，是業。因為這是疑惑，疑就是礙，有疑即為礙。無疑就沒有礙，無疑就沒有惑了，沒惑就沒礙。

「欲以問世尊，為失為不失」，我本來想請問世尊，究竟我是失道？還

是沒有失道？失道就是我沒有得道。在這個問題上，我常時這樣懷疑，我不具足，不是說我已經具足了，但沒有失掉。在這個問題上，我常時這樣懷疑，想問佛，這個時候未敢請問。「我常見世尊，稱讚諸菩薩」，法會當中，佛只是讚歎菩薩，並沒有讚歎我們，也沒有說我們得道。「以是於日夜，籌量如是事」，我想這是為什麼？佛給他們授記，不給我們授記，因為常在佛的身邊親近於佛，日夜思量這件事，放不下就黑夜白日的想，想不明白，想請問佛又不敢問，在進退當中。

「今聞佛音聲，隨宜而說法，無漏難思議，令眾至道場。」現在我們親自聽佛音聲，過去是隨宜說法，不是真實的。現在所說的無漏法，無漏法是很難思議的，不是我們所能想像得到。「令眾至道場」，大眾都到道場當中來。舍利弗過去是在明白了，「我本著邪見，為諸梵志師」，過去我是外道老師。跟目犍連兩個人，同領二百五十人，合起來共五百眾。那個是邪知邪見，沒入佛道，給那些梵志當老師。

「世尊知我心，拔邪說涅槃」，世尊知道我的心，把我那個邪見說法給消

滅掉了。拔我邪說，讓我證得涅槃，這個涅槃是二乘、不究竟的。「我悉除邪見，於空法得證」，這個是證得二乘的人我空，還沒有得到法我空。

「爾時心自謂，得至於滅度」，在這個時候，我心自問，現在得到涅槃了，得到滅度了。其實得的是二乘，不是全面的。這一段經文是說過去。

「而今乃自覺，非是實滅度。若得作佛時，具三十二相，天人夜叉眾，龍神等恭敬，是時乃可謂，永盡滅無餘。」現在我真正覺悟了，真正明白了。前面那個涅槃不是實涅槃，「非是實滅度」。現在覺悟什麼呢？覺悟以前二乘所證得的涅槃，不是實滅度，不是真正的涅槃。真正的涅槃是得作佛的時候，得具足三十二相，天、龍、夜叉、乾闥婆、阿修羅八部鬼神眾常時護持。那個時候才叫「永盡滅無餘」，真正涅槃。

「佛於大眾中，說我當作佛」，現在佛在大眾當中，為我授記，說舍利弗當來成佛。「聞如是法音，疑悔悉已除」，現在我安定了，什麼疑惑都沒有。

佛給我授記之後，心裡頭沒有疑惑，過去一直都在懷疑，為什麼菩薩得授記，

我得不到授記？現在得到了。

「初聞佛所說，心中大驚疑」，剛一聽見佛所說，我將來可以成佛，心中大驚疑。當時聽的時候，心中大生疑，還沒有理解。「將非魔作佛，惱亂我心耶」，是真的嗎？是魔化作佛來給我說的？「佛以種種緣，譬喻巧言說」，佛以種種的因緣解釋，為什麼以前沒有，現在給我們授記？佛現在是開權顯實，這是諸佛顯實的義，以無數方便得成此事。

「其心安如海，我聞疑網斷」，現在我一點懷疑都沒有了，斷除疑網。

「佛說過去世，無量滅度佛」，佛同時解說，過去諸佛都如是，先以方便法，漸令入佛道。「安住方便中，亦皆說如是法」，先說小乘、中乘，而後說大乘。

現在在世的一切佛，「其數無有量」，現在佛跟未來佛無有量。說法的時候也如是說，先以諸方便「演說如是法」。「如今者世尊」，佛從降生、出家、得道、轉法輪，也是以方便說。佛示現八相成道，沒

有顯實,說方便也是這樣說方便。「世尊說實道,波旬無此事」,魔王不能辦得到,說明現在心是無心,踏踏實實,他當時一點懷疑都沒有了,就是佛給他授記的事。

「以是我定知,非是魔作佛」,我現在決定了,不是魔,而是佛。「我墮疑網故,謂是魔所為」,因為自己有無明惑,墮到疑網當中,把佛給我授記當成魔,魔作不到,沒有這個事。「聞佛柔輭音,深遠甚微妙,演暢清淨法,我心大歡喜。」現在他的體會,那個音聲是微妙柔輭的,沒有惑。這些法是深遠甚微妙的,「演暢清淨法」,因此我心生大歡喜。

「疑悔永已盡,安住實智中」,從舍利弗的表白,我們就知道也能理解到,二乘人雖然見思煩惱沒有了,見惑思惑斷了,但是他還有塵沙無明,惑沒有乾淨。現在舍利弗一切惑都沒有了,除惑證真,從佛口生,從佛法生,法生就是佛心生,法即是心。現在從佛的心入到我的心,因此我的心生大歡喜,再沒有疑惑。因為現在住在實智當中,實際理地,也就是我們講的一真法界

「我定當作佛,為天人所敬」,我也能生三界尊,三界尊就是人天所敬畏的。「轉無上法輪,教化諸菩薩」,我說的法就是菩薩法。我教化這些眾生說無生法,再不會說苦、集、滅、道。舍利弗向佛這麼敘述表白。

爾時佛告舍利弗吾今於天人沙門婆羅門等大眾中說我昔曾於二萬億佛所為無上道故常教化汝汝亦長夜隨我受學我以方便引導汝故生我法中舍利弗我昔教汝志願佛道汝今悉忘而便自謂已得滅度。

舍利弗表白完了,佛就跟他說:「吾今於天、人、沙門、婆羅門等,大眾中說」,我現在對整體大眾說,「我昔曾於二萬億佛所」,就求這個無上道法門,也把諸佛教化的常教化汝,不是現在今生,我教化你長久了。經過二萬億

佛所,舍利弗不是現在才聞佛法。二萬億佛是好多年?沒辦法計算。

佛就向舍利弗說,在二萬億佛所當中,「為無上道故,常教化汝」。「汝亦長夜隨我受學,我以方便引導汝故,生我法中。」你當我學生的時候,時間太長了。我一直以方便法引導你,讓你「生我法中」。

〈十住毗婆娑論〉講「無上」,「身無上」就是相好。佛身的相好跟眾生,跟聲聞緣覺,乃至於一般的菩薩都不同,所以叫大丈夫。佛身無上,「無上」就是再沒有超過佛身的,「身無上」。「受持無上」,受持佛法之後,自利利他,這叫大慈悲。四無量心的時候,大慈大悲大捨,能夠令眾生大喜大捨大慈大悲,這是受持無上法,自利利他的大慈。「具足無上」,專解「無上」的意思。生命、知見、受戒,從此岸達到彼岸,這叫智慧無礙、智慧無上,六波羅蜜都是不可思議的。

「解脫無上」,能除你二種障礙,煩惱障、所知障,成到佛國,證得大涅槃。「行無上」,一切行為無上,是聖行的梵行,「三藐三菩陀」,就是聖行

無上。道場清淨，污濁染穢不是道，非道。道沒有分別，道是讓你一心，一心者道也。不論我們念哪部經，拜哪懺，第一句話就是「一心」，不要生二念，要想修道當一心。一有思想想得多了，非道。這是佛跟舍利弗說，不要想那麼多，你之所以不成道，就是想得太多了，多想非道也。

「知足無上」，知足就是道，道當知足。這個也求，那個也求，這些也得到，那些也得到，多欲非道。貪瞋太多了，那不是道。為什麼說知足者常樂？你總感覺滿足，修道的人應當恭敬，不應當產生憍慢心。對任何人、對任何事都不應當憍慢，憍慢非道，教導我們多想非道，憍慢非道，放逸非道，道當顯曜，自隱非道。

什麼叫「道」呢？檢查檢查你的意念，經常放逸，放逸非道，無行非道。道者是道是覺悟的，行為是依覺悟而行的，迷惑了還叫道嗎？愚癡惑然非道。道是教化，自己以佛教來教化自己，還有教化別人，不能高慢，不能矜持。因為有

參、開佛知見分 譬喻品第三

道才能親近善友,道即是善友。習惡業非道,行惡者非道,習善者才是道。

佛對舍利弗說,「長夜隨我受學」。上面說這些話,佛教導舍利弗長夜隨佛,但是沒破無明,惑闇蒙蔽你的心,雖然隨佛受學,不能夠證得。因此間耽誤這麼長,你學習那麼久,到現在才給你授記。因此佛就給舍利弗說這一段。「舍利弗。我昔教汝志願佛道,汝今悉忘,而便自謂,已得滅度。」我教你不是得二乘為足的。我教育你成佛,發志願學習成佛。但你都忘了,「汝今悉忘」,把過去我教授你的都忘了。

我今還欲令汝憶念本願所行道故為諸聲聞說是大乘經名妙法蓮華教菩薩法佛所護念。

現在給你授記了,這是對舍利弗說的。我希望你要憶念原來是怎麼發心的?原來是如何行道的?現在為諸二乘人,為諸聲聞說是大乘經。這就是開權顯實。

佛向舍利弗說，為什麼經過這麼長時間呢？不是我不跟你授記，而是你不開悟。換句話說，老早想給你授記，但是你不成熟。現在為你們開權顯實、轉小向大，現在為諸聲聞，不止舍利弗，千二百人都要給你們說大乘經。佛囑咐舍利弗，經的名字《妙法蓮華經》，說是大乘經，我現在如是。此法不是教育二乘的，而是教育菩薩，一切諸佛所護念之法。

以下，佛正式說《法華經》。

舍利弗汝於未來世過無量無邊不可思議劫供養若干千萬億佛。奉持正法具足菩薩所行之道當得作佛。號曰華光如來應供正遍知明行足善逝世間解無上士調御丈夫天人師佛世尊國名離垢。其土平正清淨嚴飾安隱豐樂天人熾盛琉璃為地有八交道黃金為繩以界其側其傍各有七寶行樹常有華果華光如來亦以三乘教化眾生。

過去、說完了，說未來。現在呢？現在不用說了，現前的他都知道了。說過去、說未來，但是，未來還要經過好長時間？「過無量無邊，不可思議劫」。這個劫就長了，不是授完記就成了，就了事了，你還得去做，這叫因行。行因才證果，都做些什麼呢？經過這麼長的時間，供養若千千萬億佛，還得供養三寶，學習正法、弘揚正法、奉持正法，具菩薩所行之道。你得發菩提心，行菩薩道。

《法華經》的舍利弗，等於是《華嚴經》的善財童子，發了菩提心還得去參，還得經過若千千萬億佛，參很多善知識來奉持正法，才能行菩薩道、證菩提果。不發菩提心、不行菩提道，哪能證得菩提果？說一句普通的話，舍利弗！我雖然給你授記了，不要高興得太早，還有很多事要做，還要經過很長時間，供養那些佛，還要奉持正法，還要教化眾生。菩薩得化度眾生才能成佛，那時候你就成佛了。

未來世無量無邊，不可思議這麼長的時間，具行菩薩道，把佛的正法教化一切眾生，這個時候你就能成佛。「當得作佛」，就成佛了。成佛的名號叫什

麼呢?「華光如來」,舍利弗未來成佛,就叫華光如來,十號具足。「應供、正徧知、明行足、善逝、世間解、無上士、調御丈夫、天人師、佛、世尊。」這是真正的佛,不是掛個虛名的佛。給眾生培福,讓眾生都沾得利益,叫福田。福田就是「應供」,真實就是如來。真實不虛者,佛也。如如是,法如是,一切如是。

「應供」,真實的福田,讓一切眾生都種福。這個時候從悟得法界諸法,法界性、法界相、法界一切行為。法界,界生一切法,法即是心,心即是界。這是指法界的正徧知,正徧知就是知道一切法,知道一切緣。

「明行足」,不再來人間了,來人間的可不是眾生,所以叫「善逝」。走的非常好,「善逝」。我們出家人乃至世尊弟子,念佛求生極樂,死的時候走的非常好,這就是「善逝」。

在一切世界,一切國土,無量眾生都知道你的名號,那就是「世間解」。能知道一切眾生的心,這就是沒有與你相等的,佛佛道同,那叫「無上士」。

參、開佛知見分 譬喻品第三

佛。十號具足才能成佛,你成佛的時候,佛號叫華光如來。

「國名離垢,其土平正,清淨嚴飾,安隱,豐樂,天人熾盛,琉璃為地。有八交道,黃金為繩,以界其側。其傍各有七寶行樹,常有華果。」那個世界,所化度的國土叫離垢。佛把舍利弗將來成佛的佛號、國土,都預先給他說。那國土叫離垢世界,清淨莊嚴,等你成佛的時候,在那國土「安隱豐樂」,沒有災害很安隱的非常的快樂。

天界、人界都是吉祥的,熾盛的。以琉璃為地,有八交道,黃金為繩,以界其側,其傍各有七寶行樹,常有華果。「華光如來,亦以三乘教化眾生。」等你成佛的時候,佛號華光如來,這就是舍利弗未來成佛的時候,也以三乘教化眾生。你也不是直接說法華,還是以小、中、大三乘教化眾生。

舍利弗彼佛出時雖非惡世以本願故說三乘法其劫名大寶莊嚴。何故名曰大寶莊嚴其國中以菩薩為大寶故彼諸菩薩無量無邊。

不可思議算數譬喻所不能及。非佛智力無能知者若欲行時寶華承足此諸菩薩非初發意皆久植德本於無量百千萬億佛所淨修梵行恆為諸佛之所稱歎常修佛慧具大神通善知一切諸法之門質直無偽志念堅固如是菩薩充滿其國。

「舍利弗，彼佛出時」，華光佛出世的時候，雖非惡世。為什麼不直接演法呢？本願力故。現在發的願，願力要說三乘法，也是小、中、大三乘法。佛號，是他所在的國土。那個時間是什麼時間？「其劫名」，「劫」就是「劫波」，「劫波」名「時分」，那個「時分」叫大寶莊嚴劫。為什麼叫大寶莊嚴劫？因為那個時候你成佛，那個世界以菩薩為大寶，菩薩很多的，菩薩就是大寶、希有、難勝。你成佛的時候，所教化的菩薩無量無邊不可思議，不是算數譬喻所能及的，拿比喻顯不出來，拿數字來算都達不到的。從佛的智慧力量能知道，非佛的智力無能知者。

參、開佛知見分 譬喻品第三

「若欲行時」,你剛想走路,「寶華承足」,地下就現出清淨的寶蓮華接你的腳。那個世界所有的菩薩,不是初發意的,都是久已種善根的大菩薩,到你那世界去,「久植德本」。

能夠在千萬億佛所,修行都差不多了,「淨修梵行」,都是修清淨梵行的。那時候你那個世界所教化的眾生,十方一切諸佛都來讚歎。那些菩薩同修佛慧,「具大神通,善知一切諸法之門,質直無偽」,品質都是直的、沒有彎曲,沒有欺誑。信佛的、信三寶的、教化眾生的,「志念堅固」。那時候,你的國土充滿了這些菩薩。

舍利弗華光佛壽十二小劫。除為王子未作佛時其國人民壽八小劫華光如來過十二小劫授堅滿菩薩阿耨多羅三藐三菩提記告諸比丘是堅滿菩薩次當作佛號曰華足安行多陀阿伽度阿羅訶三藐三佛陀其佛國土亦復如是舍利弗是華光佛滅度之後正法

住世三十二小劫像法住世亦三十二小劫。

華光佛住世住多少年呢？十二小劫。他國家的人民生到那個國土，壽命都是八小劫。「華光如來壽命十二小劫以後，繼承他的上首菩薩是堅滿菩薩。華光佛又給堅滿菩薩授記，授堅滿菩薩阿耨多羅三藐三菩提記。「告諸比丘，是堅滿菩薩，次當作佛，號曰華足安行，多陀阿伽度、阿羅訶、三藐三佛陀。其國土，亦復如是。」不但給舍利弗授記，還給舍利弗的弟子堅滿菩薩授了成佛的記。

「舍利弗，是華光佛滅度之後，正法住世，三十二小劫，像法住世，亦三十二小劫。」舍利弗，是華光佛滅度之後，正法住世三十二小劫，像法住世也是三十二劫。那比起娑婆世界，可就長得無法比了。那時候說不定我們都是舍利弗的弟子，都到那個國土。因為我們學習他，現在我們都是釋迦牟尼佛的

弟子,但是舍利弗先成就了,他要度我們,我們可能生到那個佛國土。但是這壽命跟時間劫數,各各經論說的不一樣。

我們經常引述的是〈俱舍論〉。說人的壽命八萬歲,每百年減一歲,減到第十歲,再從十歲每一百年增一歲,增到八萬歲,那就是一劫。這樣的算是一個數字。這個一增一減多少年?時間就很長了。

劫有長也有短,最短的劫,十年算一個劫。一增一減就一小劫,每一小劫之上,又成為一中劫,二十個劫作一劫,就是數的中劫。四十個小劫住二劫為梵輔天的壽命。大梵天,住六十個小劫。到劫壞的時候,要壞三劫。有二十小劫,有四十小劫,有六十小劫,有八十劫,稱作住。

在《菩薩瓔珞本業經》上說,走四十里立一個大石頭,表什麼呢?長壽天的人,每隔三年飛來一次,那些人來磨這個石頭,什麼時候把這大石頭磨盡了,算一個小劫,這種說法簡直沒有辦法理解。這是說「時分」。按佛說的,華光佛滅度之後,正法住世三十二劫。拿我們現在這個說就可以了,像法住世

也是三十二小劫。

爾時世尊欲重宣此義。而說偈言。

舍利弗來世　成佛普智尊　號名曰華光　當度無量眾
供養無數佛　具足菩薩行　十力等功德　證於無上道
過無量劫已　劫名大寶嚴　世界名離垢　清淨無瑕穢
以琉璃爲地　金繩界其道　七寶雜色樹　常有華果實
彼國諸菩薩　志念常堅固　神通波羅密　皆已悉具足
於無數佛所　善學菩薩道　如是等大士　華光佛所化
佛爲王子時　棄國捨世榮　於最末後身　出家成佛道
華光佛住世　壽十二小劫　其國人民眾　壽命八小劫
佛滅度之後　正法住於世　三十二小劫　廣度諸眾生。

正法滅盡已　像法三十二　舍利廣流布　天人普供養。
華光佛所為　其事皆如是　其兩足聖尊　最勝無倫匹。
彼即是汝身　宜應自欣慶。

在長行中，佛給舍利弗授了記，要到什麼時候才能成佛？成了佛了，他的世界是什麼樣子？他教化的菩薩眾是什麼樣子？所以佛用偈頌再重誦一遍。

「舍利弗來世，成佛普智尊，號名曰華光，當度無量眾。」你成佛的時候，就叫華光世尊。「供養無數佛，具足菩薩行，十力等功德，證於無上道。」佛佛證的國土都具足十力，這是在佛果上所證得的十力功德。

「過無量劫已，劫名大寶嚴，世界名離垢，清淨無瑕穢。」那個劫叫大寶嚴，世界叫離垢世界，「清淨無瑕穢」。為什麼叫離垢？那個世界一點髒的東西都沒有，一點瑕疵都沒有。「瑕」就是指著玉石中間有一個黑點，瑕疵的意思。清淨潔白像玉一樣的。「以琉璃為地，金繩界其道」，界線是拿金子搓成

繩子，一道一道分開的。樹呢？七寶雜色樹，七寶合成的樹。但是雜色的七寶合成樹，常時結果。

「彼國諸菩薩，志念常堅固，神通波羅密，皆已悉具足。」那些大菩薩得無量神通，到彼岸的法。行六波羅蜜法行的都到彼岸了，到彼岸就是成就的意思，行的六波羅蜜都成行了。「於無數佛所，善學菩薩道，如是等大士，華光佛所化。」你在說法當中，那些弟子都是從無量佛所來的，也到無量佛所去，來往都是菩薩道。這些「如是等大士」，是你教化的。「華光佛所化」，舍利弗未來成佛時所化導的。

「佛為王子時，棄國捨世榮」，當你未出家之前，跟釋迦牟尼佛一樣的作王子，捨掉國家，不貪戀世間的榮華富貴。「於最末後身，出家成佛道」，最後身出家成佛道。「華光佛住世，壽十二小劫，其國人民眾，壽命八小劫。」

「佛滅度之後，那個國土人民，壽命是八小劫。

「佛滅度之後，正法住於世，三十二小劫，廣度諸眾生。正法滅盡已，像

法三十二」，像法也是三十二小劫。

「舍利廣流布，天人普供養，華光佛所為，其事皆如是。其兩足聖尊，最勝無倫匹，彼即是汝身，宜應自欣慶。」你應該高興，那華光佛就是你。成佛時間經過太長了，那是以我們的時間來算；諸佛在定中一念三千、三千一念，時間很短。

爾時四部眾比丘比丘尼優婆塞優婆夷天龍夜叉乾闥婆阿修羅迦樓羅緊那羅摩睺羅伽等大眾見舍利弗於佛前受阿耨多羅三藐三菩提記心大歡喜踊躍無量。

四眾弟子、八部鬼神眾，大家在會中見到舍利弗於佛前受無上正等正覺的記，讚歎隨喜，心大歡喜，踊躍無量。這是佛在說《法華經》先給舍利弗授記，成佛的法華是從授記舍利弗開始。

各各脫身所著上衣以供養佛。釋提桓因梵天王等與無數天子亦以天妙衣天曼陀羅華摩訶曼陀羅華等供養於佛所散天衣住虛空中而自回轉諸天伎樂百千萬種於虛空中一時俱作雨眾天華而作是言佛昔於波羅奈初轉法輪今乃復轉無上最大法輪。

與會大眾聽到釋迦牟尼給舍利弗授了成佛的偈頌,都供養舍利弗,供養佛。把自己身上穿的衣服脫下來供養,因為當時不能上街去買香華、燈、塗果,那就把自己的衣服脫下來供養。還有釋提桓因,俗話所說的玉皇大帝,六欲天天子,還有十八梵天天王、無數天子,臨時都把衣服脫下來。天曼陀羅華、摩訶曼陀羅華」,供養於佛。所供的天衣,住在虛空中,不落不散,「回轉」,來回這麼轉。

「諸天伎樂,百千萬種,於虛空中,一時俱作,雨眾天華。」滿天的布雨,下雨一樣的。但是下的不是雨,而是天華。大眾同時都說,「而作是言:

佛昔於波羅奈,初轉法輪,今乃復轉無上最大法輪。」佛最初開始轉法輪的時候,波羅奈是地名,現在的鹿野苑,是佛當初度五比丘的地點。現在又轉法輪了,但是轉的不是四諦,說的是法華。

爾時諸天子欲重宣此義而說偈言。

昔於波羅奈　轉四諦法輪　分別說諸法　五眾之生滅。
今復轉最妙　無上大法輪　是法甚深奧　少有能信者。
我等從昔來　數聞世尊說　未曾聞如是　深妙之上法。
世尊說是法　我等皆隨喜　大智舍利弗　今得受尊記
我等亦如是　必當得作佛　於一切世間　最尊無有上。
佛道叵思議　方便隨宜說　我所有福業　今世若過世
及見佛功德　盡迴向佛道。

釋尊以前在波羅奈,轉的是四諦法,苦、集、滅、道,世間因果、出世間因果。那時候是有分別的,什麼叫苦?什麼叫集?苦是集你招感來的,若是不造苦的因,哪會結苦的果?這是分別說。那時候五眾弟子,轉的法輪是生滅法,五眾是指五比丘。現在又轉法輪,轉最妙的法輪,「無上大法輪」,此法甚深奧,四諦法沒法相比,不是苦、集、滅、道。信這個法的人可就少了,「少有能信者」,信了就成佛,妙法蓮華的法妙,妙就妙在什麼地方呢?信《妙法蓮華經》一定能成佛,但是得經過時間,還得經過修證,「是法甚深奧」。

「我等從昔來,數聞世尊說,未曾聞如是,深妙之上法。」從以前到現在,聽佛說了很多,但是沒有聽過這個法。「未曾聞如是」,過去從來沒有說過《法華經》,這個法甚妙之深,妙法甚深廣大無邊。「妙」字,形容深廣之處,深妙之法。

「世尊說是法,我等皆隨喜」,大眾全生歡喜心,隨喜的功德很大。大家讀過普賢十大願王的第五願,隨喜功德。那是說你隨喜,你也成佛。隨喜成

佛的功德,一定能成佛。「大智舍利弗,今得受尊記」,大智舍利弗現在佛給他授記了,我們相信自己,相信什麼呢?「我等亦如是,必當得作佛,於一切世間,最尊無有上。」佛也會給我們授記,「必當得作佛」,我們都成佛了,大家高興得發狂了,連舍利弗都得到佛的授記,佛也跟我們授記了。大眾這樣說,向佛這樣表白。佛後來確實也都給他們授記了。

「於一切世間,最尊無有上」,讚歎佛的,佛是最尊上。「佛道叵思議,方便隨宜說」,佛教導我們的、所說的佛道,簡直不可思議。不可思議處在什麼地方?給舍利弗授記,意思就是給大家都授記,過去說的法是方便隨宜說的,不是真實的。其實,方便是為了真實,真實是證明方便,兩者是二而為一。

「我所有福業,今世若過世,及見佛功德,盡回向佛道。」所有集聚的、聞法的、供佛的、供養僧的、供養三寶的福德,以及過去、現在、還有未見到法、見到佛的功德,我們都回向佛道;這個佛道就不是信佛的佛道,而是成佛的佛道。在〈授記品〉,包括長者這些人都授了

參、開佛知見分 譬喻品第三

365

爾時舍利弗白佛言世尊。我今無復疑悔。親於佛前得受阿耨多羅三藐三菩提記。是諸千二百心自在者昔住學地。佛常教化言我法。能離生老病死究竟涅槃是學無學人。亦各自以離我見及有無見等謂得涅槃而今於世尊前聞所未聞皆墮疑惑善哉世尊。願為四眾說其因緣令離疑悔。

「爾時舍利弗白佛言，世尊」，給他授記，他就不疑悔，再也沒有疑悔了。現在親自在佛前授無上正等正覺的記，決定成佛，成華光如來。「是諸千二百心自在者」，這是說斷了見思惑的心自在者，現在的千二百五十大阿羅漢，以前住在學地，學地就是有學位，沒證得阿羅漢果，只證初二三果的時

記。凡是聞到《法華經》，見到《法華經》，讀誦《法華經》，學習《法華經》，佛都給授記。

參、開佛知見分 譬喻品第三

候。那時候佛曾教化我們,「言我法,能離生老病死」,我的法門能夠脫離生老病死,不在生老病死流轉。「究竟涅槃,是學無學人,亦各自以離我見及有無見等,謂得涅槃。而今於世尊前,聞所未聞,皆墮疑惑。」證得究竟涅槃,「是學無學人」,或者有學位,或者無學位。

我們破我執,離開我見了。還有知道一切諸法皆空,不但離我見,還知道證得諸法皆空。我們把這個當成得了涅槃,當成成就了。現在世尊一說《法華》,聞所未聞,見所未見。我們現在都墮在疑惑當中,不知道是怎麼回事。

「善哉,世尊,願為四眾說其因緣,令離疑悔。」舍利弗請佛說一說這因緣,使大家都不迷惑。

爾時佛告舍利弗我先不言諸佛世尊以種種因緣譬喻言辭。方便說法皆為阿耨多羅三藐三菩提耶是諸所說皆為化菩薩故然舍利弗今當復以譬喻更明此義諸有智者以譬喻得解。

佛對舍利弗說，一切十方諸佛都是以種種因緣說法，說法沒有因緣，佛不會出現於世。利益眾生得有因，沒有因緣，佛也難得度眾生。又因為直接宣揚法義，恐怕眾生不能信入，所以假比方、譬喻、語言說種種的方便。說方便法為的就是眾生能夠得入，目的可不是方便法，為的是無上正等正覺法。所說的法都是化菩薩故，這句話可以通大通小，通一切，一切都可以稱菩薩。

我們進入佛門，一受三歸五戒，就稱為菩薩。要想成佛得先化度眾生，發了菩提心，就發心，發菩提心就是發一個成佛的心。要進了佛門要行菩提道。發菩提心、行菩提道的都是菩薩；但是所說的方便法是什麼呢？

所謂人間的苦難、求出離，乃至說二乘，苦集滅道的四聖諦法，先說世間出世間的因果，以因緣所生，但是目的是化菩薩，菩薩就是成佛的因，要想成佛果先得度眾生，得發菩提心。

「菩薩」是梵語，完整說是「菩提薩埵」，翻「覺有情」，使一切眾生都能覺悟，讓一切有情眾生都能覺悟，不止人類乃至畜生道、餓鬼道、地獄道，

三惡道都能得度也能成佛。為了教化一切眾生，都能夠發菩提心、行菩薩道。

「然，舍利弗！」事實不是這樣，為什麼？眾生不得理解，因此才有方便道。對於這部經的義理，不能得解怎麼辦？佛假譬喻因緣，假比方說。現在下文就講，「三界不安猶如火宅」。我們是在火宅當中生活的，就說我們這個世界，乃至包括欲天、梵天。因此說正法不容易進入，就以譬喻因緣顯正法的涵義。

一切有智慧的人，對經文不了解的話，打個比方、說說譬喻，比方不一定是說現實。我們現在是什麼境界相？就是世間的境界相，拿來作形容。例如說三界不安猶如火宅，把不安的講一講，就知道為什麼不安呢？現在我們的災害，有的地區打仗，有的地區遭水淹，這就是不安的形相。

舍利弗。若國邑聚落有大長者其年衰邁財富無量多有田宅及諸僮僕其家廣大唯有一門多諸人眾一百。二百。乃至五百人止住其中。堂閣朽故牆壁隤落柱根腐敗梁棟傾危周帀俱時欻然火起焚

燒舍宅長者諸子若十二十或至三十。在此宅中長者見是大火從四面起。即大驚怖而作是念我雖能於此所燒之門安隱得出而諸子等於火宅內樂著嬉戲不覺不知不驚不怖火來逼身苦痛切己心不厭患無求出意。

「舍利弗！若國邑聚落」。一個國家也好、一個縣也好、一個村鎮也好，每個地區都有有道德的長者。「長者」大多數都是年邁，沒有說年輕人是長者的。有的長者財富無量，有很多的田宅，有很多的傭人，「僮僕」。一般稱長者就是世間的壽命長、福德大，都稱為長者。

又者，長者是種姓尊貴，這是隨順印度當時的國家。印度的種姓是很嚴格的。還有地位很高，在一個鄉鎮或者一個縣裡頭地位很高，有錢、有勢、大富。光有勢力不行，還得有智慧，還能作慈善事業幫助別人解決問題。在印度，長者大概都六十歲以上了。這是說他的行為很清淨的、很有禮貌的，禮儀

很周詳的,為國家的國王所讚歎、一切大眾人民所維護的。具足這十樣德行,才叫長者。

長者是富豪,家業廣大,產業也很多,拿這個比喻三界。以三界為家,一切眾生都在三界輪轉,就是在欲界、色界、無色界輪轉。如果在法相宗,解釋「家」是以八識為家,眼耳鼻舌身意、第七末那、第八阿賴耶,以八識為家,惑業所集。

大長者也是形容詞,形容佛教化一切眾生,言語廣大、智慧無礙。這個家,很大一個大宅子,但是只有一個門。這個比方,家宅廣大,可是只有一門。這麼大的家宅只有一個門,出入很困難。

什麼門呢?一路涅槃門。以智慧通達,一門深入,所以無異路,「唯有一門」,智慧涅槃門。「多諸人眾」,宅子裡頭有很多人,大致說五百人,「一百、二百、乃至五百人」,都在宅子中住。「堂閣朽故、牆壁隤落」,年久失修了,宅子很大,牆壁也好、柱子也好,柱子的根都腐朽壞了,樑棟都斜

倒了,那是很危險的。

突然間這個宅子起了火,「欻然火起」,整個大宅子起了大火。在起這麼大火的時候,這位長者有很多的兒子,十個、二十個、三十個,都在這個宅中玩遊戲。長者見四面的大火從四面燒來,很驚怖的,「而作是念:我雖能於此所燒之門,安隱得出」,說我自己能從這個門平安出去,但是這些孩子怎麼辦?

「而諸子等,於火宅內」,他們還在那裡玩,根本沒有理會大火,還樂著嬉戲,沒有感覺。四面都起火了,那些子女不覺不知也不驚不怖,一點恐懼都沒有。火已經要燒到身上了,「苦痛切己,心不厭患」,既不恐怖也不發愁,也不求出離。這形容什麼呢?一切眾生在三界火宅之內已經被火燒了。三界五欲境界,不肯捨離貪瞋癡,也就是在財色名食睡裡貪著不捨。這個時候長者很著急,叫這些諸子離開,可是他們不願離開,怎麼辦呢?

舍利弗。是長者作是思惟。我身手有力。當以衣裓若以几案從舍出

之。復更思惟是舍唯有一門而復狹小。諸子幼穉未有所識戀著戲處。或當墮落爲火所燒。我當爲說怖畏之事此舍已燒宜時疾出勿令爲火之所燒害。作是念已如所思惟具告諸子汝等速出。父雖憐愍善言誘諭而諸子等樂著嬉戲不肯信受不驚不畏了無出心亦復不知何者是火何者爲舍云何爲失但東西走戲視父而已

「舍利弗！是長者作是思惟」，長者心裡想，以我的力量可以把他們救護出去。或者另外想個辦法，用機智讓他們從這個舍出離，長者作如是想。但是這個大宅唯有一門，而且門還很狹小，他的諸子都是年紀很小的，沒有知識，貪戀遊戲，那就很危險，要墮落火坑，可能爲火所燒。一切眾生在三界火宅之內，佛要來救度我們，因爲我們都是佛子，只要是受過三歸五戒的，就是佛子，乃至於沒有受過三歸五戒的，佛都是平等對待。

長者,「如所思惟,具告諸子,汝等速出」。說你們趕快離開這座宅子,不然就被火燒死了。五濁惡世,這個時候非常的不好,濁亂得很,「劫濁」,壽命長短不一。你看電視上,每天都有幾萬人死。生的也不少,這是生死循環。貪著五欲,互相爭鬥。不是像過去說是拿刀殺,現在用這個彈、那個彈,不過沒人敢用原子彈,原子彈一打,那不得了了。現在不用原子彈,水災、火災、風災、旱災,已經災難重重,這些都是恐怖的事。

佛給我們說的很清楚,憐愍我們,教授我們,說了很多的佛法,我們就是不信!等於那些諸子在火宅裡頭遊戲,佛經形容欲界、色界、無色界,像大宅子失火一樣的。

「煩惱濁」,雖然佛說了八萬四千種種方便法門,要出離三界。但是我們煩惱非常的重,這個時候是眾生業障最重的時候,煩惱的不得了。眾生的壽命也不一樣,有的活的很長,有的活的很短,這叫「命濁」。

還有看問題的看法,為什麼互相爭鬥?見不清淨。你見到的、我見到的,

都在爭!凡事打,見不和就鬥,這是「見濁」。這個世界當中沒有一樣能夠安定的。

佛憐愍一切眾生,說了種種八萬四千法門,等同於這位長者老父親叫這些小孩子們,趕快出去吧!這間房子也快燒塌了!但是小孩子不理,不驚不畏也不怕,沒有出去的心,還在火宅裡玩,沒有出離三界的心,也不知道什麼是火。就像我們在三界裡、在生死流轉當中,沒把它看成是火宅。住高級賓館,到娛樂場中去,乃至貪著五欲,一心向錢看,想一切辦法找錢,這是火中取虛。因此不知道火也不知道宅,也不知道這個房子要燒完了,只是玩戲而已,貪著而已。或者是我們信佛的人,僅僅是拜拜佛、想想佛,出離三界的心不是那麼懇切。

爾時長者即作是念。此舍已為大火所燒。我及諸子若不時出必為所焚。我今當設方便令諸子等得免斯害。父知諸子先心各有所好。

種種珍玩奇異之物情必樂著而告之言汝等所可玩好希有難得。汝若不取後必憂悔如此種種羊車鹿車牛車今在門外可以游戲。汝等於此火宅宜速出來隨汝所欲皆當予汝爾時諸子聞父所說珍玩之物適其願故心各勇銳互相推排競共馳走爭出火宅是時長者見諸子等安隱得出皆於四衢道中露地而坐無復障礙其心泰然歡喜踊躍時諸子等各白父言父先所許玩好之具羊車鹿車牛車願時賜予。

長者就想,用什麼方法可以讓這三孩子都出去?形容佛所說的種種方便法,是讓眾生脫離苦海、火海。長者說,讓我這些兒子們都出去,不被火燒掉,可是他們不聽,怎麼辦呢?就說方便,假方便善巧免於難。佛也如是,說種種的方便善巧法門,讓我們脫離三界苦海。

這位長者知道這些小孩喜歡的東西。珍玩奇異的這些東西,他們都是樂著

376

的。長者就假方便了,「汝等所可玩好」,你要想玩最好的玩法,希有難得的玩法,你趕快去取,「汝若不取」,後來就後悔了。這就先說三車,火宅外邊有羊車、鹿車、牛車,這是三車的比喻。四車呢?就是大白牛車。現在這些車都在門外頭,你們可以各取所需,愛好什麼車就坐什麼車,那些車都是給你們的,「隨汝所欲」。這些小孩們一聽父親所說的,車上還有一些珍寶,不光是空車。所以他們心懷勇銳,互相爭著出離火宅。

這段經文是佛應一切眾生機之所願,一般眾生有這種聞慧,聞法的智慧。三車是他也能夠思考思惟,佛所說的法是以思慧的善巧方便,眾生就會想了。三車是形容什麼呢?佛的三乘法,怎麼樣離苦得樂?再不受生死輪轉?

三車就是三乘,「車」含著運轉之意。從五濁惡世火宅當中運出三界之外,心得清涼。這樣子,苦難就免了,長者也就不憂愁了。佛以前所說的諸法,方便善巧引導眾生,出離三界。拿三車、拿諸子來譬喻,長者的諸子想要得這些車去玩耍、去遊玩,所以很快離開火宅。這樣就沒有障礙了,心裡安靜

參、開佛知見分 譬喻品第三

377

了,「其心泰然,歡喜踊躍」。

這些諸子對他的父親說,您先前許給我們的玩好之具,羊車、鹿車、牛車,現在給我們,這是請求的意思。形容佛的弟子,或者依著四諦法,就是聲聞;或者依著十二因緣法,是緣覺;或者依著六度法,那就是大乘。

但是佛所說的諸法實相是三車的本體,三車唯一心,沒有三,沒有個大也沒個小。在法上說,你斷惑斷的淺,只斷見思惑,你所證得的道就淺。不但能斷見思惑、能斷煩惱惑、能斷塵沙惑、能斷無明惑,那就是大乘,那就是了義。

佛所說的本義,「唯有一乘法,無二亦無三」。佛的本義如是,但是眾生的因不同,所以取的果也不同。佛沒有什麼吝惜,佛願一切眾生都成佛。長者有的是財富,有無量車,每個人給他們這些小兒子,要求長者給他們車,長者給他們一部大車。

舍利弗。爾時長者各賜諸子等一大車其車高廣眾寶莊校周帀欄

楯。四面懸鈴又於其上張設幰蓋。亦以珍奇雜寶而嚴飾之。寶繩交絡。垂諸華纓重敷婉筵安置丹枕。駕以白牛膚色充潔形體殊好有大筋力行步平正其疾如風。又多僕從而侍衛之。所以者何是大長者財富無量種種諸藏悉皆充溢而作是念我財物無極不應以劣小車予諸子等今此幼童皆是吾子愛無偏黨。我有如是七寶大車其數無量應當等心各各予之不宜差別所以者何以我此物周給一國猶尚不匱何況諸子是時諸子各乘大車得未曾有非本所望。

「舍利弗！爾時長者各賜諸子等一大車」，都給他們大白牛車。這部車呢？「其車高廣，眾寶莊校，周帀欄楯，四面懸鈴」；這是顯佛的知見，開示悟入佛之知見。拿這個比方佛之知見，既深而且遠，沒有邊際的邊際，周徧法

界。俗諦、眞諦、中諦、三諦之法,究竟讓眾生都能進入中諦,既不落於有法,也不落於空法。俗諦是說的,世間相,眞諦是說的理。我們講《華嚴經》已經講的很清楚。中諦是一乘,唯佛與佛,就是一眞法界,這叫三諦。修的時候是萬行莊嚴,眾寶莊校,周帀欄楯,這是形容詞。

「雜寶而嚴飾之」,說法有無邊無量的善巧方便。在善財童子五十三參,大家都看到、聽到、學到那些法。寶繩、寶網、華纓這些安置,是以喻來形容,法就容易懂得。但是這是甚深的法,眾生接近不到,最初開始說的是四諦,最淺近的是從世間的因果講出世間的因果。

當你受苦難的時候,苦是現相,這個現相含著有眞理。爲什麼苦?諦理不苦,苦是現相,諦是本質,本質並不苦。假使說這個法是小乘法,大乘人受法,無法不圓,但是我們觀到苦了,聯想到苦是從哪裡來的?爲什麼要受?說是招感來的,爲什麼招感苦?因爲你沒有智慧,認不清這個事是眞事、是假事?是好事、是壞事?你以爲是好事,實際是壞事。

380

參、開佛知見分 譬喻品第三

我在美國三藩市的時候,有人買彩票,一得就是三百萬美金,得的還不多,彩票最高的是一億美金,他只得到三百萬美金。得著三百萬美金,該幸福了吧?這下子可麻煩了。大陸的親戚、美國的親戚,都找他來了,跟他算老帳,這可把他逼死了,三百萬美金還不夠。

那年(一九三九)我在天津,天津出售黃河獎券,頭彩是兩萬元,民國二十八年的時候,兩萬塊錢很不得了了。一個拉黃包車的,他花一塊錢買了個獎券,腦子一天就在這個獎券上,拉著車也在想,回家也在想。他把號碼背的相當熟,正拉車聽廣播上播頭彩多少號,他一想正是他的號,這一高興不得了了,忘乎所以,把黃包車往海河裡一丟。他就跑到領獎的獎券行,老闆說把那個獎券號碼拿來對!他一想糟糕了,他拉黃包車,上身出汗也沒有穿衣服,他把彩票擱在黃包車踏腳板底下的小櫃子,他一高興連黃包車都丟到海!看著是幸福,其實是災禍。

我舉這兩個例子。非得的得,得到了,他沒有智慧,只看見眼前,不看

未來。眾生只看眼前的幸福。這個不是幸福，是災難。為什麼？沒有智慧，所以作任何事要有智慧。像我們勸發菩提心，經常勸人家大慈大悲，去給人家說明，苦是自己過去的業，因業而受報。現在受的，是過去作的。未來怎麼樣？現在作的，就是未來的果。不知道前生作什麼？看你現在受的，這個道理一定得懂，因必具果，以果驗因。不知道前生作什麼？看你現在受的，這就是前生。但是你的真體，法性本體，我們講《華嚴經》講了很多，大家可能懂得這個道理。本體是沒動的，苦是招感來的現相，不是本質。

本質是什麼呢？苦諦。諦就是理，真理，真理就是法界。法界就是佛性，沒苦沒樂。因為你的現相招感，你知道是苦，怎麼辦？斷啊！別再造苦的因，那苦就沒有了。你造樂的因，樂的因就感樂的果報。樂是對苦而言的。沒有苦，哪還有樂？沒樂如何顯苦？都不存在，二者俱亡。因為你知道苦，再別作壞事，不招感，不招感苦果就沒有了。同時修道對治他，苦集滅道。苦集是世間因果，道滅是出世間因果。以出世間的因果對治世間的因果，這是佛最初說的方法。

之後再學習因緣法，因為你沒有智慧，迷迷糊糊的造了業，迷迷糊糊就是我們所說的無明，不明白。盡作錯事，認為是福，得到就是禍，不是福。這樣你就知道了，按照佛所教授的悟得滅理就去修道證滅，這是出世間因果。

四諦法，佛用比喻說，是讓這些小孩子坐上羊車去玩，這屬於羊車；因緣屬於鹿車；六度菩薩萬行，菩薩道就形容牛車；一佛乘就是大白牛車。用這個比喻，眾生就能明白。完了再形容法。

經上講大白牛車，甚深般若、無漏般若，引導你修觀，觀想諦的因緣。這就是善財童子初參的時候，發了菩提心住在菩提心上，這個心就是無漏般若之後，以此而起一切萬行，參學善知識，修行無量萬行，直到薩婆若海，這乘駕起來平穩。「其疾如風」，坐白牛車像風一樣，這是形容。還有些侍衛，就的是大白牛車。這部牛車「膚色充潔，形體殊好」，力量大，「有大筋力」，像現在的保安人員；還有僕從，很多弟子隨侍。為什麼有這種因緣？「所以者何」？大長者財富無量，大白牛車，那不是一車二車，有無量車，含藏之意，

這是說如來藏、佛藏。大長者就是形容佛,裡頭充滿般若智慧藏。我們剛學完《華嚴經》,彌勒菩薩打開大寶樓閣,看看大寶樓閣,那個藏就是成佛之藏。

大長者心裡就想,我的財物多得很,應當給孩子們大白牛車,下劣的小車不要給他們,這些都是我的兒子,「皆是吾子,愛無偏黨」,這個地方加個「黨」字,「黨」是什麼呢?黨同伐異,同一黨就伐另一個黨。我們是無黨無派,愛無偏黨,沒有黨派。黨同伐異就有鬥爭,這個黨跟那個黨一定要打,打吧!鬥吧!無黨是沒有偏愛的,平等平等。

長者又想,我這個寶車,珍珠瑪瑙,寶貝玩具,大白牛車裡頭什麼都有。不偏不倚,每個兒子都給一部大白牛車,不應有差別。佛心是讓一切眾生都成佛,沒有小乘、中乘、大乘,那只是善巧方便。為什麼這樣作呢?「以我此物」,就是長者的心,我這三車全國每個人都給一部還有餘,「何況諸子」,何況給自己的兒子。佛的心是,只要入了佛門都讓他成佛,一人給一部大白牛車。這個時候長者的諸子得了大乘車,大白牛車,得未曾有。他們有個小羊

車、鹿車就可以了,長者給他們的是大白牛車,就是非他們所想像的。這是什麼意思?佛給所有弟子授記,將來都成佛。

舍利弗於汝意云何。是長者等予諸子珍寶大車寧有虛妄否。舍利弗言不也世尊。是長者但令諸子得免火難全其軀命非為虛妄何以故若全身命便為已得玩好之具況復方便於彼火宅而拔濟之。世尊若是長者乃至不予最小一車猶不虛妄何以故。是長者先作是意。我以方便令子得出以是因緣無虛妄也何況長者自知財富無量欲饒益諸子等予大車。

佛說完比喻,又跟舍利弗說:「舍利弗!於汝意云何」,你怎麼看?你怎麼想?長者給兒子的珍寶大車是虛妄的?還是真實的?「舍利弗言::不也,世尊!」不是虛妄的。但是可也不是真實的,答覆的很巧妙,「不也,世尊!」

參、開佛知見分 譬喻品第三

不是這個意思。長者是為了讓他們離開火宅,而說羊車、鹿車、牛車,目的是離開火宅。那當然不是虛妄,什麼原因?為保全孩子的身命,說那些玩具假設的,你不說他也不出去,在火宅裡跑玩啊!這一說都跑外頭去,都去乘車了,這是方便。目的是讓他們離開火宅,救拔他們。

舍利弗的意思還沒有說完。「世尊!若是長者,乃至不予最小一車,猶不虛妄」,什麼車都沒有,說假話,為什麼要說假話?讓他們不被火燒死,在這個目的上不是虛妄的。什麼原因?因為長者自己作意,這是一個方便善巧,長者的目的是讓諸子離開火宅。這個目的跟他所設的方便善巧沒有關係,不是虛妄的。何況長者知道自己的財富無量,想饒益這些兒子,都平等給大車,不是虛妄的。

佛告舍利弗善哉善哉如汝所言舍利弗。如來亦復如是則為一切世間之父於諸怖畏衰惱憂患無明闇蔽永盡無餘而悉成就無量

知見力無所畏有大神力及智慧力具足方便智慧波羅蜜大慈大悲常無懈倦恆求善事利益一切而生三界朽故火宅為度眾生生老病死憂悲苦惱愚癡闇蔽三毒之火教化令得阿耨多羅三藐三菩提見諸眾生為生老病死憂悲苦惱之所燒煮亦以五欲財利故受種種苦又以貪著追求故現受眾苦後受地獄畜生餓鬼之苦若生天上及在人間貧窮困苦愛別離苦怨憎會苦如是等種種諸苦眾生沒在其中歡喜游戲不覺不知不驚不怖亦不生厭不求解脫於此三界火宅東西馳走雖遭大苦不以為患舍利弗佛見此已便作是念我為眾生之父應拔其苦難予無量無邊佛智慧樂令其游戲。

「佛告舍利弗：善哉，善哉！如汝所言。」你說對了，就是這個意思。佛

所說的法，要如是看，三藏十二部都如是看，真實不虛，依止而行道、證果、斷惑、成真。不是假的，是真的。成了之後，你再回頭觀一下，沒有一樣是真的。「知我說法，如筏諭者，法尚應捨，何況非法。」何況說的是假話。如果執著不捨，執著諸法不捨，什麼也得不到，因為本來就是假的。

佛說：「舍利弗！如來亦復如是」，就是這個涵義。如來是一切世間之父，給眾生說真實的，現在是真實的開示悟入佛之知見。智體是什麼？佛之知見，這個知見而立名。他所居住的實報莊嚴土，不是五濁惡世，也不是方便有餘土。

如果我們求生淨土，念〈普賢行願品〉求生淨土，上品上生，住實報莊嚴土。如果你念阿彌陀佛，念其他的經卷生方便有餘土。各各所生的不同，為什麼？發的願不同。修行的法門次第不同，反正約你的色相，約你的心理，看你怎麼修。八萬四千法門就有八萬四千道，看你走哪一條道。如果發菩提心，行菩薩道，直至成佛。

《華嚴經》的善財童子、《法華經》的龍女，那是常寂光淨土。發成佛的

參、開佛知見分 譬喻品第三

心,一定能成佛。一切眾生在怖畏衰惱當中,憂患無明的癡闇當中,永遠離不開苦難。如果依著佛的教導,先乘上這三車,最後乘大白牛車,這些無明闇蔽都沒有了,何況見思煩惱!成就佛的知見,開佛知見、示佛知見、悟佛知見,產生佛的十力,一切無所畏,永遠沒有畏懼了。

在這個時候有大神力,有大智慧力,他也去學佛,照佛所教導的化度眾生,也具足方便達到智慧波羅蜜,所作所為都是依著大慈大悲而行利樂眾生,永遠沒有疲倦,永遠沒有懈怠。為什麼?空的,真空絕相。終日度眾生,不見有眾生可度。這樣行一切善法,哪還有執著?如果沒有達到深般若智慧,作一點好事就認為自己了不起又作善事了。得到一個三昧,認為成道了,不是這麼一回事。因為這樣你就知道,雖然行一切善法,利益眾生,不被相所轉,這叫解脫自在。

這時候利益一切眾生,「而生三界朽故火宅」,這是比喻三界猶如火宅。如果你是修道的,知道三界不存在,空華水月,這叫真空絕相。眾生不能明白

這個道理，佛就隨眾生因緣，方便善巧利益一切眾生，行大慈大悲。

「常無懈倦」這個道理，大家想一想。為什麼沒疲倦、不懈怠？了解沒有眾生，一切是空的，真空絕相。但是這個空你悟得，證得了，得到佛的知見，那能有受用，眾生沒有！眾生沒有，他還空不了。所以勸化一切眾生悟得這種真理，所求的善事，這樣來利益一切眾生。佛也生在三界朽故火宅當中，佛不在三界中怎麼到三界度眾生？長者自己就在火宅之內。

這是用你的思惟觀察。為了度一切眾生，生老病死，就在眾生的份中他不理解，為什麼要受生老病死苦？愁得不到，憂悲得不到，那就不知道。為什麼？愚癡、沒有智慧。被黑闇的給遮蔽了，這叫煩惱障。什麼不知道，是所知障。貪瞋癡的火永遠燒到你，火宅形容三毒，貪瞋癡的火，三毒之火從哪來的？心裡生的。因此讓眾生消滅生老病死苦，斷絕憂悲、苦惱、愚癡、暗蔽，斷滅三毒之火，這形容像火宅，教令他們出去，依著方便善巧得到無上正等正覺阿耨多羅三藐三菩提。

我們現在是開佛知見、示佛知見、悟佛知見、入佛知見,以這個見,開悟入佛的知見的見。以這個見,見一切眾生為生老病死、憂悲苦惱之所燒煮,和火宅一樣的,都為貪求五欲財利,因為貪而受種種苦。

苦是怎麼來的?貪得來的,不是外頭來的,你不貪了,苦就沒有了。因為你貪追求,造種種業,想種種的方法。世間上開公司想掙錢,腦子用的都鑽到財富裡頭。殺生放火,被五欲支配,不但現在受苦;現在受苦並沒有完,苦還在後頭。還有什麼苦?這個報捨之後下地獄、作畜生、當餓鬼,苦還在後頭。

這個苦是現報,未來的苦更厲害了。

「若生天上」,或者來到人間,那苦輕一點,並不是沒苦啊!六道都在苦中,有輕有重。這裡頭還有八苦交煎,愛別離苦、怨憎會苦、五陰熾盛苦、求不得苦種種的苦難。一切眾生都沒在苦難當中,在苦中不知是苦。

菩薩教化眾生生起大悲心,眾生在苦中他並不知苦,「歡喜游戲,不覺不知」。我們這裡有在家居士,到高級賓館、舞廳、酒吧,你看看哪一個感覺

苦?那個時候他很歡樂,離開那個場合就苦了。你得找錢呢!到那場合要花錢的,找錢很苦。玩完了,身體疲勞了,那苦又來了。因為樂就是苦因。當他高興玩的時候,不知道身體的疲倦,歡樂一過去,苦就來了,疲倦就來了,很多病就生在這個當中,你仔細觀察吧。

現在所受的眾苦還不算,還要下地獄、墮畜生、墮餓鬼,那是後報。這段經文形容眾生在生死苦海當中,還歡樂遊戲,不認為生死苦海是苦。等到害病了,求不得了,冤家互相碰到一起,不是你要我的命,就是我要你的命,親愛的要離開了,這是愛別離、怨憎會、五陰熾盛,五陰熾盛就害病。

還有求不得,求不得不是一求就能得到的,哪個經商的不想發財?都想發財。「不驚不怖,亦不生厭,不求解脫」,形容眾生在火宅當中,遭了大苦,還沒有認識到。這段經文形容我們在世間,在三界當中,現在我們日常生活當中就是苦難熾盛地。在火宅中去找快樂,這個快樂是很短的,凡夫沒有見到。

「舍利弗!佛見此已」,佛以智慧眼觀察都能作得到,佛就作是念。長者

是為了救諸子，佛是為了救度一切眾生。「我為眾生之父」，一切眾生是我之子，我應該救拔他們的苦難，讓他們依此諸佛的智慧德相來作遊戲。大慈給他們大樂，大悲是化度眾生，但是化度眾生，要從小到大，不是一下子就能讓他們什麼都斷絕，不可能的。

舍利弗如來復作是念若我但以神力及智慧力捨於方便為諸眾生讚如來知見力無所畏者眾生不能以是得度所以者何是諸眾生未免生老病死憂悲苦惱而為三界火宅所燒何由能解佛之智慧。

「舍利弗！如來復作是念：若我但以神力、及智慧力」，不假方便，像禪宗直指人心，見性成佛。不談方便，禪堂直接說：「此是選佛場！」這個地方就是選佛的，沒有其他的教育，直接開示悟入佛之知見。眾生不能得度，沒有

這個因緣,那怎麼辦?不能捨方便。

為了一切眾生,佛佛都讚歎如來知見、如來十力、如來無所畏者,但是眾生還是不能得度。為什麼這樣說?「所以者何?」眾生在生老病死當中、憂悲苦惱,在三界火宅所燒煮當中,他們能理解佛的智慧嗎?無法理解佛的智慧,因此說他們不得度,必須引誘他們,從他們的愛好開始。

舍利弗。如彼長者雖復身手有力而不用之。但以慇懃方便勉濟諸子火宅之難。然後各予珍寶大車。如來亦復如是。雖有力無所畏而不用之。但以智慧方便於三界火宅拔濟眾生為說三乘聲聞辟支佛佛乘。而作是言汝等莫得樂住三界火宅勿貪粗敝色聲香味觸也。若貪著生愛則為所燒。汝速出三界當得三乘聲聞辟支佛佛乘。我今為汝保任此事終不虛也。汝等但當勤修精進。如來以是方便。

誘進眾生復作是言汝等當知此三乘法皆是聖所稱歎自在無繫。無所依求乘是三乘以無漏根力覺道禪定解脫三昧等而自娛樂。便得無量安隱快樂。

「舍利弗！如彼長者」，雖然他的身手有力能度他們，能把他們救出去，但是他不用，而是讓眾生自度。「以慇懃方便，勉濟諸子火宅之難，然後各予珍寶大車。如來亦復如是，雖有力、無所畏，而不用之」，為什麼不用？因為要用方便善巧。

「但以智慧方便，於三界火宅，拔濟眾生」，為他們說三乘，聲聞、辟支佛、佛乘，「佛乘」即是菩薩乘，由聲聞、辟支佛，直至成佛。「而作是言：汝等莫得樂住三界火宅」，一切眾生在三界當中，這是火宅，不要貪著這個快樂，這些都屬於色聲香味觸。若是貪著，在這裡生愛，則為所燒，那就被火所燒了。

「汝速出三界,當得三乘。」這就是羊車、鹿車、牛車。「我今為汝保任此事,終不虛也。」這是佛說的,我可以給你們作證。「汝等但當勤修精進,如來以是方便,誘進眾生」,三乘法就是接引的方法。

「復作是言:汝等當知此三乘法,皆是聖所稱歎」,十方諸佛都讚歎,都如是行方便善巧。但是「自在無繫,無所求」。「自在無繫」是不著不執,這是慣力,「無所依求」,一切都放下看破自在。無所求也無所得,無求無得。三乘就是運轉義,以是三乘法達到根、力、覺、道、禪定、解脫、三昧,以此而自娛,拿這個來自娛。同時這種自娛還能達到無量的「安隱快樂」,再不受後有,再不漏落三界。

舍利弗。若有眾生內有智性。從佛世尊聞法信受慇懃精進。欲速出三界自求涅槃是名聲聞乘如彼諸子為求羊車出於火宅若有眾生從佛世尊聞法信受慇懃精進求自然慧樂獨善寂深知諸法因

396

緣。是名辟支佛乘。如彼諸子為求鹿車出於火宅。若有眾生。從佛世尊聞法信受。勤修精進求一切智佛智自然智無師智如來知見力無所畏愍念安樂無量眾生利益天人度脫一切。是名大乘菩薩求此乘故名為摩訶薩。如彼諸子為求牛車出於火宅。

「舍利弗！若有眾生內有智性」，內具智慧。「從佛世尊聞法信受」，聽佛的教誨，學習覺悟的方法。信仰、領受，信了就領受了，領受就是受持，受持就是去作。聞法，光信不行，不能解決問題，要解決問題你得修。修要精進的修，懈懈怠怠的修還不行。這樣才能出欲界、色界、無色界，才能得到涅槃。這叫聲聞乘，就是出火宅所乘的羊車。

「若有眾生，從佛世尊聞法信受，慇懃精進，求自然慧，樂獨、善寂，深知諸法因緣」，這是辟支佛乘。「如彼諸子為求鹿車，出於火宅」，所乘的是鹿車，中乘。「若有眾生，從佛世尊聞法信受，勤修精進」，求一切智、求佛

智、求自然智、求無師智，這些智慧都是如來知見，得佛的十力、四無所畏，這是愍念一切眾生發大菩提心，行菩薩道。

「安樂無量眾生，利益天人，度脫一切」，這就名為摩訶薩，「摩訶薩」翻「大」，叫大乘。這是牛車，「如彼諸子為求牛車，出於火宅。」

諸發大心的菩薩才能夠求此乘。這是牛車。

舍利弗如彼長者見諸子等安隱得出火宅到無畏處。自惟財富無量等以大車而賜諸子。如來亦復如是。為一切眾生之父若見無量億千眾生以佛教門出三界苦怖畏險道得涅槃樂如來爾時便作是念我有無量無邊智慧力無畏等諸佛法藏是諸眾生皆是我子。等予大乘不令有人獨得滅度皆以如來滅度而滅度之是諸眾生脫三界者悉予諸佛禪定解脫等娛樂之具皆是一相一種聖所稱

參、開佛知見分 譬喻品第三

歡能生淨妙第一之樂。

「舍利弗！如彼長者，見諸子等安隱得出火宅，到無畏處」，「無畏」就不再墮落，脫離苦海，苦海也是火海。同時長者就想，我的財富無量，「等以大車而賜諸子。」佛到了最後行菩薩道，授記諸菩薩都能成佛。這是三乘為一，度化一切眾生，轉小向大。

如來也如是，為一切眾生之父，就是大長者。「若見無量億千眾生」，以佛的教導讓他們出三界苦，怖畏險道，得佛的究竟涅槃樂。「如來爾時便作是念：我有無量無邊智慧、力、無畏等，諸佛法藏」，含藏無量的法，這些眾生都是佛子。「等予大乘，不令有人獨得滅度，皆以如來滅度而滅度之」，讓他們都成佛，不以下劣小車給他們，都給他們大白牛車。佛到最後了，開示悟入佛之知見。

這樣令眾生以佛的知見脫離三界，讓眾生都能入佛的禪定、入佛的解脫、

入佛的娛樂。「皆是一相、一性,這叫「聖所稱歎,能生淨妙第一之樂。」這是什麼呢?緣起生諸法,生的是什麼法?生是一法,一法是什麼呢?性空,「性空緣起」是解釋一切法。我們講性空,就是解釋開示悟入佛之知見。

舍利弗。如彼長者。初以三車誘引諸子然後但予大車寶物莊嚴安隱第一。然彼長者無虛妄之咎如來亦復如是無有虛妄初說三乘。引導眾生然後但以大乘而度脫之何以故如來有無量智慧力無所畏諸法之藏能與一切眾生大乘之法但不盡能受舍利弗以是因緣當知諸佛方便力故於一佛乘分別說三。

這段經文是接著前文所講的,在火宅之中,諸子在嬉戲,不求出離。所以如來以方便善巧,以三車來引誘諸子。但是出來之後,最後都給了大車,大車裡頭的東西都是寶物。這位長者是不是有虛妄之咎嗎?沒有。最初長者的本心

就是以大乘給他，三乘是方便善巧。

佛說法利益眾生是沒有虛妄的，都是真實的。說一說二說三，那是佛的方便善巧引誘他們。因為佛的本心，就原來的立義說，把這些人都度成大乘。但為小智，那些人沒有那麼大的心量。

所以佛跟舍利弗說，佛說的法都是如來無量的智慧而演說的。佛說佛的力，十力無所畏，乃至於藏一切諸法，就是大乘法，無二無三。因為眾生不能盡受，以這個因緣，佛以方便而說三乘，實際上是一大乘。這是本門，沒有虛妄的，因為佛的立義，如來出世就為一大事因緣，讓一切眾生都成佛。而眾生不能進入，說三乘是誘因的方法。

佛想重說這個道理，用偈頌的體裁重新演說一遍。就像這位長者，他自己有間大宅。佛說法形容三界等於一間大院，這個大宅房屋太久了，衰敗了，這個房屋要倒塌了。佛說法形容三界，三界太久了，無始以來就是這樣，這是形容欲界、色界、無色界。

參、開佛知見分 譬喻品第三

401

佛欲重宣此義。而說偈言。
譬如長者　有一大宅　其宅久故　而復頓敝
堂舍高危　柱根摧朽　梁棟傾斜　基陛隤毀
牆壁圮坼　泥塗阤落　覆苫亂墜　椽梠差脫
周障屈曲　雜穢充徧　有五百人　止住其中
鵄梟鵰鷲　烏鵲鳩鴿　蚖蛇蝮蠍　蜈蚣蚰蜒
守宮百足　鼬狸鼷鼠　諸惡蟲輩　交橫馳走
屎尿臭處　不淨流溢　蜣蜋諸蟲　而集其上
狐狼野干　咀嚼踐踏　嚌齧死屍　骨肉狼藉
由是羣狗　競來搏撮　飢羸慞惶　處處求食
鬥爭摣掣　嗥吠狺狺　其舍恐怖　變狀如是
處處皆有　魑魅魍魎　夜叉惡鬼　食噉人肉

毒蟲之屬　諸惡禽獸　孚乳產生　各自藏護。

夜叉競來　爭取食之　食之既飽　惡心轉熾

鬥爭之聲　甚可怖畏　鳩槃荼鬼　蹲踞土埵

或時離地　一尺二尺　往返游行　縱逸嬉戲

捉狗兩足　撲令失聲　以腳加頸　怖狗自樂。

以下經文是佛形容三界。這一段經文很長，光說三界。這間大宅，庭堂樓閣很高，但是很危險。三界很危險，形容什麼？無常、苦。無常就形容這堂舍高危，高大危險。或者是假三界來分的，色界就為堂，欲界就為舍。年久失修，善業沒有了，惡業多了。大樑柱子都歪了，傾斜了，地基也不隱固，都快鬆壞了。四周的牆壁已經裂了，已經圮坼，坼就是裂了，斜就是壞了。泥土也阤落，脫落了。「覆苫亂墜」，上面所有的牆壁、小椽都不堅固了。「椽梠差

參、開佛知見分 譬喻品第三

403

脫，周障屈曲」。「雜穢充徧」，這是形容，拿這個作觀想，就是三界。什麼是「牆壁」？就我們這個身體，地、水、火、風就是牆壁。什麼是「泥塗」呢？就是我們這個皮膚，四大就靠著這皮膚，皮膚就是泥巴，塗抹的。「亂墜」，行、住、坐、臥四威儀，不規矩了。

眼、耳、鼻、舌、身五識，五識也不聰慧了。像我這個年齡就差不多了，眼睛漸漸發花，耳朵聽不見了，腦瓜不靈了，想什麼也想不到了。鼻子聞不見什麼叫作香？什麼叫作臭？形容火宅的情況，什麼叫火宅呢？形容這衰朽了。

行、住、坐、臥四威儀不正常，這是形容宅子的毀壞。同時這裡頭包括三十六物，形容人的身體，爪生髮長脈轉筋搖，形容這間房子到處都是壞的，乃至於連腸子都不對頭了。你們的腸子都是正常的，我的腸子就不對頭了。這是形容宅子毀壞，拿火宅來形容三界，拿人身形容三界。「有五百人，止住其中」。所有三乘人，小、中、大，把三乘人形容在這宅子裡頭住的人，佛以三乘教法來教化他們。天人、地獄、餓鬼、畜生、阿修羅沒有算，因為各各道都

404

有修羅。說五百人，形容五道眾生。

「鴟梟鵰鷲，烏鵲鳩鴿」，這是拿鳥來形容。一切眾生就像「鴟梟鵰鷲，烏鵲鳩鴿」，這八種鳥形容在這世界當中的八種慢，以八種慢形容眾生的憍慢。這是文殊菩薩說的。

在《文殊師利問經》〈字母品第十四〉，問何謂八憍？「色憍、盛壯憍、富憍、自在憍、性憍、行善憍、壽命憍、聰明憍，此謂八憍。」以八種鳥形容八憍。「盛壯憍如鴟，性憍如梟，富憍如鵰，自在憍如鷲，壽命憍如烏，聰明憍如鵲，行善憍如鳩，色憍如鴿。」

一切眾生自己都認為自己了不起，就像鳥的性情一樣。鳥飛在空中，往下看，飛到空中往下看，這形容八慢，八慢是以文殊菩薩所問的八憍配八種鳥。

「盛壯憍如鴟」，說在強盛壯烈憍慢的時候，如禿鷹一樣的，自己認為了不起，在高空飛；就像人以為自己之長，或者年輕，強盛壯大，就像老禿鷹一樣的，對人家不恭敬，對自己憍慢，陵他為弱。

「性憍如梟」，有一種性體，像梟鳥一樣的，梟鳥認為自己很強大，凌虐牠。西藏有一種鷙鳥非常大，比馬還要高，比人高很多，專吃死屍的，牠在空中飛的非常快。

還有是「富憍如鵰」，形容有錢的，富貴就驕傲，就像老鵰一樣，杖恃自己有財富欺慢別人。或者是「壽命憍如烏」，猶如自己恃自己壽命高，陵慢壽命短促的人。烏鴉的壽命最長，牠比一般的鳥壽命長，這樣的驕傲就像烏鴉一樣的。佛用這些鳥、飛禽或者走獸，來形容人的各種煩惱。

「聰明憍如鵲」，聰明像喜鵲似的。喜鵲，人都謂吉祥物，因為人類一見到喜鵲就很歡喜，都認為是吉祥鳥。吉慶鳥就陵慢於他；看別人都笨，認為自己很聰明很伶俐的，因為吉祥鳥能報人間的幸福。因此大家都說，若遇到喜鵲叫喚，就認為很吉祥。早晨一起來聽到烏鴉叫喚，那就很倒楣，你今天不順。因為佛是一切智者，拿一切鵲鳥來形容五濁惡世。

「蚖蛇蝮蠍，蜈蚣蚰蜒」，這都是瞋恨心很重的。就像人的惑，瞋恨心很

重。沒有什麼道理就發脾氣，生瞋恨心，像蠍子蚰蜒一樣的。

「守宮百足，鼬狸鼷鼠，諸惡蟲輩，交橫馳走。」這個是形容愚癡人，愚癡沒有智慧。守宮百足這種鳥一點智慧都沒有，一般叫獨頭無明，只有一個黑暗。佛用這些鳥來形容五濁惡世。火宅裡頭沒有別的，盡是這些東西。一切的惡蟲子在火宅裡頭馳走，形容三界非常之惡。到處都是「屎尿臭處，不淨流溢，蜣蜋諸蟲，而集其上」，越是臭穢的地方，蒼蠅、蜣蜋這些蟲子，就在這地方待著。

三界，佛把它形容像蜣蜋蟲子一樣的，在三界待著。「狐狼野干，咀嚼踐踏」，這些東西都是吃死屍的，「嚌齧死屍，骨肉狼藉」。狗是亂墳崗裡頭搏撮，飢羸慞惶，處處求食，鬥爭攫掣。」窮人死了沒有葬埋處，就埋在亂葬崗裡。埋在那裡，狗就把他掏出來大家吃。

「由是群狗，競來搏撮，飢羸慞惶，處處求食」，表示貪心很重，貪得無厭。這些境界相，當成是快樂的，沒完沒了、不知足，就像這些野獸牠們互相

爭食，互相鬥爭。同時呢？搏擊。「嘷喙嗥吠，其舍恐怖，變狀如是，處處皆有，魑魅魍魎」，爭得互相的嚎叫，互相爭奪的意思。因為這些獸類，或者爭食、搶食，牠們互相的鬥爭，互相的殘殺。這個世界就是這個樣子。

這間大火宅沒有其他，就是這些東西，這間大舍就是恐怖。

三界無安，三界本身就是恐怖的。一切變化的形狀就是這樣，表法的。我們癡闇的無明有五利五鈍五蘊，色、聲、香、味、觸、法，再加上四諦十二因緣。有些鬼神也有福報大的，大力鬼神就是有福報。他有通有智慧，這是鬼神，畜生就沒有這個智慧。這形容很鋒利的利使，使你造業造得很大的，禽獸沒有。以下譬喻鬼神。

「魑魅魍魎」四小鬼，一般叫精。神歸神，精歸精。山上的樹木年代久了，洞穴之間，物老成精，一切的植物老了變成精。老了有一種神氣，就是物之精。山澤水怪那些就是物之精。魑魅魍魎就是鬼，魑魅魍魎四小鬼。還有夜叉惡鬼。「夜叉惡鬼，食噉人肉，毒蟲之屬，諸惡禽獸。」沒有正知見的、撥

無因果的這類人，死了之後就變成夜叉惡鬼。他有福報也布施供養，但是知見不正，邪知邪見，撥無因果，不相信因果。

「孚乳產生，各自藏護，夜叉競來，爭取食之，食之既飽，惡心轉熾，鬥爭之聲，甚可怖畏。」「孚」是什麼？就是蛋，像母雞孵雞蛋一樣的，那就叫「孚」，孚化的眾生。這一類眾生，一切世間法，自類的因就生自類的果，什麼因生什麼果。這個專講孚乳的眾生。形容火宅裡頭什麼都有，種種類類，互相噉食。互相噉食之中，吃飽了，吃越飽、惡心越盛。經常不得食，得了食吃飽了，吃飽了就打架。同類的、異類的，互相鬥爭，火宅形容的就是這些東西。

「鳩槃荼鬼，蹲踞土埵，或時離地，一尺二尺，往返游行，縱逸嬉戲。」四大鬼。有一種鬼能離開地，飛行夜叉之類的，但是飛的又不高，只有一、二尺。拿這些鬼形容世界上的虛妄不實，顛倒形狀。在這世界上修十善業的眾生，能夠生天，這個天不是上界天，而是六欲天；四天王天、忉利天、他化天、兜率天、化樂天、他化自在天，行十善業的生六欲天。生梵天得修清淨

行,那些外道他們也修禪定也持戒,他們得到的天是生欲界諸天。

我們說梵天就梵行,修清淨梵行的。這種梵行十善業更昇一級的;但是,不是佛所說的。佛所說的善業到甚麼程度呢?得行菩薩道。或者修道的人得要知苦、斷集、慕滅、修道,這是世間因果跟出世間因果。這個火宅中就是這些。

「往返游行,縱逸嬉戲,捉狗兩足,撲令失聲,以腳加頸,怖狗自樂」,在火宅裡頭,「往返游行,縱逸嬉戲」。嬉戲呢?大類強類吃小類,大凌小、眾暴寡,多的吃少的,大的吃小的,互相追捕。大野獸拿狗開玩笑,捉狗的兩足,把牠摔來摔去,或者拿腳踩到小動物的脖頸上取樂。這類事情很多,都在火宅中出現。

復有諸鬼　其身長大　裸形黑瘦　常住其中
發大惡聲　叫呼求食　復有諸鬼　其咽如鍼。
復有諸鬼　首如牛頭　或食人肉　或復噉狗

頭髮蓬亂　殘害凶險　飢渴所逼　叫喚馳走。
夜叉餓鬼　諸惡鳥獸　飢急四向　窺看窗牖
如是諸難　恐畏無量。是朽故宅　屬于一人。

「復有諸鬼」，這是大鬼，有力鬼神，「其身長大」，這是裸形沒有衣服可穿，裸體黑瘦，常在欲界當中。「發大惡聲，叫呼求食。復有諸鬼，其咽如鍼。」這是形容法的。一切眾生，身見重的人，入於三世，就執著我。執著什麼呢？身體，就是受、想、行、識五蘊。

說「我」最大，身見。身雖然不大，但計我著我，計就是心執著，執著我就是最大的。執著我是自在的，明明不自在，還認為自己很自在。不修善法，無慚無愧，這就是裸形鬼。人也有，裸體的表演或是現身不穿衣服，他認為自己是先進的，一切無拘無束，其實醜陋得很。沒有功德就叫瘦，瘦是無功德表現。是這樣來分的。

執著惡的,不出三界之外,只在三界之內,常在三界之中。為什麼?執著所計。同時,我執相醜惡毀壞,這是善惡業之所感,善業相貌莊嚴,作善事多,惡業做得多了,就現惡相。所以諸鬼特別生長怪的,喉嚨像針那麼細,肚子很大,想要吃很多東西,可是吃不下去,這叫見取。沒有東西可吃,吃不到肚子裡頭去。因為喉嚨很細像針那麼細,但是肚子很大,這叫見取。這怎能辦得到呢?同時又邪知邪見,知見不對,不是果計作無常想,想長活。非是正因計說因。這屬於見煩惱當中。

「復有諸鬼,首如牛頭,或食人肉」,鬼的腦瓜像牛腦瓜一樣的,但是專吃人肉。「或復噉狗,頭髮蓬亂,殘害凶險,飢渴所逼,叫喚馳走」,這些都是邪見產生的。還有是一種邊見,六十二見以斷常二見為主。在斷常二邊的過錯,就像牛腦瓜生出兩個犄角,牛頭都有二角。究竟身是我?我是身?我見是我?人的知見形成兩種,一種是斷見、一種是常見,這叫邊見。不是常就是斷,總得兩邊照顧,可不能中道見。中道見就對了。

執著身是我，我們都有這個思想，這個身體是我。說我即身體，身體是我，身體不在了，我還有沒有？這是一個觀。知身是我。但是身體不在了，你的靈魂，識還是照樣在。好像人死了就沒有了，不是這樣的。

人的知見就像牛的兩個角一樣的，根本我是個牛，以牛的力量來計著我。但是身體沒有的時候，有我沒有？身體沒有了，還是有我，就像牛生兩角的時候。這說明什麼？我與身相互的有無。我是一個知見，身體虛妄的五大所成的，不是真實的，把它當成真實的，就是顛倒。身體不在了，認為是斷滅的，這是一般的人，不是學佛的人。人死如燈滅，人死什麼也沒有了，撥無因果。

或者執我所有，我所有的都是我，「我的」、「我的」、「我的」，就是「我的」。其實「我的」不是我！財富也好，房子也好，一切物質也好，乃至於我的親屬，我的爸爸，我的媽媽，我的子女，這都叫「我所」。要是以自身為我，這就是「以能為所」。「以能為所」就是身體具足一切一物，一切財一切生活資具，就是我所有的，並不是我。但是有因執著，把

我所有的當成我，是我的一部份。有的人，「我所」沒有了，他就斷了氣，死了。這種故事很多，如何解釋呢？例如財富，執著財富是「我」，不過財富沒有了，「我」就死亡了。

我曾經聽道友跟我講一個故事。他有一個親戚，對錢都看得很重，但是他與別人不同。他有一批貨物從上海買的，運到煙台，在山東出售。快到煙台了，船翻了打沉了，這一船的貨全失掉了。發個電報給他，他拿這個電報一看，就死了。爲什麼？因爲那個船的貨物等於是他的生命，那就是看不開。這些財物沒有了，生命也斷了。什麼病也沒有，怎麼死的呢？執著了，命就斷了。

很多人執著一件事情，例如過去的古人，夫婦兩個人感情非常好，太太死了，親友都在哭，他坐在那裡不言不哭。別人認爲這個人一點感情都沒有，平常那麼好是假的。「唉！坐那麼久都不動，這裡有很多事等你去辦。太太的喪事，你得辦，你坐著怎麼不動？」他也不答應。等你一推他死了。鳳釵神喪，精

414

神沒有了,神識死了,肉體也沒用了。這就是執身為我,或者執見為我。

身本來是「我所」,身不是我。就這麼觀想,身不是我所有。身根我,我有、身無、身有、我無,這是身見的表現。知所為我,肉體不是我,把他當成我,知所為有。我的「我」是不是我的身體呢?有知能為所,我們不知道身就是所,所就是身,我即是能,能即是我。

計常的人,常見。我是常的,身是假的;斷見的人,身斷我常,我常在,身是假的。實際上,斷也好、常也好,這兩者都不是真的,全是假的。斷常二見,六十二見以斷常二見為主,就是斷見常見,邊見。

「夜叉餓鬼,諸惡鳥獸,飢急四向,窺看窗牖,如是諸難,恐畏無量,是朽故宅,屬于一人。」在火宅當中,一切夜叉餓鬼,乃至於前面所說的獸鳥,餓得沒辦法,饑渴所逼,到處這麼跑,到處這麼轉,想找點吃的,想找點飲水,就是火宅的現相。對三界就是這樣,大長者形容他這間火宅,「是朽故宅」,已經腐朽了。

參、開佛知見分 譬喻品第三

其人近出　未久之間　於後舍宅　忽然火起
四面一時　其燄俱熾。棟梁椽柱　爆聲震裂
摧折墮落　牆壁崩倒。諸鬼神等　揚聲大叫
鵰鷲諸鳥　鳩槃茶等　周慞惶怖　不能自出。
惡獸毒蟲　藏竄孔穴　毘舍闍鬼　亦住其中
薄福德故　爲火所逼　共相殘害　飲血噉肉。
野干之屬　並已前死　諸大惡獸　競來食噉
臭烟熢㶿　四面充塞。蜈蚣蚰蜒　毒蛇之類
爲火所燒　爭走出穴　鳩槃茶鬼　隨取而食。

長者的近出，未久之間，「於後舍宅，忽然火起」，形容佛在三界中化度眾生，自發心以來，把火宅眾生都度出去。而三界是誰的呢？當然是佛的。這

間宅子是長者的,三界呢?佛的能力控制著三界。

佛能離一切眾生瞋恨之火,不要發瞋恨心。三界眾生不懂得這個道理,淫怒癡經常在其中。火發在哪裡?內心。再形容小一點,你的肉體就是火宅,流於內、流於外,如來以佛的神力得普救護一切眾生,教化這些眾生,令他們把五濁伏掉。劫濁、煩惱濁、死濁,無常的。

眾生感,佛就應,有感才應。如來沒有捨棄眾生的時候,而眾生認為他自己不修,因為他沒有感,抱怨佛不應。這是指三寶弟子說的。沒有什麼小災難,生死休咎也求佛。這只能說,臨死抱佛腳,等他入了才抱佛腳、才求佛。平常沒有感,能夠臨死抱佛也不錯,還是有善根。到死也不悟也不抱佛,怎麼應?應就沒有了。

三界屬於佛,就是大宅子,這間腐朽的宅子,屬於長者。在這間火宅,「於後舍宅,忽然火起」,這間火宅起了大火,就像佛形容三界無安猶如火宅。大宅子起了火,在這個時候,東西南北四面一時之間全變成火海。棟樑、

參、開佛知見分 譬喻品第三

椽子、柱子,被火燒得爆裂聲震,「摧折墮落,牆壁崩倒」。這個時候三界之內不安了,業障太重了,就跟他們現在世界似的,災難太多了。

「諸鬼神等,揚聲大叫,鵰鷲諸鳥,鳩槃荼等」,「周慞惶怖,不能自出」,大力鬼神出不了三界,他們也在三界,不論有力的鬼,沒有力的鬼,一切眾鳥形容無量眾生,形容你的親屬、眷屬,在人類當中,碰到這種災難互相的嚎叫,誰也幫助不了誰。

「惡獸毒蟲,藏竄孔穴,毘舍闍鬼,亦住其中,薄福德故,為火所逼」,這是形容什麼?不論外道工夫也好,或者修內道修得沒成功,但是有一點定力,能夠免除欲界的惡,免於災害,就等於藏竄孔穴的意思。

修行入了定,讀誦大乘免於災難。但是因為福德還不夠,為所逼迫,火宅裡頭都入火了。逼迫的煩惱,煩惱所使,互相殘害,有力者把沒力者當成飲食,「飲血噉肉」,當成飲料、食品。

「野干之屬,並已前死」,小野獸敵不過大野獸力量,這個是火宅燒得,

這個野獸屍體燒得煙都是臭的,四面充塞。「蝮蚖蚰蜒,毒蛇之類,為火所燒,爭走出穴,鳩槃荼鬼,隨取而食」,這形容火宅裡頭的形相,假如火起先燒的,說欲界,而後才能燒到色界。

無色界沒有形,但在三界之內,也都在這大火宅之內,長處是形容修空觀,修無色觀。這個空不是虛空,空就是以他修行的力量能夠觀空,或者修無我,沒有完全成就的時候,就像火宅似的,火燒不到,躲到定中。洞穴外的空地上,譬如無色界天,他躲著去了,因為他在空中。

又諸餓鬼　頭上火然　飢渴熱惱　周章悶走。

其宅如是　甚可怖畏　毒害火災　眾難非一。

是時宅主　在門外立　聞有人言　汝諸子等

先因游戲　來入此宅　稚小無知　歡娛樂著。

長者聞已　驚入火宅　方宜救濟　令無燒害。

「頭上火然」,假使熱火輪在汝頂上旋,腦殼都是火了。「飢渴熱惱,周章悶走」,形容我們一切的心是雜念,心生起的念是苦的。這是指生苦。臨命終時,命盡了,心生異念,念念不住。即便老了,形容老苦,說你這個心擾動不安,不得定,那是病苦。沒有定力,壽終正寢,那就是死苦,被火宅燒死了。求定求不得,想求修定沒得到定,那就求不得。求得定沒得到定,形容求不得苦。

在修行當中有種種障礙,學法當中有障礙,障礙就像遇見冤家一樣的。

八苦當中形容怨憎會苦,色、受、想、行、識是五蘊。五蘊,色蘊不說,說四蘊,心、受、想、行。專說心法,這叫五蘊熾盛,五盛陰苦。不能夠即斷,這個不能即斷是什麼呢?頭上失了火,不能即斷就是不能斷這些煩惱,還沒有達到有頂。

暖、頂、忍、世第一,修行的過程,還沒有到頂的程度。若能達到無漏,證阿羅漢果,再不落三界。那就什麼都沒有了,斷三界苦。沒有這種無漏的境界,那你就被飢渴所惱,輪迴不停。能達到無漏,就不在三界受苦。這是形容

三界猶如火宅。「其宅如是，甚可怖畏，毒害火災，毒害火災，眾難非一。」火宅就是上來所說這一段，非常恐怖。毒害火災，獸類互相殘殺，災難多了。以上全是說的比喻。

「是時宅主，在門外立，聞有人言」，火宅主人，沒有在火宅裡，他在火宅門外。站在火宅門外，「聞有人言」，別人告訴他。「汝諸子等，先因遊戲，來入此宅」，你知道不知道，你那些兒子在火宅裡頭玩，都到火宅裡頭去了。「稚小無知，歡娛樂著」，稚小無知，在裡頭歡樂。這是說發菩提心的人，發了心就表明出三界，但是發了心又退了！發了心就出去了，出三界了，退了心又退到三界，叫還入。

「長者聞已，驚入火宅，方宜救濟，令無燒害。」大長者就如佛，佛自己觀，佛視有情眾生，就如長者救他兒子一樣，都到火宅裡頭。遊戲是怎麼來的？因無明，因無明煩惱，那就有生死，有了生死就到火宅當中。什麼叫戲論？見惑、思惑就是戲論。欲界色界無色界有見惑，見惑斷了有思惑，你還沒

有出三界。三界見惑思惑的煩惱，是就理上講，不是就事。理就是思，思就是想法，這就入了三界。

《維摩詰經》說，即使你斷了戲論，小乘還是斷不了細惑。這是無明塵沙。維摩詰長者批評舍利弗，就是這個涵義。三界見思都名戲論，本來見思是理論，理就是見思。在《維摩詰經》上說，小果叫戲論。證了小果，你不能斷變異生死。那是說生，證滅了才能修道。證滅修道不是求大法的人，不是求佛果的人。

大乘經教，除了實相之外，相當於《華嚴經》法界之外，都叫戲論。《法華經》把沒證得法身的全叫戲論。戲論不是真正求法者，除了實相之外，都叫戲論。這是就事相來說，大長者聽到別人跟他說，你的兒子都在火宅裡頭。長者本來在火宅外頭，但是他一聽別人跟他說，就吃驚了。他就入到火宅內去，長者想一切方法救度他們，令這些兒子不被燒害。這是佛的大慈大悲。他進去跟這些兒子說，這些兒子還是不聽。佛到三界、度三界就是這個原因。

告諭諸子　說眾患難　惡鬼毒蟲　災火蔓延
眾苦次第　相續不絕
鳩槃荼鬼　野干狐狗　鵰鷲鴟梟　毒蛇蚖蝮　及諸夜叉
飢渴惱急　甚可怖畏　此苦難處　百足之屬　況復大火

「告諭諸子」，上面種種災難，火宅裡沒有一處能安定。惡人惡鬼乃至惡蟲，同時這火的蔓延，次第相生，相續不絕。

「毒蛇蚖蝮，及諸夜叉，鳩槃荼鬼，野干狐狗，鵰鷲鴟梟，百足之屬，飢渴惱急，甚可怖畏，此苦難處」，吃的苦就夠受了，「況復大火」，大火再一燒；這些形容兩種事情，沒得定、沒有慧，所以產生這些怖畏。再加上五濁惡世的煩惱火，所以說大火焚燒之下，飢渴都來了。他們的父親很著急。

諸子無知　雖聞父誨　猶故樂著　嬉戲不已

是時長者　而作是念
今此舍宅　無一可樂　而諸子等　酖湎嬉戲
不受我教　將為火害。

「諸子無知」，沒有智慧聽不進去，雖然聽到他的父親教導教誨，他們不理還是樂著於玩耍嬉戲不已。長者就想，怎麼辦呢？「諸子如此」，他們在這裡貪著玩嬉了，我說他也不聽，不受我教，那就危險了。「將為火害」，被火給燒了，怎麼辦呢？

即便思惟　設諸方便　告諸子等　我有種種
珍玩之具　妙寶好車　羊車鹿車　大牛之車
今在門外。汝等出來　吾為汝等　造作此車
隨意所樂　可以游戲。

得想辦法救他,這是講方便善巧。告訴這些兒子說,我有種種「珍玩之具」,有最好的「妙寶好車」,車上都是玩具、七寶。有羊車,有鹿車,還有大牛之車,在門外頭,火宅之外,你們快出來,我把這車給你們玩。這些車子是給你們的,隨你們的喜歡,可以遊戲。

諸子聞說　如此諸車　即時奔競　馳走而出
到於空地　離諸苦難　長者見子　得出火宅

出離火宅是為了另外玩另一種玩具,這就是三車之說。逃出火宅之外,苦難沒有了。佛以方便善巧,給他們說出世法,逃出三界外。大長者見他的兒子都出來了,「得出火宅」,住於世間的空道上,大長者也安定了。兒子都出來了,沒有顧慮。

住於四衢　坐師子座　而自慶言　我今快樂。

參、開佛知見分　譬喻品第三

425

此諸子等　生育甚難　愚小無知　而入險宅。
多諸毒蟲　魑魅可畏　大火猛燄　四面俱起。
而此諸子　貪著嬉戲　我已救之　令得脫難。
是故諸人　我今快樂。

大長者自己很快樂、很歡慶。為什麼？這些諸子都出離苦海，因為生育很難。佛也對舍利弗說，我是經過二萬億的佛國土來教化你們。就是說生育兒子的時候很難，不是那麼容易，都是「愚小無知」，才入火宅。因為你貪著世間的樂，貪著世間的五欲才生到人間，才生到這世界。這個世界的毒蟲魑魅是非常可怕的。

「大火猛燄，四面俱起，而此諸子，貪著嬉戲，我已救之，令得脫難。」現在我跟他們說，外頭有比這個更好玩的，這是救他們的。「我已救之」，通通從火宅跑出來了，現在快樂了，不會有被燒死的危險。故諸人，我今快樂。」

爾時諸子　知父安坐　皆詣父所　而白父言

願賜我等　三種寶車　如前所許　諸子出來

當以三車　隨汝所欲　今正是時　惟垂給予。

「爾時諸子」，看見父親在那裡安坐，大家都跑到父親跟前，向他們的父親說，「而白父言」。「願賜我等，三種寶車」，你先前答應我們，給我們的三種寶車，現在是時候了，該給我們寶車了。「如前所許」，如你前面所答應的，那麼我們現在都出來了。「當以三車，隨汝所欲」，你可以把這三車給我們，我們自己去玩。「今正是時，惟垂給予」，「今正是時」，向父親索三車，現在是時候該給我們了。

長者大富　庫藏眾多　金銀琉璃　硨磲碼碯

以眾寶物　造諸大車　莊校嚴飾　周匝欄楯

妙法蓮華經講述（上冊）【方便篇】

四面懸鈴　金繩交絡。
金華諸瓔　處處垂下
柔軟繒纊　以爲茵褥。
鮮白淨潔　以覆其上。
形體殊好　以駕寶車。
以是妙車　等賜諸子。
乘是寶車　游於四方

眞珠羅網　張施其上
衆綵雜飾　周帀圍繞
上妙細氎　價值千億
有大白牛　肥壯多力
多諸儐從　而侍衛之。
諸子是時　歡喜踊躍
嬉戲快樂　自在無礙。

長者的庫藏，什麼寶貝都有。這部大白牛車不是一般的，是拿庫藏的寶貝，金銀硨磲碼碯造成的大車，把車造成像房蓋一樣，拿衆寶物莊嚴。車上有窗簾也有罩縵，「莊校嚴飾，周帀欄楯」。「四面懸鈴，金繩交絡，眞珠羅網，張施其上。」這是形容大白牛車的莊飾。

428

「金華諸瓔」，掛的綴子是拿金子做成的。「處處垂下，眾綵雜飾」，形容這部車。「周匝圍繞，柔輭繒纊，以為茵褥。上妙細氈，價值千億，鮮白淨潔，以覆其上。有大白牛，肥壯多力」，形容大白牛車。

「形體殊好，以駕寶車，多諸儐從，而侍衛之」，車上還有很多侍衛，是保安全的。「以是妙車，等賜諸子。」那麼多財富，都給他們大白牛車，沒有羊車、鹿車。雖有所欲，盡量賜之。好吧！這些都是給你們的。長者的大富，拿金銀琉璃碼磁這些寶貝來造這部大車，這部大車非常莊嚴。這個時候，諸子歡喜踊躍，都上了寶車，駕著寶車遊於四方。

四方是表示諦，四方四個諦。四諦是理，舉一個例子，生、住、異、滅，苦諦、集諦、道諦、滅諦，各有四方、各有四諦。在《華嚴經》，這是表十住、十行、十迴向、十地、十一地。這四十一位究竟達到成佛，常、樂、我、淨四德遊於四方。

同時四門形容什麼？有門、空門、亦有亦空門、非有非空門，這叫四門。合起來總的譬喻，長者就是如來，五百是形容佛所教化的一切諸法的法相。這個宅唯有一門，沒有多門。雖說是四門，沒有四門，唯是一門。四門就是頌火的，形容火的。這時候佛把法喻結合起來，把喻跟法結合起來，所以對舍利弗說：

告舍利弗　我亦如是　眾聖中尊　世間之父。
一切眾生　皆是吾子　深著世樂　無有慧心。
三界無安　猶如火宅　眾苦充滿　甚可怖畏
常有生老　病死憂患　如是等火　熾然不息。
如來已離　三界火宅　寂然閒居　安處林野。
今此三界　皆是我有　其中眾生　悉是吾子。
而今此處　多諸患難　唯我一人　能為救護。

前面講大長者對於諸子的作法，佛說自己也是這樣。我唯以一乘，佛就像世間父一樣的，方便善巧慧，這在《華嚴經》講的特別多。本來是六波羅蜜，《華嚴經》講十波羅蜜，把智慧、善巧方便開成了慧、方、願、力、智。

「一切眾生，皆是吾子，深著世樂」，諸子是形容詞。三界所有的眾生，都是我之子。那是遠說。凡是受三歸的都是佛子。「深著世樂，無有慧心」，一切眾生都能證得大般涅槃，他的諸子都能證得大般涅槃。這是形容因，證得涅槃才是果，形容諸子是因義，究竟成佛。

「三界無安，猶如火宅」，法與喻相合。佛說的法，說三界之內，欲界、色界、無色界，都是火宅。不過高低深淺不同，欲界比起梵天、大梵天，那苦難就多了，但是也是無安的。梵天也沒有增多，因為梵天裡還有墮落，還有輪轉生死。二乘人已經沒有墮落了，因此不同。「三界無安，猶如火宅」。

「眾苦充滿，甚可怖畏，常有生老，病死憂患。如是等火，熾然不息。如來已離，三界火宅，寂然閒居，安處林野。今此三界，皆是我有，其中眾生，

悉是吾子。而今此處，多諸患難，唯我一人，能為救護。」這是形容大長者的火宅，那是比喻，佛說是欲界、色界、無色界，沒有一安樂的地點。不安就是火宅充滿，如入火宅，充滿了苦難。

現在我們處在末法，佛在世三千年後的事，感覺現在這個世界是不是像火宅？那個時候沒有原子武器。現在一個原子武器能死多少萬人，這是很可怖畏的。除了這一種，還有很多苦難充滿其中。生老病死苦憂患，那就到極樂世界去，這個我們都可以感覺的，這個世界就是這樣。要想脫離這種苦難，那就到極樂世界去，沒有這個苦難。那不是一般所能去得到的，你得修行。可是你怎麼認識現在當刻，乃至於過去未來的，這是指著三界，欲界、色界、無色界。

我們現在是人間，天上比我們好一點，但是還在流轉生死，時而天上，時而人間，時而地獄，不定的，都在火宅之中。唯佛一人離火宅，形容大長者，如來是已經離開三界，離開這火宅，住在定慧之中，這就是閒居。這個林野不是現在我們這林野，比方的意思。

「安處林野」，安處沒有災害的地點。就像形容淨土，佛住的是常寂光淨土，在淨土當中說，唯有佛居淨土。唯佛一人居淨土，那是指常寂光淨土說的，真正一點災難都沒有，只有常寂光淨土。現在這個欲界色界無色界，皆我所有。佛的口氣，三界眾生都是我的子。但是這個地方這麼不好，我要救護他們，誰能救護他們呢？「唯我一人，能為救護」。

雖復教詔　而不信受　於諸欲染　貪著深故。
以是方便　為說三乘　令諸眾生　知三界苦
開示演說　出世間道　是諸子等　若心決定
具足三明　及六神通　有得緣覺　不退菩薩。

眾生執著貪著不捨，我雖然救度他們，但是他們不信受，我也救度不了。「於諸子像大長者一樣，我雖然救度他們，但是救度的人不多，佛說唯我一人能為救護。這些諸

欲染，貪著深故」，在五欲境界染得太深，不能出離。沒有辦法，才以方便為說三乘。在救度眾生的方法當中，不能說佛一乘，只能講方便善巧，「令諸眾生」，讓他們知道欲界、色界、無色界的苦難，給他們開示演說，怎麼離開這苦難，演示「出世間道」。受教育者，形容他的諸子，有的心懇求教育，決定了，能得到三明六通。

三明就是宿命明、天眼明、漏盡明。六通呢？眼、耳、鼻、舌、身、意，這是天眼通、天耳通、他心通、宿命通、神足通、漏盡通，這個漏盡可不是真正漏盡，而是二乘人阿羅漢，演方便道，說的是二乘法，令他們能得到三明六通。這是不究竟的。有的能得到阿羅漢果的，有的得到緣覺的，有的得到菩薩的，這是三乘法。

汝舍利弗　我為眾生　以此譬喻　說一佛乘

佛就跟舍利弗說，「汝舍利弗，我為眾生，以此譬喻」，這是方便，唯有

眾生的究竟，假長老火宅比喻，「說一佛乘」，說一乘法。「乘」是運載的意思，一乘把你運載到不生不死，沒有苦。

汝等若能　信受是語　一切皆當　成得佛道。
是乘微妙　清淨第一　於諸世間　為無有上
佛所悅可　一切眾生　所應稱讚　供養禮拜。
無量億千　諸力解脫　禪定智慧　及佛餘法
得如是乘。令諸子等　日夜劫數　常得遊戲
與諸菩薩　及聲聞眾　乘此寶乘　直至道場。
以是因緣　十方諦求　更無餘乘　除佛方便。

「乘此寶乘，直至道場。以是因緣，十方諦求，更無餘乘，除佛方便。」

道場是行道之場，說道之場。這是證道之場，直至成道佛國。以這種因緣，

「十方諦求，更無餘乘，除佛方便」，因此唯說一乘法，但是這唯說一乘法，人家不信，佛就假以方便說法四十餘年，說的是方便道。佛說法四十餘年，才開始演說《法華經》，這是真實的，都能夠成佛。

佛說，你們這些受教化的弟子，我都把你們看成是我的兒子，「皆是吾子，我則是父。」配合前面那個比喻，我是長者，火宅之中都是我的兒子。所有受苦受難的，都是我的兒子。

「汝等若能，信受是語，一切皆當，成得佛道。」你們要是能信我的話，信了佛的話都能得，「是乘微妙，清淨第一，於諸世間，為無有上，佛所悅可，一切眾生，所應稱讚，供養禮拜。無量億千，諸力解脫，禪定智慧，及佛餘法，得如是乘。令諸子等，日夜劫數，常得游戲」。「清淨第一」，在世間上沒有超出此法的，這是佛所悅可的，佛所最讚歎的。

我今如是讚歎，一切眾生皆應讚歎，所有的眾生都應讚歎此法。此法是什麼法呢？開示悟入佛的知見，讓一切眾生都能開佛知見、示佛知見、入

佛知見，就是此法。假使一切眾生能夠接受，歡喜領納，「供養禮拜。無量億千」，但是要經過很長的時間，無量億劫，能夠得佛的神力，能夠得解脫自在，能夠得到禪定智慧。除此之外，佛還有餘法，也是方便善巧演入一乘之法，八萬四千法門都可以入佛道。

「令諸子等，日夜劫數，常得游戲，與諸菩薩，及聲聞眾。」離開苦了，得樂了，都得了智慧，得了解脫，那你遊戲吧！就像那些諸子在火宅中，得了三車再不受苦難。這個時候聞到佛所教授的法，有的得到菩薩乘，有的得到聲聞乘。三車就是前面形容著羊車、鹿車、牛車，都能夠達到佛的道場。這個道場作為選佛場，都能夠成佛。

「以是因緣，十方諦求，更無餘乘，除佛方便。」「十方諦求」是求諦，到十方去找真理，求什麼呢？求諦。諦是什麼？真理，就是一佛乘，「除此一事實，餘二則非真」，更沒有餘乘。從佛的方便善巧，那不是究竟的，佛說的三乘，那是善巧不是真實。要一切眾生審實而求，這是唯一無二的。

告舍利弗　汝諸人等　皆是吾子　我則是父。
汝等累劫　眾苦所燒　我皆濟拔　令出三界
我雖先說　汝等滅度　但盡生死　而實不滅

佛又告舍利弗，「汝諸人等」，不管你們怎麼樣看的，把你們當成我的兒子，「皆是吾子，我則是父」，跟前面那個比喻，大長者是父，火宅中受苦難的是他的兒子。但是那些在火宅中的兒子，不知道受苦難，一再跟他們說，火宅無安，還是不知道苦難。現在眾生在三界當中，他並不認為苦難。他求出離嗎？不求出離。形容一切眾生在苦難當中而不知道是苦難。因此經無量劫，眾生被苦難所燒，佛都在救拔，令眾生出三界。

「我雖先說，汝等滅度，但盡生死，而實不滅。」我以前也是許可的，說你們現在都得到滅度，都了生死。佛在四十餘年當中，示現說方便二乘法。到現在四十餘年之後，才開權顯實，跟你們說以前學的、證得的不究竟，不是真

438

佛,而實不是真正滅度的。

正出離。我以前所說的那些滅度不是真實的,但是能了生死。實際上達不到成

今所應作　唯佛智慧。若有菩薩　於是眾中
能一心聽　諸佛實法　諸佛世尊　雖以方便
所化眾生　皆是菩薩。若人小智　深著愛欲
為此等故　說於苦諦　眾生心喜　得未曾有
佛說苦諦　真實無異。若有眾生　不知苦本
深著苦因　不能暫捨　為是等故　方便說道。
諸苦所因　貪欲為本　若滅貪欲　無所依止
滅盡諸苦　名第三諦。為滅諦故　修行於道
離諸苦縛　名得解脫。是人於何　而得解脫

但離虛妄　名爲解脫　其實未得　一切解脫。
佛說是人　未實滅度　斯人未得　無上道故
我意不欲　令至滅度。

現在我跟你們說的是真實法，唯是一乘，是佛的智慧，不說二乘了。若有發菩提心行菩薩道的大菩薩，「於是眾中」，在學《法華經》的法會當中，能夠一心聽真實的信仰，一心聽「諸佛實法」，唯此一事實，餘二則非真。現在四十餘年了，開權顯實。這裡所化的，沒有其他乘的眾生，唯是菩薩，「皆是菩薩」。

過去小智小慧的人執著愛欲，二乘人雖然斷了愛欲，他還執法，執法也是愛欲，愛欲法，「深著愛欲」，不能信受一乘法。小智慧有障礙，不能信為一乘法，所以用方便道，不是圓實之法，給他們說苦諦，讓他們認得苦，說苦諦。這是三乘救度眾生最小的方便善巧，以苦諦為初門。

諦是理，只是講苦的道理，為什麼要受苦？這就是苦諦。但是說小法的時候，眾生心裡很歡喜，因為未曾有，從來沒有聞過這法，他不知道這是受苦。像我們看吃、喝、玩、樂，只有我們信佛的人，佛說這是苦，他不認為是苦的時候，他認得是苦嗎？他並不認為是苦。搞貪、瞋、癡、愛，他不認為是苦，認為是正當的。吃、喝、玩、樂，其實那是苦，只有佛法給他說明。

眾生把佛說的小乘法，三乘最小的當成是真實的。沒有小，怎能向大呢？小的當時蘊曾有，佛說的苦諦講為什麼要受苦？這是世間因果，說的是因果法，苦、集、滅、道。在說小乘法的時候，也是真實的。眾生心歡喜，因為未涵著有出離義，從小向大，真正出離。

小乘法講出離，為什麼？因為眾生不知道是苦，經常在苦難當中，生、老、病、死誰都知道是苦。在病的時候，病是苦，為什麼生病？找找病的原因，病從口入，因為吃五穀雜糧，一定要生病。但這是果，因就不知道了。佛講的是因，要知道一些苦的根本，你先斷因，因斷了苦果就沒有了。但

是眾生深執著苦因，在苦果上他怕了，在因業上不怕。菩薩畏因，眾生畏果。等到受苦的時候，他知道了，沒受苦他不知道。苦果他知道，別造因，但還是造因。

我們人人都知道生、老、病、死，不想防老的方法。為什麼老了很苦？說年輕的時候保養一下，注意一下，享過頭了，老了就不行了，那苦就多了，所以要知道苦因。斷因，苦果就沒有了，佛以前說的這個法，小乘法是這個涵義，能捨因，不受苦了。捨苦的因，不受苦果。但知道苦的因不捨，苦果當然要受苦果是怎麼來的呢？「貪欲為本」。那你把貪欲斷了，苦就沒有依靠，那就止苦。苦就「無所依止」，就知苦了，把苦都滅盡。知苦斷集、滅盡因，知苦斷集。慕滅修道，四諦的第三諦。明白把苦諦滅了，怎麼滅？修道斷苦。什麼道呢？滅苦，「修行於道」，就知苦斷集，慕滅修道。

道者就是你的行為，不貪著五欲，證得離欲的果。離了這些苦，離開了苦，得到理，明白道理了，明白苦的道理了，斷了苦了，在苦上就解脫。把虛

妄的、假的離開，離開就解脫了，不為苦所纏縛。知苦斷集、慕滅修道，道成就解脫了。虛妄的快樂不是快樂，那是苦的因，你知道了，把它離開，離開就解脫了，苦就束縛不到你，不為苦所束縛。佛只是說這一種法，不是一切解脫，要是真正解脫，一切無作，不作因，一切果都沒有，真正解脫了。一切法你不執著，無相、無作。

為什麼無作無相？空的。證空理，初步證得空理，知道一切法都是空的，假相。不是死了什麼都沒有了，因果宛然，你造的罪、作的因還得受。說我斷了苦了，知苦斷集慕滅修道成了，成了一半，生滅的細惑還沒斷。細微的生死，前念是生，後念是死，念念的生死，把念也斷了才是無上道。佛跟舍利弗說，這是讓你們成佛的，你證阿羅漢果，這種解脫不是究竟的。佛又跟舍利弗說：

我為法王　於法自在　安隱眾生　故現於世。

參、開佛知見分　譬喻品第三

「我為法王」，我得法自在，在法自在，王者自在義，「於法自在」。一切法無執著、無作、無相、無願一切都沒有，這是真正的空理，這是大乘教義。「安隱眾生」，是為了這個出現世間，說你那個根沒有斷，什麼根沒有斷呢？小乘的苦、集、滅、道，大乘也有苦、集、滅、道，那是根。用大乘法，佛的本心本意是讓一切眾生都得到解脫，現在你是分段生死，不是大般涅槃。因為你還未得到一切解脫，還不能成為本心。

汝舍利弗　我此法印　為欲利益　世間故說
在所游方　勿妄宣傳　若有聞者　隨喜頂受
當知是人　阿鞞跋致。

如來說無上的法印，為什麼不給他們說世間法印？因為那時候的眾生不能承受，所以佛跟舍利弗說方便法，不說一乘法。說與不說，什麼原因？還是為

利益世間。今沒成熟,不說。一說,五千退席。沒有這五千人才說,那五千人在場,佛還是不說。說了,他不信,生毀謗。

佛讓舍利弗解釋,為什麼四十餘年沒說?緣不成熟。這裡頭因很難,現在要說了,雜因沒有了,不聽的人走了,現在法會當中,我要說的都能領受,都能夠隨喜。「當知是人,阿鞞跋致」。《佛說阿彌陀經》,生到極樂世界就是「阿鞞跋致」,不管成沒成,位不退了,到極樂世界不再流轉生死,這叫「阿鞞跋致」。

若有信受　此經法者　是人已曾　見過去佛
恭敬供養　亦聞是法。若人有能　信汝所說
則為見我　亦見於汝

現在佛對舍利弗說,若有人能信持《法華經》,不但信還能受。信是心裡頭

信仰了，而後還不捨，照著《法華經》所說的義理去領受。信是一回事，受又是一回事，信受合起來，不但信受還能受持。「此經法者」，就是《法華經》。

這個人能夠聞到《法華經》而且信受，是因為過去見過佛，涵義是見過我。所以你們恭敬供養聞是法者，都能「信汝所說」。你去弘法，所說的《法華經》，說你所聞的法，人家能信受；同時，「則為見我」，見到釋迦牟尼。見經如見佛，現在能見到《法華經》、聽聞《法華經》、信仰《法華經》、供養恭敬《法華經》，「則為見我」，「亦見於汝」，這個「汝」是指舍利弗說的。

及比丘僧　并諸菩薩。
斯法華經　為深智說
淺識聞之　迷惑不解
一切聲聞　及辟支佛
於此經中　力所不及
汝舍利弗　尚於此經
以信得入　況餘聲聞
其餘聲聞　信佛語故
隨順此經　非己智分。

《法華經》不是給一般眾生說的，而是給有深智慧的人說的。淺的不信，不明了如來的涵義，叫「迷惑不解」。「一切聲聞，及辟支佛，於此經中，力所不及」，沒有這個智慧，那個力量做不了這件事。

「汝舍利弗，尚於此經，以信得入，況餘聲聞。其餘聲聞，信佛語故。」

舍利弗信《法華經》，才能入《法華經》，才能開佛知見，「況餘聲聞」，舍利弗是聲聞當中智慧第一，你只能信而已。「其餘聲聞，信佛語故」，聽了《法華經》沒有離席，沒有謗毀，信佛說的話。

「隨順此經，非己智分」，這是佛的神力加持，不是他自己的智慧。這裡就含著，我常在靈鷲山說《法華經》也沒有入滅，眾生見也見不到，聞也聞不到，為什麼聞不到？沒有甚深的福德，聞不到《法華經》。因此我們現在在這裡學習《法華經》，相信佛的神力加持，不然我們也不會學習《法華經》，學也學不到，沒有這個因緣，無經無法，無說無聽，沒有說著，沒有聽者，沒有經書，沒有法。

又舍利弗　憍慢懈怠　計我見者　莫說此經
凡夫淺識　深著五欲　聞不能解　亦勿為說
若人不信　毀謗此經　則斷一切　世間佛種
或復顰蹙　而懷疑惑　汝當聽說　此人罪報
若佛在世　若滅度後　其有誹謗　如斯經典
見有讀誦　書持經者　輕賤憎嫉　而懷結恨

佛告舍利弗，面對那些憍慢的人，懈怠的人，我見很深的人，不要給他們說《法華經》。「凡夫淺識，深著五欲」，他們能信嗎？「聞不能解，亦勿為說」，聽了白聽，聽完了沒有進入，不但不信又毀謗。「毀謗此經」，為什麼叫你不說呢？假使你說了，不信毀謗，佛種永斷，斷佛種子，再斷世間一切佛種。「或復顰蹙，而懷疑惑」，這是形容我不高興，對那些眾生，

參、開佛知見分 譬喻品第三

你給他說《法華經》，他一起懷疑心，謗毀了。謗毀了就下地獄，增加利生的煩惱。

「汝當聽說，此人罪報。若佛在世，若滅度後，其有誹謗，如斯經典」，我們經常說是業障深重，或者佛在世，或者佛滅度，凡是毀謗此經典的，「如斯經典」。「見有讀誦，書持經者，輕賤憎嫉，而懷結恨。」看見人讀《法華經》的，他跟人結仇一樣的。

這有幾種過，明這種惡行。第一種是憍慢，這類人都是憍慢的，貢高我慢，感覺自己了不起。第二種是懈怠，沒有精進心。第三種是執著我，執著得很深，計我。第四種，沒有知識，知識很淺薄。第五種是貪著五欲。第六種是不解佛的深意，不解《法華經》。

第七種是不信，第八種是顰蹙，顰蹙就是皺眉頭不高興。第九種是疑惑。以上這個不算，他又毀謗，第十種是毀謗。第十一種是輕慢懈怠，看見人家做好事，做善事，他憎嫌。最後是嫉妒，自己不做好事，看別人做好事做善事，

或者信經拜經,他是輕慢人家,憎恨人家,嫉妒人家。

此人罪報　汝今復聽　其人命終　入阿鼻獄
具足一劫　劫盡更生　如是展轉　至無數劫
從地獄出　當墮畜生　若狗野干　其形頜瘦
黧黮疥癩　人所觸嬈　又復爲人　之所惡賤
常困飢渴　骨肉枯渴　生受楚毒　死被瓦石
斷佛種故　受斯罪報。若作駱駝　或生驢中
身常負重　加諸杖捶　但念水草　餘無所知
謗斯經故　獲罪如是。有作野干　來入聚落
身體疥癩　又無一目　爲諸童子　之所打擲
受諸苦痛　或時致死。於此死已　更受蟒身

其形長大　五百由旬　聾騃無足　宛轉腹行
為諸小蟲　之所唼食　晝夜受苦　無有休息
謗斯經故　獲罪如是。若得為人　諸根闇鈍
矬陋攣躄　盲聾背傴　有所言說　人不信受
口氣常臭　鬼魅所著　貧窮下賤　為人所使
多病痟瘦　無所依怙　雖親附人　人不在意
若有所得　尋復忘失。

為什麼不讓你說？因嫉妒障礙之心。此人罪報，你聽一聽，我再給你說他們的罪報。佛叫舍利弗注意聽一聽，讓舍利弗不隨便說話。「其人命終，入阿鼻獄，具足一劫，劫盡更生。」住好長時間？一劫。劫盡了更生，生了又入地獄，如是展轉，至無數劫。從地獄出來，又墮到畜生道。

「其形頲瘦，黧黮疥癩，人所觸嬈，又復爲人，之所惡賤」，或者若狗若野干，人都討厭了，不跟他接近。或者又脫離畜生爲人，劫難受夠了生爲人，極惡劣下賤，人家都討厭他嫌惡他。做爲下賤人，經常沒有飲食吃，「常困飢渴」、「骨肉枯竭」。「生受楚毒，死被瓦石，斷佛種故，受斯罪報。」或者房子倒了，或者石頭砸死了。這是專指謗毀《法華經》，斷佛種性，受這種罪報。

「若作駱駝，或生驢中，身常負重，加諸杖捶。」終日駝重東西，搖驢還打牠。「但念水草，餘無所知，謗斯經故，獲罪如是。」馬、牛、駱駝，一生就是駝運，牠腦袋裡頭沒有別的想法，就是念水念草，「餘無所知」，其他的智慧一無所有。若謗斯《法華經》者，得罪如是，受後報了。

「有作野干，來入聚落，身體疥癩，又無一目，爲諸童子，之所打擲，受諸苦痛，或時致死。於此死已，更受蟒身。」瞎了一隻眼的，「又無一目」，連小孩看了這東西，拿石頭打，或者戲弄他，受諸苦毒，因此死亡，死後又變成蟒身。「其形長大，五百由旬」，「五百由旬」，形容很大的體積，得到這

種業障,這業障就非常重了。牠要吃好多東西,哪有東西給牠吃,長時挨餓。

「聾騃無足,宛轉腹行,為諸小蟲,之所唼食,晝夜受苦,無有休息,謗斯經故,獲罪如是。若得為人,諸根闇鈍」,蛇蟒沒有腳的,蛇長百腳,牠是腹行,腹行動物。全身有小蟲子吃牠,都吃這個蟒。這個蟒晝夜受苦,沒有休息,苦不斷,晝夜受苦。受這麼大苦都變成大蟒,這是什麼惡果感的?「謗斯經故」。謗了《法華經》,經過輪轉,從地獄出來變畜生道,獲罪就是這樣。畜生道受完了,「若得為人」,又轉生為人,「諸根闇鈍」,眼、耳、鼻、舌、身、意,沒有一根是鋒利的,全是闇鈍。

「矬陋癃躄,盲聾背傴,有所言說,人不信受。口氣常臭,鬼魅所著,貧窮下賤,為人所使。」他說的話,人家不愛聽,沒有人理他,口裡常臭。經常為鬼魅所著,「貧窮下賤,為人所使」,總給人作使喚。

「多病痟瘦,無所依怙,雖親附人,人不在意」,沒人理會他,沒人重視他。「若有所得,尋復忘失」,或者得點飲食,得點財物,教他做點什麼事,

得了就忘了。讓他念書也沒有智慧，什麼都得不到。

若修醫道　順方治病　更增他疾　或復致死。
若自有病　無人救療　設服良藥　而復增劇。
若他反逆　抄劫竊盜　如是等罪　橫罹其殃
如斯罪人　永不見佛　眾聖之王　說法教化
如斯罪人　常生難處　狂聾心亂　永不聞法。

如果給人家治病當醫生，不但治不好，越治越壞。「設服良藥，而復增劇」，明明是好藥，治病藥他吃了，病不但不好，還要加劇。「若他反逆，抄劫竊盜」，或者他要報復人，「抄劫竊盜」。「如是等罪，橫罹其殃」，還要再受報，還要再受殃。

「如斯罪人，永不見佛」，這種罪人永遠見不到佛，當然也聞不到法。

「眾聖之王，說法教化」，諸佛的教化，教化不到他頭上，他得不到教化，為什麼？「如斯罪人，常生難處，狂聾心亂」，永遠聞不到法。八難，永遠見不佛。心理有病，有瘋有狂，「狂聾心亂」，永遠聞不到法，聞不到佛法，不止一乘法，連小乘法也聞不到。

於無數劫　如恆河沙　生輒聾瘂　諸根不具
常處地獄　如游園觀　在餘惡道　如己舍宅
駝驢豬狗　是其行處　謗斯經故　獲罪如是

六根不全，「常處地獄」，出來又回去，出來又回去。「如游園觀」，就是人家遊園子，人家是快樂，他是在地獄受罪。或者在其他的惡道，「如己舍宅，駝驢豬狗，是其行處」，那就變成駱駝、驢子，變豬變狗，這是牠的輪轉行處。「謗斯經故，獲罪如是」，謗《法華經》所得到的罪過，就是這些。

若得為人　聾盲瘖瘂　貧窮諸衰　以自莊嚴
水腫乾痟　疥癩癰疽　如是等病　以為衣服
身常臭處　垢穢不淨　深著我見　增益瞋恚
淫欲熾盛　不擇禽獸　謗斯經故　獲罪如是
告舍利弗　謗斯經者　若說其罪　窮劫不盡
以是因緣　我故語汝　無智人中　莫說此經。

這是他的莊嚴，「以自莊嚴」。「水腫乾痟」，這種病一般人是不害的，水腫病，乾痟病，還有疥癩癰疽。「如是等病，以為衣服」，沒有衣服穿，就害這些病，常聞臭處，他聞那個臭是香的，我們聞的是腐臭的。

「垢穢不淨，深著我見，增益瞋恚，淫欲熾盛，不擇禽獸，謗斯經故，獲罪如是。告舍利弗，謗斯經者，若說其罪，窮劫不盡，以是因緣，我故語汝，無智人中，莫說此經。」佛又告訴舍利弗，「謗斯經者」，謗《法華經》

若有利根　智慧明了　多聞強識　求佛道者
如是之人　乃可為說。

過去承侍百億千億佛，所種的善根深厚。面對這種問題，我常這樣想，對於所聞法的人，不是機，你給他說，那個聞法的人就受這些報。他的報是怎麼來的呢？是你說來的，你給他說這些經，產生謗毀，這是一方面。對於講經的法師，特別是講《法華經》的法師，這個罪過你也有了，不當說而說。

另一面，如果有人請法，你不說，那你下無間地獄，就是吝法。你怎麼權衡？法師的罪過，說也要下地獄，不說也要下地獄，怎麼辦？學法學錯了？不的罪，盡無量劫也說不完。反過來說，讚歎此經，稱揚讚歎這部經，那就反過來了，常受聖報。佛說到這裡跟舍利弗說，沒有智慧的人，千萬不能跟他說此經，「無智人中，莫說此經」。你說經，一定要有所簡擇。

是這樣去理解。下面佛說的,說法者要注意,「若有利根,智慧明了,多聞強識,求佛道者」,「如是之人,乃可為說」,說《法華經》。

若人曾見　億百千佛　植諸善本　深心堅固
如是之人　乃可為說。
不惜身命　乃可為說。
離諸凡愚　獨處山澤　如是之人　乃可為說。

或者那個人曾見百千億佛,善根深厚,「深心堅固」、「如是之人,乃可為說」,這樣可為他說《法華經》。

「若人精進,常修慈心,不惜身命,乃可為說。若人恭敬,無有異心,離諸凡愚,獨處山澤」,不貪五欲,「如是之人,乃可為說」。

「若人精進,常修慈心」,給這樣的人說《法華經》。「離諸凡愚,獨處山澤」,不貪五欲,「如是之人,乃可為說」。

又舍利弗　若見有人　捨惡知識　親近善友
如是之人　乃可爲說。
如淨明珠　求大乘經　若見佛子　持戒清潔
如是之人　乃可爲說。
若人無瞋　質直柔輭　常愍一切　恭敬諸佛
如是之人　乃可爲說

這是可說的，當機的。「若人無瞋，質直柔輭，常愍一切」，「質直」是形容恭敬三寶，恭敬佛、恭敬法、恭敬僧，什麼瞋怨都沒有。心地質直，常時憐愍一切眾生，「常愍一切」。

復有佛子　於大眾中　以清淨心　種種因緣
譬喻言辭　說法無礙　如是之人　乃可爲說。
若有比丘　爲一切智　四方求法　合掌頂受

但樂受持　大乘經典　乃至不受　餘經一偈

如是之人　乃可爲說。

專誦《法華經》,別的經他不一定受。

如人至心　求佛舍利　如是求經　得已頂受

其人不復　志求餘經　亦未曾念　外道典籍

如是之人　乃可爲說。

這是專求《法華經》。「亦未曾念,外道典籍」,這個更重要了,專求《法華經》,不念外道教。

告舍利弗　我說是相　求佛道者　窮劫不盡

如是等人　則能信解　汝當爲說　妙法華經。

信解品第四

現在我們講《法華經》的第四品,〈信解品〉是「迹引中根,示初信解」,他的根機不是上上乘的,不是大乘,也不是一般小乘,而是中根人才能夠領悟。

爾時慧命須菩提摩訶迦旃延摩訶迦葉摩訶目犍連從佛所聞未

可說的跟不可說的,你要有智慧去分別。「求佛道者,窮劫不盡,如是等人,則能信解,汝當爲說,妙法華經。」這些人能夠信解,「汝當爲說」《妙法蓮華經》。這一段佛囑咐舍利弗,有的人可給他說《法華經》,有的人不要給他講《法華經》。如果是錯機的小乘人,講了,不但不信解,還會產生麻煩,造了大業。

曾有法。世尊授舍利弗阿耨多羅三藐三菩提記發希有心。歡喜踊躍即從座起整衣服偏袒右肩右膝著地一心合掌屈躬恭敬瞻仰尊顏而白佛言。

須菩提是佛的大弟子，聽到佛給舍利弗授記，他羨慕、領會佛的意思。這是信解《法華經》，光信《法華經》不行，還得了解《法華經》是什麼道理。只信不去作，行嗎？要去作，你得先明了，怎麼做？聽《法華經》就成佛了？還得去修行，信、解、行、證，此經開佛知見，怎麼樣才能開佛知見呢？用佛法的知見顯示給我們，什麼是佛的知見？你也理解到了，開佛的知見，真正開悟，真正理解了。這是能證，有悟才能證。

鈍根的人，信是信了，但不理解，他得有福報，沒有福報能信嗎？利根，但是邪知邪見，不是佛的知見，雖然理解，他不信入，不相信自己能成佛。學戒律的，你說《法華經》，他們聽不進去，沒智慧！那五千退席的弟子，證得

阿羅漢果，分段生死了，聽到佛一說《法華經》，他們退席了，聽都不聽。這要怎麼理解？他是正知正見的，但根器是鈍的，不信《法華經》的鈍。好像佛說舍利弗，舍利弗信了，不理解。現在他還沒入佛知見，只是歡喜，還得深信、理解，信而不解，你還入不得法華。

鈍根的正見，利根的邪見，必須又利又信又解。鈍根也有邪見，不信又不解。鈍根有正見，是信而不解；利根又有正見，是有信有解，不但信而且明白。每個人聞法的根機，有利根的，有鈍根的，有業障深的也有業障淺的。說法是普徧的說，悟有前有後，悟者不同，根機不同。

如來說法四十餘年了，有的弟子是在座的，完全聞到的，有的弟子沒有聞到的，雖然佛沒有說《法華經》，像方等大乘經典也含著法華義，只不過不明顯。那他不能領會。像文殊問疾，文殊師利菩薩去問維摩詰居士的病，文殊師利菩薩跟維摩詰長者互相的問答，那些阿羅漢在旁邊聽到，不知道兩人說什麼，領悟不到。根有利鈍，信有深有淺；大小教義，各各不同。每部經都有些

懷疑者，都有些疑問的，因此〈信解品〉是很重要的。

「爾時慧命須菩提」，這品的當機眾是須菩提，不是舍利弗。「摩訶迦旃延、摩訶迦葉、摩訶目犍連」，他們今天聽到佛所說的，聞所未聞，是未曾有法。但是佛給舍利弗授了阿耨多羅三藐三菩提記，他們這些人都沒有授記，須菩提證得空理最深，解空第一，空慧第一。

《金剛經》以須菩提為主的，他也是智慧第一。佛說般若是以須菩提為主，他們這些人聽到佛給舍利弗授記，也發起希有心，「歡喜踴躍」，沒有生嫉妒障礙。他們生歡喜心，整整衣服，從座位起來，「偏袒右肩，右膝著地，一心合掌，屈躬恭敬，瞻仰尊顏」。須菩提並沒有說，只是心有所求，發了希有心。舍利弗跟須菩提是同道，現在佛給舍利弗授記，「而白佛言」，他們向佛說。

我等居僧之首年並朽邁。自謂已得涅槃無所堪任不復進求阿耨

世尊教授我們的法,都得到了,證得涅槃,況且年紀已經朽邁,「於佛教化菩薩阿耨多羅三藐三菩提,不生一念好樂之心」,一點欣樂心都沒有了,就是不行菩薩道。

我等今於佛前聞授聲聞阿耨多羅三藐三菩提記心甚歡喜得未曾有不謂於今忽然得聞希有之法深自慶幸獲大善利無量珍寶不求自得世尊我等今者樂說譬喻以明斯義。

這些聲聞眾聽到佛給舍利弗授三藐三菩提記,因為他們跟舍利弗道力相等,聞法也相等,跟隨佛前,受的教育也相等。舍利弗既然授記了,他們認為自己也可能得授記,所以心生大歡喜。同時他們感覺自己沒有希望的,從來沒想過的,現在忽然得到了,「獲大善利」。「不求自得」;法財可不是世間相,是出世好多珍寶的東西,天人自降,「不求自得」。

間的，是無上的，把佛的妙法形容成珍寶。他們向佛表白說，「我等今者」，說說比喻，「以明斯義」。這一品本來是「信解」，在內容上還是用此比喻，跟第三品〈譬喻品〉差不多。因爲這種甚深的義理，若以理上、從性體上講，很不容易進入。假比方說，就很容易得道。這些羅漢向佛表白的時候，就拿譬喻來表明這個道理。

譬若有人年既幼穉捨父逃逝。久住他國或十二十至五十歲年既長大。加復窮困馳騁四方以求衣食漸漸游行遇向本國。

「譬如有人，年既幼穉，捨父逃逝，久住他國」，或者是住十年二十年，乃至五十歲了，離開自己的父親很久了。父親也失掉自己的兒子很久，就是分離了。年齡大了，但是生活很不如意。爲什麼？貧、窮、困，爲了求衣食，到四方去找工作，在各處遊蕩，遊蕩遊蕩回來了，「漸漸游行，遇向本國」，又回

到原來生長的地方。

其父先來求子不得中止一城其家大富財寶無量金銀琉璃珊瑚琥珀玻瓈珠等其諸倉庫悉皆盈溢多有僮僕臣佐吏民象馬車乘牛羊無數出入息利乃徧他國商估賈客亦甚眾多。

這孩子的父親,「其父先來」,他父親也是離開了,到處找他的兒子,「求子不得」,求不到、找不著。那好了,停歇下來吧!找一個城,中止下來了。求的機會既然得不到,停下來慢慢的等,沒有一定決定哪座城。因為他原來家庭的財富就很大,「其家大富,財寶無量」,這都是譬喻。

「金、銀、琉璃、珊瑚、琥珀、玻瓈、珠等,其諸倉庫,悉皆盈溢。」這些寶貝形容佛的萬德。這個家以實相為家,無家的家,這是一真法界的家。佛是福德、慧德兩足尊,這就是佛的財寶。

佛的財寶是什麼？福德、慧德。這就是實相境界為家，萬德為富，度眾生，一切福德智慧就是佛的財寶；法就是法寶，這個財是形容法寶。般若智慧，這就是寶貝不可思議。佛的摩訶衍就是大乘法無量，圓滿一乘。佛家的富貴，法財無量，這些金銀七寶是形容法的。究竟的財寶呢？實相。

所有的「僮僕、臣佐、吏民、象馬、車乘、牛羊無數」，前面講方便波羅蜜，無量。如前面講的，十住、十行、十迴向、十地，這就是形容所具的方便波羅蜜，特別是在《華嚴經》講得很多，可以略微用上。這是形容佛的臣佐吏民，他的力量、周邊弟子，在法上是這麼說的。

「一心三觀如大象，運圓教大乘。」三觀呢？空、假、中三觀，「次第三觀如馬，運別教大乘。」析空觀，分析而空的；體空觀，不假分析。「即空析空觀如水牛，運兩教大乘。」分析就像牛馬車乘等，於法上相配。

時貧窮子遊諸聚落經歷國邑遂到其父所止之城父每念子與子

離別五十餘年而未曾向人說如此事。

「時貧窮子」，專指一個人說。貧窮子就是沒有大乘的財富，沒有諸德，到處流浪，遭受苦難。所以他才厭患這苦難，心裡頭想求出離。想求出離，求得成大乘法。同時，父母念子，形容父母的兒子失落之後，非常思念，但是隔離太久了。

離別五十餘年，父母也沒有向人家說，我的兒子丟失了，未曾向人說此事。這五十年形容什麼？形容到地獄、畜生、餓鬼、人、天，流浪於六道當中，這裡說五道，沒有阿修羅道，演五乘法的意思。

但自思惟心懷悔恨自念老朽多有財物金銀珍寶倉庫盈溢無有子息。一旦終歿財物散失無所委付是以慇懃每憶其子復作是念。

我若得子委付財物坦然快樂無復憂慮。

「但自思惟，心懷悔恨」，年齡也大了，兒子也失落了，心裡就後悔。自念已老朽，這麼多財寶有什麼用呢？「倉庫盈溢」，沒有子女，一旦去逝了，財寶都散失了。究竟託付給誰？付囑給誰？因此思念自己失散的兒子。

「復作是念」，又想到，假使找到我兒子，把這個財物給他，那我就很坦然快樂，再沒有憂慮。在佛本身想把他的法藏，不是付給三乘，而是付給一乘之子，能夠承他的本心，承他的快樂。這是佛的希望。

世尊爾時窮子傭賃展轉遇到父舍住立門側遙見其父踞師子牀寶几承足諸婆羅門剎利居士皆恭敬圍繞。

在這個時候，「世尊，爾時窮子，傭賃展轉，遇到父舍」，到處走又走到

這個城來了,這是緣哪!「緣起性空」,緣又遇到了,回到他父親的城邊,但不認識了。他也不認識他父親,但是他父親可認識他。他在門旁邊,門側。這是表顯佛的慈悲攝受。貧子倚側著門,看見長者在大宅之中,「遙見其父」。這個貧子看見他父親不認識了,遙遠看見他的父親。他父親坐師子之座,「寶几承足」,跟前的婆羅門、剎利、居士,恭敬圍繞。

以真珠瓔珞價直千萬莊嚴其身吏民僮僕手執白拂侍立左右覆以寶帳垂諸華旛香水灑地散眾名華羅列寶物出內取予有如是等種種嚴飾威德特尊。

這顯示長者非常富有。約法上說,踞師子之牀,佛是人中師子,這個師子牀就名佛。佛所說的,如來師子吼。所看見的身是圓報法身,圓滿報身,並不是化身。安住在什麼地方?安住於性空。形容這師子座,乃至於他看

參、開佛知見分 信解品第四

473

見的都叫緣起。

在《華嚴經》講第一義空,以什麼為牀呢?四無所畏為牀。「寶几承足」?就是定慧,定慧均等,福如足相。「寶几承足」,這個几以實際理地為几,足登實際理地。無生的定力跟慧力,這都是真如境界,全是性空境界。

以下這些所能圍繞的,明佛的法身。把居士形容著常住的、非常住的、他方的、應化此土的,就是此間的,分作內凡外凡。居士屬於外凡,婆羅門這些外凡,不是真子。有些居士、婆羅門在跟前圍繞,形容佛在說法住世間的時候,就有四眾弟子維護。

真珠、瓔珞,形容佛的戒、定、慧陀羅尼三昧,價值千萬的無價之寶,價值千萬,形容十住、十行、十迴向、十地,以此莊嚴佛的法身,價值千萬。這都是無價之寶,拿這些來形容。

《法華經》盡講故事,講形容詞。那法身?法身沒有說的,性空沒有說的,在緣起上說吧!你聽起來好像是世間事,實際上不是世間事。這是二乘人

迴向、十地、十一地。

我們講《華嚴經》，就十一地都在跟前隨侍左右，「手執白拂，侍立左右」。「覆以寶帳，垂諸華旛，香水灑地，散眾名華，羅列寶物」，出內取予，就是出出進進，出出進進；或者出出去，或者收進來。「有如是等種種嚴飾，威德特尊」。

「手執白拂」，白拂是形容法，什麼叫白拂呢？你看道長拿拂塵，打掃灰塵，這是形容佛的權智，善巧方便利益眾生的智慧，以此左右為拂塵，把你的煩惱惑業都打掃乾淨。「覆以寶帳」，「寶帳」就是慈悲，真實慈悲帳，同時座上掛著幢旛寶蓋，那是形容佛的慈悲喜捨。

寶旛，「旛」形容佛的神通，風擺動了，香水灑地，香水就是法水。佛說一切法水契合菩薩的心地，把菩薩惑業垢染都洗乾淨了，這個水是定水。「散眾名華」，就是戒定慧一切法，斷一切眾生疑，把眾生的非道變成道，把不正

的知見變成正的知見，斷知見，清淨知見。

戒，大家都懂得了，攝律儀戒，攝善法戒。慧呢？因為性空而起，緣起所使的智慧，斷疑。斷俗諦的疑，也斷真諦的疑，真俗二諦的疑惑。知見完全變成佛德圓滿的知見，了達自己的佛性。

「香水灑地」，「香水」形容智慧，以智慧水澆實相地，生長出來真實智慧；斷一切惑，斷一切污染，長者具足這麼大的德力。

窮子見父有大力勢即懷恐怖悔來至此竊作是念此或是王或是王等非我傭力得物之處不如往至貧里肆力有地衣食易得若久住此或見逼迫強使我作作是念已疾走而去

窮子一見到他父親的勢力太大了，就害怕了，「即懷恐怖」，自己不該到這裡來。他自己心裡這樣想，這是國王嗎？有這麼大的權力，我只是個窮苦的

工人,這個地方不是自己待的地方,這不是能得到傭工的地點,得趕快走。

找窮苦的地方,可以出賣我力氣,那些地方容易得到衣食,這個地方不可能久待,恐怕有危險。若久住於此,一定逼迫我,強逼我給他作,完了還不給我東西;不給我吃飯,不給我穿衣服,遠遠走開吧。他這樣想念,之後,「疾走而去」,就像逃跑一樣離開了。

時富長者於師子座見子便識心大歡喜即作是念。我財物庫藏。今有所付我常思念此子無由見之而忽自來甚適我願我雖年朽猶故貪惜即遣傍人急追將還。爾時使者疾走往捉窮子驚愕稱怨大喚。我不相犯何為見捉使者執之愈急強牽將還。於是窮子自念無罪而被囚執此必定死轉更惶怖悶絕躄地。

這個時候,大長者就看見他的兒子,「見子便識」,一見到就認得他了。

「心大歡喜」。心裡說離開五十年，現在回來了，意思是現在這些眾生都跟我過去結的有因緣，是結緣的眾生，他們可以領受佛法。「心大歡喜」，生起慈悲心，要救度這些眾生。

從他父親說，救度兒子；從佛說，化度一切眾生。

這些財物庫藏，「今有所付」，可以付託給我兒子，這是常想的。同時自己想到，我這子，「無由見之」，因為找不到，現在他自己來了，「甚適我願」，滿足我的願。我年紀大了、身體也朽了，「猶故貪惜」，我還有什麼貪惜呢？沒有了。

在這個時候，佛已經七十多歲了，現在開演《法華經》，那正是佛的最後十年，佛活到八十歲，說法四十餘年，沒有什麼貪惜的。這個庫藏所有的資財就是法，往昔一切眾生不學大乘法，退大取小，就像貧里求食似的，資生很艱難，也就是究竟想了生死證涅槃，很不容易。取小乘，取不了義的，真正了義的不求，就像是窮子找窮困的地方去求食。

「我常思念」，佛常時這樣想，自己是為大悲大慈利益世間，不是以小法

來度眾生。佛雖然欲救拔眾生，但是眾生不接受，承受不了，就等於逃逸一樣的，見不著。我現在年紀大了也朽了，像朽木。「猶故貪惜」，第一期的化度眾生，化完了，年齡已經到了，到現在沒見到大根機的人，法還付不出去。

這是專門講轉小向大，跟《華嚴經》的大菩薩不同。一法有一法的因緣，《法華經》此法專講轉小向大。常時這樣想，我的法要付給誰？法無委託。現在他回來了，我可以給他了，沒有什麼貪惜的。長者對一切世間財物沒有貪惜，應該付託給兒子。同時他就遣一個旁人，就是他底下傭人，把兒子找回來。

因為他的兒子看見大富長者的勢力很大，他害怕就跑了！被長者看見了，派人把他追回來。被派的人就到那兒去，把他捉住了，這窮苦的兒子就嚇壞了。他說：「我沒有傷害他們，為什麼來捉我？」他不去。追他的人就強牽著他，非把他拉回來不可。這一來把這窮子嚇到了，他說：「為什麼捉我？一定要處死我。」這一驚恐惶怖，「悶絕躃地」，倒在地下，這是假死的，不是真死，死了就捉不回來。

父遙見之而語使言不需此人勿強將來以冷水灑面令得醒悟莫復與語。所以者何父知其子志意下劣自知豪貴爲子所難審知是子而以方便不語他人云是我子使者語之我今放汝隨意所趣窮子歡喜得未曾有從地而起往至貧里以求衣食。

長者看見了說，別捉他了！把他嚇死了，不要叫他來了。拿冷水給他揮面，就恢復過來了。他父親知道這兒子，「志意下劣」，見到豪貴，恐怖得嚇死了。同時長者也沒跟別人說，這是我的兒子，「云是我子」。「使者語之」，追他的人跟他說：「不需要你，你去吧！」窮子一聽到高興，「得未曾有」，非常高興，「從地而起」，就跑了，「往至貧里」，就找窮鄉僻壤的地方去求飲食。

爾時長者將欲誘引其子而設方便密遣二人形色憔悴無威德者。

480【方便篇】妙法蓮華經講述（上冊）

汝可詣彼徐語窮子此有作處倍予汝直窮子若許將來使作若言欲何所作便可語之雇汝除糞我等二人亦共汝作時二使人即求窮子既已得之具陳上事。

這叫方便善巧智,直接教授大乘法他不會接受的,改用方便善巧。「密遣二人」,形容這二人跟他差不多,憔悴的沒有威德的,跟他做同事攝,這就四攝法的同事,跟他穿的也同樣是破破爛爛的,示現跟他一樣,也是沒有威德的。叫這兩人說,你們到那窮子身邊,讓他先信任你們;多給他幾個錢,僱他回來當工人。他若答應了,你們就把他帶回來。若是他問,叫他做甚麼?告訴他除大糞,同時你們兩人跟他共同做這個工作,讓他信。

這兩個人是表斷惑,修行菩提道,發菩提心、行菩薩道。但是還不能直接告訴他,先修五戒十善不墮三塗,之後再說四諦十二因緣了生死,這樣來引誘他,最後能夠至於涅槃,這樣能斷惑證真。

爾時窮子先取其價尋與除糞。其父見子愍而怪之。又以他日於窗牖中遙見子身羸瘦憔悴糞土塵坌汙穢不淨即脫瓔珞細軟上服。嚴飾之具更著粗敝垢膩之衣塵土坌身右手執持除糞之器狀有所畏。

他們就找到窮子，跟他說，你願不願意到長者那裡去做工？做甚麼工？掏糞。「爾時窮子先取其價」，叫我去得先給我錢，討價還價，怕不相信。先給我工資，就給你除糞！當然就給他工資，他就來了。

「其父見子，愍而怪之」，他的父親憐憫他又感覺很奇怪。為什麼？取小失大。怪他什麼？不求成佛，專想證得阿羅漢果，所失者大，所得的果就得的很少，大的失掉了，這不是怪事嗎？「愍而怪之」，又憐愍又奇怪。

「又以他日」，過一段時間，在窗裡看見他兒子的身體，「於窗牖中」，那是偏見，見小而不能擔大，表示權智，權巧方便善巧智。

「遙見」，表示小乘，距離大乘很遠的。「見子身」，過去種過大乘的根性，因為他是佛子，發過大乘心，現在他的大乘知見沒有了。從窗戶見他，看他那個樣子，「羸瘦憔悴，糞土塵坌，汙穢不淨」，掏糞的還能乾淨？沒有好衣服穿，破破爛爛的。因此，他便脫下細軟的上服、嚴飾之具，穿上粗敝垢膩之衣，一個手拿著除糞便的器皿，好像很害怕的樣子。

語諸作人。汝等勤作勿得懈息以方便故得近其子。後復告言咄男子汝常此作勿復餘去當加汝價。

他又跟其他人說，不要懈怠，好好工作，跟除糞的人這樣說，以這種善巧方便，「得近其子」，他的兒子不怕也不跑了。以後這位父親又告訴他的兒子，「咄！男子」，跟他打個招呼。「汝常此作，勿復餘去，當加汝價」，說你就在我這裡作，別在往別處走了，我加給你工資，「當加汝價」，現在你的

諸有所需盆器米麵鹽醋之屬莫自疑難。亦有老敝使人需者相給。好自安意我如汝父勿復憂慮所以者何我年老大而汝少壯汝常作時無有欺怠瞋恨怨言都不見汝有此諸惡如餘作人自今已後。如所生子即時長者更予作字名之為兒。

廚房有很多東西，你想吃什麼自己去拿；還有，以前老的「敝使人」，以前除便的年紀大的人，你需要什麼跟他要。「好自安意，我如汝父」，你可以把我當成父親一樣，不要憂也不要慮。這段形容佛度眾生的時候，慈、悲、喜、捨，示現四攝法，使他安慰，使他再也沒有顧慮。

為什麼我要這麼給你作呢？「所以者何？」因為我年齡已經老了也大了，而你們年紀很輕還小，好好工作，不要懈怠，不要發瞋恨，不要有怨言。我見

484

爾時窮子雖欣此遇猶故自謂客作賤人由是之故於二十年中常令除糞過是已後心相體信入出無難然其所止猶在本處。

這個窮子很高興，「欣」是現在心性高興的意思，得到這麼一個值遇。但是，他還不敢相信。又經過二十年，沒讓他幹別的，還是除糞。這是先以欲勾牽，漸漸斷惑。經過這以後，「心相體信」，互相接觸多了，窮子就相信了，

我兒，長者給他一個名字，你是我兒子。

這就告訴他：「我老了，你還小！」告訴他，以智慧斷你那個小義，就是智斷，智斷是斷惑的意思。說你年少，在理法當中，必須具足五力斷五種惡法，「如餘作人」，是指著外道，不是內教。長者更給作個名字，說你就名為

你還不錯，沒有這些惡毛病，「都不見汝有此諸惡，如餘作人」，跟其他做這個工作的人不一樣，把他當成自己生的兒子一樣。

出入一點都沒有恐怖。但是還沒換地方，還在作除糞那個地方。

世尊爾時長者有疾自知將死不久語窮子言我今多有金銀珍寶倉庫盈溢其中多少所應取予汝悉知之我心如是當體此意所以者何今我與汝便爲不異宜加用心無令漏失。

大長者有病了，「自知將死不久」，自己知道命要盡了。「語窮子言」，跟那個窮子說，我多有金銀珠寶。「我今多有金銀珍寶，倉庫盈溢，其中多少，所應取予，汝悉知之。」這個財富你都應該知道，說佛的一切法門，你都應領受。佛的法門有種種門，理事一個，事有千差萬別，眞如與理是一個，理中的法門八萬四千，法門非常的多，所有這些法都是珍寶。

倉庫，倉是定門，庫是慧門，倉庫就是定慧。就是我們經常說百八三昧；庫是慧門，倉庫就是定慧的倉庫。你懂得嗎？「我心如是」，什麼意思講波羅密空，十八空，就是定慧

參、開佛知見分 信解品第四

呢?都付給你,「當體此意」,你應當領會我的意思。為什麼要這樣做?「今我與汝」,讓這個不要遺失。

這是佛跟舍利弗授記。說這個法寶,都誰給你的,你都應當知道,一切諸法如是如是,如是體、如是相。「便為不異」,普徧真善吉祥的如,如來如,就是如來。一如無二如,方便即是真實,真實即是方便。方便為了成就真實,真實必需得假方便才能進入。這個時候窮子已悟得本來的天性,也就是自性,人人都如是。

爾時窮子即受教敕領知眾物金銀珍寶及諸庫藏。而無悕取一湌之意。然其所止故在本處下劣之心亦未能捨復經少時父知子意。漸以通泰成就大志自鄙先心。

聽到父親長者的教授,他就接受了。「領知眾物」,面對金銀財寶及諸庫

藏,「而無睎取一飡之意」,心量也大了,不得少爲足。雖然是這樣,因在本處,下劣之心還沒有完全捨掉,但是他受命,承受佛的家業,無吝捨無惡取了。「復經少時」,又經過一段時間,時間不長,父親知道他的兒子已經通泰成就大志,意願成佛,成就自己,感覺自己過去的錯誤,「自鄙先心」,過去是下劣的小心,現在擴大了。

臨欲終時而命其子并會親族國王大臣剎利居士皆悉已集即自宣言諸君當知此是我子我之所生於某城中捨我逃走。

長者臨欲終時,召集所有國土的人,從上到下,爲什麼?向大家宣布,「即自宣言,諸君當知」,大家應該曉得,這個就是我的兒子,是我所生的。以前在某某的城,他逃走了。

嶺埣辛苦五十餘年其本字某我名某甲昔在本城懷憂推覓忽於

此間遇會得之此實我子我實其父今我所有一切財物皆是子有。先所出內是子所知世尊是時窮子聞父此言即大歡喜得未曾有而作是念我本無心有所悕求今此寶藏自然而至。

羚𤛿孤苦的經過五十多年，孤單無依靠的。他原來的名字叫某甲，「昔在本城，懷憂推覓」，失掉之後就在法界之內尋找的。「本城」，就是從心地推找的。因為眾生背離大城之後，起了無明的闇覆，在無明闇覆之中，就在生死當中流轉。離開法身之後，背離法身，背覺合塵。現在是離塵合覺，就是這一段因緣。

「世尊，是時窮子聞父此言，即大歡喜，得未曾有。而作是念，我本無心，有所悕求，今此寶藏自然而至。」這一段話是阿羅漢向佛說的，這個譬喻不是佛講的，而是須菩提、目犍連這些大弟子向佛說的，這整段經文是他們表達的。

世尊大富長者則是如來我等皆似佛子如來常說我等為子世尊。

我等以三苦故於生死中受諸熱惱迷惑無知樂著小法今日世尊。

令我等思惟捐除諸法戲論之糞。

雖然拿一個人來形容，其實這是無量的。二乘人，千二百，這些阿羅漢就合父於子，他們向佛這樣說。以前如來常說我等為子，父子相見了，以前佛經常跟我們講，佛把我們都當成兒子，事實上也如是，從佛口生，從法化生。這個跟一般的父子關係不一樣，是法子，無量劫來佛都度他們。

「我等以三苦故，於生死中」，五濁在生死中，「受諸熱惱」，迷了，沒有智慧了，貪著小法，樂著二乘法不捨，執著不捨，貪著就是這個意思。法執猶在，就是對法執著不捨。「今日世尊」，現在佛令我們思惟，思惟就是要我們觀察自己，回小向大。一切諸法戲論像大糞一樣，要除掉。

我等於中勤加精進得至涅槃一日之價既得此已心大歡喜自以

爲足便自謂言於佛法中勤精進故所得宏多。

精進做什麼呢？修大乘法，轉小向大。「得至涅槃一日之價」，得了這個，心大歡喜，「自以爲足」，「便自謂言，於佛法中勤精進故，所得宏多」，因爲他了了生死，出了三界，自謂得了很多。我們也很精進的，認爲我得了不少，「宏多」。但是沒有得到，以前是得少爲足。

然世尊先知我等心著敝欲樂於小法便見縱捨不爲分別。汝等當有如來知見寶藏之分世尊以方便力說如來智慧我等從佛得涅槃一日之價以爲大得於此大乘無有志求我等又因如來智慧爲諸菩薩開示演說而自於此無有志願。

佛了解到我們這個心，像除糞便那個敝欲一樣，得少爲足。敝欲者，不

參、開佛知見分 信解品第四

是很清淨的,這裡頭還有見思無明,並沒有得到。「樂於小法,便見縱捨」,把小法當成真實的。「不為分別,汝等當有如來知見寶藏之分」,從來沒有想過,我們能得如來的寶藏。

世尊慈悲以方便力,跟我們說如來智慧。這就是如來智慧的因。以這個因得了二乘之果,當成真實的。過去跟佛長久了,多少劫了,佛又以三乘的方便,以大乘的真實德相,以這個方便力讓我們能夠隨小向大,來取大乘法。這樣在方便力,除便二乘,顯佛的智力,入佛的真實相。

「我等從佛,得涅槃一日之價,以為大得,於此大乘,無有志求。我等又因如來智慧,為諸菩薩,開示演說,而自於此無有志願。」我們沒有聽到佛演說大乘法,究竟教義。他說,自己沒有這個志願,沒有這個願望,現在得佛的加被力,加持的威力,稱佛心,回小向大。

所以者何。佛知我等心樂小法以方便力隨我等說。而我等不知真

是佛子。今我等方知世尊於佛智慧無所吝惜所以者何我等昔來眞是佛子而但樂小法若我等有樂大之心佛則爲我說大乘法。

今此經中唯說一乘。而昔於菩薩前毀呰聲聞樂小法者然佛實以大乘教化是故我等說本無心有所悕求今法王大寶自然而至如

佛知道我們的心執著小法，沒有大乘志願，才以方便力隨我等說，「而我等不知眞是佛子」，沒有開佛知見、示佛知見、悟佛知見、入佛知見，沒有開示悟入佛的知見，不能認識自己是眞正的佛子。現在，「我等方知世尊於佛智慧，無所吝惜」，佛並沒有吝惜佛的智慧，都我們得到，也就是不吝惜的意思。

「所以者何？」實際上，從過去以來，我們就是眞佛子，不是假的，眞正是佛的兒子。只是我們貪樂小法，沒有喜歡好樂大乘之心，「佛則爲我說大乘法」，現在是開權顯實。

佛子所應得者皆已得之。

在《法華經》中,唯說一乘,過去由於我們喜歡小,佛不把大法付給我們也沒有說我們能夠成佛。現在開權顯實,真理至一,理唯一,理就是佛果,只是一乘,無二也無三,唯此一事實。過去因為我們不堪受,所以沒有跟我們說;現在佛已經把我們度了,轉化了,佛沒有吝惜,以前我們沒有領受,現在我們能領受了。

「是故我等說,本無心有所睎求」,過去我們沒有求過,沒有這個心。

現在「法王大寶自然而至」,目犍連、須菩提認為,佛也應跟我們授記,不光舍利弗一個人,這裡頭含有這個味道,經文雖然沒說,看舍利弗授記,法王大寶自然而至,自然也給我們授記。「如佛子所應得者,皆已得之」,現在明白了,是我們該得的,該得的應當得到。

爾時摩訶迦葉欲重宣此義而說偈言。

我等今日　聞佛音教　歡喜踊躍　得未曾有。

佛說聲聞　當得作佛　無上寶聚　不求自得。

迦葉尊者想把這個道理再說一遍，用偈頌簡單再說一遍。「我等今日，聞佛音教」，我今天聽佛開示我們，教導我們，教化我們。「歡喜踊躍，得未曾有」，窮子這回得到父王的財富，「歡喜踊躍，得未曾有」，從來沒敢想。但是經過五十餘年，自然而至。

「佛說聲聞，當得作佛」，一切眾生都能成佛。「無上寶聚，不求自得。他自己不求，自己不想得，現在佛說一切聲聞都能成佛。「無上寶聚，不求自得」，我們這些聲聞人不求，自然得到了。這個得到還不是真得，佛給他授記能成佛，但是還得經過無量劫。

譬如童子　幼稚無識　捨父逃逝　遠到他土

周流諸國　五十餘年。　其父憂念　四方推求
求之既疲　頓止一城　造立舍宅　五欲自娛。
其家鉅富　多諸金銀　硨磲碼碯　眞珠琉璃
象馬牛羊　輦輿車乘　田業僮僕　人民眾多
出入息利　乃徧他國　商估賈人　無處不有

小孩子沒有知識,「捨父逃逝」,捨了家,「遠到他土」,到別的國土去了。這一捨,時間可長了,經文形容是五十餘年,其實不曉得要經過多少個無量億劫。例如說,現在聞到《法華經》,我們過去都受佛的教導,我們也是逃離了,這一逃離無量億劫了。「他土」就是形容六道輪廻,我們過去都是在六道輪轉,輪廻去吧。等於「周流諸國,五十餘年」,流落到三界當中,在六道輪轉,五十多年。「其父憂念,四方推求,求之既疲」,求不到,求得疲倦了。「頓止一城」,在一個城就停歇下來,休息下來,造了一間大宅子。「五欲自娛」,以

五欲境界，現的是世間相。

佛到眾生，自然跟眾生界一樣示現的。這個家是大財富，鉅富。「多諸金銀，硨磲碼碯，眞珠琉璃，象馬牛羊，輦輿車乘，田業僮僕」，奴僕很多，人民眾多。財富很多，有出有入，「出入息利」，開個大銀行，很多利息。「乃徧他國」，他國包括很遠的。往來的眾多，一切的諸大菩薩，來往聽法的，有來有去。《華嚴》也是這個意思。《法華》是最後，《華嚴》是最初，兩者合起來看，更圓滿了，「無處不有」。

千萬億眾　圍繞恭敬　常爲王者　之所愛念
羣臣豪族　皆共宗重　以諸緣故　往來者眾
豪富如是　有大力勢。

「宗」是宗仰，「重」是尊重，把人看得重。國王宗重了，但是佛是法

王。「羣臣豪族，皆共宗重」，就是常為王者。以這種緣故，來往求法的人很多。「豪富如是，有大力勢」，這是形容詞。

而年朽邁　益憂念子　夙夜惟念　死時將至
癡子捨我　五十餘年　庫藏諸物　當如之何。

年紀已經老了，老了就會念子。佛這個時候，思念二乘人，今生還不能夠轉小向大，但是自己的化緣已盡，死時將至。而這愚癡的兒子，沒有大智慧，捨佛已經五十餘年，「庫藏諸物，當如之何」，自己所有的財產，付給誰呢？

爾時窮子　求索衣食　從邑至邑　從國至國
或有所得　或無所得　飢餓羸瘦　體生瘡癬
漸次經歷　到父住城　傭賃展轉　遂至父舍。

從這個城邦到那個城邦，從這個國家到那個國家，有時候得到，有時候無所得。窮子到時候給人打工，工資高一點，有時候得不到。「飢餓羸瘦，體生瘡癬」，害病了，吃不飽，「漸次經歷，到父這是形容詞。

住城」，因緣和合又回來了，跟他父親相遇。

迦葉尊者把前面的長行，用偈頌再說一遍。說我們過去修的是二乘法，得不到如來的境界，不得大乘法食，沒有聞到大乘法，沒有大乘法味，就飢餓。沒有大乘的十力、四無所畏。無大功德，就瘦了。塵沙無明，長瘡生皮癬一樣的。「傭賃展轉，遂至父舍」，到處打工，打到他父親這個宅子來了。

有無善上，善上就是佛的知見。說在見思惑上頭，雖然斷了，於見思煩惱法就飢餓。沒有大乘的十力、四無所畏。無大功德，就瘦了。

爾時長者　於其門內　施大寶帳　處師子座
眷屬圍繞　諸人侍衛　或有計算　金銀寶物

參、開佛知見分　信解品第四

499

出內財產　注記券疏。

這是大富長者所有的財富,也是形容法,「眾生無邊誓願度,法門無量誓願學,煩惱無盡誓願斷,佛道無上誓願成」,這就是大乘財寶。有的人開悟了,證得了,有的人得到一部份,有的人才開始學。

我們之所以讀經學法,就是佛的財寶,法是財寶,把法形容成財寶。我們供的七珍八寶,七覺支、八正道,這都是合乎法,以法合乎事,以事迴向於法,這叫內外的財產。內財,佛是自證聖身,法身得無量具足。外財呢?佛如果說,眾生的一切法財,八萬四千,法門無量,那都是佛的財產。

窮子見父　豪貴尊嚴　謂是國王　若國王等
驚怖自怪　何故至此。復自念言　我若久住
或見逼迫　強驅使作　思惟是已　馳走而去

借問貧里　欲往傭作。

這是以窮子形容法。對成佛的法門，就是上乘法，實相法門，法是非常深入。我們講《華嚴經》形容過，大概知道了。說這個比喻當中，形容這位窮子，因為他離開他父親很久，幾十年了。

我最近看這段經文，我想，這窮子離開他父親有五十餘年，回來跟他父親又是二十年，那這窮子也七十多歲了。這是形容詞。這回他見到父親不認得了，當然離開五十多年，哪能認得。

看見長者尊貴，那個氣派，所以他就害怕了，該不是跟國王一樣！「驚怖自怪」，就是恐懼感，我怎麼跑到這裡呢？「何故至此，復自念言」，自己又思惟的想，這個地方我不能久待。他會把我抓去，強逼驅使我去作，這樣想的就趕快離開，「馳走而去」，離開這富貴地方，想找一個貧窮的地方去打工，「欲往傭作」。

參、開佛知見分　信解品第四

長者是時　在師子座　遙見其子　默而識之
即敕使者　追捕將來　窮子驚喚　迷悶躄地
是人執我　必當見殺　何用衣食　使我至此
長者知子　愚癡狹劣　不信我言　不信是父
即以方便　更遣餘人　眇目矬陋　無威德者
汝可語之　云當相雇　除諸糞穢　倍予汝價
窮子聞之　歡喜隨來　為除糞穢　淨諸房舍

長者在師子座看，那個貧苦的人就是他失去的兒子。就打發一個傭人，把他追回來，捉回來。本來這窮子就很恐怖，這一追他，把他給嚇到了，昏迷過去了，「迷悶躄地」，就是摔倒在地上了。這一定要抓我的，「是人執我」，抓我，一定殺我，「必當見殺」，不但得不到衣食，性命也不保了。

長者知道他的兒子「愚癡狹劣」,形容他的心量很小很狹礙。這個時候長者跟他說什麼,他不會信的,也不相信這位大富長者就是他的父親。長者這樣思惟之後,以方便善巧,又派個傭人去。派的人跟窮子差不多,「眇目矬陋」,瞎一隻眼睛,又矮小,長得又醜陋,沒有威德。形容這個窮子沒有大乘的善根,沒有眾善莊嚴,沒有無威智,沒有德。這是表法的,因為他是小乘。

同時長者第二次派的人,長者跟他說,我們雇他,雇他幹什麼呢?除糞穢,多給他錢。第二個人去跟他說,跟他相等了,那窮子就信了,他就歡喜跟這個人來了。來幹什麼呢?來除糞穢,「淨諸房舍」。

長者於牖　常見其子　念子愚劣　樂為鄙事。
於是長者　著敝垢衣　執除糞器　往到子所
方便附近　語令勤作。既益汝價　并塗足油

飲食充足　薦席厚煖　如是苦言　汝當勤作
又以軟語　若如吾子。

從窗戶中長者常時觀察他的兒子動作，心裡這樣想。長者用方便善巧來吸收他，也穿上敝垢衣，拿著除糞的器具，到他這個窮子的身邊，跟他說，你好好的在這裡工作，我多給你錢，「既益汝價」，就是多給他增加工資的意思。說你別再到處跑，加以語言方便攝他，「既益汝價」，就是給他增加他的錢。

印度都是赤足的，腳都是裂的，專門設有塗足油，擦腳的油，一般窮人是擦不起的。這又給他塗足油，塗足油是免得他腳破裂，多給他飲食，讓他吃得飽。「薦席厚煖」，當然沒有棉花被條，也沒溫暖的床臥，就拿那個草席，這就叫薦席，舖厚點，厚一點就暖和了。又跟他說，「如是苦言，汝當勤作」，說這個地方是很苦的，你應當勤快的作。「又以軟語，若如吾子」，言語善巧

接近他，說我把你當成我的兒子一樣。

長者有智　漸令入出　經二十年　執作家事
示其金銀　真珠玻瓈　諸物出入　皆使令知。
猶處門外　止宿草庵　自念貧事　我無此物。
父知子心　漸已廣大　欲予財物　即聚親族
國王大臣　剎利居士。於此大眾　說是我子
捨我他行　經五十歲　自見子來　已二十年
昔於某城　而失是子　周行求索　遂來至此。
凡我所有　舍宅人民　悉以付之　恣其所用。

「長者有智，漸令入出」，簡單的說，讓他去管家事，漸漸的就不除糞了，改作別的事業了。形容佛度二乘人的時候，使他轉小向大，給他教授菩薩

法。這個裡頭就含著斷除二乘的煩惱惑，見思煩惱惑，還要進一步斷塵沙無明惑。但是這時間經過很長。

我剛才說的，這窮子差不多一百歲了。離家出走起碼十幾歲，又經過五十年，這一轉變又經過二十年。這都是形容詞。同時這個時候，漸漸得到窮子的信任，不讓他除糞了，管出納，管金錢、珠寶、琉璃，大長者是很富有的。當然或者有作貿易，若不作貿易，那個錢財怎會增長？所以一切物質出入，都令窮子知道，都令他兒子知道。但是，還在外邊草房子住著，止宿的地方沒變，漸漸引誘他，漸漸入於真實。因為窮子現在還這樣想，說我是貧窮的，只是管理這事業而已，這些物都不是我的。

大長者知道窮子的心意，漸漸的引誘，令他心量廣大，跟他說，這財物就是你的，給他財物。這時候這窮子心量也漸漸的大了，進入大乘境界。這個時候長者就把親族召集起來，還有國家的國王大臣，剎帝利的居士，貴族的人。長者跟大眾說，現在管理我財物的，就是我的兒子，「說是我子」，他捨

我到別處去,離開五十年。現在我把他找回來,又有二十年。我在某個城失掉的、離開的,現在回來了。我找他找了很久,「周行求索」,到處找他。那麼在這個城遇到了,現在他可以接受我的產業,「凡我所有」,包括這個宅子,乃至我的人民都給他,付託給他,「恣其所用」。

佛亦如是　知我樂小
并及舍宅　一切財物　甚大歡喜　得未曾有。
子念昔貧　志意下劣　今於父所　大獲珍寶

這就是相識相見的過程,拿這個是作比喻的。佛也如是,這是迦葉尊者說的,這種比喻都是迦葉尊者形容的。說佛現在像大長者一樣的,知道我們這些二乘人樂小,得少爲足,佛從來沒說過我們能作佛。

未曾說言　汝等作佛　而說我等　得諸無漏

參、開佛知見分　信解品第四

507

成就小乘　聲聞弟子。佛敕我等　說最上道

修習此者　當得成佛。

現在佛跟我們說的是無上道,無上道就是佛道。「修習此者」,現在我們所修習的大乘法,修般若的智慧。這個智慧不是小乘的、二乘的空,是大乘的空。這空又恢復他自己的佛性,這就是性空。「修習此者」,修習甚深般若,一定能成佛,「當得成佛」。

我承佛教　爲大菩薩　以諸因緣　種種譬喻

若干言辭　說無上道　諸佛子等　從我聞法

日夜思惟　精勤修習　是時諸佛　即授其記

我現在承佛的教敕,也是大菩薩,不是二乘人了。「以諸因緣,種種譬

喻」，以這種因緣，假種種善巧方便引誘我們，以前的二乘法都是善巧方便；現在說的是真實義，說無上道。同時又對與會大眾說，「諸佛子等」，都稱為佛子。「從我聞法」，從我聽到大乘法之後，「日夜思惟，精勤修習」，以此因緣勤精修習故，得佛的許可，這時候佛也給我們授記了。

汝於來世　當得作佛　一切諸佛　秘藏之法
但爲菩薩　演其實事　而不爲我　說斯真要。
如彼窮子　得近其父　雖知諸物　心不睎取。

這句話是形容過去的。說現在聞法了，得佛的授記，又令我們去教導一切眾生，就是菩薩了。這是以法說，佛所說的法，跟前面的譬喻說，譬跟法得相合。「如彼窮子」，如窮人哪，大長者子，爲什麽那時候窮呢？他不認得真實了，連他父親都不認得了。現在，「得近其父」，「雖知諸物，心不睎取」，

他知道這些財富不是我的,沒有希取之心。

我等內滅　自謂為足　唯了此事　更無餘事
我等雖說　佛法寶藏　自無志願　亦復如是

我們這些三乘人雖然終日在佛身邊,佛說諸法的寶藏,沒有想得也沒有想修,更談不上成就,就跟窮子一樣,只是給人家管理,沒有認為這些寶貝財富就是自己的。為什麼這樣呢?因為我們過去沒有向上希取的心,認為自己已斷了見思惑,「我等內滅,自謂為足」,證得的二乘果。以此法修行,又謂已了生死。認為到此為止,「唯了此事,更無餘事」。

我等若聞　淨佛國土　教化眾生　都無欣樂
所以者何　一切諸法　皆悉空寂　無生無滅

無大無小　無漏無爲　如是思惟　不生喜樂。

我等長夜　於佛智慧　無貪無著　無復志願

而自於法　謂是究竟。我等長夜　修習空法

得脫三界　苦惱之患　住最後身　有餘涅槃。

聽說過「淨佛國土」的事,清淨佛國土,究竟成佛,「教化眾生」,沒有希求。「都無欣樂」,沒有欣求心也沒有喜歡心。為什麼這樣?「一切諸法,皆悉空寂,無生無滅,無大無小,無漏無為,如是思惟,不生喜樂」,得少為足,滿足了。

「我等長夜」,「長夜」是形容無量劫以來,夜間永遠不亮,無明永遠不破,光明不現,般若智慧不會現。於諸法本如是,「無大無小,無漏無為」,這個對大的沒有希取心,「於佛智慧,無貪無著」,不想進取,對佛的智慧,沒有求也沒有希望,也沒有志願。

我們自己所證的小乘法，把它當成究竟了，已經得到了，「我等長夜，修習空法」，這個空是人我空，屬於二乘知見。所修的空法，也能解脫三界的苦，欲界、色界、無色界這些苦惱的憂患，我們已經得到解脫了。「住最後身」，阿羅漢身。但是這個不是無餘涅槃，而是有餘涅槃。

佛所教化　得道不虛　則為已得　報佛之恩。
我等雖為　諸佛子等　說菩薩法　以求佛道
而於是法　永無願樂。導師見捨　觀我心故
初不勸進　說有實利。如富長者　知子志劣
以方便力　柔伏其心　然後乃付　一切財物。
佛亦如是　現希有事　知樂小者　以方便力
調伏其心　乃教大智。我等今日　得未曾有

非先所望　而今自得　如彼窮子　得無量寶。

佛教化我們的是《阿含經》，十二年轉阿含的時候，讓二乘人都感的佛恩，報佛的恩，我們也了了生死。我們自認為是佛子，從佛口生，從法化生，對佛說菩薩法，求成佛道。

我們在這個法上，不欣樂也沒有這個願力，所以佛也就沒有再跟我們說甚深的法。說了，我們也不信。因為佛知道我們的心，觀我們的心，沒有勸進我們再向前行菩薩道，也沒求實際理地的真如法性。佛沒有這樣說，就像大富長者知道他的兒子志量狹小，沒有求大乘，沒有求財富。佛就假種種方便力調伏，使他的心轉化。然後才把一切的財富付給他的窮子。

佛從幾十年教育我們，目的是讓我們成佛，經過轉化之後，這時候才把大乘教義付給我們，說希有事。轉變那個希小拒大，只喜歡小乘，不喜歡大乘，拒絕求大乘法。經過這麼一段長的過程，佛以方便善巧力來調伏我們的心，現

參、開佛知見分　信解品第四

513

在才教我們大智大慧。「我等今日」，說現在「得未曾有」，進入佛乘，但是這個不是我們先所希望的，「非先所望」，沒求也沒這個希望，現在得到了，窮子三餐吃飽了就不錯了，哪還想那麼多珠寶財富，現在「得無量寶」，就像我們現在得到佛授記成佛。

世尊我今　得道得果　於無漏法　得清淨眼。
我等長夜　持佛淨戒　始於今日　得其果報
法王法中　久修梵行　今得無漏　無上大果。

這跟以前的不同。期待什麼呢？求佛成實相道。這回真正的悟佛知見了，現在是以佛知見來認識一切法。求成大乘果位，求成佛。

「我等長夜，持佛淨戒」，這句話形容我們過去作二乘人，乃至行聲聞法的時候，持戒清淨，長夜就是時間非常長，都持佛的清淨戒。因為持戒故才無

漏,灰身泯智。灰身泯智的意思,二乘人已經到了了生死了,入了涅槃。我們看印度那些阿羅漢,到最後現神通,身上出火,身下出水,認為他很了不得了,入寂滅了,以此為足。現在不是,「始於今日,得其果報」,這個果報是現在要行梵行,這個梵行是真正的無漏,不取因、取果。持戒是因,緣因,清淨所見的理是持戒得來的,持戒是正因,得到果的是得到回報。

「法王法中」,「法王」就是佛,「法王法」就是佛的法。佛為法王,這不像小乘人短短的時間,而是「久修梵行」,那才真正的無漏,「今得無漏,無上大果」。

我等今者　真是聲聞　以佛道聲　令一切聞。
我等今者　真阿羅漢　於諸世間　天人魔梵
普於其中　應受供養。世尊大恩　以希有事
憐愍教化　利益我等　無量億劫　誰能報者。

「真是聲聞」是什麼意思？大乘的真實果位，以前不是真實的，信佛的因是聞法的，十信位。如來一音演說法，在信位上的菩薩，信位菩薩沒入位，必須登入初住，入了十住位，才是真實的。大凡勝小乘，大凡一發心就是真實的，他信真實的，行的是真實的。這個時候所聞的是真的聲聞，以前是假的聲聞，不是真實的，聞的是二乘人的聲。現在的是佛道真正的聲聞，是真理。這真理是佛所證的無上正等正覺，這就叫證佛知見，開示悟入佛之知見。

「令一切聞」，令一切就是使一切眾生都能成佛。

「我等今者，真阿羅漢」，過去講無生、無生、無滅、無住、無行。那個不是真實的，還有真常流注，還在生滅當中。現在我們才是真正阿羅漢，真正的無生。

羅漢還有假的嗎？過去也沒有假，因為羅漢有三義，以真羅漢來說，永遠不生，因為以前生活在變異當中，分段生死了，變異生死沒了，不是真正羅漢。真正無生，在法界當中，福田，聲聞是福田僧，福田是偏於法界的。應

供、正徧知、明行足,佛的十號之一。

大乘是習果,二乘還在因中。大凡,初住位菩薩還是凡夫,勝過二乘人,爲什麼?破了一品無明。聲聞還不知道無明,這叫習果,修行習來得的果。這一段經文是迦葉尊者向佛表白他過去的認知。過去那個認知,全是錯了。應該怎樣?應該這樣認知,現在所說的,世尊的大恩,世尊要把我們度得究竟,一定成佛。「以希有事」,憐愍教化我們,利益我們,「無量億劫」,經過時間非常長,「誰能報者」,佛恩難報,有這個涵義。

手足供給　頭頂禮敬　一切供養　皆不能報。
若以頂戴　兩肩荷負　於恆沙劫　盡心恭敬
又以美膳　無量寶衣　及諸臥具　種種湯藥
牛頭栴檀　及諸珍寶　以起塔廟　寶衣布地
如斯等事　以用供養

見了佛,給佛磕個頭,給佛執行勞役,供養佛的時候,我們把假佛當成真佛,沒有真假。供佛像的時候,一天燒香敬水,這就能報佛恩嗎?不能。「若以頂戴,兩肩荷負,於恆沙劫」,一劫作一個沙子,恆河有好多沙子,我們就經過好多劫。「盡心恭敬」,供養真美的飲食,美膳,無量的寶衣,還有臥具。

「種種湯藥」,這些供養,不說栴檀香,還有很多珍寶供養,你還得有福。這些供具,從哪來?那時候看見印度傳記上這樣說的,阿羅漢修慧沒有修福,出去化緣,中午只化一頓飯,都化不著。為什麼?他沒有福。阿羅漢可以受天人供的,有些是要不到沒人給他。

「修慧不修福,羅漢托空鉢」,修不到飲食。像迦葉尊者說,給佛服勤服勞,手足都供養佛,完了盡心供養,以最美好的飲食,無量的寶衣「及諸臥具」、「牛頭栴檀」、湯藥,完了還起塔廟,寶衣布施。這個還得修多少劫!為什麼?你得修福。你沒有福報,拿什麼供養?這跟修《華嚴經》就不同了。怎樣不同呢?心含著無量的價,無價寶珠,一發菩提心,一行菩薩道,天人

而來。你看善財童子,見了大善知識,兩手一伸,無價寶都到他手上來供養菩薩,只修這個福報都不容易。「如斯等事,以用供養」,不是供養一天、兩天。

於恆沙劫　亦不能報。
不可思議　大神通力　諸佛希有　無量無邊
無漏無為　諸法之王

「於恆沙劫」,以一沙一劫這麼長時間供養,「諸佛希有」,佛是最尊貴的,處於世間能見到佛,第一個得有大福德,還得有大智慧。兩者皆是無邊無量,這是不可思議的。

「大神通力,無漏無為,諸法之王」,二乘人講的無漏無為,不是真實的,到佛了才是真實的無漏無為,絕不落入二乘,於法自在。佛說法是自在的,跟二乘小智小慧不一樣,所以為諸法之王。

能為下劣　忍於斯事　取相凡夫　隨宜為說。

諸佛於法　得最自在　知諸眾生　種種欲樂
及其志力　隨所堪任　以無量喻　而為說法
隨諸眾生　宿世善根　又知成熟　未成熟者
種種籌量　分別知已　於一乘道　隨宜說三。

我們講「性空緣起」，這是隨緣，隨著一切眾生緣，佛本身是無漏無為的，於法自在，但是隨順眾生，就像大長者，你穿著垢弊衣服，拿那個作糞的工具，到兒子身邊，他兒子才不害怕，才能夠跟他接近，這樣去度化他，這就是於法自在。

佛最初給二乘人接引時說法，佛是示現的二乘身。釋迦牟尼佛是化生的，不是千丈盧舍那，更不是圓滿法身毗盧遮那。法、報、化（應）三身，有時候合為一體，有時候分三。這就佛於法自在的表現。他知道一切眾生，眾生各各的愛好不同，種種貪欲，有些能夠承擔得了，有他的志氣小，力量薄，他承擔

四十餘年當中,佛只給他說二乘法,並沒有說大乘。等到他堪任了,這不了,堪任不了。

就緣起了。隨著因緣,用無量的譬喻、無量的方式接引他,都隨著他宿世的善根,都不是佛的本意。佛的本意,是讓一切眾生都能達到證佛知見,示佛知見,這還是方便。佛知道成熟的時候,或者還沒有成熟,佛就思惟以什麼法度他,分別而度。

「於一乘道,隨宜說三」,本來就是一乘,隨著因緣不同,而給他說三乘法。這個地方《法華經》講佛的大恩,是拔除眾生六道的痛苦,給他四聖的樂法,初果、二果、三果、四果,以此再接引他入大乘、入法界,發菩提心,行菩薩道,那就從初住開始。

如來在行菩薩道的時候,也是示現。那些教導,使一切眾生歡喜領受。剛才經文說,迦葉尊者,佛以大乘法教授他們,他們不接受,乃至於忘了,因為那時候的志願不大。

還有第二種是佛行菩薩道的時候,所有給眾生教授的法,都是大乘的;勸你發願、勸你進入般若,乃至於遭受苦難的時候,就像貧子遭了苦難。但是他不認識他爸爸,佛就示現種種因緣接近他,把他攝受回來。

佛成道以後,自己本來應該享受了,住在寂滅當中,常寂光國土。古德說,西方極樂世界,唯佛一人居淨土,唯佛住在那裡,常寂光淨土。但佛以種種的示現化誘,說種種法,利益眾生。說十善、四聖諦、六波羅蜜、四攝、慈悲喜捨,完了修六度萬行。

佛成道以後,為了利益眾生故,示現比丘相,示現一個老比丘相,像這個接引是一個老比丘相,長者是形容老比丘相。在這以後,教化二乘人,都能轉小向大,這些二人還是大乘根機。

「過是已後,心相體信。」相信心體,相信自心,相信這個體,這個時候佛才彈偏斥小,呵責小乘。彈,貶低了權位菩薩,三乘法是小中大,小是羅漢,中是緣覺,大是權教菩薩。讓他們了解佛的依報莊嚴,了解佛的家當,就

像窮子見長者掌管財務，到四十餘年後，佛才給他們說大乘法。

藥草喻品第五

以下是〈藥草喻品〉第五，如來拿草、拿藥來比喻。

佛在這一品，以三草二木比方，人天二乘人、菩薩。譬如三草二木，藥草也分上根下根，草是形容詞。菩薩就不同了，大樹、小樹。三草二木，三草形容人天二乘，二木形容菩薩，大菩薩、初發意的菩薩。

但是諸佛菩薩以大悲大慧平等一味。佛所化土，在這三千大千世界，大小長短種種類類的一切草木，一一普潤；法雨，一一普潤、增長的意思。佛是一味雨，雨沒有分別的，都是受到一味之雨，但是成長的過程不同，領受的不同。

佛法是一味一相，沒有大中小的差別，一法一相一味，平等利益一切眾生。但是眾生接受的不同，根機有差別，他的信量力也不同，他不堪受，接受

不了,得堪受才能接受。這是什麼意思呢?佛說大法,他領略不了,不能接受;乃至於佛說的人天乘法,行十善業,他也做不到,不是法器。

「藥」就是「草」,我們經常說草藥,藥就是草,藥之草,就是「藥草」。哪個藥不是草?藥即是草。大草藥,除地、水、火、風四大風冷,補養五臟六腑,返老返童駐顏。但是藥也得福報,靈芝是很好的藥,但凡是有靈芝的地方,一定有蛇,蛇護持這藥草。

聞法也如是,本來說無明、說煩惱、說殺盜淫妄,這都是粗話,但是可以除他的毛病。以佛的知見,除眾生的知見,用藥除他的病,養他的法身。我們說五分法身。這就是還他的真理,原來每個人都不變的,每個人都具足的,說《法華經》,無非是顯本,不假方便,人人都能成佛,人人本來也就是佛。為什麼?你本具的佛性,成就了才知道,以無所得,原來是自己本有的。

爾時世尊告摩訶迦葉及諸大弟子善哉善哉迦葉善說如來真實

功德誠如所言如來復有無量無邊阿僧祇功德汝等若於無量億劫說不能盡。

你所說的是誠實的，所表達的就是如來的真實功德。前面迦葉尊者所說的那些譬喻，你所說的是一分，如還有「復有無量無邊阿僧祇功德」，如來的功德說不盡，「汝等若於無量億劫」，你們這些阿羅漢集到一起，經過無量阿僧祇劫也說不盡佛的功德。豈止阿羅漢，大家讀〈普賢行願品〉，普賢菩薩讚歎佛的功德，讚歎完了跟善財童子說，十方無量諸佛，經過無量億劫來讚歎佛的功德，說不完的。大家讀〈普賢行願品〉就知道了。你說的是一部份，只是盡你的智慧力量。

「如來復有無量無邊阿僧祇功德」，十方諸佛都說之不盡。「汝等」，集合所有二乘人，以無量億劫來說佛的功德，讚不能盡，說不盡佛的功德。一個佛說法的功德，教化一切眾生的功德，乃至於現在轉小向大的功德，說不盡的。

迦葉當知如來是諸法之王若有所說皆不虛也於一切法以智方便而演說之其所說法皆悉到於一切智地如來觀知一切諸法之所歸趣亦知一切眾生深心所行通達無礙又於諸法究盡明了示諸眾生一切智慧。

佛跟迦葉尊者說，你應該知道，「如來是諸法之王，若有所說，皆不虛。」凡所說的一事一句一言一行，都是真實的，所以不虛。譬喻是顯真實的，一切法，佛假方便善巧智慧，都是真實的。凡是契機，佛說法就是契經，契眾生之機，也跟諸佛之理相合。上契諸佛之理，下契眾生之機。

所以佛給人天說法的時候，讓你行十善業，持五戒行十善。為阿羅漢二乘人，說真俗二諦，那得有諦的緣。給哪一類眾生的緣，說哪一類的法。三藏經文說的都是事，《華嚴經》判為說事法界，都是注重事，那是以通教來說法，說無生，不是別圓之義。

在別教，佛講次第，《華嚴經》也講十住、十行、十迴向、十地、十一地，但是一到善財童子入法界，參普賢菩薩，這個次第沒有了。純說如來一乘，開如來藏。佛所說的法，達到一切智地。「其所說法，皆悉到於一切智地。」我們念經，經常說一心一乘，沒有二，唯是一，一徧一切，其性廣博，這叫一切智地。

大地是一切眾生寄生的根本，沒有地還在哪裡寄生。寄生是形容智慧，智慧不是個實體，智慧有什麼實體？性空，性空就是形容智慧，空智。以圓教的真實說，佛所說一切法，凡有所說，只有一個目的，達到顯實，達到真實，把它引到真實。真實是什麼呢？智慧。智慧就是地，智地，讓你達到真實的智慧。能生起的一切智，所有一切智，都叫智地。

以下就分，什麼是權智？什麼是實智？

「如來觀知一切諸法之所歸趨」，一切諸法都有趣向，都有歸宿、歸趣，那就知道一切眾生深心，行真實道。深心所行，能夠通達無礙。「又於諸法究

盡明了，示諸眾生一切智慧」，這叫開示悟入的示，示給眾生一切的智慧。

為什麼《法華經》是開權顯實？觀一切的歸趣，什麼觀？能照的智慧，觀一切歸趣，這叫權。引誘以權智，究竟明了了，智能照實體，智慧只是照，能照實體，有淺有深。照著圓滿的時候，這是真智，一切通達無障礙。權就是善巧方便，佛就是以權實二智，教化一切眾生。

「之所歸趣，深心所行」，這是〈藥草品〉。「之所歸趣」，就是你認識什麼藥，藥治什麼的病，有什麼病用什麼藥，什麼藥能治什麼病。怎麼知道的呢？「深心所行」。「深心所行」就知道一切眾生病。怎麼治療呢？用這個識別，哪種藥草治哪種病，病和藥是權的，方便善巧的。

每個權都有他的歸趣，為什麼要權？權要顯實，持戒行善，歸到什麼地方？只是人天乘。人行善就是給人治病吃藥，人天乘。這是因緣的緣義，單合掌、小低頭，對妙佛相，單合掌，小小的低頭都能成佛，都能速趣佛果。單合掌、小低頭，這一法就是藥，這個藥能達到治你的病，以這個病幫你的煩惱

貪、瞋、癡都治完了，達到佛果。

我們依佛所教導的，所行的菩薩道，達到什麼呢？達到福德莊嚴，正依二報，全部莊嚴，這樣才能達到寶所。乃至布施、持戒、忍辱、精進、禪定、智慧，這都是六度波羅蜜的方法，能夠歸到佛果。知道眾生深心所行，能夠通達無礙，「於諸法究盡明了」這叫示給眾生一切智慧，「開示悟入」是示給，有時候讓眾生開權顯實，這是「開佛知見」。示給你，這就是佛的知見，「於諸法究盡明了」，示給眾生一切智慧。

但是有時候在文字上，有時候在語言上、在行為上，我們在佛像、塔廟上，你也可以見到佛的知見。學過《法華經》之後，你見了塔廟，怎麼認識塔廟？怎麼照塔廟？照就是你的智照，智是怎麼來的？觀智，這就是「諸法究盡明了」，示給眾生一切智慧。

迦葉譬如三千大千世界山川谿谷土地所生卉木叢林及諸藥草。

種類若干名色各異。

在這兒,當機眾是迦葉,那些藥草是比喻迦葉說的。「迦葉」,「譬如三千大千世界」,現在我這佛土三千大千世界都是眾生的世間,這個世間是眾生的。大千世界,單對眾生世間說,「山川谿谷土地」,乃至於五蘊世間,一切世界沒有另外的法,都是山川土地所成的,所以稱為世間。

一個眾生,色、受、想、行、識,除了五蘊之外,沒有其他的法,五蘊,色、受、想、行、識都給你包括盡了。依報呢?山川大地河谷河流也包括盡了,土地也沒有別的法。但是土地能通過你的八識,能夠通過你的五蘊,色、受、想、行、識。山川溪谷只是色蘊,都是一切所依的,草木、叢林,這是眾生習慣的習因,這三法是不相離的。

習是依止陰入,陰入是從哪來的呢?它是緣起的,離不開法性,「陰入不

參、開佛知見分 藥草喻品第五

出法性」。草木叢林,譬如眾生的習因。這三法是不相離的。

過去的私塾學校,念〈三字經〉說,「人之初、性本善、性相近、習相遠」,那個說的「性」是佛所說的習種性,不是性種性。說你熏習什麼,就得了什麼。〈大乘起信論〉就講二種熏習。性相近,習相遠,習慣的東西可以去掉的,性是不能去除的。

我們佛教講性種性、習種性,習是熏習而來的,性體是本具有的。凡是所有的叢林藥草,種種名色,各各不同,「各有稱謂,即是名也。各有體相,即是色也。」花卉、卉木、叢林、藥草,各個各形。

「卉」是草的總名字,「木」是樹的總名字。大樹小樹,不論松、柏、柳,總的就叫樹。草多了,把草集合一起,那就叫「叢」。樹木集合多了,那叫「林」。山上不是草,就是木,這叫「叢林」。能治病、有力量,哪類草治哪類病,這就叫「藥」。

我們說善法,善法做什麼呢?它能治惡,行善就對治你的惡。我們行的無

漏善,那治你的惑,惑裡牽上你的業,各色各異。

密雲彌布徧覆三千大千世界一時等澍其澤普洽卉木叢林及諸藥草小根小莖小枝小葉中根中莖中枝中葉大根大莖大枝大葉。諸樹大小隨上中下各有所受一雲所雨稱其種性而得生長華果敷實雖一地所生一雨所潤而諸草木各有差別。

「密雲彌布」,是指我們的身口意,「密雲」是形容詞、比喻。我們身口意三業就是三密,身、口、意的密意是什麼呢?慈悲,諸佛的意密;形色,諸佛的身密;雷聲,諸佛的口密。諸佛的身、口、意三業徧一切眾生,徧一切處,徧一切時,徧一切眾生。「密雲彌布」,那就是密意。佛的應化身,熏習眾生,熏意就含佛的說法,以法滋潤眾生,普洽眾生。佛的法身是徧一切處,佛的應化身也是徧一切處,「彌布」。每一個佛

土,一般說的是三千大千世界,佛的身、口、意加被一切眾生,就等於一時下雨,普徧等澍。「澍」,不是下小雨,而是傾盆大雨。這個時候所有的卉木叢林及藥草,小根小莖的、小枝小葉的、中根中莖的、中枝中葉的、大根大莖的,大枝大葉的,普徧加被,一雲普徧加被一切。

佛的身、口、意加持一切眾生,隨時都如是。若是以喻合法的話,信就是根,信爲根本。戒是莖,枝葉是定和慧,定慧是枝葉的。次第相資,資是資持眾生,資助眾生,資運眾生。

人天法之中,建立信,別作惡,盡作善事,這是如人天乘。那你別破戒,別犯罪,信戒犯罪。中根中莖的二乘人,人天以上,小根小莖的就是人天乘,中根中莖的就是二乘人,大根大莖的就是菩薩。同是一個信,信的大小不同,信什麼?因為過去的惑,現生才造業。諸佛菩薩普徧的利益眾生,沒有分別的,但是眾生接受的程度就不一樣了。

在我們學法的時候,法的涵義,大多數的德育、智育、體育應該有三育。

在社會上也講三育，體育是很重要，要有健康身體，才能有健康的事業。樹木、根、莖、葉，得有人工培養，你得修剪，長得才好。如果不假修剪，讓它自己發展，那就是大茂密森林一樣的，長得不大好。

我們在信仰三乘教義當中，得佛的德育、智育，就是智慧。很多經論講的是智慧，智慧建立在什麼上呢？建立在根上，建立在葉上。信為根本，沒有信，戒定慧不能生起、不能修，有信才能資助你，成長這個信，或者發展戒、發展慧、發展德育。

在僧伽教育當中，為什麼僧人的身體大多不健康？吃素的關係？一般人認為，和尚吃素，身體才不健康。我說，是因為和尚缺乏體育。為什麼不加個體育呢？不行，犯戒了。我們做運動，那犯什麼戒呢？掉舉。智育、德育、體育，身心健康。沒有健康的身體，怎能做健康的事業？最近就想到我一天老病相連，諸根都不順利，這是缺乏體育。這個體育怎麼做呢？我現在正在想，調和自己的身心，怎麼樣調和？

參、開佛知見分 藥草喻品第五

我在西藏問喇嘛師父,他教我,念經的時候不要古古板板的。你看喇嘛念經,一天到晚嗡嗡的這樣念,這是身密,他在做運動了。但有一樣,運動不調和,上身還能運動,兩條腿呢?現在我想轉一圈,我的兩腿不聽使喚,非常勉強。所以佛的智育是三根普被的,不論樹木的大小,上、中、小,大樹、小樹,小草、中草、大草。

佛有很多教育我們的方法,我們沒有把佛的意會體會得到。說這麼一舉手,掉舉了,這犯掉舉嗎?這並不是犯什麼掉舉,運動一下。因此,佛的教育是三根普被的,無論小草、中草、大草、大樹、小樹,隨眾生的根。小根的樹,那你灌溉的方式不同,你傾盆大雨,小樹就死了,承受不了的。什麼意思?你給他說大乘法,說你就是佛,這一下,他什麼事都幹了。我就是佛,沒有關係,那就麻煩了。那不下地獄嗎?密是在這個地方。為什麼說他是密?明白是顯,所以佛說法,如何是權?如何顯實?如何分小乘中乘大乘?有一定道理的。

大乘根機的人，你隨便給他說什麼都沒關係，不但容得下，還能消受得了。小根的人，你跟他怎麼樣說都很麻煩。為什麼？他不進入，不吸收，法雨普潤，他成長不了，他不接受怎麼成長？因必感果，樹木草都有結子，結子就是在果，華一定有果。果實，是說增長的意思。讀經、拜懺、禮佛、持戒，這都是因，讓你成長的果實。

在你修因的時候，一定觀想到果。在修因的時候，不能連雲雨，水太大了沖跑了，那完蛋了，受了業了。太小了，滋潤不夠，必須得恰如其分，這就是佛的密意。佛是恰如其分的，但是中間有個業，業就是惑。佛是普徧滋潤的，都是大地所生。我們形容佛法，就是心地所生。雨滋潤你的心，一切佛說的法，使你領受，遇到草木各有各別的，令這個大家都能懂。

名貴的樹，價格很高，森林裡頭隨便撈一棵樹，價值很低。草也不同，吉祥草，有些草是名貴的草。為什麼？大地的體就不同，我們眾生心的體，是不一樣的，所以佛的法接受上不一樣。同是一音演說法，眾生隨類而得解，不是

普徧承受。草木都有差別的,眾生的善根有差別。

如果聞到《華嚴經》,他能夠發起大心,像善財童子一參一參的,他就能成就了。沒有這個根機的人,聞到還是聞到了,聽完了,真正幾分功德?他沒照著去做,只是聞的功德,沒有行的功德。

我們講《華嚴經》大概可以體會到,善財童子一天都沒停,一時沒停,一遍也沒停。他發的菩提心,行的菩薩行,一參一參的,參就是他的做,就是他的修行。聞就證,證就得到了,這是驗證。密,就密在這個地方。為什麼不平等?根不平等。小法證大果,本來都是生滅法,他理解到是不生滅,生滅即不滅。說空,真空,真空不空。

這幾天我思惟〈授記品〉,其實佛早就授記了。一講大乘教義,必講心地,萬法不離心,人人都具足佛性,人人都成佛。佛早就授記了,說你到某個世界,將來未來多少億萬劫,你成佛了,佛號叫什麼名字。這名字是假的,釋迦牟尼佛是假名,阿彌陀佛也是假名。這個道理懂了嗎?你還得懂得,「字經

三傳，烏焉成馬」。一個字給你傳三遍，變了，怎麼變呢？本來是寫烏鴉的「烏」，變成之乎也者的「焉」，「焉」又變成什麼呢？飛禽變走獸，變成了「馬」。樣子差不多，「烏焉成馬」，烏鴉變成馬，飛禽變走獸。

懂得這個涵義，你再來領會法。佛說一句話，大乘人認為是了義法，二乘人認為是生死滅諦法。為什麼有這麼多的差異呢？理解力不同，根不同。又者，我們的呪語都是密的，在廣東翻譯的就不同了，在長安翻譯的就不同了，在南京翻譯的也不同了。從當時到我們現在時間，這一千多年變化很大。

我們在寫繁體字跟簡體字，認得繁體字的人，沒學過簡體字，他不會認識，臺灣人很多就不認識現在中國的簡體字。以前印度佛典文字，有些是蘭扎體，有些是悉曇體，體字不同。現在的印度文字是天城體，印度文字也變了，中國文字也變了。那時候翻譯的經，跟你現在拿來對照，完全不一樣了。

例如說，我們念呪，「嗡」字，「嗡嘛呢叭咪吽」，又有人念「唵嘛呢叭咪吽」。「唵」跟「嗡」差到哪裡去了？差得很遠，幸好沒再解釋。密宗的

解釋，拉薩傳的，日喀則傳的跟昌都傳的，同是一個法，三個樣。方圓也不過二、三千里，拉薩、昌都，同是一個師父傳的，誰傳的？宗喀巴大師。但是這裡頭還有蓮花（華）生大師傳的，紅教就不同了。

釋迦牟尼佛跟阿彌陀佛說的法是一樣的，但是西方極樂世界說跟東方娑婆世界說，不一樣了。什麼不一樣？阿彌陀佛說法，那些聽經的人是什麼人？釋迦牟尼佛說法又是什麼人？能生到極樂世界皆是阿毗跋致，一生成就，「阿毗跋致」又翻「成就」。娑婆世界的眾生，包括二乘人在內，若懂得這個道理，就要著重你的心。

你聽《法華》也好，聽《華嚴》也好，《華嚴經》的文字那麼深，《法華經》像講故事一樣，聽得很輕鬆。但是義理是一樣的，那個深的《華嚴經》沒說授記，沒說成佛。但是善財童子已經成了，事實成了。

現在我們講〈授記品〉，大家應當這樣理解，佛已經給我授記了，因為佛說人人都有佛性，人人都是佛，該沒錯吧！事實上，說造了惡業，墮了三塗，

墮三塗有沒有佛性？你要好好的思惟想。

提婆達多出佛身血，現在還在地獄裡，《法華經》又給提婆達多授記。你怎麼樣理解？提婆達多行五逆，出佛身血，現在還在地獄裡，釋迦佛給他授記。回想你自己，現在在人間，我學《華嚴》、學《法華》，釋迦牟尼給你授記沒有？恐怕你不承認吧！我說，釋迦牟尼佛給你授記了，你不承認，釋迦佛沒給我授記，還是我老師傳給我法，當上廟裡住持，那真正授記了，是不是這樣？我們法眷（卷）一代傳一代，你如果接個法眷（卷），可以做寺廟方丈，也就是佛了，廟主，你怎麼理解？

把一切人間事理解成無上正道，一切無上正道就是人間的生住異滅，一也。得有這種心情來學《華嚴》、《法華》，學《華嚴》、學《法華》、學戒律，戒定慧三學，哪一學你都得到佛的授記，十方諸佛都如是，一代一代的都如是。

迦葉當知如來亦復如是。出現於世如大雲起。以大音聲普徧世界。

天人阿修羅如彼大雲徧覆三千大千國土。

迦葉尊者也這樣認識，我剛才跟大家說的，當知一切法也如是。如來出現世間就像大雲，「大雲」是形容如來出現世間。打雷、下大雨，那就是大音聲。這就是佛的音聲，能夠普一切處、一切時。佛以他的音聲來教化天、人、阿修羅。大雲徧布三千大千國土，佛的法音傳徧三千大千世界。

於大眾中而唱是言我是如來應供正徧知明行足善逝世間解無上士調御丈夫天人師佛世尊未度者令度未解者令解未安者令安未涅槃者令得涅槃今世後世如實知之我是一切知者一切見者知道者開道者說道者汝等天人阿修羅眾皆應到此爲聽法故。

佛的十號,佛佛都是這十號。佛出現於世間,沒有得度的令他得度,沒了生死的讓他了生死,沒有行菩薩道的讓他去行菩薩道,沒有成佛的讓他去成佛,最後讓一切眾生都成佛。你就如是去想吧!沒解脫的讓他解脫,沒有安的讓他得安,沒涅槃的讓他得入涅槃。佛佛都是發如是大願,都是普賢願行,你應當這樣來理解,現在、未來如實知之,都如是,一切眾生都有佛性。

《法華經》究竟了義就如此,說一切眾生都能成佛。我不會說假話的,我是一切知者,釋迦牟尼佛跟迦葉尊者,你知道,我沒有不知、沒有不曉的,我也可以作見證,見者、知者。知是知道,知道什麼呢?知道眾生都具足佛的知見。但是他不能領會,不能用,知道是知道,得給他開導,把所知道的道理開導一切眾生。我是說道者,這個道專門說成佛之道,不分哪一類。

「汝等天、人、阿修羅眾,皆應到此,為聽法故。」佛沒得簡擇的,因為這是法華會,這是說二乘的,說小乘法的法會,沒有。都應當聽著無上的法,眾生的身、口、意,能生一切的善法。

佛是普被一切眾生，以佛的密身口意加被於眾生。於智慧的行，惑染眾生的業，開導眾生，開導眾生的身業，不善的要改。意業不善的，要護持你的意，不要胡思亂想，要以智慧觀照，身、口、意都離不開佛的教導。

爾時無數千萬億種眾生來至佛所而聽法。

凡是因業而受果報的，都叫眾生，眾法和合而生的。這不是有情界，山川大地，一切事物都如是。這叫十法界，一切眾生。我跟迦葉都來聽法，十法界一切眾生都來聽法。這裡沒分大小，沒分畜生跟人，沒分地獄，地獄能來得到嗎？畜生能領會佛的意思嗎？這就是緣。無數千萬億種眾生，我們在場不？我們算不算在內？就釋迦牟尼佛教導，就是這一個世界，沒錯，我們都在場。佛說的，不論根利也好，鈍也好，精進也好，懈怠也好，只要他們能夠理解的、堪受的、種善根的，都能得到佛的加持。

參、開佛知見分 藥草喻品第五

「種種無量,皆令歡喜快得善利」。這裡頭包括三塗不?因裡作惡,當然受果報,果報也是惡的。能受到嗎?能聞法嗎?他也得到佛的加持,這就是鈍根的。佛有七種方便,這七種方便令一切眾生都能得到利益,包括人、天、地獄、餓鬼、畜生,能受教的叫利根,不能受教的叫鈍根。以鈍根、利根為說,當能聞到,聞到佛說甚深法,他聽到只是人天的果報,這叫鈍根。聞所說的三乘教義,小、中、大,這叫利根。又者說,聲聞、緣覺乘,這叫鈍根。菩薩的,不生不滅的,為利根,這是就一般分別而言,就法華的真實義說,沒有這些差別。

如來於時觀是眾生諸根利鈍精進懈怠。隨其所堪而為說法種種無量皆令歡喜快得善利是諸眾生聞是法已現世安隱後生善處。以道受樂亦得聞法既聞法已離諸障礙於諸法中任力所能漸得入道。

參、開佛知見分　藥草喻品第五

佛出現世間說法，因緣成熟了，觀一切機成熟了，法華會上一切機都成熟了。利根跟鈍根，還有精進、懈怠。這很好懂，一直精進修行，那就不懈怠。但是聞了法而不行，那就叫懈怠。二乘人知道又不好好修行，要墮三塗。知道一切法是無常的，勇猛精進。有些聞了法，他也不知道苦的逼迫，菩薩志求大乘，目的我現在把見思斷了，我也得道了，作佛是長遠的事。懈怠懈怠的。

是成佛，這就叫精進不懈怠。

觀一切眾生，他的根有利有鈍、有精進有懈怠，隨他所能堪的，可以領納的，給他說法。說的法，種種無量。在一個法會當中，佛說的法也有斷了見思惑的、證得二乘果的，也有發大菩提心的、行菩薩道的，根機不同，那他聞的法，所有效果也不同。

比如說，在學校裡一般學生五十個人，這五十個人從小學到高中，沒有什麼差別，都一樣的。離開學校門可不一樣了，就是在學校裡頭也不一樣。有的考第一，有的考第五十。一到社會上，考第五十名的人可以致大財富。他讀書

不行，做生意蠻有一套，發了大財。那個讀死書的，總是考第一，但是到社會上他就完了。這裡頭千差萬別，包括了因緣果報。

懂得這個道理，就知道修道聞法也是這樣。有的眾生聞到佛所說的法，就能得到安隱，得到解脫。為什麼？他看破了，沒有貪求。看破了就放下了，沒有執著，他就得到自在了。為什麼？他修得很好，智慧觀察，觀察了看破放下了，自在了，這是由觀來的，觀自在。到第二十五品〈觀世音菩薩普門品〉，會講到觀自在，最後圓滿的是普賢菩薩。

一切眾生聞法，有的得到安隱，有的得到受樂，有的聞法了就把障礙蠲除。為什麼？斷惑了。有哪種力量，有哪種智慧，就入哪種道。聞的是小乘法，他行的是菩薩道；聞的是菩薩道，他可行的是小乘法，乃至於聞法，還在人道。有的聞法下地獄，為什麼？他不但不信，還謗毀。不但他謗毀，還制止別人去信，還破壞，那不下地獄？

一種法，有種種的差別，因不同，果也不同。有的是得到受樂，有的說聞

了道,聞了佛所說法,把障礙蠲除,沒有障礙了。為什麼得當隱了?這世界本來不當隱的,他聞了法,入了道,他一天念經得到佛菩薩加持,當生就得到利益,得到安隱。把這個報身捨了,他生的是善處,不會來三惡道。他所享受的樂是道,這就是聞法的效果。

有的聞法,聞了,不但障礙離不了,還增加障礙,增加法執障。一般的眾生,在法會當中都能夠漸漸入佛道,極特別的謗法者,那就不同了。

如彼大雲。雨於一切卉木叢林及諸藥草如其種性具足蒙潤各得生長如來說法。一相一味所謂解脫相離相滅相究竟至於一切種智。

前面說密雲徧布,如彼大雲。「雨於一切卉木叢林,及諸藥草」,隨他的種性根性,蒙的潤澤不同,但是各得生長,「如來說法」,沒有差別。一味一

參、開佛知見分　藥草喻品第五

相，受者不同，大器受大法，小器受小法。乃至謗法，這樣不但不解脫，反倒束縛了。解脫相、離相、滅相，但是佛說法的目的，是讓他達到真如實相，達到一相，就是「究竟至於一切種智」。

其有眾生聞如來法。若持讀誦如說修行。所得功德不自覺知所以者何。唯有如來知此眾生種相體性。

聽到法，受持讀這部經，就念《法華經》，天天轉法華，照著《法華經》所說的「如說修行」，佛叫我怎麼做，我就怎麼做。法就是雨，讀誦修行是運載的意思，功德增長，天天不斷，天天修，這裡頭有差別的。一樣都是讀，我們有一班的道友，每天讀《華嚴經》，所得的利益不一樣了。他怎麼讀，他怎麼理解，不一樣的。

不都是照經文念嗎？不一樣的。你念的時候，沒有觀想，光念文字，人家

念的是隨文入觀，隨觀明理；讀文的時候，就想到經的道理。佛教我做什麼，能不能覺知覺到？認為自己跟如來無二無別，能夠體會到，佛性跟我的自性、跟一切眾生性，一也。那就不只是讀經，還悟得體性，知性明理。十法界就是一個，就是一真法性，這就是性空義。各各想法不同，認識不同，那就隨緣各異。

念何事思何事修何事云何念云何思云何修。以何法修以何法得何法眾生住於種種之地唯有如來如實見之。明了無礙。

這看你的智慧，念的是什麼？想的是什麼？行的是什麼？空慧。看一切法皆空，這個慧能得到就不容易了。從空出有，真空不空，真空不空即是真如，證得真如理。但是還要起大悲心，還要利益眾生，還要起般若心，般若跟大悲

結合，利益一切眾生。這種的認識，這種的觀境，那又不同了。

「念何事？思何事？修何事？」你心裡念的是什麼？你想的是什麼？你依著《華嚴》、《法華》，依著《方等》，或者你依著《阿含》，那你所依的不同。念的又是什麼？怎麼樣念？怎麼樣思？怎麼樣去修？看你依著何法？你依著什麼法，思什麼法，依什麼修法，得到的就不同。

得何法是證果，念、思、修是前頭修因。這裡頭含著小、中、大，一乘，你念的是哪一乘？你得的果就是哪一乘，很大的差別。法呢？是一個。經上說，「如是，如是。」什麼如是？眾生如是，佛也如是，就是一個如，一如無二如。怎麼講？就是一因一果，發心成佛，發的是菩提心。本來是沒差別的，佛說的法，一如無二如。但是你念何事？思何事？修何事？那就有差別了。

證的果不同，果上有差別。果為什麼有差別？因上的差別。發心的因就不同，修行的也不同，當然得果不同了。眾生能夠成佛，善財童子還經過五十三參，龍女沒有，文殊菩薩一叫她就成佛了，這都是佛親知親見的。眾生住在哪

種地,怎麼樣發的心,佛都如實見之。佛知道每一個眾生,發心、修行、證果,佛明了明了,一點障礙都沒有。如來是以佛眼觀一切,一切都是佛。

如彼卉木叢林諸藥草等。而不自知上中下性。如來知是一相一味之法。所謂解脫相離相滅相究竟涅槃常寂滅相終歸於空。佛知是已觀眾生心欲而將護之是故不即為說一切種智。

之法」,什麼相呢?解脫相、離相,離相是無相、滅相。離相並沒把相滅掉,到滅相了,才滅一切相。滅一切相是什麼相呢?涅槃常寂相。究竟滅相,終歸於空。這個空是第一義空,空而不空,翻過來包含一切法,但是這個時候就叫第一義空。

我不知你,你不知我,這是眾生境界。但如來不同,「如來知是一相一味

關於這個道理,以前佛一講經,文殊師利當維那一定唱個偈子,「法筵

參、開佛知見分 藥草喻品第五

551

龍象眾」，後來改爲「法門龍象眾」，還是「法筵」好。「法筵龍象眾，當觀第一義」。你把第一義觀空了，第一義本來沒有，何是第一義？成就究竟成佛了。「諦觀法王法」，說你眞實的、如理的來認識法王的法。怎麼認識？認識到什麼樣子？「法王法如是」，沒有言說，佛就下座了。

「法王法」就是這樣。佛了解一切法，知道一切法，知道眾生的心。如來是知道一切法，知道一切法，知道眾生的心。如來是知道一切法。什麼相？解脫相。什麼相？離相。什麼相？滅相。什麼相？究竟涅槃、常寂滅相，終歸於空。這個空是寂滅，是佛的究竟實體。

佛如實知，如實的護持眾生心。佛知道眾生想什麼，佛要護持他，所以到鹿野苑說一切種智。佛知道憍陳如五比丘，不能像佛證得究竟涅槃理，不給他說一切種智法，沒有把自己證得的給他們說。

給他們說四諦法，沒給他們說一切種智法，沒有把自己證得的給他們說。

汝等迦葉甚爲希有能知如來隨宜說法能信能受所以者何諸佛世尊隨宜說法難解難知。

說你們不容易,很希有、可貴的意思,希有為貴。「能知如來隨宜說法」,讚歎迦葉,讚歎這千二百人,會上不止迦葉一人授記,千二百人都授記了。知道嗎?如來是隨眾生的根機而說法的,你們能領受這個道理,「甚為希有」。

「所以者何?諸佛世尊,隨宜說法,難解難知」,眾生難解難知。二乘也難解難知。佛為什麼對他說法?對那個說那法,怎麼不說一樣的呢?為什麼等四十餘年才說《法華》呢?最初一開始說《法華》不就好了?四十餘年光陰都過去了,就是這個道理。

爾時世尊欲重宣此義而說偈言。

破有法王　出現世間　隨眾生欲　種種說法。
如來尊重　智慧深遠　久默斯要　不務速說。
有智若聞　則能信解　無智疑悔　則為永失。
是故迦葉　隨力為說　以種種緣　令得正見。

《法華經》甚深的道理，佛久默不說。早就該說，為什麼不說？不該說，所以不說。若有智慧的聞到，說才能信解。沒有智慧的，說了，他懷疑。懷疑可就犯了大罪，永遠失掉信解。謗法了，因為有的能信解，有的不能信解，所以不能夠說。對信的說，不信的不說，沒有智慧的人，他光懷疑，或者悔恨，那就永遠失掉大法的因緣。

「是故迦葉，隨力為說」，隨眾生的根，他能承受，有這個力量承受了，佛才給他說。這是種種緣，諸法從緣生，眾法從緣起，所以現在說才是時候。

「令得正見」，他能夠理解、能夠信受。

迦葉當知　譬如大雲　起於世間　徧覆一切
慧雲含潤　電光晃曜　雷聲遠震　令眾悅豫
日光揜蔽　地上清涼　靉靆垂布　如可承攬
其雨普等　四方俱下　流澍無量　率土充洽

山川險谷　幽邃所生　卉木藥草　大小諸樹
百穀苗稼　甘蔗葡萄　雨之所潤　無不豐足
乾地普洽　藥木並茂　其雲所出　一味之水
草木叢林　隨分受潤。

這是三草二木。「百穀苗稼，甘蔗葡萄，雨之所潤，無不豐足」，這是世間相。世間相如是，佛法也如是。「乾地普洽，藥木並茂，其雲所出，一味之水」，沒有兩樣，承受不同。「草木叢林，隨分受潤」，大者多受，小者少受，受大受小，在一切物。

一切諸樹　上中下等　稱其大小　各得生長
根莖枝葉　華果光色　一雨所及　皆得鮮澤。

如其體相　性分大小　所潤是一　而各滋茂。

天能降雨，潤澤是一，有的接受多，有的接受少，看它的體相大，小樹接受小，小草一滴露水就夠了。但是都能滋長盛茂，佛出世間亦如是。大樹接受大，小樹接受小，小草一滴露水就夠了。但是都能滋長盛茂，佛出世間亦如是。

佛亦如是　出現於世　譬如大雲　普覆一切。
既出於世　爲諸眾生　分別演說　諸法之實。
大聖世尊　於諸天人　一切眾中　而宣是言
我爲如來　兩足之尊　出於世間　猶如大雲
充潤一切　枯槁眾生　皆令離苦　得安隱樂
世間之樂　及涅槃樂。

爲了利益眾生，佛才出世。「分別演說，諸法之實」，說哪一法就是哪一

法的涵義，因為佛是正徧知、明行足，世間所尊的。「大聖世尊，於諸天人、一切眾中，而宣是言」，而說的這些法。「我為如來，兩足之尊」，福足慧足，福德智慧都具足了。來的是善，去的也是善。去的叫善逝，來的叫如來。善逝如來，如來善逝。

「充潤一切，枯槁眾生」，一切眾生沒有法水的滋潤，都枯槁了，就在苦難當中。佛說法利益一切眾生，離開苦難，得到安隱的快樂。「世間之樂」，那是無常的，但是給他是般若之樂。

諸天人眾　一心善聽　皆應到此　觀無上尊。
我為世尊　無能及者　安隱眾生　故現於世

今天是說《法華經》，你們自己到此來聞法，一心，不要三心二意，不要懷疑。善聽，如理的思惟而聽。「皆應到此，觀無上尊」，都應來觀佛，敬

禮無上尊。「我為世尊，無能及者」，如來出世間，為令示眾生覺，安隱讓眾生都覺悟。「安隱眾生，故現於世」，如來出世間，為世間三界而尊，沒有能及到佛的。

為大眾說　甘露淨法　其法一味　解脫涅槃
以一妙音　演暢斯義　常為大乘　而作因緣

這是甘露水，清淨法音。「其法一味」就是一法，什麼法呢？解脫一切煩惱，證得涅槃。以一音，「演暢斯義」，沒有雜音。「常為大乘，而作因緣」，說此《法華經》。前面所說的經都是法華，一切法之音。

我觀一切　普皆平等　無有彼此　愛憎之心。
我無貪著　亦無限礙　恆為一切　平等說法
如為一人　眾多亦然。

我觀所有的眾生，平等平等，沒有彼此，沒有男女，沒有老少，沒有人、畜生，平等平等。「我無貪著」，我說法沒有一點雜念，沒有貪著。世間上有行賄的，我們佛弟子沒有給佛行賄的。

我們供佛、拜佛、禮佛，供養佛的華草，沒有一個人說是給佛行賄的。有嗎？供養佛華，供養一些財寶，佛，你加持我，讓我消災免難。看你是怎麼想的。一切供養是因，為什麼供養佛？我想成佛。因一定感果，這不是行賄。佛也不受賄，佛受賄嗎？佛要這些東西幹什麼？釋迦牟尼就坐這兒，你供養那麼多華，他沒有感受。但是可能給你福德，給你智慧，一切都是平等的。

常演說法　曾無它事　去來坐立　終不疲厭
充足世間　如雨普潤。

只有說法利益眾生，「去來坐立」，沒有疲厭，永遠如是，充滿世間，如

雨普潤。

貴賤上下　持戒毀戒　威儀具足　及不具足
正見邪見　利根鈍根　等雨法雨　而無懈倦。

為什麼有貧賤？為什麼有破戒？為什麼有持戒？為什麼正見邪見兩塗？有利根跟有鈍根，「等雨法雨，而無懈倦」。佛說，我沒有分別，平等對待而無懈倦。鈍根聞了法，慢慢的進入；利根的聞法，當下進入，五乘法都如是。

一切眾生　聞我法者　隨力所受　住於諸地。
或處人天　轉輪聖王　釋梵諸王　是小藥草。

「住於諸地，或處人天，轉輪聖王，釋梵諸王」，這都是人間小藥草，遇著何法就比喻何法。

我法平等，眾生根機不同，隨他力所能受者受。

知無漏法　能得涅槃　起六神通　及得三明
獨處山林　常行禪定　得緣覺證　是中藥草

這叫中藥草。

決定無疑　是名小樹
又諸佛子　專心佛道　常行慈悲　自知作佛
求世尊處　我當作佛　行精進定　是上藥草

自己知道一定能成佛，決定無疑。這才是小樹。大樹是什麼樣子呢？

安住神通　轉不退輪　度無量億　百千眾生
如是菩薩　名為大樹
隨眾生性　所受不同

佛平等說　如一味雨

這就是大菩薩,但佛說法是平等說的,只是一味。眾生根性不同,他的領受也不一樣。

如彼草木　所稟各異　佛以此喻　方便開示
種種言辭　演說一法　於佛智慧　如海一滴。

佛說這麼多法,在佛的智慧當中,就像大海的一滴水。

我雨法雨　充滿世間　一味之法　隨力修行
如彼叢林　藥草諸樹　隨其大小　漸增茂好。
諸佛之法　常以一味　令諸世間　普得具足
漸次修行　皆得道果。聲聞緣覺　處於山林
住最後身　聞法得果　是名藥草　各得增長。

或者成就二乘的果位。

若諸菩薩　智慧堅固　了達三界　求最上乘
是名小樹　而得增長。

菩薩就不同了。「智慧堅固，了達三界，求最上乘，是名小樹，而得增長」，這是求佛的智慧。「智慧堅固，了達三界」是三界惑斷盡，深入求大乘，佛的法體的智慧，法身的智慧。小樹就不同，只求小果能夠增長。

復有住禪　得神通力　聞諸法空　心大歡喜
放無數光　度諸眾生　是名大樹　而得增長。

「無數光」就是說法，到處演法度眾生；但為眾生得幸福，沒有為自己，不為自己求安樂。這就叫大樹，「而得增長」。

參、開佛知見分　藥草喻品第五

563

如是迦葉　佛所說法　譬如大雲　以一味雨
潤於人華　各得成實。

華是因，讓一切眾生都種善因，完了就得果，「各得成實」，得果。

迦葉當知　以諸因緣　種種譬喻　開示佛道
是我方便　諸佛亦然。

不止我如是，一切諸佛都如是，善巧方便度眾生。

今為汝等　說最實事　諸聲聞眾　皆非滅度
汝等所行　是菩薩道　漸漸修學　悉當成佛。

現在跟你們說真實話，那些阿羅漢都不是滅度，「皆非滅度」。為什麼？

他還要受變異生死,這個涅槃是有餘涅槃。同時你們所做的也是在行菩薩道,所以我才給你們授記,以此利益眾生。

大家這麼理解?說二乘人不度眾生,這個話不一定對。二乘人乞食的時候,阿羅漢到那裡乞食的時候,一定給施主說法。當施主給你飲食之後,起碼說個吉祥讚頌,還得給人家說四言八句,給人家增福得吉祥,沒有白吃的,那就叫度眾生。受供本身就是利益眾生,這也是讓他們「漸漸修學,悉當成佛」。現在開權顯實了,都能成佛。以下就授記了,〈授記品〉第六。

授記品第六

爾時世尊說是偈已告諸大眾唱如是言。我此弟子摩訶迦葉於未來世當得奉覲三百萬億諸佛世尊供養恭敬尊重讚歎廣宣諸佛無量大法於最後身得成為佛名曰光明如來應供正徧知明行足。

善逝世間解無上士調御丈夫天人師佛世尊國名光德劫名大莊嚴。佛壽十二小劫正法住世二十小劫像法亦住二十小劫國界嚴飾無諸穢惡瓦礫荊棘便利不淨其土平正無有高下坑坎堆阜琉璃為地。

「授記」，「授」是給與的意思。有提手旁的「授」跟沒有提手旁的「受」，不一樣的。「授」是給的意思，「受」則是領受得到的意思。

「記」，記載一下，記事，這叫「授記」。

我們往往把「授記」的提手旁給略了，那就變成「受記」，得到了還授什麼？你已經得到了，還授什麼？沒得到才授給你，「給與」的意思，得到「授」是與。你已經受了，得到了，這個「受」是沒有提手旁。

「別」是了別的意思。中根的人，不是大乘根機，中根人他聞到法，先得有信心，才能夠解，領受了之後才能解，解了之後才能證。佛給他們懸記，他

參、開佛知見分 授記品第六

們還沒有得到。懸記,不是說馬上就能得到的。

世尊說完偈子,佛先給迦葉尊者、迦旃延、目犍連授記,說他們三位將來能成佛。將來隔好多時間呢?以下一個一個說。將來成佛之後,授他那個佛國土依報,乃至佛名號,還沒來的事情先給他們記別,這就叫「記」,記到那兒了,將來一定能得到。佛先說這麼一個偈子,比喻的意思。

爾時世尊告諸大眾,「唱如是言」,就是以下所說的話。「我此弟子摩訶迦葉」,大迦葉尊者,他在未來世以後,「當得奉覲三百萬億諸佛世尊」,他將來要經過三百億那麼多的諸佛,釋迦牟尼佛跟彌勒佛是距離最短了,億萬萬年的事。一個佛跟一個佛有時是相續的,有時是相距的,距離很遠,沒說時間。經過三百萬億這麼多的佛,每一世尊說法,他都要去供養恭敬尊重讚歎,聽佛無量大法。

在三百億諸佛世尊過後,迦葉尊者成佛了。成佛的佛號呢?光明如來,應供、正徧知、明行足、善逝、世間解 無上士、調御丈夫、天人師、佛、世

尊，十種尊號都具足。迦葉尊者成佛的名號，光明如來。國土名光德，劫叫大莊嚴劫。莊嚴劫是時間，國是度世的處所。佛多長的壽命呢？

佛的壽命十二小劫，正法住世二十小劫，像法住世還是二十小劫，末法沒說。跟現在的釋迦牟尼，那就長了。有的經上說，佛正法五百年，有的經上說佛正法一千年，像法一千年，末法一萬年。這是釋迦牟尼佛正像末。迦葉尊者成佛了，他那個正法、像法、末法時間可久了，年限用劫說。

佛的壽命十二小劫，正法住世二十小劫，像法住世也是二十小劫。國土非常的好，莊嚴清淨，沒有穢惡，跟釋迦牟尼佛的國土不一樣，瓦礫荊棘都沒有，清淨的。土地沒有高下，沒有山坑、土坑，沒有坑坎堆阜，一律平整，大地全是琉璃。

寶樹行列黃金為繩以界道側。散諸寶華周徧清淨其國菩薩無量千億諸聲聞眾亦復無數無有魔事雖有魔及魔民皆護佛法。

迦葉佛成佛的國土,無量千億菩薩,不以數字計算,二乘人聲聞眾,「亦復無數」。沒有魔事,沒有魔就沒有魔事了。有沒有魔民呢?也有魔及魔民,但都是護法。這就給迦葉授記,完了,佛又用偈頌重誦一遍。

爾時世尊欲重宣此義而說偈言。

告諸比丘　我以佛眼　見是迦葉　於未來世
過無數劫　當得作佛　而於來世　供養奉覲
三百萬億　諸佛世尊

在這過程當中,他得經過供養三百萬億佛,而後才成佛。

為佛智慧　淨修梵行　供養最上　二足尊已
修習一切　無上之慧　於最後身　得成為佛。

參、開佛知見分 授記品第六

569

其土清淨　琉璃爲地

「供養最上」，就是供養佛。「二足尊」，兩足尊。佛都是福足慧足的。供養佛，供養兩足尊諸佛。「修習一切，無上之慧，於最後身」，感到他供養三百萬億佛之後，他的最後身，「得成爲佛」，成佛的時候，他的佛國土是清淨的，以琉璃爲地。

多諸寶樹　行列道側　金繩界道　見者歡喜。
常出好香　散眾名華　種種奇妙　以爲莊嚴。
其地平正　無有丘坑。　諸菩薩眾　不可稱計
其心調柔　逮大神通　奉持諸佛　大乘經典。

這都是形容詞。形容迦葉尊者那個國土，非常清淨，非常莊嚴，自然的常出好香。「散眾名華，種種奇妙，以爲莊嚴，其地平正，無有丘坑。諸菩薩

乘經典。有沒有聲聞呢？也有。

諸聲聞眾　無漏後身　法王之子　亦不可計
乃以天眼　不能數知。其佛當壽　十二小劫
正法住世　二十小劫　像法亦住　二十小劫。
光明世尊　其事如是。

迦葉尊者的大乘法，繼承法的法子，法王子不計數量，以天眼不能數知，那時迦葉尊者的弟子無數量，以天眼觀，天眼都看不見，肉眼更不知道。佛的壽命，「其佛當壽，十二小劫」，時間很長。正法住世二十小劫，像法住世二十小劫。劫，一個小劫怎麼計算？就是人的壽命十歲開始，過一百年

增一歲,過一百年增一歲,增到八萬四千歲,這一增,增完了又減。過一百年減一歲,從八萬四千歲減到壽命十歲。這一增一減算一小劫,這樣算時間。

假使證果成佛之後,他的正法住世二十小劫,像法也住二十小劫,「光明世尊,其事如是」,迦葉尊者那時候不是迦葉尊者,叫光明世尊。這是給迦葉授記,其次是給大目犍連授記。

爾時大目犍連須菩提摩訶迦旃延等。皆悉悚慄。一心合掌瞻仰世尊目不暫捨即共同聲而說偈言。

大雄猛世尊　諸釋之法王　哀愍我等故　而賜佛音聲。
若知我深心　見為授記者　如以甘露灑　除熱得清涼。

「大雄猛世尊」,稱讚佛的。佛的名字「大雄」,不畏一切危害所在,「哀愍我等能降伏一切魔怨的意思。「諸釋之法王」,一切釋子的法中之王,「哀愍我等

故，而賜佛音聲」。他們幾個也請佛給他們授記，只給迦葉尊者授記，怎麼不給我們授記？「而賜佛音聲」，就是要聽見佛給我們授記。

「若知我深心，見為授記者」，我們看見迦葉尊者授記，雖然掉了見思惑，希求心還有。這個可不是凡夫爭名爭利。斷了這個心，但是他想成佛的心還是有，以前沒有，現在給迦葉授記，在法華會上就有了。向佛表白，我們的心裡也希望授記。佛只給迦葉授記，沒給我們授記，雖然我們都一樣的。

「如以甘露灑，除熱得清涼」，如果佛給我們授記，我們現在的熱惱煩惱、塵沙煩惱、無明煩惱，也就清淨斷除了。

如從饑國來　忽遇大王膳　心猶懷疑懼　未敢即便食
若復得王教　然後乃敢食。

我們走得很長的路，從沒有糧食的國土來到這個地方，遇到大王吃的宴

席,心裡還不安,不能立即就食,「未敢即便食」。

「若復得王教,然後乃敢食」,這形容沒得佛授記,我放心不下。雖然很希望,但是自己不敢承認,若得王教了,乃得敢食。佛給我們授記,我們就安心了。

我等亦如是　每惟小乘過　不知當云何　得佛無上慧。
雖聞佛音聲　言我等作佛　心尚懷憂懼　如未敢便食
若蒙佛授記　爾乃快安樂。大雄猛世尊　常欲安世間
願賜我等記　如飢需教食。

現在懂得住在小乘的過患,還沒真正了脫。「不知當云何,得佛無上慧」,不知道我們怎麼樣才能成佛。「雖聞佛音聲,言我等作佛」,前面聽到佛說,我們都能成佛,沒得明確,不像迦葉尊者這麼明確。又有眾生又有國土,有成佛的名號,我們還沒得到。

「心尚懷憂懼」，心裡頭還有這個希望，還有恐怖感。「如未敢便食」，像王賜的宴，說我們能成佛，心裡頭還沒有落實。「若蒙佛授記，爾乃快安樂」，若我們也像迦葉尊者給我們授記，我們就愉快了。

「大雄猛世尊，常欲安世間，願賜我等記，如飢需教食」，佛在世間出現，使世間一切都得安隱，也希望佛給我們授記，就像我們飢餓的時候，國王給我們飲食，我們才敢吃。他們幾個聯合請，佛就給他們分別授記。

爾時世尊知諸大弟子心之所念告諸比丘是須菩提於當來世奉觀三百萬億那由他佛供養恭敬尊重讚歎常修梵行具菩薩道於最後身得成為佛號曰名相如來。

他們求完了，佛就給他們授記了。佛對與會大眾宣說：「是須菩提，於當來世，奉觀三百萬億那由他，這數

字我們人間沒辦法算的。

經過這麼長時間,「供養恭敬,尊重讚歎,常修梵行,具菩薩道。」經過這樣供養佛,修行菩薩道,就是他修行菩薩道的時間。「於最後身,得成為佛,號曰名相如來。」這是須菩提,迦葉授記完了就是須菩提授記。須菩提成佛的時候,佛的德號叫名相如來,也具足十號。

應供正徧知明行足善逝世間解無上士調御丈夫天人師佛世尊。劫名有寶國名寶生。

因為須菩提是空生,這個時候只有寶生。

其土平正玻璃為地寶樹莊嚴無諸丘坑沙礫荊棘便利之穢寶華覆地周徧清淨其土人民皆處寶臺珍妙樓閣。

聲聞弟子。無量無邊算數譬喻所不能知。諸菩薩眾無數千萬億那由他。佛壽十二小劫正法住世二十小劫像法亦住二十小劫其佛常處虛空為眾說法度脫無量菩薩及聲聞眾爾時世尊欲重宣此義而說偈言。

其佛常處虛空，這是在因地的虛空，以空為地，為度脫無量菩薩及聲聞眾。爾時世尊欲重宣此義，而說偈言。

諸比丘眾　今告汝等　皆當一心　聽我所說。
我大弟子　須菩提者　當得作佛　號曰名相。

現在告訴大家，「皆當一心，聽我所說，我大弟子，須菩提者，當得作佛，號曰名相」，須菩提在這裡成為空生，但是成佛的時候就叫「名相」。對

著空生說的，空中生「名相」。「名相」即是空，跟他的因是一樣的。

最後身得　三十二相

當供無數　萬億諸佛　隨佛所行　漸具大道。

的身，具足三十二相。

供養佛就是聞法修道，佛怎麼作，他就怎麼行，漸漸就成佛了。到了最後

端正殊妙　猶如寶山。

眾生見者　無不愛樂

誰見了，就生大歡喜。哪尊佛都是這樣，眾生見了佛，還不歡喜？

佛於其中　度無量眾。

其佛法中　多諸菩薩

皆悉利根　轉不退輪。

這尊佛是須菩提成佛的佛,度無量眾。「其佛法中,多諸菩薩」,在他的國土,成佛之後所度的眾生,大多數都是菩薩,都是利根眾生,「皆悉利根」,有大智慧。

其佛說法　現於無量　神通變化　不可思議
皆得三明　具六神通　住八解脫　有大威德
彼國常以　菩薩莊嚴　諸聲聞眾　不可稱數

三明、六通、八解脫,這個平常就學過。稱讚須菩提成佛的時候,其佛所說的法無量。

諸天人民　數如恆沙　皆共合掌　聽受佛語。

參、開佛知見分　授記品第六

579

其佛當壽 十二小劫 正法住世 二十小劫
像法亦住 二十小劫。

他的國土,所有聞法的人民,像恆河沙數那麼多,用數字也沒辦法表明,就拿恆河來說。聞法生起信心,恭敬的意思,合掌受佛的語。其佛的壽命,十二小劫。須菩提跟迦葉一樣的,正法住世二十小劫,像法住世也是二十小劫。

爾時世尊復告諸比丘眾。我今語汝。是大迦旃延。於當來世以諸供具。供養奉事八千億佛恭敬尊重諸佛滅後各起塔廟高千由旬。縱廣正等五百由旬皆以金銀琉璃硨磲碼碯真珠玫瑰七寶合成。

說完了須菩提,佛開始說大迦旃延。「我今語汝,是大迦旃延,於當來世」,「當來」就是未來,「以諸供具」,供養承事八千億佛,這個只有

八千億,把萬取消了。

「恭敬、尊重,諸佛滅後,各起塔廟,高千由旬」,修廟修塔非常大的意思,大到好多呢?千由旬。「縱廣正等五百由旬」,這些塔廟都是用金、銀、琉璃、硨磲、碼碯、真珠、玫瑰、七寶合成,不是磚頭瓦塊水泥木料,而是七寶合成的。

眾華瓔珞塗香末香燒香繒蓋幢幡供養塔廟過是已後當復供養二萬億佛亦復如是供養是諸佛已具菩薩道當得作佛號曰閻浮那提金光如來應供正遍知明行足善逝世間解無上士調御丈夫天人師佛世尊。

還要繼續供養二萬億佛,供養諸佛。供養諸佛就是修菩薩道,具足菩薩道。供養佛修塔廟,這都是行菩薩道。菩薩行圓滿了,修道圓滿了,「當得作

佛」。佛號呢？「號曰閻浮那提金光如來」，應供、正徧知、明行足、善逝、世間解、無上士、調御丈夫、天人師、佛、世尊，十號具足，佛佛都如是。

其土平正玻瓈為地寶樹莊嚴黃金為繩以界道側妙華覆地周徧清淨見者歡喜無四惡道地獄餓鬼畜生阿修羅道。

他成佛的時候，沒有四惡道。他的佛國土沒有地獄、餓鬼、畜生、阿修羅。

多有天人諸聲聞眾及諸菩薩無量萬億莊嚴其國佛壽十二小劫。

多有天、人、聲聞眾及菩薩眾，無量萬億、莊嚴其國。佛的壽命十二小

正法住世二十小劫像法亦住二十小劫。

多有天人諸聲聞眾及諸菩薩無量萬億莊嚴其國佛壽十二小劫正法住世二十小劫像法亦住二十小劫。

劫，正法住世二十小劫，像法住世也是二十小劫。佛把這個意思，再重說一遍。

爾時世尊欲重宣此義而說偈言。

諸比丘眾　皆一心聽　如我所說　真實無異。

我跟你們說的都是真實的語言,沒有兩樣。

諸佛滅後　起七寶塔　亦以華香　供養舍利。

是迦游延。當以種種　妙好供具　供養諸佛。

供佛、聞法、聽佛的教誡,那是在佛滅度後,「起七寶塔」每一佛都如是。

其最後身　得佛智慧　成等正覺　國土清淨

度脫無量　萬億眾生　皆為十方　之所供養

佛之光明　無能勝者。其佛號曰　閻浮金光。

菩薩聲聞　斷一切有　無量無數　莊嚴其國。

「無能勝者」是指著一切眾生、一切菩薩，沒有超過佛的。佛跟佛都如是，佛佛道同。佛號呢？閻浮金色。「菩薩聲聞，斷一切有，無量無數，莊嚴其國」，就是迦旃延。

爾時世尊復告大眾我今語汝。是大目犍連當以種種供具供養八千諸佛。

億也沒有了，供養八千佛，就成佛了。

恭敬尊重諸佛滅後各起塔廟高千由旬縱廣正等五百由旬。以金銀琉璃硨磲碼碯真珠玫瑰七寶合成眾華瓔珞塗香末香燒香繒

得成佛。

供養八千諸佛之後,再增加二百萬億諸佛,也像八千諸佛一樣,如實供養,最後,二百萬億諸佛過後成佛。

號曰多摩羅跋栴檀香如來應供正徧知明行足善逝世間解無上士調御丈夫天人師佛世尊劫名喜滿國名意樂其土平正玻瓈為地寶樹莊嚴散眞珠華周徧清淨見者歡喜多諸天人菩薩聲聞其數無量佛壽二十四小劫正法住世四十小劫像法亦住四十小劫。

佛的壽命比較長。「正法住世,四十小劫,像法亦住四十小劫」,每個人所修所感的不一樣。

爾時世尊欲重宣此義而說偈言。

我此弟子　大目犍連　捨是身已　得見八千
二百萬億　諸佛世尊　為佛道故　供養恭敬。

「現在捨掉阿羅漢，得見八千二百萬億諸佛，「諸佛世尊，為佛道故，供養恭敬」，得見這些諸佛，為什麼？為了成佛修道，恭敬供養。

於諸佛所　常修梵行　於無量劫　奉持佛法。
諸佛滅後　起七寶塔　長表金剎　華香伎樂
而以供養　諸佛塔廟　漸漸具足　菩薩道已
於意樂國　而得作佛　號多摩羅　栴檀之香。

經過這些佛，諸佛涅槃之後，他都如實供養。修行圓滿了，漸漸具足了，

菩薩道已經完成。「於意樂國,而得作佛」,他那個佛國叫意樂,佛號多摩羅。

其佛壽命　二十四劫　常為天人　演說佛道。
聲聞無量　如恆河沙　三明六通　有大威德。

他那國土,成道證得二乘果位的像恆河沙那麼多,都具足三明六通,有大威德。

菩薩無數　志固精進　於佛智慧　皆不退轉。
佛滅度後　正法當住　四十小劫　像法亦爾。
我諸弟子　威德具足　其數五百　皆當授記
於未來世　咸得成佛。

我給他們授記,這些弟子將來都能成佛,「威德具足」,以下給五百弟子授記。

我及汝等　宿世因緣　吾今當說　汝等善聽。

〈授記品〉是給四大弟子授記,後面還有無學位,無學位完了,連剛入佛門的,佛都給他們授記。

化城喻品第七

以下說〈化城喻品〉,當中夾雜著授記。這一品,先記大通智勝佛,未出家前的十六個王子聽講《法華經》,聽講《法華經》都出家了,變了菩薩沙彌,然後成就佛國。「化城」是比喻三乘的果位都屬於化城,不是真實的,化城非真

城,方便不是真實,設方便善巧,目的是讓你入佛的智慧,也能入福慧。

佛告諸比丘乃往過去無量無邊不可思議阿僧祇劫爾時有佛名大通智勝如來應供正徧知明行足善逝世間解無上士調御丈夫天人師佛世尊其國名好城劫名大相諸比丘彼佛滅度已來甚大久遠譬如三千大千世界所有地種假使有人磨以為墨過於東方千國土乃下一點大如微塵。

這個時間很長,無量無邊不可思議的時間。過往古時,有佛出世,大通智勝如來。佛講歷史,那是過去的故事。

大通智勝具足十號,應供、正徧知、明行足、善逝、世間解、無上士、調御丈夫、天人師、佛、世尊,都說十號。這尊佛的國土叫好城,這座城非常

參、開佛知見分 化城喻品第七

589

好，叫好城，莊嚴相好。

那個時候，叫大相。諸比丘，因為佛滅度以來，甚大久遠，大通智勝佛滅度很久很久了。「譬如三千大千世界所有地種」，三千大千地種，假使有人把三千大千地種都磨成了墨，變成墨汁，過東方千國土點一點，「大如微塵」。

又過千國土復下一點。如是展轉盡地種墨於汝等意云何。是諸國土若算師若算師弟子能得邊際知其數否不也世尊。

微塵那麼大點一點，「如是展轉盡地種墨」，把墨一點完了，「於汝等意云何？是諸國土，若算師，若算師弟子，能得邊際，知其數否？」，若有會數學的算師，或者算師的弟子，能夠知道這大地的邊際嗎？能知其數嗎？「不也，世尊」，這個數字不能可得知。

諸比丘。是人所經國土若點不點盡抹為塵一塵一劫。彼佛滅度已來。

或者有人忘了點，或者落了點，或者要點又不點，再把它都抹為微塵，一微塵一劫。

復過是數無量無邊百千萬億阿僧祇劫我以如來知見力故觀彼久遠猶若今日。

大通智勝如來涅槃好久？這個時間沒辦法答覆你們。時間還是有的，非是凡夫、非是二乘、非是菩薩，說唯佛與佛乃能知之。「我以如來知見力故」，佛說，我用我的知見觀彼久遠，若以算數上來算，很久遠的。佛以佛眼觀，就

像現在一樣，猶若今日，無量劫換為一念。佛用偈頌又把這個道理說一遍。

爾時世尊欲重宣此義而說偈言。

我念過去世　無量無邊劫　有佛兩足尊　名大通智勝

過去無量無邊那麼長的時間，有佛兩足尊，名曰大通智勝。久遠劫來的古佛，究竟有好多時間呢？

如人以力磨　三千大千土　盡此諸地種　皆悉以為墨
過於千國土　乃下一塵點

假如人以力磨，把三千大千土都變成墨。盡此地種，皆悉為墨，要點又不點，如同前面所說的。「過於千國土」，過一千個國土，「乃下一塵點」，下一個墨點。

如是展轉點　盡此諸塵墨
復盡抹為塵　一塵為一劫　此諸微塵數　其劫復過是
彼佛滅度來　如是無量劫　如來無礙智　知彼佛滅度
及聲聞菩薩　如見今滅度　諸比丘當知　佛智淨微妙
無漏無所礙　通達無量劫。

把三千大千世界磨成墨的塵點，有時候略了，沒有點。把墨點完了，又把所有國土的微塵，「復盡抹為塵，一塵為一劫」，點一個塵點做為一個劫。這個國土所有的抹塵微塵，一劫一塵。「此諸微塵數，其劫復過是」，說佛滅度到現在很久很久，沒有辦法形容。

彼佛滅度來，如是無量劫。

佛入滅以後到現在，無量無量劫。那個時間的聲聞菩薩，「如見今滅

度」，我們看滅度，像現在看見的一樣。「諸比丘當知」，我們現在應該知道，「佛智淨微妙」，大通智勝如來，佛的智慧微妙。為什麼？「無漏無所礙，通達無量劫」。佛要說大智勝佛的故事，先說這尊佛，也是入涅槃，距離現在經過好多好多劫了。

佛告諸比丘大通智勝佛壽五百四十萬億那由他劫其佛本坐道場破魔軍已垂得阿耨多羅三藐三菩提而諸佛法不現在前如是一小劫乃至十小劫結跏趺坐身心不動而諸佛法猶不在前。

住世，五百四十萬億那由他劫。「那由他」翻「無央數」，我們人間的數字算不出來的無量數。大通智勝如來本座道場的時候，破魔軍了。「垂得阿耨多羅三藐三菩提，而諸佛法不現在前，如是一小劫乃至十小劫，結跏趺坐」。

「垂得」，就是還沒證得，將要成佛，已知佛法不現前，但沒有徹底成

佛。如是,佛在菩提場靜坐,經過一小劫,乃至經過十小劫,跏趺靜坐。

「身心不動,而諸佛法猶不在前」,佛佛道同,但是緣不同。各有各的因緣,這個緣不同,大家可以理解的。

極樂世界阿彌陀佛、南方不動佛、東方藥師琉璃光如來,各各不同。所有的緣,化度眾生的緣,成佛的緣,都不同的。釋迦牟尼佛是苦行六年,大通智勝如來就多少劫,佛法無限劫,就是沒有成就。

爾時忉利諸天先為彼佛於菩提樹下敷師子座。

「爾時」,就在大通智勝如來那個時候,那個時候的忉利諸天,在佛的菩提樹下,把座位敷好了,等待成佛。

高一由旬。佛於此座當得阿耨多羅三藐三菩提適坐此座時諸梵

天王。雨眾天華面百由旬。香風時來吹去萎華更雨新者。如是不絕。滿十小劫供養於佛乃至滅度常雨此華。

新華又成了，成了又萎，萎了又成。「常雨此華」，常下雨，孕著這華。

四王諸天為供養佛。常擊天鼓其餘諸天作天伎樂滿十小劫。至於滅度亦復如是。

這是證明大通智勝如來成佛，經過十小劫還沒證得。彌勒佛成佛，出家當天就成道，釋迦牟尼佛則是經過六年，各各不同。

諸比丘大通智勝佛過十小劫諸佛之法乃現在前成阿耨多羅三藐三菩提其佛未出家時有十六子其第一者名曰智積諸子各有

種種珍異玩好之具聞父得成阿耨多羅三藐三菩提皆捨所珍。往詣佛所。

大通智勝佛成佛，經過十小劫才成就阿耨多羅三藐三菩提。他沒有出家的時候，「其佛未出家時」，有十六個王子。第一位王子，名曰智積。每個兒子都有種種珍異玩好的器具，玩具。現在聞聽到父親成道，得阿耨多羅三藐三菩提，把他所有珍玩珍寶都捨掉，「往詣佛所」，來到大通智勝如來所，把所有的珍玩都不要了，來到佛所。

諸母涕泣而隨送之其祖轉輪聖王與一百大臣及餘百千萬億人民皆共圍繞隨至道場咸欲親近大通智勝如來。

王子的媽媽送他們出家去。「其祖轉輪聖王」，大通智勝佛的父親，這說

明他的王子是第三代。「與一百大臣,及餘百千萬億人民,皆共圍繞,隨至道場,咸欲親近大通智勝如來」,來親近供養大通智勝如來。

供養恭敬尊重讚歎到已頭面禮足繞佛畢已一心合掌瞻仰世尊。

以偈頌曰。

大威德世尊　為度眾生故　於無量億劫　爾乃得成佛

佛佛都如是,為了成佛度眾生,度眾生成佛。經過無量億劫,沒有時間的概念,「爾乃得成佛」。

諸願已具足　善哉吉無上。

身體及手足　寂然安不動。

吉祥當中最吉祥,就叫「吉無上」。「世尊甚希有」,很難得很希少,

「一坐十小劫」,這十小劫拿年限沒辦法算。「身體及手足,寂然安不動」,因為他在定中。

其心常憺怕　未曾有散亂　究竟永寂滅　安住無漏法
今者見世尊　安隱成佛道　我等得善利　稱慶大歡喜

若是散亂就坐不住了,常在寂定當中,「今者見世尊,安隱成佛道」,現在我們來親近佛、見佛,已經成佛道果。「我等得善利,稱慶大歡喜」,那佛成佛道已經說法了,我們就得度了。「我等得善利」,得聞佛法。

眾生常苦惱　盲冥無導師　不識苦盡道　不知求解脫
長夜增惡趣　減損諸天眾　從冥入於冥　永不聞佛名

眾生處於黑暗當中,沒有人教導他,也不知道苦、集、滅、道之道,也不

爾時十六王子偈讚佛。

今佛得最上　安隱無漏道
是故咸稽首　歸命無上尊

現在佛已經成就了，成就無漏道，再不漏其他，成就究竟了，永遠不墮落，永遠不輪轉。「我等及天人，為得最大利」，我們感覺得幸福，得到最大的利益。佛出現於世間，得聞佛法。「是故咸稽首，歸命無上尊。爾時十六王子，偈讚佛已」，這是十六王子讚歎佛。

知道出離。「不識苦盡道」，不知道苦的道理，不懂滅苦的道理，在苦難當中不知求解脫。「長夜增惡趣」，在人生旅程當中，長夜增加惡趣，惡念增長、善念減損，「減損諸天眾」。「從冥入於冥」，從黑闇到黑闇，「永不聞佛名」，從來沒有聽過佛名字。

勸請世尊轉於法輪,咸作是言,世尊說法多所安隱,憐愍饒益諸天人民。

勸請世尊重說偈言。

世雄無等倫　百福自莊嚴　得無上智慧　願為世間說
度脫於我等　及諸眾生類　為分別顯示　令得是智慧
若我等得佛　眾生亦復然

這是勸佛說法。佛,把你修道成佛的福慧兩足莊嚴,無上智慧,給世間一切眾生說。「度脫於我等,及諸眾生類」,佛說法,我們通通都得到解脫了,還有其一切眾生,「為分別顯示,令得是智慧」,佛用分別善巧顯示你所證得的智慧,你聞到佛的智慧,我們也能開智慧了。若我等都得到成佛,乃至眾生都能成佛。

世尊知眾生　深心之所念　亦知所行道　又知智慧力

欲樂及修福　宿命所行業。世尊悉知已　當轉無上輪。

大通智勝如來知道眾生心所想念的是什麼，同時也知道所行的菩薩道，以佛的智慧力，讓一切眾生都能夠得到欲樂，都能夠修福。

「宿命」就是過去無量劫所有做的事業，「宿命所行業」，「世尊悉知已」，不但知道自己也能知道一切眾生，應該給他們轉什麼樣的法輪。知道眾生的根，知道眾生離因，根就是因，因就是根。

佛告諸比丘大通智勝佛。得阿耨多羅三藐三菩提時。十方各五百萬億諸佛世界六種震動其國中間幽冥之處日月威光所不能照。而皆大明其中眾生各得相見。

「佛告諸比丘」，這個「佛」是指釋迦牟尼佛。告諸比丘說，大通智勝

佛,成就阿耨多羅三藐三菩提的時候,「十方各五百萬億諸佛世界,六種震動,其國中間幽冥之處」,永遠在黑闇當中。一切日月光明照不到的地方。日月光照不到,但是大通智勝的佛光都照到了。「而皆大明」,佛光所到之處,眾生各得相見。原本黑闇互相不知,現在經過這尊佛的光明一照,都知道了。

咸作是言此中云何忽生眾生又其國界諸天宮殿。乃至梵宮六種震動。大光普照徧滿世界勝諸天光。

以前沒見到不知道,現在見到了,又見到各各國界,諸天宮殿梵宮,「六種震動,大光普照,徧滿世界,勝諸天光」。這個加持的光明,是大通智勝成佛的光明。

爾時東方五百萬億諸國土中梵天宮殿。光明照曜。倍於常明。諸梵

天王各作是念今者宮殿光明昔所未有以何因緣而現此相。

東方五百萬億諸國土，他們的宮殿乃至於光明所照曜的，跟以前不同，不是平常那種光明。這些梵天的天王都作如是想，現在的宮殿光明，「昔所未有」，是什麼因緣而現此相？

是時諸梵天王即各相詣共議此事時彼眾中有一大梵天王名救一切為諸梵眾而說偈言

「即各相詣」，大家聚會共到一個處所。「共議此事」，找這個原因。「時彼眾中，有一大梵天王，名救一切，為諸梵眾而說偈言」，他的智慧跟這些梵天有所不同。他的智慧力了解，他就說了。

我等諸宮殿　光明昔未有　此是何因緣　宜各共求之。

為大德天生　為佛出世間　而此大光明　徧照於十方。

現在我們的宮殿光明,過去並沒有,「此是何因緣,宜各共求之」,大家共同找找這光明的原因。「為大德天生,為佛出世間,而此大光明,徧照於十方」,這是不尋常的,只有佛出世間,而有此大光明,才能徧照十方。

爾時五百萬億國土諸梵天王與宮殿俱各以衣裓盛諸天華共詣西方推尋是相。

大家就拿著那個盛天華的藍,叫「衣裓」,「共詣西方,推尋是相」,向西方求。

見大通智勝如來處於道場菩提樹下坐師子座諸天龍王乾闥婆。

緊那羅摩睺羅伽人非人等恭敬圍繞及見十六王子請佛轉法輪。

他們一求，就求到了。看見大通智勝如來，在菩提樹下成道說法。坐在師子座上，諸天、龍王、乾闥婆、緊那羅、摩睺羅伽、人非人等，八部鬼神，「恭敬圍繞」。同時這些梵天也見到，十六王子在那裡啟請，請什麼呢？請佛轉法輪，請佛說法。

即時諸梵天王頭面禮佛繞百千帀即以天華而散佛上其所散華如須彌山并以供養佛菩提樹其菩提樹高十由旬華供養已各以宮殿奉上彼佛而作是言惟見哀愍饒益我等所獻宮殿願垂納處。

時諸梵天王即於佛前一心同聲以偈頌曰。

佛在菩提樹下成道的，供養菩提樹。這個菩提樹，高十由旬，非常高大。

「華供養已」，這些梵天以華供養完了，「各以宮殿奉上彼佛」，不但是華，而且把整個的宮殿奉上，「而作是言，惟見哀愍饒益我等，所獻宮殿，願垂納處」，請佛攝受，接受他們的供養。

世尊甚希有　難可得值遇　具無量功德　能救護一切。
天人之大師　哀愍於世間　十方諸眾生　普皆蒙饒益。
我等所從來　五百萬億國　捨深禪定樂　為供養佛故。
我等先世福　宮殿甚嚴飾　今以奉世尊　惟願哀納受。

十方的諸梵天王供養佛，供養完了讚歎。這一段是以偈頌來讚歎佛，這跟前面講的是相同的，以後還是相同的。十方梵王共同讚歎過去的古佛，不是指釋迦牟尼。

參、開佛知見分　化城喻品第七

607

爾時諸梵天王偈讚佛已各作是言惟願世尊轉於法輪度脫眾生開涅槃道。

讚歎完了，請佛說法。他們供養讚歎，為什麼？為了請佛轉法輪。大梵天王讚歎完了，「各作是言，惟願世尊轉於法輪，度脫眾生，開涅槃道」，讓一切眾生都能得到涅槃道，就是不生不滅之法，請佛開示最上法。

時諸梵天王。一心同聲而說偈言。
世雄兩足尊 惟願演說法 以大慈悲力 度苦惱眾生。

爾時大通智勝如來默然許之。

世雄兩足尊，惟願演說法，以大慈悲力，度苦惱眾生。

佛為世間的最大聖者，「雄」就是我們經常說的大英雄、大豪傑。我們稱佛的大殿為大雄寶殿，這個雄不是世間雄，而是說法利益眾生，福足慧足。

「惟願演說法」，供養佛的目的是聽佛說法，佛以大慈悲力來度脫這些苦惱眾生。「爾時大通智勝如來，默然許之」，每一方的梵天來了，他們修法，佛都默然許之。沒有說話，但在心裡頭答應他們。

又諸比丘東南方五百萬億國土諸大梵王。各自見宮殿光明照曜。昔所未有歡喜踊躍生希有心即各相詣共議此事時彼眾中有一大梵天王名曰大悲為諸梵眾而說偈言

這是東南方的梵天王，大梵天王讚歎佛的語言詞句有所變化，義理都是一樣，都想請佛說法供養，先供養然後請佛說法。大通智勝如來的光明照到東南方的大梵天，這些大梵天王共同的議論，說這個光明哪兒來的？生希有心，共同討論議論。大梵天王集合一起議論，有一大梵天王說，這個大梵天王的名號叫大悲，對大梵天眾而說偈言，以偈頌體裁而說的。

是事何因緣　而現如此相
我等諸宮殿　光明昔未有。
為大德天生　為佛出世間　未曾見此相　當共一心求。
過千萬億土　尋光共推之　多是佛出世　度脫苦眾生。

為什麼我們的宮殿，光明照曜得希所未有？這種現相是什麼現相？「我等諸宮殿，光明昔未有，為大德天生，為佛出世間」，一定有不可思議的、有大功德聖者出現，也就是佛出世間才有這種現相。過去沒有這種現相，大家應該一心去求。

過十萬億佛，尋著這個光，過千萬億國土，一個佛國土、二個佛國土、千萬億那些國土，尋找這個光的來源，「尋光共推之，多是佛出世，度脫苦眾生」，以這個光的光明照曜，我們感到最大的慶幸，有佛出現世間。

爾時五百萬億諸梵天王。與宮殿俱。各以衣裓盛諸天華共詣西北

方。推尋是相見大通智勝如來處於道場菩提樹下坐師子座諸天龍王乾闥婆緊那羅摩睺羅伽人非人等恭敬圍繞及見十六王子請佛轉法輪。

這跟人間不一樣，大梵天王所有的宮殿都跟他可不行。宮殿隨生，是他的福報。每一方天王來都如是，不是一個兩個，五百萬億，那麼多梵天天王，是東南方的。

「各以衣裓盛諸天華」，「衣裓」是裝天華的籃子。從東南方往西北方推求，東南對著西北。見到大通智勝如來，見佛，「處於道場菩提樹下」，坐著師子寶座。諸天、龍王、乾闥婆、緊那羅、羅睺羅伽、人非人等，「恭敬圍繞」，見到十六法王子，請佛轉法輪。這是佛未出家之前的，做國王時的十六王子。

時諸梵天王頭面禮佛繞百千帀。即以天華而散佛上所散之華如

須彌山。并以供養佛菩提樹華供養已各以宮殿奉上彼佛而作是言惟見哀愍饒益我等所獻宮殿願垂納處。

「時諸梵天王頭面禮佛，繞百千帀，即以天華而散佛上，所散之華，像須彌山那樣的，并以供養佛的菩提樹，供養佛樹、供養佛。以華供養完畢，又把自己隨身帶著的宮殿，奉獻給佛。又表白，『而作是言』。

「惟見哀愍，饒益我等，所獻宮殿，願垂納處」，說諸梵天王表達向佛，表達的語言。請佛哀愍，可憐我們，饒益一切我等，讓我們得到利益，因此我們奉獻宮殿給佛，請佛納受。

爾時諸梵天王即於佛前一心同聲以偈頌曰。

聖主天中王　迦陵頻伽聲　哀愍眾生者　我等今敬禮。
世尊甚希有　久遠乃一現　一百八十劫　空過無有佛

三惡道充滿　諸天眾減少　今佛出於世　為眾生作眼
世間所歸趣　救護於一切　為眾生之父　哀愍饒益者
我等宿福慶　今得值世尊。

五百億萬天王，一心同聲，用同一個音聲語言讚歎佛。「聖主天中王，迦陵頻伽聲，哀愍眾生者」，佛的音聲最美妙了，哀愍諸眾生。佛是為了救度諸眾生，出現於世間，因此我們禮敬佛、供養佛。佛出現於世間不是容易見到的，是希有的，很久乃一現，這個大家都能理解。

釋迦牟尼佛跟彌勒佛降生，佛跟佛之間，時間認為很短，在我們感覺是億萬年。這時東南方來的大梵天王讚歎佛，經過一百八十劫，「空過無有佛」，這個時間是一百八十劫，這個世界上沒有佛出現。

「三惡道充滿」，地獄道跟餓鬼道都是惡人，形容這世間的惡人。「諸天眾減少」，惡道多了，人間的眾生多了，天道自然就減少了。現在佛出現世間

了，給人天作眼目，就是智慧。給人天作智慧眼，是一切世間所歸仰的，佛能救護世間。「爲眾生之父，哀愍饒益者，我等宿福慶，今得值世尊。」大家過去生修的福德，感到佛世間，能遇見佛。

爾時諸梵天王偈讚佛已各作是言惟願世尊哀愍一切轉於法輪。度脫眾生時諸梵天王一心同聲而說偈言

大聖轉法輪　顯示諸法相　度苦惱眾生　令得大歡喜

眾生聞此法　得道若生天　諸惡道減少　忍善者增益

善人增多，惡人減少，請佛說法。

爾時大通智勝如來默然許之。

這跟前面是一樣的，心裡答應給他們說法。

又諸比丘南方五百萬億國土諸大梵王各自見宮殿光明照曜昔所未有歡喜踊躍生希有心即各相詣共議此事以何因緣我等宮殿有此光曜時彼眾中有一大梵天王名曰妙法為諸梵眾而說偈言。

南方跟東南方一樣的，也如是。「即各相詣，共議此事」，大家共聚在一起，商量這光明來源的事。「以何因緣，我等宮殿有此光曜。時彼眾中，有一大梵天王，名曰妙法，為諸梵眾，而說偈言。」在大會中，大梵天王因為妙法，為諸梵眾，也就是為其他的梵天天王而說偈頌。

我等諸宮殿　光明甚威曜　此非無因緣　是相宜求之
過於百千劫　未曾見是相　為大德天生　為佛出世間。

大家找找光明的因緣，「過於百千劫，未曾見是相」，經過百千劫這麼長的

參、開佛知見分　化城喻品第七

615

時間，沒有見這光明瑞相。「為大德天生，為佛出世間」，一定是佛出世間了。

爾時五百萬億諸梵天王與宮殿俱各以衣裓盛諸天華共詣北方。推尋是相見大通智勝如來處於道場菩提樹下坐師子座諸天龍王乾闥婆緊那羅摩睺羅伽人非人等恭敬圍繞及見十六王子請佛轉法輪。

同一方向，往北方去找，「見大通智勝如來，處於道場菩提樹下，坐師子座」，我們哪兒來的？是大通智勝如來在菩提樹下成道所放的光明。佛的周圍有諸天、龍王、乾闥婆、緊那羅、摩睺羅伽、人非人等，「恭敬圍繞」。十六王子，請佛轉法輪，原來是十方一切大眾來請佛說法的。

時諸梵天王頭面禮佛繞百千帀。即以天華而散佛上所散之華如

須彌山。并以供養佛菩提樹華供養已各以宮殿奉上彼佛。而作是言。惟見哀愍饒益我等所獻宮殿願垂納處。

以香華供養佛，同時又把宮殿供養給佛，「而作是言，惟見哀愍，饒益我等，所獻宮殿，願垂納處。」供獻給佛的宮殿，請佛慈愍攝受。

爾時諸梵天王即於佛前一心同聲以偈頌曰。

世尊甚難見　破諸煩惱者　過百三十劫　今乃得一見

諸飢渴眾生　以法雨充滿　昔所未曾覩　無量智慧者

如優曇鉢華　今日乃值遇　我等諸宮殿　蒙光故嚴飾

世尊大慈愍　惟願垂納處

惟佛與佛才能究竟破除一切眾生的煩惱。這個世間沒有佛的時候，已經經

參、開佛知見分　化城喻品第七

過一百三十劫,「今乃得一見」,現在見佛出世了。「諸飢渴眾生,以法雨充滿,昔所未曾覩,無量智慧者。」過去沒見到,沒見到什麼?沒見到佛。無量的智慧是指佛說的。「如優曇鉢華,今日乃值遇」,優曇鉢華三千年一現,這佛比優曇鉢華時間長多了。現在值遇了,「我等諸宮殿,蒙光故嚴飾」,我們這宮殿,因為佛的光,更加嚴飾,更加莊嚴。「世尊大慈愍,惟願垂納處」。

爾時諸梵天王偈讚佛已各作是言惟願世尊轉於法輪令一切世間諸天魔梵沙門婆羅門皆獲安隱而得度脫時諸梵天王一心同聲以偈頌曰

還是請佛說法。「令一切世間,諸天、魔、梵,沙門、婆羅門,皆獲安隱,而得度脫」,同時一心以偈頌來讚。五百億萬天王一心,五百萬億大家一

個心，共同說的讚偈。

爾時大通智勝如來默然許之西南方。

> 惟願天人尊　轉無上法輪　擊於大法鼓　而吹大法螺
> 普雨大法雨　度無量眾生　我等咸歸請　當演深遠音

請佛說甚深的法。跟前面的請法一樣，答應他們了。「西南方，乃至下方」，西南方那個下方，這是說兩方。本來是十方，這個西南方加下方兩方，「亦復如是」，也如是請。

爾時上方五百萬億國土諸大梵王皆悉自覩所止宮殿光明威曜。昔所未有歡喜踊躍生希有心即各相詣共議此事以何因緣我等

參、開佛知見分 化城喻品第七

宮殿有斯光明。時彼眾中有一大梵天王。名曰尸棄。爲諸梵眾而說偈言。

今以何因緣　我等諸宮殿　威德光明曜　嚴飾未曾有。

如是之妙相　昔所未聞見　爲大德天生　爲佛出世間。

爾時五百萬億諸梵天王。與宮殿俱各以衣裓盛諸天華共詣下方。推尋是相見大通智勝如來處於道場菩提樹下坐師子座。諸天龍王乾闥婆緊那羅摩睺羅伽人非人等恭敬圍繞。及見十六王子請佛轉法輪。

時諸梵天王頭面禮佛繞百千帀。即以天華而散佛上。所散之華如須彌山并以供養佛菩提樹華供養已各以宮殿奉上彼佛而作是言。惟見哀愍饒益我等所獻宮殿願垂納處。時諸梵天王即於佛前。一心同聲以偈頌曰。

善哉見諸佛　救世之聖尊　能於三界獄　勉出諸眾生。
普智天人尊　哀愍羣萌類　能開甘露門　廣度於一切。
於昔無量劫　空過無有佛　世尊未出時　十方常闇冥

佛未出現，十方都在黑暗當中。

三惡道增長　阿修羅亦盛　諸天眾減少　死多墮惡道。

餓鬼神阿修羅，地獄餓鬼畜生，三惡道增長。惡業多、善業少，一切天眾減少了。修善的少，天眾自然少。在人間死了之後，多墮於惡道。為什麼？

不從佛聞法　常行不善事　色力及智慧　斯等皆減少。
罪業因緣故　失樂及樂想

善法不知道修，多作惡業，作的是不善業，而是惡業。「色力及智慧，斯等皆減少。罪業因緣故，失樂及樂想」，沒有得樂果，連想樂果的心都少了。

住於邪見法　不識善儀則　不蒙佛所化　常墮於惡道
佛為世間眼　久遠時乃出　哀愍諸眾生　故現於世間
超出成正覺　我等甚欣慶　及餘一切眾　喜歎未曾有

歡喜讚歎，因為見著光明，乃見到佛。

我等諸宮殿　蒙光故嚴飾　今以奉世尊　惟垂哀納處
願以此功德　普及於一切　我等與眾生　皆共成佛道

十方來的梵天都如是，先供華、後供宮殿。「願以此功德，普及於一切，我等與眾生，皆共成佛道」，求佛說法，聞法成道。

爾時五百萬億諸梵天王。偈讚佛已各白佛言惟願世尊轉於法輪。多所安隱多所度脫時諸梵天王而說偈言

世尊轉法輪　擊甘露法鼓　度苦惱眾生　開示涅槃道
惟願受我請　以大微妙音　哀愍而敷演　無量劫集法

佛說法，而後我們去行，得過無量劫修習佛所教化法門。這是十方大梵天王向佛請求，除了以前人天的，這裡說的都是大梵天。

爾時大通智勝如來受十方諸梵天王及十六王子請即時三轉十二行法輪。若沙門婆羅門若天魔梵及餘世間所不能轉謂是苦是苦集是苦滅是苦滅道。

「即時三轉十二行法輪，若沙門、婆羅門，若天、魔、梵，及餘世間所

「不能轉」，「不能轉」是指不能說。為什麼不能說呢？不會說。惟佛與佛才能如此教化。「謂是苦」，一切世間都是苦。苦怎麼來的呢？是苦集。那應當不集，不召集苦果就沒有。知苦斷集，「是苦滅」，滅苦。怎能滅呢？修道滅苦集，成就聖果。這說三轉法輪於大千，講講三轉。

第一轉是示現。佛給眾生示現，讓眾生看一看，什麼是苦果？什麼是苦因？什麼是滅？什麼是道？修道成聖果，就是轉四諦法輪於大千。苦諦、集諦、滅諦、道諦。苦、集是世間的因果，道、滅是出世間的因果。佛示現，這是第一輪示現。轉四諦法輪，示現苦、集、滅、道。

第二轉是勸（修）轉，也就是佛轉的法輪，勸眾生先勸，勸而後修，修能夠證得道。勸轉，此是苦汝當知，此是集汝當斷，此是滅汝當證，此是道汝當修，勸修。這是第二轉。

第三轉是證轉，佛以自己證明。此是苦，我已知，不復更知。此是集我已斷，不復更斷。此是滅，我已證，此是道，我已修。佛用自心說，苦、集、

滅、道，我是證得來的，大家也都是如是修，如是證。把己學、己修、己證三者合起來，這叫三轉法輪於大千，在三千大千世界轉法輪。

那麼佛示現苦、集、滅、道之法，第一個給你示相，看看世間相。有樂嗎？世間全是苦相。苦相是個什麼性質呢？逼迫你，你受也得受，不受也得受。爲什麼？你有業。苦是怎麼來的？是你招感來的。苦諦的初轉法輪示相告訴你，這是苦。苦是逼迫你，讓你解脫不了。

生、老、病、死苦，我們舉病苦。當你害病的時候，只有找醫生吃藥，不見得好，醫生治病的，治不了命。苦一定受苦，說此是苦，是逼迫性。佛給你說清楚，勸你修，苦的道理是什麼？苦諦。諦是理，但是在受的時候就是苦果。你懂得這諦理，示現苦相，這苦相是逼迫的，你想離苦，修諦，諦是理。初轉的示相，示的是苦相。

苦諦的次轉，就是勸修，勸勉你的。感到是苦，你為什麼不斷呢？知道是苦，為什麼不斷呢？有次轉。你已經知道是苦，應當知道是苦怎麼來的？勸你

轉。苦諦的三轉，佛說，這個苦，我是知道的，我給你作證明，我已經知道苦了。苦是真是苦，這樣子作證。

集諦也分三轉，每一諦都有三轉。示相，說此是集招感來的，招感性。你爲什麼去招感？你造業。你造業這樣給你作集，說，我已經知道苦是怎麼來，是我作業招感來的，專講苦。一個示相就是苦，示苦相，勸你修，你應該知道了，給你作證，苦斷了。這是苦果，怎麼來的呢？是集來的。苦是因，造苦因，果是因，因成就的。初轉集的示相，集是招感的。

當你受苦，一個苦果很多的因，不是一個因。集很多的因，成就這個苦果。我想不受苦了，那就別造業，應該修道。勸修，集的第二轉。佛說，我已經證得了，我應斷，別再招感了，別再造業。三轉集呢？佛說，我已經斷了，我把苦因斷了，苦果沒有了，苦、集、滅、道，這是苦集。可以給你作證明，集我已經斷了，這是苦集。

怎麼斷？為什麼把因斷了，再不受苦果了？先說果、後說因。世間相呢？先說因，後說果。說這個是苦、集、滅、道，可證。已證得了滅，苦集沒有了，可證性。此是滅，可證。道，一修就證得。次轉滅諦。初轉滅諦，把滅擺在前面。你修了滅了，證得了，次轉滅諦。佛給你說，你已修、滅已斷。斷，我是斷了滅了，不再受苦果了。三轉滅諦。我跟你說，你已修、滅已斷，我是斷了滅了，證得了。三轉滅諦就是作證。

初轉道諦，我修成道果，修道怎麼修的呢？因為先說果、後說因。此是道可修行，你可以修，我告訴你可以修。二轉道諦，做好事斷煩惱，證菩提，這是道，可以修道。修道就能斷滅了。此是道我已修，道本身是可修行。你一修道就成了。三轉道諦是作證，我已經修成道了。這叫三轉四諦。平常說三轉苦、集、滅、道，一轉了，轉就是轉化，不造業就是修道。能止住業，得靠修道的力量，道修成了，苦滅了，苦、集、滅、道的因果都沒有。

及廣說十二因緣法。無明緣行行緣識識緣名色名色緣六入。六入緣觸觸緣受受緣愛愛緣取取緣有有緣生生緣老死憂悲苦惱無明滅則行滅。行滅則識滅識滅則名色滅名色滅則六入滅六入滅則觸滅觸滅則受滅受滅則愛滅愛滅則取滅取滅則有滅有滅則生滅生滅則老死憂悲苦惱滅。

什麼叫十二因緣？緣能助成，因能生起，因生假緣助成，所以你在人間受苦。無明緣行，無明是根本的迷惑，「無明緣行，行緣識，識緣名色，名色緣六入，六入緣觸，觸緣受，受緣愛，愛緣取，取緣有，有緣生，生緣老死憂悲苦惱。」生緣老死，這個老死裡面充滿憂愁、悲苦惱，煩惱都在這裡頭，憂悲苦惱是緣。

我若把無明滅了，無明滅了就沒有行了。無明滅就行滅，行滅了識就滅了。識就是眼、耳、鼻、舌、身、意六識，識滅了，名色滅。一切世間相，名

色滅了，六入滅。六入，根入於識，識入於根。六入滅了則觸滅，互相接觸。觸滅了，受滅；受滅了，愛滅；愛滅了，取滅。沒有愛什麼也不取。取滅了，則有滅。你不取了，一切物質一切法都沒有了。

有滅則生滅，生滅則老死憂悲苦惱滅。這叫十二因緣生滅的二種觀法。觀你不知道的事，迷惑不理解。你一直學佛法，佛告訴你們，觀無明，不讓他糊裡糊塗。用什麼觀無明？用智慧。

《心經》上告訴我們，觀世音菩薩用智慧一照，行深般若波羅蜜多就是智慧，甚深般若波羅蜜智慧。用智慧一照，這些都空了，五蘊皆空。在二十五品會講。〈觀世音菩薩普門品〉就出在《法華經》第二十五品。這些就是十二因緣的一個生起門、一個還滅門，無明緣行，這叫生起。無明滅則行滅，這是還滅。這是講因緣法。

沒講《法華經》之前，先給大家講「性空緣起」，涵義就在這兒。這是此經主要的修行方法。不過《法華經》不講十二緣起，這是根本，必須跟大家說

一說。

無明滅了,行就沒有了。無明滅了,不糊塗有智慧了。有智慧所行的,斷這一切迷惑所行的。一個明白作的,一個糊塗作的。用明白做的,斷糊塗做的,這麼個涵義。你觀十二生滅,有兩種觀法。一個生起一個還滅。

過去,說我們過去的業,是無明跟行二種因生起的。依無明糊塗,糊塗做的事都是壞事,智慧所做的事都是好事。智慧做的是滅無明的。行,無明緣行,無明跟行是過去的兩種因。誰緣的行呢?識。我們過去經常講的八識,眼、耳、鼻、舌、身、意,加上第七末那、第八阿賴耶。這都包括在識裡。

我們的眼、耳、鼻、舌、身、意,外頭的色、聲、香、味、觸、法,這個中間所生的就是識,沒有識沒作用。眼根對著色塵,如果沒有眼識來傳介的話,沒法分辨。這個眼根對著色,白色、紅的、黃的,那個識去分別它,這就十八處,色、聲、香、味、觸、法,眼、耳、鼻、舌、身、意,夾著眼識、耳識、鼻識、舌識、身識、意識。塵識對著色,色就是有形有相的,色、聲、

香、味、觸、法，都叫色。識對著色，六根對六識，根入於識，這叫六入。

過去的兩因，無明跟行，就成了現在五果，識、名色、六入、觸、受，有因必成果。觸，觸就是你造的業，所有造業的遠因緣，那你就受，因觸而有受，因受而有愛，愛怎麼來的呢？是受來的而生起貪愛。貪愛就用取道，愛、取、有，這是三因。現在三因感未來的二果，生死，生了一定死，死了一定受苦果。

十二因緣，無明是最根本的。我們斷惑斷到根本無明惑，經常講所有的受生輪轉，無明來的迷惑。無明跟行就是過去的因，現在就受了苦報。過去、未來、現在三世的因果。過去的是二因，現在的是五果三因，未來的是二果，這是十二因緣產生的生滅法，憂悲苦惱。四諦十二因緣法，最初是在《阿含經》講的。

佛於天人大眾之中說是法時。六百萬億那由他人以不受一切法

故而於諸漏心得解脫皆得深妙禪定三明六通具八解脫第二第三第四說法時千萬億恆河沙那由他等眾生亦以不受一切法故。而於諸漏心得解脫從是已後諸聲聞眾無量無邊不可稱數。

說四諦十二因緣法的時候,「六百萬億那由他」,聞法的有六百萬億那由他這麼多人。「以不受一切法故」,不受一切法也沒有因也不受果,於一切法得解脫了。「不受」就是不受漏法。因為他深受禪定,三明六通八解脫,前面都分別講過了。說這個法的時候,千萬億那由他的眾生,以不受一切法,「而於諸漏,心得解脫」。

「從是已後,諸聲聞眾,無量無邊,不可稱數」,佛說法所得到的效果,有這麼多人不受,不受不領納前面那些惑業。不種那個因,沒那個果。

見一切法不貪,不貪念。見一切法不貪念、斷見惑,斷見惑就不受了。這是指初果。初果先斷八十八使,斷了見惑就不受了,得解脫了。不造苦果。

爾時十六王子皆以童子出家而爲沙彌諸根通利智慧明了已曾供養百千萬億諸佛淨修梵行求阿耨多羅三藐三菩提。世尊是諸無量千萬億大德聲聞皆已成就。世尊亦當爲我等說阿耨多羅三藐三菩提法我等聞已皆共修學世尊我等志願如來知見深心所念佛自證知。

這十六位王子都要跟佛學道出家,「諸根通利,智慧明了」,過去的善根非常深厚,一聞法就證得就開悟,因爲他們過去供養百千萬億諸佛修清淨行。一聞法就六根清淨,智慧明了。這才是本經的要義。開佛知見,示佛知見,悟佛知見,入佛知見,開示悟

業、不造惑,那就不感果了。這個時候還沒成阿羅漢,還在有學位,等他入到深定妙定,再斷思惑,那就眞正解脫了。但這還不是《法華經》的涵義。

他們不是求小果的,而是求阿耨多羅三藐三菩提。

入佛之知見。一跟佛出家做沙彌,就開示悟入佛之知見,開了悟了。

他們向佛表白,「俱白佛言:世尊,是諸無量千萬億大德聲聞,皆已成就。」他們成就的小果,那些大德聲聞,斷見思煩惱,證得了聲聞緣覺。

「世尊,亦當為我等說阿耨多羅三藐三菩提法」,你給他們說的是四諦十二因緣,說的是因緣法,四聖諦法,他們都成就了。但是我們不求這個,我們要求無上正等正覺,阿耨多羅三藐三菩提法。我們若聞到這個法也能修行,也能成佛了,「皆共修學」。

「世尊,我等志願如來知見,深心所念,佛自證知」,說你應當證得,你都證得了。佛,你應當明了我們的心,這是十六法王子表達的。那些聲聞成就,我們不希望也不求,我們的志願是如來的知見。

爾時轉輪聖王所將眾中八萬億人見十六王子出家亦求出家王即聽許。

這十六王子向佛說完了，就法會當中，還有轉輪聖王八萬億，都是轉輪聖王，是人間的王。前面說的都是大梵天王，沒說人王。但這時候，轉輪聖王是人間的王，他看見十六王子出家，要求佛出家，「王即聽許」，聽許他們出家。因為轉輪聖王所帶領的眷屬，或大臣，或家人，八萬億人，他們也要求出家，國王也允許了。

爾時彼佛受沙彌請過二萬劫已乃於四眾之中說是大乘經名妙法蓮華教菩薩法佛所護念說是經已。

大通智勝如來受十六王子之請，他們都出家，做了沙彌。還有八萬億人也出家，一同請佛說法。這是說轉大法輪。過了二萬劫已，經過時間很長，經過時間好長呢？二萬劫。一個劫好長時間？賢劫千佛，這是一劫。在這一劫中千佛，釋迦牟尼佛涅槃，彌勒佛降生，這個時間好長？但這一劫，千佛就是賢

劫。這些人向佛請求,佛並不是當時說的,過了二萬劫,乃為四眾之中說是大乘,「名妙法蓮華」,這才開始說《法華經》。佛說《法華經》,前面我們說的都是善巧。他們請佛現在答應給他們說,「教菩薩法」。《法華經》是「教菩薩法,佛所護念」,所以給他們說《法華經》。

十六沙彌為阿耨多羅三藐三菩提故皆共受持諷誦通利。說是經時十六菩薩沙彌皆悉信受聲聞眾中亦有信解其餘眾生千萬億種皆生疑惑。

先說十六王子,他們得到法之後諷誦,「諷」是念,「誦」是背。不但依文能背,依文能念,離文也能背。「通利」,背得很通暢。「說是經時」,在說《法華經》的時候,「十六菩薩沙彌皆悉信受,聲聞眾中,亦有信解」,在聲聞眾裡頭也有信大乘法的。

佛說是經於八千劫未曾休廢說是經已即入靜室住於禪定八萬四千劫。

佛說《法華經》，說了八千劫，說法即是入定，未曾休息。那是說了又說，說了又說，把《法華經》說完了。佛就到靜室，住於禪定入三昧。這一入定，好長時間呢？八萬四千劫。

是時十六菩薩沙彌知佛入室寂然禪定各升法座亦於八萬四千劫為四部眾廣說分別妙法華經一一皆度六百萬億那由他恆河沙等眾生示教利喜令發阿耨多羅三藐三菩提心。

他們知道佛入了禪定，佛就沒說法，十六菩薩沙彌就說法了。「各升法座，亦於八萬四千劫」，佛入禪定八萬四千劫，這些十六菩薩沙彌，說法說了

八萬四千劫。

「為四部眾,廣說分別妙法華經」,沒說譬喻直接說經,《妙法華經》。

他們說了《法華經》有好多跟他們學的?每一個法王子就有六百萬億那由他恆河沙眾生。十六個,每一個都度了六百萬億那由他恆河沙眾生。恆河沙六百萬億,這數字不是人間數字。從他說了《法華經》令眾生歡喜,得大利益。

同時,都令他們發了阿耨多羅三藐三菩提心。有這麼多發菩提心。每一位發菩提心都希望將來成佛,發菩提心,行菩提道,證菩提果。一發了菩提心,就到彼岸了。

我們講《華嚴經》很清楚,從發了菩提心,住在菩提心上,行菩提道。所以善財童子發了菩提心,就參訪五十三個善知識,發菩提心怎麼樣行菩薩道,五十三位善知識教他行菩薩道。

大通智勝佛過八萬四千劫已從三昧起。往詣法座安詳而坐普告

大眾是十六菩薩沙彌甚為希有諸根通利智慧明了已曾供養無量千萬億數諸佛於諸佛所常修梵行受持佛智開示眾生令入其中汝等皆當數數親近而供養之所以者何若聲聞辟支佛及諸菩薩能信是十六菩薩所說經法受持不毀者是人皆當得阿耨多羅三藐三菩提如來之慧。

大通智勝佛，過了八萬四千劫，說完《法華經》入定，定了八萬四千劫，「從三昧起」，才到說法的法座前安詳而坐。「普告大眾」，佛入了定，是觀察一切的。十六位沙彌說法，一切情況，大通智勝佛清清楚楚。從定起來，來到道場就告訴大眾，這十六菩薩沙彌，甚為希有。「諸根通利，智慧明了」，都得大自在，得大神通。他們不止在我跟前聞法，他們過去供養千萬億諸佛。

這十六王子過去供養了千萬億諸佛，在以前的諸佛常修梵行，修的都是

清淨梵行。「受持佛智,開示眾生」,令一切眾生都能入,入什麼呢?發菩提心,行菩薩道,成就佛果,入於一切眾。「汝等皆當數數親近而供養之」,以後,你們應當常常親近這十六位沙彌菩薩,「所以者何?」為什麼要常時親近供養呢?「若聲聞、辟支佛、及諸菩薩」,這個聲聞辟支佛專指緣覺,是二乘人。這菩薩相信十六菩薩所說的經法。說你們能信,希望能信,十六菩薩所說經法,能受持不毀,能知受持十六位王子所說的法。

「受持」就是不毀,經常不懈的,一定能得到無上正等正覺如來的智慧。

佛入定的時候,他們都演的《妙法蓮華經》,分別說《妙法蓮華經》,沒有說其他的經教。

佛告諸比丘是十六菩薩常樂說是妙法蓮華經。一一菩薩所化六百萬億那由它恆河沙等眾生世世所生與菩薩俱從其聞法悉皆信解以此因緣得值四萬億諸佛世尊於今不盡。

諸比丘。我今語汝。彼佛弟子十六沙彌今皆得阿耨多羅三藐三菩提。於十方國土現在說法。有無量百千萬億菩薩聲聞以為眷屬其二沙彌東方作佛。一名阿閦在歡喜國二名須彌頂。

《法華經》，直至成佛。

聞了就信，信了就能理解，不但信還能明白，還能理解。「以此因緣，得值四萬億諸佛世尊，於今不盡」，一直到現在沒有盡的，誦《法華經》、聽《法華經》，直至成佛。

我現在跟你們說，「彼佛弟子十六沙彌，今皆得阿耨多羅三藐三菩提」，他們都成佛了。「於十方國土，現在說法，有無量百千萬億菩薩、聲聞，以為眷屬。其二沙彌，東方作佛」，阿閦佛在東方叫歡喜國，第一佛。「二名須彌頂」，第二名叫須彌頂。一名阿閦，二名須彌頂。

東南方二佛一名師子音二名師子相。南方二佛一名虛空住二名常滅。西南方二佛一名帝相二名梵相西方二佛一名阿彌陀二名度一切世間苦惱。

在這裡，你也知道阿彌陀佛的來源，源自《法華經》成佛的。那你到極樂世界，還是聽阿彌陀佛講《法華經》。

西北方二佛一名多摩羅跋栴檀香神通二名須彌相北方二佛一名雲自在二名雲自在王東北方佛名壞一切世間怖畏第十六我釋迦牟尼佛於娑婆國土成阿耨多羅三藐三菩提

西北方二佛，一名多摩羅跋栴檀香神通，二名須彌相。北方二佛，一名

雲自在，二名雲自在王，東北方佛名壞一切世間怖畏。第十六王子是最後的，「我釋迦牟尼佛」。釋迦牟尼佛說《法華經》時，就是我在娑婆世界，成就阿耨多羅三藐三菩提，這個歷史就深遠了。

> 諸比丘我等為沙彌時各各教化無量百千萬億恆河沙等眾生從我聞法。為阿耨多羅三藐三菩提。此諸眾生於今有住聲聞地者我常教化阿耨多羅三藐三菩提是諸人等應以是法漸入佛道所以者何。如來智慧難信難解。

從釋迦牟尼佛作沙彌說法的時候，就跟他聞法。現在，有的住在聲聞地，我常教化他們。現在釋迦牟尼授記這些比丘，從那個時候就跟佛教化，一直住在聲聞地。「是諸人等，應以是法，漸入佛道」，漸漸的就成佛了，真正發菩

提的。「所以者何？如來智慧，難信難解。」我們跟著佛聞法，聽到《法華經》，是因為過去都聽過，那時間長了。為什麼？

爾時所化無量恆河沙等眾生者汝等諸比丘及我滅度後未來世中聲聞弟子是也我滅度後復有弟子不聞是經不知不覺菩薩所行自於所得功德生滅度想當入涅槃我於餘國作佛更有異名是人雖生滅度之想入於涅槃而於彼土求佛智慧得聞是經惟以佛乘而得滅度更無餘乘除諸如來方便說法。

佛在世時的弟子跟佛滅度後的弟子，在佛末法的弟子，這是四眾，不是單指比丘比丘尼、優婆塞優婆夷。在末法，能夠受個三歸的，很難很難。因為在末法時候，還能聞到法，還能入佛門，大凡勝小乘，佛所說，一切佛所說的，大心凡夫勝過聲聞聖人，原因就在此。佛說，在末法眾生能受三歸很了不得

了，持五戒、持比丘比丘尼戒，那很難。

在明朝的時候，距離現在都好幾百年了，蕅益大師說，想在南閻浮提遇見五個清淨比丘，來作老師受戒的，他找不到。形容末法眾生能夠聞到《法華經》，應該慶幸，都能入於涅槃。這是釋迦牟尼佛說的。

「而於彼土，求佛智慧，得聞是經，惟以佛乘而得滅度，更無餘乘，除諸如來方便說法。」若能聞到佛說《法華經》，入於一乘道，極微希有。因為如來方便說的三乘道，小、中、大都是方便。其實沒有三乘，那是佛方便說的。

一佛乘得滅度耳。

諸比丘。若如來自知涅槃時到眾又清淨信解堅固了達空法深入禪定便集諸菩薩及聲聞眾為說是經世間無有二乘而得滅度惟

佛知道自己要涅槃了，化緣已盡，「眾又清淨」，大眾心很清淨，「信解

堅固，了達空法」。佛要入涅槃的時候，召集這些菩薩跟聲聞大眾，才給他說是經，才說《法華經》。到這個時候佛才開權顯實，沒有二乘可得滅度，「惟一佛乘得滅度耳」，「唯此一事實，餘二則非真」，「餘二」就是方便。

比丘當知如來方便深入眾生之性知其志樂小法深著五欲。

比丘弟子應該知道，佛說小、中、大三乘法，那是方便，真實是讓一切眾生入眾生之性。若有樂於小法的，還是著於五欲境界。

為是等故說於涅槃是人若聞則便信受譬如五百由旬險難惡道曠絕無人怖畏之處。

佛打個比方，「譬如五百由旬」，這麼長的道路，五百由旬，一由旬四十華里。「險難惡道」，沒有人煙，是可怖畏之處，是很可怖的。

若有多眾欲過此道至珍寶處有一導師聰慧明達善知險道通塞之相將導眾人欲過此難。

想經過這個道路，達到珍寶的地方，怎麼辦？得有人指導，有一導師聰明的明達，他知道哪個地方好走，哪個地方不好走，哪個地方可以走，哪個地方走不過。「善知險道通塞之相」，他能領導這些人，度過此難。

所將人眾中路懈退白導師言我等疲極而復怖畏不能復進前路猶遠今欲退還導師多諸方便而作是念此等可愍云何捨大珍寶而欲退還。

他所將的大眾，半途而廢，中途懈怠不想走了，走的時間太久了，走不動了。他們跟導師說：我們疲勞到極點走不動了。「不能復進」，再往前是走不

動了，前面路還遠得很，現在我們想回去，退墮了。「導師多諸方便」，導師就想個方便方法。這等人可悲愍，捨大珍寶而退還。

作是念已以方便力於險道中過三百由旬化作一城告眾人言汝等勿怖莫得退還今此大城可於中止。

這一品是〈化城品〉。「告眾人言：汝等勿怖，莫得退還」，不要退回去，前面有座大城，到那中間休息。

隨意所作。若入是城快得安隱若能前至寶所亦可得去是時疲極之眾心大歡喜歎未曾有我等今者免斯惡道快得安隱於是眾人前入化城生已度想生安隱想。

進了這座城就平安了，休息休息，以後再到寶所，「亦可得去」。這個

爾時導師知此人眾既得止息無復疲倦即滅化城語眾人言汝等去來寶處在近向者大城我所化作為止息耳

時候，勞疲至極的大眾生大歡喜，歎未曾有。「我等今者，免斯惡道，快得安隱。於是眾人前入化城，生已度想，生安隱想。」到化城就享受，一進了化城就生安隱想，認為他已經得度，實際上是化城。

佛見到一切眾生無量劫以來，在生死輪轉當中，非常疲勞。在求佛法當中，佛道長遠，成佛是無量劫無量劫的事，心生疲倦了。「化城」是說方便法的意思，前面所講的，向大眾止息一下。因此證得二乘果位的人，他認為已經得到滿足，不知道路才走了一半。一證果了之後，因為自己了生死，不再受生死輪轉，六道輪迴都斷了，這就叫「止息」，再不疲倦了。

佛看他們都休息過來了，把化城當究竟，把有餘涅槃當成無餘涅槃。佛

是智者,他現在看到這些證得阿羅漢果的,都沒有疲勞了,在求佛道長遠的時候,可以向前進取了。佛就向他們說,我現在跟你們示現的是化城,還不是究竟。你們得再往前進,「寶處在近」,佛國就在眼前。過去中間那座大城,是我化作的,讓你們休息一下,不是寶所也不是極果。

諸比丘如來亦復如是。今為汝等作大導師。知諸生死煩惱惡道險難長遠應去應度。

大家要知道,佛是給這些比丘說的方便法門。「今為汝等作大導師」,知道一切生死煩惱,什麼是惡道?什麼是善道?什麼是險惡?什麼是坦途?因為休息過了,還要精進向前進取,求佛道,寶所就在眼前。

若眾生但聞一佛乘者則不欲見佛不欲親近。便作是念。佛道長遠。

久受勤苦乃可得成。

假使佛沒有提供方便,叫我們直至成佛,那眾生就生退墮想,因為佛道長遠,可能就不願意親近佛,也不欲見佛。他們的想法是,佛道長遠,久受勤苦,吃苦太多,因為聽到長遠,達不到,成疲怠心。要久修勤苦才得成就,那就不想修了。

分別說三。

佛知是心怯弱下劣以方便力。而於中道為止息故說二涅槃。若眾生住於二地。如來爾時即便為說汝等所作未辦汝所住地近於佛慧。當觀察籌量所得涅槃非真實也但是如來方便之力於一佛乘。

佛知道一切眾生心,這個「眾生」是指二乘人。聽到大乘成佛長遠,生

起畏懼心，所以就怯劣，膽怯的意思。佛以方便力示現化城，才說四諦十二因緣，說二涅槃，不是一涅槃。為什麼說二涅槃呢？二死，二涅槃就是二死。這二死是一種魔，二死永亡，一個分段生死，一個變異生死。一個有餘涅槃，一個無餘涅槃。因此，佛教經常顯中道義，不住二邊的意思。

化城能夠斷了煩惱，但是那個煩惱不是究竟的，只是斷分段煩惱；斷見思惑，不能斷塵沙無明。塵沙惑沒斷，無明還沒破，所以叫有餘。無餘涅槃呢？那就是佛國，諸漏永盡，二死永亡。

一切眾生住於二地不是究竟地，所以佛才跟他說，所作的還沒辦，生死還沒有徹底了。你們現在所住的不是佛慧，但與佛慧很相近，再發心再精進就到了寶所。現在這個涅槃不是真實的，這是如來方便力的善巧，將一乘分說三乘。

如彼導師。為止息故化作大城。既知息已而告之言寶處在近。此城

非實我化作耳。

大家很疲勞了，休息一下。化現座大城，斷煩惱斷了一半，只斷見思惑。休息過來了，佛跟他們說，寶處在近，佛國佛道就在眼前。這座城不是實實在在的，是我化現的。例如說，我們求生極樂世界，那個是化城，不是究竟的。三賢十地住實報，唯佛一人居淨土。阿彌陀佛一人住淨土，那是佛地。極樂世界也是化城，那個化城跟娑婆世界化城，兩個有差別。娑婆化城，在化城之中你還要輪轉，還有細惑。但極樂世界化城，直至成佛。

爾時世尊欲重宣此義而說偈言。

這種道理，恐怕聞者還不能夠完全領受，佛又再說一遍。《法華經》盡是重覆，重覆再說一道，用偈頌體裁再說。

《法華經》的成佛法門，最容易懂，語言最接近。第一個，沒有什麼深奧的義理，但是重覆一遍又說一遍，有的地方說三遍，有的地方說二遍。為什麼重覆？怕眾生不能理解，怕你聽沒明白，因為要開示悟入佛之知見，不是那麼容易的。譬喻說，因緣說，如實說，如理說，悟實說，大概說事的多，不像《華嚴經》；《法華經》多在事相上說，《華嚴經》則在理上說的多。

大通智勝佛　十劫坐道場　佛法不現前　不得成佛道
諸天神龍王　阿修羅眾等　常雨於天華　以供養彼佛
諸天擊天鼓　并作眾伎樂　香風吹萎華　更雨新好者
過十小劫已　乃得成佛道　諸天及世人　心皆懷踊躍。

大通智勝佛經過十劫，才成就佛。佛法不現前，觀照的時候就沒有證悟，證悟一直不現前，不得成佛道。釋迦牟尼佛一坐上就現前了，當即成佛道。佛

法不現前不能成佛道,在這個時間雖然沒有成佛,因為他將近成佛,所以天、龍王、諸神、阿修羅、八部鬼神眾,經常維護佛,等著佛成道說法。常時雨天華,經常供養佛,佛那時候沒成佛,是等覺菩薩,在那等著成佛,靜待成佛。這些八部鬼神眾都在供養,隨時供養。供養當中,供養佛的時候,天上散一些華,華吹落了又散,散了又吹,隨時雨隨時散華。這個時間經過好長時間呢?經過十小劫,乃得成佛道。「諸天及世人,心皆懷踊躍」,見佛成了佛道,諸天的護法來人間,非常高興,踊躍歡喜。

彼佛十六子　皆與其眷屬　千萬億圍繞　俱行至佛所
頭面禮佛足　而請轉法輪。　聖師子法雨　充我及一切
世尊甚難值　久遠時一現　為覺悟羣生　震動於一切。

佛的十六位王子,佛沒成道以前是人王,成道以後是法王。他在作人王的

參、開佛知見分 化城喻品第七

655

時候有十六個兒子,這是前文長行所說的。十六個兒子都帶有眷屬,人很多,再加上天龍八部,「千萬億圍繞」,有千萬億想跟佛學,圍繞於佛,都來到佛成道的道場。頭面接足禮,頂禮佛的時候,頭面接近佛足,求什麼呢?請佛轉法輪,請佛說法。

「聖師子法雨」,「雨」是形容詞,佛說法像甘霖一樣的,「充我及一切」,每位都這樣說,佛加持我,說法、聞法能得到解脫,一切眾生都如是學。「世尊甚難值」,得遇佛出世是很難的,「久遠時一現」,經過久遠的時間佛才現出世。佛現出世並不能親近得到,那麼還不知曉得在哪一道。釋迦文佛出世,大家都沒遇見,而在末法出現。因此值遇世尊非常難,而「世尊甚難值」,很難得遇到。久遠才現人間,一現人間,你又不在人間,不曉得到哪道去了,還是見不到。

我們現在住的、所作的,就是等著見彌勒佛。但是為了見下一佛,我們在末法時代修道,修什麼呢?消業障。業障消了就能見佛。見了佛又聞法,聞法

又修道，修道完了要成道。為什麼修道成道呢？也是為度眾生。

「為覺悟羣生，震動於一切」，佛降生的目的、願望，是讓一切眾生都能覺悟。開示佛之知見，「震動於一切」。什麼震動呢？佛的威光震動，大通智勝佛威光震動。

東方諸世界　五百萬億國　梵宮殿光曜　昔所未曾有。
諸梵見此相　尋來至佛所　散華以供養　并奉上宮殿
請佛轉法輪　以偈而讚歎。佛知時未至　受請默然坐

從東方說起，我們一說就是四方，有的說六方，有的說十方。說四方也是十方，十方是圓滿的，說東方就包括東、西、南、北、中，東南、西北、西南、西北十方。先一個一個說，東方世界五百萬億國，「梵宮殿光曜，昔所未曾有」，從東邊說起，東方有五百萬億這麼多國家。東方五百萬億國家的上

空，梵王宮殿「昔所未曾有」，以前沒有這種現相，現在有了光曜。他的宮殿上，顯現的光明跟平常的不同，有一種特殊感。那些梵王見到這個相，非常歡喜，要尋找光的來源。過去沒有這個光，現在怎麼會有這個相呢？找這個光明，一找就找到佛所住的道場。遇見佛了，遇見佛就散華供養，讚歎偈子。見佛了，供養佛，完了就讚歎佛。供養就持誦禮拜，香華供養，完了還把自己所住的宮殿也奉獻給佛。

行供養的目的，「請佛轉法輪」。「請佛轉法輪」，這些梵王都替他們讚頌，都請佛轉法輪。「佛知時未至」，大通智勝如來知道時間還沒有到，機還沒感，眾生機感佛，佛會應，但是應的時間沒到。受請，佛允許了，默然許之，十方梵殿都如是請，佛都默然答之，沒有說話，默然。「默然」就是沒有語言，心裡頭已經答應了。

三方及四維　上下亦復爾　散華奉宮殿　請佛轉法輪

世尊甚難值　願以本慈悲　廣開甘露門　轉無上法輪。

四維及上下,「三方及四維」,「三方」,因為前面說東方,西、南、北,四維呢?東南、東北、西南、西北,就八方,再加上下,十方。有的經說十方世界皆震動。這個我們分開來說,前面說東方,後面南北,西南北,十方上下都如是。這十方梵王都是「散華奉宮殿」。

前文說過,重頌是再說一次。「請佛轉法輪」,「世尊甚難值」,遇見佛很難,這是八難之一,遇不到,所謂「世尊甚難值,願以本慈悲」,佛以慈悲為懷,大慈悲廣開甘露門。見佛就是求法,請佛轉法輪,請佛說法。

無量慧世尊　受彼眾人請　為宣種種法　四諦十二緣
無明至老死　皆從生緣有。如是眾過患　汝等應當知。
宣暢是法時　六百萬億姟　得盡諸苦際　皆成阿羅漢。

參、開佛知見分　化城喻品第七

659

「為宣種種法，四諦十二緣」，前面講過不再重覆了。「無明至老死，皆從生緣有」，無明的老死，這是緣，因緣法，「生緣有」。「如是眾過患，汝等應當知」，四諦十二因緣是說眾生的過患。「過患」就是業流轉，起惑造業，說的眾生過患。

「宣暢是法時」，佛在說法的時候，六萬億眾，眾生有六百萬億這麼多。說法聞法就要行，行就證得果。「得盡諸苦際」，斷苦了沒有苦，十二因緣也如是。證得二乘境界，知苦斷集、慕滅修道，慕寂滅理，這是佛所說的化城，化生來休息，成得阿羅漢。

第二說法時　千萬恆沙眾　於諸法不受　亦得阿羅漢
從是後得道　其數無有量　萬億劫算數　不能得其邊。

初轉法輪，二轉法輪，四諦初轉，十二因緣二轉。這時候千萬的恆沙眾，

「於諸法不受」,「不受」就是得到之後,那些法就再不流轉的意思。

成道的就是得二乘果的,「於諸法不受」,得到阿羅漢果,不受生滅法。

「從是後得道,其數無有量」,以後這個得道的,得什麼道呢?這是二乘道。

「萬億劫算數,不能得其邊」,這些聞法開悟成道的,不是究竟的,這是二乘人。以下說大乘法。

時十六王子　出家作沙彌　皆共請彼佛　演說大乘法

我等及營從　皆當成佛道　願得如世尊　慧眼第一淨。

菩薩沙彌,前面講大通智勝佛沒有出家修道,作國王的時候,他有十六個兒子。他一出家,這十六個兒子都出家了,這是菩薩沙彌。他們請的不同,前面是請的二乘,聲聞緣覺法四諦因緣。沙彌菩薩他們請的演說大乘法。「我等及營從」,說我們本身在隨從,我們也有信仰的,都想聞的是大乘法,十六個

參、開佛知見分　化城喻品第七

661

王子身邊那些人叫「營從」。

「願得如世尊，慧眼第一淨」，不求二乘法，要像佛一樣。

佛知童子心　宿世之所行　以無量因緣　種種諸譬喻
說六波羅蜜　及諸神通事
說是法華經　如恆河沙偈　分別真實法　菩薩所行道
彼佛說經已　靜室入禪定
一心一處坐　八萬四千劫

佛知道這十六個兒子都是童子，「童子」是指沒有結婚就出家了。過去無量生，就是行菩薩道。「以無量因緣，種種諸譬喻，說六波羅蜜，及諸神通事。」大乘的菩薩，神通的事業。假種種因緣譬喻，說大乘法的時候，說六波羅蜜法，說神通法。

「分別真實法，菩薩所行道」，這個是說方等般若的時間，方等是大乘

法，六波羅蜜，波羅蜜經是大乘法。「說是法華經，如恆河沙偈」，最後才說《法華經》。《法華經》的偈頌很多，啓發菩薩無量偈頌，像恆河沙那麼多。「彼佛說經已，靜室入禪定」，大通智勝如來說完《法華經》，進入禪室裡靜坐入定，「一心一處坐」，坐了多長時間？「八萬四千劫」，經過這麼長的時間。

是諸沙彌等　知佛禪未出　為無量億眾　說佛無上慧
各各坐法座　說是大乘經　於佛宴寂後　宣揚助法化。

知佛進去坐禪，說完法，法是智慧，智慧是從定出來的，還歸於定。這十六王子就代佛說法，說佛的無上慧，十六位法王子都坐法座，「說是大乘經」，專演法華。「於佛宴寂後，宣揚助法化」，這十六王子輔助如來宣揚《法華經》。

一一沙彌等　所度諸眾生　有六百萬億　恆河沙等眾。
彼佛滅度後　是諸聞法者　在在諸佛土　常與師俱生。
是十六沙彌　具足行佛道　今現在十方　各得成正覺。

十六位沙彌他們所度的，有六百萬億恆河沙眾。「彼佛滅度後，是諸聞法者，在在諸佛土，常與師俱生」，以後一代一代宣說《法華經》，這十六沙彌收了很多弟子，十六沙彌如是宣傳，他的弟子也如是宣傳。而十六沙彌佛道了，都也成佛了。這十六沙彌，以諸佛的歷史，包括釋迦牟尼，那個時候的十六沙彌，「今現在十方，各得成正覺」。

爾時聞法者　各在諸佛所　其有住聲聞　漸教以佛道。
我在十六數　曾亦為汝說　是故以方便　引汝趨佛慧。
以是本因緣　今說法華經　令汝入佛道　慎勿懷驚懼。

說《法華經》的時候，以佛一乘教來教導他，這是授記的原因。「我在十六數」，釋迦牟尼佛說，我就是十六沙彌中的一位，「曾亦為汝說，是故以方便，引汝趨佛慧」，那時候我就跟你們講《法華經》，現在成佛了，給你們說真實的佛慧。「以是本因緣，今說法華經，令汝入佛道，慎勿懷驚懼」，聞大乘法，要能領受，不要生恐怖感。

譬如險惡道　迴絕多毒獸　又復無水草　人所怖畏處。
無數千萬眾　欲過此險道　其路甚曠遠　經五百由旬。
時有一導師　強識有智慧　明了心決定　在險濟眾難。
眾人皆疲倦　而白導師言　我等今頓乏　於此欲退還。

怖畏的地點，不但沒有人，沒有水草，連畜生也沒有。「無數千萬眾，欲過此險道」，要想改這個險道走過去，形容一切眾生在生老病死苦，這就是險

道。要想度生老病死苦,這個道很長遠、很難得走。「經五百由旬,時有一導師,強識有智慧」,面對險暗的路他能度過,有智慧。這個導師有這麼智慧,能領你過度險暗。

「明了心決定,在險濟眾難」,發大心度這些人,這些人疲倦得不得了,不想再往前走了。走不動、累了,「而白導師言」,他們跟導師說,我們已經疲頓了,疲頓到極點了,我們還是回去,這個險路不好通過。

導師作是念　此輩甚可愍　如何欲退還　而失大珍寶。
尋時思方便　當設神通力　化作大城郭　莊嚴諸舍宅
周帀有園林　渠流及浴池　重門高樓閣　男女皆充滿

都已經走到這裡,為什麼要退回去?在險闇路走了一半了,雖然沒有達到究竟,已經超了生死,這樣就退回去,太可惜了。導師就想給他們一個方便,

以神通力化作大城郭,這是化城,種種諸舍宅,光空城不行,有間房子,周帀還得有個林園,渠流還得有浴池。

「重門高樓閣,男女皆充滿」,二乘人已經達到無漏了,不再漏落三界,「園林」是形容法林,九次第定、八解脫、七覺支、八正道,現在誰也沒有達到法空,人空都空了,這叫化城。

即作是化已　慰眾言勿懼　汝等入此城　各可隨所樂
諸人既入城　心皆大歡喜

佛說,大家不要生退墮想,前面有座大城,可以進去休息一下,走得太累了。各取隨所樂,你喜歡什麼到城裡去,就休息一下享受去吧。「諸人既入城,心皆大歡喜」,高興了。

皆生安隱想　自謂已得度　導師知息已　集眾而告言

參、開佛知見分　化城喻品第七

汝等當前進　此是化城耳。

故以方便力　權化作此城

我見汝疲極　中路欲退還

故以方便力　權化作此城

汝今勤精進　當共至寶所。

見諸求道者　中路而懈廢

故以方便力　為息說涅槃

言汝等苦滅　所作皆已辦。

我亦復如是　為一切導師。

化城是二乘果位，了了生死。「導師知息已」，大家休息一下就好了，等休息恢復了，把大眾召集起，「集眾而告言」。「汝等當前進」，不能在化城就不往前走了，這個不是真實的，我是見到汝等都疲極，怕你們退還，所以以方便力，權巧的化現這座城。現在離寶所不遠了，快成佛了。

這就是《法華經》的要義，達到都能成佛。「我亦復如是，為一切導

師」，我現在做你們的導師，我成佛的時候，「見諸求道者，中路而懈廢」，我看一些發心求道的，求究竟了生死的，了了一半就不想做了，因此才說方便力。「為息說涅槃」，這樣跟你說的二乘涅槃。「言汝等苦滅」，說你們現在苦滅了，所作已辦，「所作皆已辦」就是化城。

諸佛之導師　為息說涅槃　既知是息已　引入於佛慧。
汝證一切智　十力等佛法　具三十二相　乃是真實滅。
今為汝說實　汝所得非滅　為佛一切智　當發大精進。
諸佛方便力　分別說三乘　唯有一佛乘　息處故說二。
既知到涅槃　皆得阿羅漢　爾乃集大眾　為說真實法。

現在都不生不死了，斷了分別的生死。但是這些不著，還更精進。「爾乃集大眾，為說真實法」，說《法華經》。「諸佛方便力，分別說三乘，唯有一

佛乘，息處故說二」，法本無二因境而說，只有一佛乘，沒有二乘，那個二乘是方便。「今為汝說實，汝所得非滅」，你們得的那個不是涅槃。非滅者就是非究竟涅槃，應該求佛智，應該求佛道。「為佛一切智，當發大精進」，說再發菩提心，得行菩薩道。

「汝證一切智，十力等佛法」，你發心再向前進，才能證佛的一切智。證得佛的十力，四無所畏，具足一切佛法。「具三十二相，乃是真實滅」，成了佛果了，那就是真實滅。

「諸佛之導師，為息說涅槃」，為讓你們中間休息一下，這樣跟你們說的涅槃。這個涅槃不是究竟涅槃。「既知是息已」，休息完了該往前進。「引入於佛慧」，引導你們進入佛慧。「佛慧」，成佛道，就是說佛的智慧。〈化城品〉到此完了，以下講〈五百弟子授記品〉。

五百弟子授記品第八

參、開佛知見分 五百弟子授記品第八

前面的授記,是一部份的授記。這個授記是專給五百弟子授記,〈五百弟子授記品〉第八。

爾時富樓那彌多羅尼子從佛聞是智慧方便隨宜說法又聞授諸大弟子阿耨多羅三藐三菩提記復聞宿世因緣之事復聞諸佛有大自在神通之力得未曾有。

富樓那彌多羅尼子,華言「滿慈子」,他是迦毗羅衛國人。在別的經上說,滿慈子是因為他的母親而得名,「滿慈」是他的媽媽,「滿慈子」是媽媽的孩子。翻譯印度經文,這類話很多的。他是迦毗羅衛人,他的爸爸給淨飯王當國師,他是國師子,是印度四大種姓的婆羅門種族。婆羅門種族,類似我們中國的儒教,剎帝利是王種,他的家人做過國王。

滿慈子是婆羅門種,生下來相貌很好,一小就聰明過人,印度的一切陀羅

尼,他都能了解,有大智慧。長大成年了,他對一切世間厭離,想求解脫。釋迦牟尼佛出家,他也受感動,他跟他的朋友,大概有三十個人,有一個外道在雪山上修道,他也跟外道修道,行苦行,得了五通,得了四禪。

佛教講的四禪八定跟外道通的,但佛教所說的是出世禪定,跟外道不一樣。那個時候所有佛的弟子,迦葉、須菩提、目犍連都學過外道,佛也跟外道六師學。滿慈子得了四禪八定五通,最後,依著佛跟佛出家,辯才無礙,說法無礙。他現在看見迦葉、須菩提、舍利弗都授了記,他心裡很歡喜也希求。「得未曾有」,以前沒聽說過,富樓那也希求佛給他授記。

心淨踴躍即從座起到於佛前頭面禮足卻住一面瞻仰尊顏目不暫捨而作是念世尊甚奇特所為希有隨順世間若干種性以方便知見而為說法拔出眾生處處貪著我等於佛功德言不能宣惟佛世尊能知我等深心本願。

為什麼奇特？為什麼希有？他說，「隨順世間若干種性」，佛能夠以法隨順世間，不管哪一個種性都給他說法。以這種方便給一切眾生說法，不分別，不論哪個種性眾生。佛法的目的是拔除一切眾生錯誤的執著，讓眾生不執著。

「我等於佛功德，言不能宣。」我想把佛的功德說出來，說不完，做不到，雖然用語言形容佛的功德，我是說不盡的。讚歎佛的功德，先讚歎佛，之後又跟佛說，「惟佛世尊能知我等深心本願」，只有佛才知道，我們眾生心所想像是什麼。因為富樓那彌多羅尼子在過去無量劫，助佛宣化，他跟佛要求授記，但不是明說的，因為富樓那彌多羅尼子「我等深心本願」，我跟迦葉都一樣的，他這麼一請，佛就給他說了。佛就對著法會當中的大眾說，「告諸比丘」。

爾時佛告諸比丘。汝等見是富樓那彌多羅尼子否我常稱其於說法人中最為第一亦常歎其種種功德精勤護持助宣我法能於四

參、開佛知見分 五百弟子授記品第八

眾。示教利喜具足解釋佛之正法而大饒益同梵行者自捨如來無能盡其言論之辯。

說你們看見了沒有？「富樓那彌多羅尼子否？」大家都看見了，「我常稱其於說法人中，最為第一」，我過去不是常跟大家說，在我弟子當中，富樓那是說法第一，我讚歎他種種說法的功德，種種功德是指說法說的。「精勤護持，助宣我法」，來協助我宣佛法。「能於四眾，示教利喜」，比丘、比丘尼、優婆塞、優婆夷四眾，已經具足解說佛正法的智慧。在說法當中，「大饒益同梵行者」，同道者是修梵行的。佛先讚歎他，說法第一。「自捨如來」，除了佛以外，沒有能比得上富樓那彌多羅尼子言論之辯才，這是說法辯才無礙。

汝等勿謂富樓那但能護持助宣我法，亦於過去九十億諸佛所護

持助宣佛之正法。於彼說法人中亦最第一。又於諸佛所說空法明了通達得四無礙智常能審諦清淨說法無有疑惑具足菩薩神通之力隨其壽命常修梵行彼佛世人咸皆謂之實是聲聞。

大家不要想他只是幫助我來宣揚佛法，富樓那曾在過去九十億諸佛所」，他幫助九十億諸佛，宣揚佛的正法。在九十億諸佛前，他也是說法第一。不只在釋迦牟尼座前說法第一，在九十億諸佛，富樓那都是說法第一，「助佛宣化」。

「又於諸佛所說空法」，特別提出來空法，他演說的特別好，得了四無礙辯，義無礙智，法無礙智，辭無礙智，樂說無礙智，四無礙辯。演說的辯才，「常能審諦清淨說法，無有疑惑」，說法清淨，以法消除眾生的疑惑，消除眾生的一切障礙，修道的障礙。但是你得必須說法明了，一個法明了，一個對眾生機的明了，佛法得對機，不對機，白說了。

因為他具足四無礙辯智，「常能審諦清淨說法」，沒有疑惑。說法是給眾生解除疑惑的，「具足菩薩神通之力」。雖然他是羅漢，那個時候在諸佛跟前，他已經具足菩薩說法的力量。隨他的壽命，一輩一輩壽命不一樣的，壽命不是能增能減的，隨他應得的這一段，好長時間？那就是他的壽命。

他都是盡壽命而說法，盡命修梵行，就是清淨行。「彼佛世人，咸皆謂之實是聲聞」，不論在哪個佛的世界，大家都知道，這說法的阿羅漢還是聲聞，並沒有達到菩薩。

而富樓那以斯方便饒益無量百千眾生又化無量阿僧祇人令立阿耨多羅三藐三菩提為淨佛土故常作佛事教化眾生。

他以說法的方便善巧力，「饒益無量百千眾生」。百千眾生有好多？無量的百千眾生。「又化無量阿僧祇人」，眾生是無量數，「阿僧祇」就是無數。

諸比丘富樓那亦於七佛說法人中而得第一。今於我所說法人中。亦爲第一於賢劫中當來諸佛說法人中亦復第一。

這是說過去無量的，但是現在的七佛，這個七佛專指賢劫。「於賢劫中當來諸佛，說法人中，亦復第一。」七佛，過去三佛，現在四佛，整個的賢劫當中，諸佛說法的時候，他都是說法第一。

而皆護持助宣佛法。亦於未來護持助宣無量無邊諸佛之法教化饒益無量眾生令立阿耨多羅三藐三菩提。

都是在諸佛身邊，助佛揚化，教化眾生，以阿耨多羅三藐三菩提爲主，這

是究竟的。

爲淨佛土故。常勤精進。教化眾生漸漸具足菩薩之道過無量阿僧祇劫當於此土得阿耨多羅三藐三菩提。

祇、二個阿僧祇劫，而是無量劫，還是在娑婆世界。他成佛了，得了阿耨多羅三藐三菩提。佛號呢？

這就給他授記了，授記的時間很長，要過無量阿僧祇劫。不是一個阿僧

號曰法明如來應供正遍知。明行足善逝世間解無上士調御丈夫。天人師佛世尊其佛以恆河沙等三千大千世界爲一佛土。七寶爲地。地平如掌無有山陵谿澗溝壑七寶臺觀充滿其中諸天宮殿近處虛空人天交接兩得相見無諸惡道亦無女人一切眾生皆以化

生無有淫欲。

其佛號就是法明如來，「以恆河沙等三千大千世界，為一佛土」，他的佛土大，有恆河沙那麼多大的三千世界為他的佛土。「七寶為地，地平如掌」，佛土莊嚴，沒有山陵谿澗溝渠，都是七寶臺，充滿其中。「諸天宮殿，近處虛空」，天宮殿都在虛空當中，「人天交接」，人間跟天上兩者相接。我們現在人天不交接，怎能見到天？天能見到人。

而舍利弗成佛之後，「人天交接」，人跟天交接，人跟天來往。那個佛土沒有惡道，不但沒有惡道也沒有女人。極樂世界，沒有女人、沒有惡道，一切眾生都是化生的，沒有胎生。沒有女人，那就沒有胎生，那是化生的人，沒有淫欲。

得大神通身出光明飛行自在志念堅固精進智慧普皆金色三十二相而自莊嚴其國眾生常以二食一者法喜食二者禪悅食。

富樓那成佛，生到他國土的眾生，皆是清淨的。他的國土眾生，只有兩種食。我們吃飯，是分段吃，吃五穀雜糧，他是以法喜為食，聞法說法；再一個，禪定為食，作禪定。

飲食，具資身體，若不吃東西，人怎麼成長？怎能生存？但是那個國土，不是我們人間的分段食，不吃五穀雜糧。法喜，一個聞法，一個修禪定。食又分為以下幾種。第一是分段食。我們一天吃兩頓，就是分段食。一段一段的，消化完了再吃，這就是段食。

第二是觸食，觸是接觸的意思，眼、耳、鼻、舌、身、意都要吃東西。接觸的食是什麼呢？色、聲、香、味、觸、法，這叫觸食。

第三是思食，思就是意識，六識思念可愛的境，可愛就是喜歡的。眼、耳、鼻、舌、身、意都在思想喜歡的境界相，這樣對六根才有利。人皆可樂，到人之處，喝水吃飯，你的身才得以不死。這是思食，是念的。

第四種是識食。這個是指執食為相。執著食得不捨，執著為相。專指第八

識說的,阿賴耶識。前三識所有的食,資助第八識的增長、增勝,執持一切的根,所執著的那個執,這叫識食,又稱阿賴耶識食,也就是藏食,含藏的藏。八識的思惟就是它的飲食。這個大家可以這樣想,當你想的問題,想得很深,把飲食都忘了,那就是識食。以思為食,人世間的環境及事的這種識。

第五是禪悅食,專指修行人,入了禪定了,打禪七不是挨餓,大家要搞清楚。打禪七人有功夫了,有七天、十七天、一百天,乃至一劫兩劫,他在禪定當中,他就不吃飲食了,那就禪悅食。

第六是法喜食,聞法歡喜,得了法的滋味,法味,法增於慧命,這也是食。聞法也等於吃飯,支持你的飲食。

第七是願食,發願的願。願力,修行人都要發願,「眾生無邊誓願度,法門無量誓願學,煩惱無量誓願斷,佛道無上誓願成」。發願以願為食,發願相當於願力,我想達到一個什麼目的,我想消災免難,以願為食。

第八是念食,護念的念,憶念的念。修行的人靠意識來支持他的三業。這個念食,有人說念念不要斷,以念佛為食,這是心定的意思,心定了,護念不忘。

第九是解脫食,解脫是自在了,修行人要出世的聖道,斷除煩惱,不食人間煙火,煩惱斷了,不受生死的逼迫,善根就增長,這叫解脫食。以解脫為飲食,那是出世間的飲食。

有無量阿僧祇千萬億那由它諸菩薩眾。得大神通四無礙智善能教化眾生之類其聲聞眾算數校計所不能知皆得具足六通三明及八解脫。

這段經文承上文所說的,佛講在法會當中菩薩聲聞眾很多,其佛國土是的無量種種光明,這是形容詞。形容成佛的時候,佛國土有無量億那由他菩薩眾,這些菩薩都證得了神通、無礙辯才、善能教化眾生。其國土的聲聞眾,

數量不能得知,「所不能知」。但是這些都具足六通、三明、八解脫,這是說二乘人的。現在菩薩大眾,具足六通三明,那是聲聞眾。

其佛國土有如是等無量功德莊嚴成就。劫名寶明國名善淨其佛。壽命無量阿僧祇劫法住甚久佛滅度後起七寶塔徧滿其國。

佛給阿羅漢授記,這是專指富樓那說的。富樓那尊者成佛之後,他這個國土有這麼多菩薩眾,有這麼多聲聞眾。這個劫是什麼劫呢?是寶明劫,國名善淨。他成佛之後,壽命無量阿僧祇劫,法住甚久。滅度之後,起七寶塔,徧滿其國。佛授記富樓那尊者將來成佛,他的國土要這樣成,但是時間很長。

爾時世尊欲重宣此義而說偈言。

諸比丘諦聽　佛子所行道　善學方便故　不可得思議。

參、開佛知見分　五百弟子授記品第八

683

知眾樂小法　而畏於大智

佛讚歎那個國土，當來成佛的時候，他那國土所有的眾生都能得度。那些聲聞菩薩眾都能夠善學。學什麼？學方便法，以方便法化度眾生不可思議。但是知道一切眾生喜歡小乘法，大乘法呢？得不到教授，所以知道大眾需要小乘法。「畏」就是恐怖，對於大乘法生恐怖心，沒有大智慧。

是故諸菩薩　作聲聞緣覺　以無數方便　化諸眾生類。
自說是聲聞　去佛道甚遠　度脫無量眾　皆悉得成就

菩薩大眾為了化度眾生，示現作聲聞緣覺，後來佛又給阿難、給羅睺羅授記的時候，他們都是示現的，不是小乘人。為了這些眾生而示現的，不是真實的，他們都是菩薩。那時眾生怕什麼呢？學菩薩道長遠，發大心利益眾生很困

難，示現小乘，都不是真實的。大眾有懷疑，懷疑什麼呢？平常對大乘法也沒行，怎麼一下子佛都給他們授記？是這個原因。

所以，「是故諸菩薩，作聲聞緣覺，以無數方便」，本來是大菩薩，他以方便善巧示現聲聞道。因為化度眾生很難，你得善巧方便，以無數的方便法，隨眾生的愛樂給他們說法。喜歡什麼說什麼，隨他的機，這樣能度脫無量眾，漸令入佛道，皆能成就。

雖小欲懈怠　漸當令作佛。
少欲厭生死　實自淨佛土。　內祕菩薩行　外現是聲聞
示眾有三毒　又現邪見相

示現小乘讓他精進修行，不要退大乘道。「內祕菩薩行，外現是聲聞」，現在佛都給聲聞弟子授記，菩薩就懷疑，這些人不但沒有聞道，他也不信，為什麼都給他們授記？佛說明這個問題，他們外現的是聲聞，內心秘密所行的可

是菩薩行。

「少欲厭生死」，示現的小乘法，不貪五欲、厭離生死，這不是真實的。真實是什麼樣呢？真實都在自淨佛土，都在莊嚴自己的清淨佛國土。大眾看他，「示眾有三毒」，好像貪、瞋、癡三毒還沒有斷的樣子，實際上沒有。不只是示現有三毒，還要示現邪見相。

我弟子如是　方便度眾生。若我具足說　種種現化事
眾生聞是者　心則懷疑惑。

說我這些弟子，現在給他們授記的原因，給他們顯真實的。他們都是示現的聲聞；乃至度外道的時候，示現凡夫，以此方便來度眾生。阿難尊者跟佛無量劫，跟佛同時發願的，在空王佛前就發願，人家都證得二果了，都證得阿羅漢果了，阿難還是示現凡夫。在佛跟前一直示現凡夫，其實他久已行菩薩道。

「若我具足說」，佛又說，若把他們每個人的事情具足說，「種種現化事」，他們種種的示現，不是真實這樣，「眾生聞是者，心則懷疑惑」，這是專指富樓那說的，富樓那無量劫諸佛跟前都說的是深法大乘法，現在示現的是小乘。

今此富樓那　於昔千億佛　勤修所行道　宣護諸佛法
為求無上慧　而於諸佛所　現居弟子上　多聞有智慧
所說無所畏　能令眾歡喜　未曾有疲倦　而以助佛事
已度大神通　具四無礙智　知諸根利鈍　常說清淨法

往昔千萬億佛勤修所行道，都是行的大菩薩道，都是宣揚佛的正法，「宣護諸佛法」，就是護法的意思。這是什麼意思呢？佛法無人說，漸漸就斷了，我們現在很多法都斷了，如果閱藏就知道了。

例如三論宗，現在就很少人講了，法相宗也很少人講，乃至於天台四教也很少人講。如果沒人弘揚，法不就斷滅了嗎？因此讚歎富樓羅，「勤修所行道」都是佛道，宣揚護持諸佛法，不止釋迦牟尼佛。無量諸佛都在護持，他是求無上慧的，求佛慧的。

在一切諸佛所前，有時候示現居士，有時候示現聲聞，有時候示現菩薩，他是多聞有智慧的人，在行菩薩道的。所說的法都是無為法，佛法能令一切眾生歡喜。說法予眾生他沒有疲倦的，而以助佛事。

諸佛度化眾生，「已度大神通」，說他成就了大神通，「度」是度過的意思，圓滿成就了。「具四無礙智」，他能了解眾生的利根，那就說大乘法，說了義法。鈍根就說生死法，二乘法，但是以佛的清淨法為主，常說清淨法。

演暢如是義　教諸千億眾　令住大乘法　而自淨佛土
未來亦供養　無量無數佛　護助宣正法　亦自淨佛土。

他所度的眾生比千億還多，都令他們住大乘法，「而自淨佛土」，這是富樓羅的本，釋迦牟尼佛在示現聲聞，這是權巧方便，本已是大菩薩宣揚諸佛法。「未來亦供養，無量無數佛」，富樓那尊者在未來世，還要供養無量無數佛，也是助宣正法。「正法」是直指《法華經》說的，宣揚究竟法。同時，莊嚴自己的佛國土，自淨佛國土。

其國名善淨　七寶所合成　劫名為寶明。

供養諸如來　護持法寶藏　其後得成佛　號名曰法明

常以諸方便　說法無所畏　度不可計眾　成就一切智。

富樓那成佛，號名法明如來。「其國名善淨」，教化的國土叫善淨國土。國土是七寶所成的，「劫名為寶明」，佛號叫法明，國土叫善淨，那個時劫叫寶明。

菩薩眾甚多　其數無量億　皆度大神通　威德力具足

參、開佛知見分　五百弟子授記品第八

充滿其國土。

以是等為僧。

具相莊嚴身

法喜禪悅食

亦無諸惡道

富樓那比丘

賢聖眾甚多。

聲聞亦無數　三明八解脫　得四無礙智
其國諸眾生　淫欲皆已斷　純一變化生
　　　　　　法喜禪悅食　更無餘食想。
　　　　　　亦無諸惡道　無有諸女人
　　　　　　富樓那比丘　功德悉成滿
　　　　　　如是無量事　我今但略說。

度過一切眾生苦難，成就大神通。度大神通就得道了，成就了。「聲聞亦無數，三明八解脫」，證得三明八解脫的聲聞很多，得四無礙智。「其國諸眾生，淫欲皆已斷，純一變化生」，他那個度生的國土，沒有貪、瞋、癡，沒有貪愛。「其國諸眾生的。「具相莊嚴身。法喜禪悅食，更無餘食想」，沒有飲食，不食世間煙火食。聞法就是食，修禪定就是食，法喜禪悅，沒有其他的飲食想法。「無有諸女人，亦無諸惡道」，那個世界沒有女人，都是化生人。

「富樓那比丘，功德悉成滿」，富樓那成佛了，功德已經成滿，菩薩道圓滿。「當得斯淨土，賢聖眾甚多」，那個國土沒有凡夫，都是賢聖眾。「如是無量事，我今但略說」，關於富樓那成佛以後事，佛現在是略略說一下，其實還很廣很多。這是佛給富樓那尊者授記。

爾時千二百阿羅漢心自在者作是念我等歡喜得未曾有若世尊各見授記如餘大弟子者不亦快乎。

跟富樓那同時的常隨眾有千二百阿羅漢，都是得了解脫，心得自在，這個自在是斷了見思煩惱的自在。這千二百阿羅漢心裡作斯想，聽到佛給富樓那授記，我等心歡喜，心裡非常愉快，「得未曾有」。過去把他當成阿羅漢，小乘人不能成就佛果，現在聽佛給富樓那授記，他們生大歡喜。「如餘大弟子者，不亦快乎」，佛每人都授記，大家都快樂，是這個涵義。

佛知此等心之所念告摩訶迦葉是千二百阿羅漢我今當現前次第予授阿耨多羅三藐三菩提記

佛知道這千二百人心裡想什麼，佛以他心通知道他們心裡所思念的，告摩訶迦葉，「是千二百阿羅漢」，給這千二百人也授記，「我今當現前次第予授阿耨多羅三藐三菩提記」，我給這千二百人都授記，一個一個的次第授記。

於此眾中我大弟子憍陳如比丘當供養六萬二千億佛然後得成爲佛號曰普明如來應供正徧知明行足善逝世間解無上士調御丈夫天人師佛世尊其五百阿羅漢。

五比丘跟佛一起出家，跟佛一起去學道，雪山六年苦行，他們都在身邊。牧女獻牛奶、獻乳酪，佛就受了。憍陳如他們一看，佛退道心了，不行苦行，

他們就不跟佛了。這是一種說法。

其實是佛自己入菩提場,憍陳如五比丘他們是示現的,離開佛到鹿野苑修苦行。那個時候在印度若想成道必須得修苦行,不修苦行成不了道。苦行就是在飲食起居生活行,跟一般人都不一樣的,專門找苦頭吃,因此而離開佛的。他們五個也是示現的,都不是真實的。

佛單舉憍陳如為首,說憍陳如將來供養六萬二千億佛,然後得成為佛,號曰普明如來,具足十號,應供、正徧知、明行足、善逝、世間解、無上士、調御丈夫、天人師、佛、世尊,十號具足。以二乘教義說,憍陳如是最初開始悟道的。佛的第一個大弟子,都在須菩提、舍利弗他們之前,他在佛的弟子當中是第一位,比丘當中第一位比丘。佛現在也給他們授記,千二百五十人授記,這是以憍陳如為首,還有五百阿羅漢。

優樓頻螺迦葉。伽耶迦葉那提迦葉迦留陀夷優陀夷阿㝹樓馱離

婆多劫賓那薄拘羅周陀莎伽陀等皆當得阿耨多羅三藐三菩提。盡同一號名曰普明。

在學戒的時候,我對迦留陀夷的印象最深了。為什麼?他專門破戒,很多戒律都因迦留陀夷犯了戒而訂的。迦留陀夷,翻「黑光尊者」,他一犯戒,他臉上就放光了。他犯了戒,佛就問他,他就坦白做了什麼,佛就制戒。傳記講迦留陀夷尊者,他死的時候有六十億財產,國王都想要參加分他的財產。

還有優陀夷、阿㝹樓馱、離婆多、劫賓那、薄拘羅、周陀、莎伽陀等,這五百羅漢也授記,都當得阿耨多羅三藐三菩提。五百阿羅漢同一個名字,成佛的時候,都叫普明。單標五百羅漢,實際上是千二百人常隨眾,一般佛在那兒講經,千二百人眾,這地方單提五百人,先授記,沒一個一個說,而是總說。

爾時世尊欲重宣此義而說偈言。

這一段是授記的話。授記他們將來能成佛，成佛都叫普明，名號同一。

憍陳如比丘　當見無量佛　過阿僧祇劫　乃成等正覺。
常放大光明　具足諸神通　名聞徧十方　一切之所敬
常說無上道　故號為普明。

「無上道」是專指《法華經》。

其國土清淨　菩薩皆勇猛　咸升妙樓閣　游諸十方國
以無上供具　奉獻於諸佛。作是供養已　心懷大歡喜
須臾還本國　有如是神力。佛壽六萬劫　正法住倍壽
像法復倍是　法滅天人憂。

成了佛之後要住世六萬劫，「正法住倍壽」，六萬劫佛滅度之後，正法住

世，那就十二萬劫，加一倍，法住世。

其五百比丘　次第當作佛　同號曰普明　轉次而授記。
我滅度之後　某甲當作佛　其所化世間　亦如我今日。
國土之嚴淨　及諸神通力　菩薩聲聞眾　正法及像法
壽命劫多少　皆如上所說。迦葉汝已知　五百自在者
餘諸聲聞眾　亦當復如是。其不在此會　汝當為宣說。

今天沒來，我也給他們授記，迦葉尊者，你替我告訴他們就行了。說這個裡頭你都知道了，還有其餘聲聞大眾，他們也都得成佛，不在此會，「汝當為宣說」。

爾時五百阿羅漢。於佛前得授記已歡喜踊躍。即從座起。到於佛前。

頭面禮足悔過自責。

「五百阿羅漢」就是指千二百位常隨眾，因為那時候沒在此會，請迦葉代說的。

世尊我等常作是念自謂已得究竟滅度今乃知之如無智者所以者何我等應得如來智慧而便自以小智為足。

過去我們這樣想，成阿羅漢果究竟滅度了。今天得佛授記才知道，那不是真得的。「今乃知之」，現在才明白，過去沒有智慧，現在我們得到了。「我等應得如來智慧」，以前的小智小慧也就滿足了。這些羅漢又向佛表白說。

世尊譬如有人至親友家醉酒而臥。是時親友官事當行以無價寶

珠繫其衣裏予之而去其人醉臥都不覺知。起已游行到於他國為衣食故勤力求索甚大艱難若少有所得便以為足。

譬如有人到親友家，那親友就招待。招待吃的，喝醉了，「醉酒而臥」，這形容羅漢向佛表示他們的心情。「是時親友官事當行」，喝醉的人睡覺了，不知道親友給他繫了一個無價寶珠。等他酒醒了，「起已」，游行到了別的國。為了穿衣服吃飯，得勞動得打工，「勤力求索」，經過很多艱難，得的很少。吃飽就滿足了，「便以為足」。

這形容說以前得到佛的加持，在我衣服繫個明珠，示現我們將來能夠成就。衣裡明珠，就是無價寶珠的意思，等於我們的佛道。

於後親友會遇見之而作是言咄哉丈夫何為衣食乃至如是我昔

欲令汝得安樂五欲自恣於某年月日以無價寶珠繫汝衣裏今故現在而汝不知勤苦憂惱以求自活甚爲癡也汝今可以此寶貿易所需常可如意無所乏短佛亦如是爲菩薩時教化我等令發一切智心而尋廢忘不知不覺既得阿羅漢道自謂滅度資生艱難得少爲足一切智願猶在不失。

說你怎麼這麼愚蠢，爲了衣食，受這些苦難，往昔的時候就給你們安樂五欲自恣，在某年某月某日，以無價寶珠繫到你的內衣裡，現在可能還在，「而汝不知」，以無謂的勤苦憂惱來求自活，很愚癡，「甚爲癡」。現在你可以把寶珠賣了，財富就有了，不必到處去打工。五百比丘得佛授記之後，說了這麼一個比喻。

「佛亦如是」，佛在度我們、教化我們行菩薩道的時候，都令我們發一切智心。但是他們都忘記了，不知不覺。現在成就阿羅漢，得到滅度，感覺解脫

了，這叫得少為足。現在一切智願，最初發菩提心，行菩薩願還在，並沒有失掉。就是佛給他繫的衣裡明珠，那寶珠就是心，等於是授記的意思。

今者世尊覺悟我等作如是言。

現在世尊又來開示悟入我們的佛之知見，我們都覺悟了，佛就給我們授記。

諸比丘汝等所得非究竟滅我久令汝等種佛善根。以方便故示涅槃相。而汝謂為實得滅度世尊。我今乃知實是菩薩得受阿耨多羅三藐三菩提記。以是因緣甚大歡喜得未曾有。

你們以前得到的那個不是究竟的滅度，現在，令我們種到佛的善根，種了善巧方便示現的涅槃相，現在是真正的實得滅度。這些話都是比丘，佛授記

後，五百比丘向佛表白。

「今乃知實是菩薩」，現在我們才知道，我們實在是菩薩行，究竟法；現在我們要行菩薩行，得佛授阿耨多羅三藐三菩提記，聞到佛跟我們授記，甚大歡喜，得未曾有。

爾時阿若憍陳如等欲重宣此義而說偈言。

我等聞無上　安隱授記聲　歡喜未曾有　禮無量智佛。

今於世尊前　自悔諸過咎　於無量佛寶　得少涅槃分

如無智愚人　便自以為足。

聽到佛跟我們說，我們將來能成佛。「安隱授記聲，歡喜未曾有，禮無量智佛。今於世尊前，自悔諸過咎」，向佛懺悔，懺悔過去很多的錯誤。「於無量佛寶，得少涅槃分，如無智愚人，便自以為足」，說我們在無量法寶中，僅

得一點點,以為已經成就了,那是沒有智慧,是愚癡,得少為足。

譬如貧窮人　往至親友家　其家甚大富　具設諸肴膳。
以無價寶珠　繫著內衣裏　默予而捨去　時臥不覺知。
是人既已起　游行詣他國　求衣食自濟　資生甚艱難
得少便為足　更不願好者　不覺內衣裏　有無價寶珠。
予珠之親友　後見此貧人　苦切責之已　示以所繫珠。
貧人見此珠　其心大歡喜　富有諸財物　五欲而自恣。

自己具足清淨圓滿的本體、性體,自己却不知道!佛給他授記,因為自己具足的,再加上修為就成就了。

我等亦如是　世尊於長夜　常愍見教化　令種無上願。

我等無智故　不覺亦不知　得少涅槃分　自足不求餘。
今佛覺悟我　言非實滅度　得佛無上慧　爾乃爲眞滅。
我今從佛聞　授記莊嚴事　及轉次受決　身心徧歡喜。

發菩提心、行菩薩道，是成佛的種子。但是自己以前不知道，得了個少分爲足，「得少涅槃分，自足不求餘」，證了二乘果，認爲就跟佛無別了，不再求上進。「今佛覺悟我，言非實滅度」，現在佛告訴我們，過去不是眞實的，要想成就佛的無上慧，得再進修。現在跟我們授記了，而得眞實。

「我今從佛聞，授記莊嚴事，及轉次受決，身心徧歡喜」，但是授記不等於成佛。只說你能成佛，還得經過多少億劫，還得修。佛給他授記，他修的有勁，這才眞正的發大心，知道自己成佛有份。

佛也都跟我們授記了，凡是誦《法華經》的，佛都給授記了。什麼原因呢？你能夠受到《法華經》、聞到《法華經》，這個善根一定能成佛。不是你

參、開佛知見分　五百弟子授記品第八

現在就成了,還得去修。修得信心足了,行菩薩道,行的願力切了,願深行大;願力深了,修行的力量就大了。這種涵義並不是授了記,馬上就成佛,還得過無量億劫,去行菩薩道。

授學無學人記品第九

不但千二百人授記,還有「學、無學人」,「學、無學人」是指阿難、羅睺羅,他們是有學位,但是還沒成道,沒證得阿羅漢果,佛也給他們授記。

爾時阿難羅睺羅而作是念我等每自思惟設得授記不亦快乎即從座起到於佛前頭面禮足俱白佛言。

阿難跟羅睺羅看佛給這些人都授記了,他們二人也這樣想,每自思惟,

參、開佛知見分 授學無學人記品第九

「設得授記,不亦快乎」,說佛也給我們授記,那我們可快樂了。授記,等於是一個證明,證明你們將來都能成佛。我們讀《法華經》得到授記,當你學《華嚴經》得到授記沒有?你念《金剛經》得授記沒有?《金剛經》怎麼說的?念《阿彌陀經》生極樂世界得授記沒有?法法皆如是,一切法都如是。

阿難跟羅睺羅都是在佛身邊的,一個是佛的堂弟,一個是佛的兒子。他們想,給他們都授記了,如果給我們也授記,那多好?生大歡喜。所以他們也要求,

「即從座起,到於佛前,頭面禮足,俱白佛言」,「俱」是他們兩個同時說。

世尊我等於此亦應有分惟有如來我等所歸又我等為一切世間天人阿修羅所見知識。

「惟有如來,我等所歸。又我等為一切世間天、人、阿修羅,所見知識」,他光給他們授,沒有給我們說,也該有我們的份。我們是一心歸於如來的。

們所得到的見到的,這個知識我們都有。

阿難常為侍者護持法藏羅睺羅是佛之子若佛見授阿耨多羅三藐三菩提記者我願既滿眾望亦足。

阿難自己說,我一直在身邊護持經藏,羅睺羅是佛的兒子,你給他們都授記了,把你的堂弟跟兒子忘了,有這個涵義。你不說,我們自己要求,希望佛滿我們的願,就這個涵義。

〈授記品〉沒有講什麼的,你也成佛、他也成佛,大家都成佛。成佛是未來,不是現在。人人都可以成佛,發願得修,你不發願、不發修,授個記就成了?那時間可長了。

爾時學無學聲聞弟子二千人皆從座起偏袒右肩到於佛前一心

參、開佛知見分 授學無學人記品第九

合掌瞻仰世尊如阿難羅睺羅所願住立一面。

「學」，沒證得二乘果位，還在有學位，到了二乘，成了阿羅漢，無學位。他倆這一帶動，那就有二千人，有學的、無學的，他倆這一代表，二千人都從座起了，偏袒右肩，都到了佛前，「一心合掌，瞻仰世尊」。做什麼？想授記成佛。「如阿難、羅睺羅所願」，住在一面。

爾時佛告阿難。汝於來世當得作佛號山海慧自在通王如來應供。正遍知明行足善逝世間解無上士調御丈夫天人師佛世尊當供養六十二億諸佛護持法藏然後得阿耨多羅三藐三菩提教化二十千萬億恆河沙諸菩薩等令成阿耨多羅三藐三菩提國名常立勝旛其土清淨琉璃為地劫名妙音遍滿其佛壽命無量千萬億阿僧祇劫若人於千萬億無量阿僧祇劫中算數校計不能得知正

法住世倍於壽命像法住世復倍正法。

「山海慧」，說那智慧像大海、像山一樣的，一切無障礙。從名字上，大概就可以解釋。十號具足，「應供、正徧知、明行足、善逝、世間解、無上士、調御丈夫、天人師、佛、世尊」，每佛都具足這十種德號。

說你當供養六十二億諸佛，大家相信這數字，六十二億，時間沒說，這個時間可長了。你還得供養六十二億諸佛，還要護持法藏，然後才能成佛。從此到成佛，你教化了「二十千萬億恆河沙諸菩薩等」，教化這麼多菩薩，令他們都得無上正等正覺。

你成佛的時候，國土常立勝旛，國土非常清淨，琉璃爲地。那個時候叫什麼名字？妙音徧滿。成了佛之後，佛的壽命無量千萬億阿僧祇劫，算數計算不能得知，很長的時間。正法住世，還比你那壽命加一倍，像法住世又比正法加一倍。阿難，佛就給阿難講山海慧菩薩的事。

阿難是山海慧自在通王佛爲十方無量千萬億恆河沙等諸佛如來所共讚歎稱其功德。

阿難成佛的時候，有那麼多的十方國土恆河沙，無量千萬億恆河沙，那麼多諸佛讚歎，稱揚他的功德。

爾時世尊欲重宣此義而說偈言。

我今僧中說　阿難持法者　當供養諸佛　然後成正覺
號曰山海慧　自在通王佛　其國土清淨　名常立勝幡
教化諸菩薩　其數如恆沙

今在大眾僧中說明，「阿難持法者」，阿難是護持正法眼藏，受持佛法的。「當供養諸佛，然後成正覺」，沒有說數字。他供養諸佛，供養諸佛完滿了之後，他也成正覺、也成佛了。「號曰山海慧」，佛的名號是山海慧。「自

在通王佛,其國土清淨,名常立勝旛,號曰山海慧自在通王佛。阿難成佛的佛號,他那國土是清淨的,叫什麼國土呢?「常立勝旛」。「教化諸菩薩,其數如恆沙」,就像恆河沙那麼多。

佛有大威德　名聞滿十方。　壽命無有量　以愍眾生故。
正法倍壽命　像法復倍是。　如恆河沙等　無數諸眾生
於此佛法中　種佛道因緣。

佛的住世壽命是根據眾生緣說的,有緣佛就不會入滅,沒緣佛就入滅的。這只是化生,化緣盡了,佛就入滅。緣初勝,緣多,所以壽命也就無量,壽命也就無量。佛的壽命盡了,說他的正法比壽命還加一倍,像法,還要加一倍,復倍。都是拿恆河沙來形容,「如恆河沙等」。

「無數諸眾生,於此佛法中,種佛道因緣」,一切佛法都是依著前生所種

的因緣,今生而來種佛道的因緣。佛給阿難授記也給二千聲聞人授記。

緣和合而建立起佛法。成佛道因緣必須都有因,因必須得有緣,因

爾時會中新發意菩薩八千人咸作是念。我等尚不聞諸大菩薩得如是記有何因緣而諸聲聞得如是決爾時世尊知諸菩薩心之所念而告之曰。

在佛說《法華經》法會當中,有新發菩提心的菩薩八千人。這八千人怎麼想法?他們有意見了。那些大菩薩,佛都沒有給他們授記,却有有學的聲聞授了記。這些大菩薩心裡頭有點不大平靜了,這些小乘還是有學位的,佛都給他們授記了。像我們這些菩薩,佛都沒給我們授記。佛知道了,他們一念佛就知道,所以告訴他們。

諸善男子我與阿難等於空王佛所同時發阿耨多羅三藐三菩提

心。阿難常樂多聞我常勤精進。是故我已得成阿耨多羅三藐三菩提而阿難護持我法亦護將來諸佛法藏教化成就諸菩薩眾其本願如是。故獲斯記。

你們這些善男子,知道不知道我跟阿難的因緣?這叫因緣。不是現在,他是示現的。你一定把他看成當事者,到現在還是有學位,阿羅漢還沒有證到。

佛涅槃之後,迦葉尊者五百大羅漢結集經,都是老道友,證阿羅漢果很久的。新阿羅漢都沒有召集,這個時候,阿難還沒有證到四果阿羅漢。迦葉尊者說,你沒有證果跑這兒來幹什麼?你出去。阿難聽了就不行。不行,迦葉尊者有權,他就出去了。出去,他在外頭,一會兒,他又喊說,「我證果了」。迦葉尊者心裡就想,這麼快!剛出去,人家還沒開始結集,你就證果了。迦葉尊者說,「你證果,自己進來吧!何必打開庫門!」阿難尊者以神通力就進去。我想,這都是示現,像

我們世間演戲法似的，為了度眾生，像演戲一樣的。

那時候阿羅漢也分窟內窟外，窟內迦葉尊者是證果阿羅漢，老道友了，跟佛身邊都是多少年了。新的阿羅漢不讓他們進去，不給進去，我們就不進去，你們在窟內結集，我們在窟外結集。佛一涅槃的時候，戒律就分成窟內窟外；結集不同，所取的也不同。

佛法因緣生，都是因緣而起的。《法華經》是開權顯實的，大家從這個道理顯實，而這些菩薩行的這一念，佛就跟他們說，不要胡思亂想，我跟你們說，我跟他的關係不同。

「我與阿難等，於空王佛所」，一同發無上正等正覺的心。阿難不是簡單的，超過大菩薩，佛成道，他也成道了。這是自然的，發阿耨多羅三藐三菩提，發無上正等的心，他喜歡多聞，因為多聞的時候，耽誤到他成道的時間。所以在《楞嚴經》上說，阿難在摩登伽女難，那全是示現的，不是真實的。從《法華經》授記的時候就知道了。說我跟阿難在空王佛前同時發無上正

等的心,他因為喜愛多聞,我常精進修道,所以我已成阿耨多羅三藐三菩提了。但是我成就無上正等正覺都是阿難護持我法,阿難他護持佛先成道,他一直作護持,作侍者;不但現在,將來他護持諸佛一切法藏。不止我的法藏,一切諸佛的法藏,阿難都在護持。

結集經典都是阿難說,大家證明聽了,說,對不對?懂得了嗎?對,我已經證得阿耨多羅三藐三菩提,阿難雖然沒證得,但是護持我的佛法,生生世世弘揚佛法的是阿難尊者。他亦護持諸佛法藏,以後一切諸佛的法藏都是阿難護持。「教化成就諸菩薩眾」,他的願力就如是,這是他的本願,「其本願如是」。大家看他授記了,起了疑念,那是不對的。阿難尊者不是一般的菩薩。

阿難面於佛前自聞授記及國土莊嚴所願具足。心大歡喜得未曾有。即時憶念過去無量千萬億諸佛法藏通達無礙。如今所聞亦識本願。

他的希望達到了,「心大歡喜,得未曾有」,同時他也回憶,「即時憶念過去無量千萬億諸佛法藏」,都是他護持的,通達沒有障礙。因為佛給他授記,他這一回憶,就認識本來所發的願。

爾時阿難而說偈言。

世尊甚希有　令我念過去　無量諸佛法　如今日所聞
我今無復疑　安住於佛道　方便為侍者　護持諸佛法

你沒有給我授記,我回憶過去,回憶不到。佛這一給他授記,他入佛知見,示佛知見,證佛知見。「無量諸佛法,如今日所聞」,這一回憶過去,無量無量劫所有諸佛的佛法,就像今天聽到一樣。

「我今無復疑」,再沒有懷疑的心。「安住於佛道,方便為侍者,護持諸佛法」,我給你作侍者是我的方便道,方便為侍者,示現作侍者,以佛法的方

便道來作侍者,「護持諸佛法」,這是給阿難的。羅睺羅呢?

爾時佛告羅睺羅。汝於來世當得作佛號蹈七寶華如來應供正遍知明行足善逝世間解無上士調御丈夫天人師佛世尊當供養十世界微塵等數諸佛如來常為諸佛而作長子猶如今也

羅睺羅給一切諸佛作長子,不只是給釋迦牟尼佛一佛作長子。他供養十世界微塵,把十世界都抹成微塵,他要給諸佛作長子,不只給釋迦牟尼佛作長子。那麼多的佛前,都給佛作長子,「猶如今也」,就像今生給佛作長子一樣的。

是蹈七寶華佛。國土莊嚴壽命劫數所化弟子正法像法亦如山海慧自在通王如來無異亦為此佛而作長子過是已後當得阿耨多羅三藐三菩提。

將來他成佛,是踊七寶華,有七寶華佛。「國土莊嚴,壽命劫數,所化弟子,正法、像法,亦如山海慧自在通王如來無異」,跟阿難尊者一樣,還是給一切諸佛作長子,給佛作長子。「過是已後,當得阿耨多羅三藐三菩提」,那他就成正覺。

爾時世尊欲重宣此義而說偈言。

我為太子時　羅睺為長子　我今成佛道　受法為法子

在俗家為佛子,為佛的長子。在佛家,受法為法王子。那我成佛道,他就是受法,就是法子。

於未來世中　見無量億佛　皆為其長子　一心求佛道。
羅睺羅密行　惟我能知之　現為我長子　以示諸眾生。
無量億千萬　功德不可數　安住於佛法　以求無上道。

爾時世尊見學無學二千人其意柔軟寂然清淨一心觀佛。

他不只給我作長子，還給無量億佛都作佛長子。「一心求佛道，羅睺羅密行」，在經卷上沒有說羅睺羅的修行，佛經常讚歎他說羅睺羅密行，一般看到他經常睡覺，什麼事都沒幹。大家對他就有說法，說：「他是不是依著佛的兒子，什麼都不幹！簡直不守常住規矩。」佛說：「羅睺羅行密行。」他是修的密行，你們不了解。佛不會支持一個懈怠的比丘，不會因為他是兒子就這樣的，實際上羅睺羅是行密行的。你看他睡覺，他是在修行，有這樣的涵義。

「惟我能知之」，佛說，羅睺羅所修行的行，修行的方法，就我能知道，其他人都不知道。「安住於佛法，以求無上道。爾時世尊見學無學二千人」，佛給羅睺羅授完記了，佛又觀察還有二千人都等著授記，有沒證得阿羅漢，也有證得阿羅漢的，但是他的心意柔軟，就是具足菩提心。「柔軟」就是一切障礙、一切

佛告阿難。汝見是學無學二千人否唯然已見阿難是諸人等當供養五十世界微塵數諸佛如來恭敬尊重護持法藏末後同時於十方國各得成佛皆同一號名曰寶相如來。

佛對阿難說，你看見這二千人沒有？有些有學位的，有些無學位的。佛問阿難，阿難就答覆了。「唯然，已見」，是的，世尊，我已經看見了，「已見」。「阿難，是諸人等，當供養五十世界微塵數諸佛如來」，五十世界的佛世界，一微塵一如來，他們要供養這麼多佛。「恭敬、尊重，護持法藏，末後，同時於十方國，各得成佛」，這二千人同時供養五十世界微塵界諸佛，道業成就的時候，十方國各得成佛。二千人，一一說不完了，佛就沒分別說而是總說的，同一佛號，二千人同一佛號，叫寶相如來，具足十號。

煩惱，都能給降伏了。「寂然清淨」，都像入了三昧一樣的，「一心觀佛」。

應供正徧知明行足善逝世間解無上士調御丈夫天人師佛世尊。壽命一劫國土莊嚴聲聞菩薩正法像法悉皆同等。

成佛住世，住世的佛壽命一劫，國土莊嚴。「聲聞、菩薩，正法、像法，悉皆同等」，二千人同是一樣。

爾時世尊欲重宣此義而說偈言。

是二千聲聞　今於我前住　悉皆予授記　未來當成佛
所供養諸佛　如上說塵數

現在作我的弟子，在我面前，「悉皆予授記」，我都給他們授記，他們是未來諸佛，「未來當成佛」，但是得經過供養諸佛，修菩薩道。供養多少呢？

參、開佛知見分 授學無學人記品第九

五十億微塵數,這個時間很長了。

護持其法藏　後當成正覺　各於十方國　悉同一名號
俱時坐道場　以證無上慧　皆名為寶相。國土及弟子
正法與像法　悉等無有異　咸以諸神通　度十方眾生
名聞普周徧　漸入於涅槃。

同時坐道場,都是一個名號。國土、弟子、正法、像法,一點差異都沒有,同是一樣。「咸以諸神通,度十方眾生,名聞普周徧,漸入於涅槃」,漸漸入了涅槃。

爾時學無學二千人聞佛授記歡喜踊躍。而說偈言。

世尊慧燈明　我聞授記音　心歡喜充滿　如甘露見灌。

現在我們聽到佛給我們授記的音聲，心歡喜充滿，「如甘露見灌」，如甘露灌頂一樣的。

法師品第十

〈授記品〉講完了，以下是〈法師品〉，〈法師品〉是普遍說的。〈法師品〉有兩種，一種是能持《法華經》的人，受持《法華經》，這叫「法師」。不是講說，而是說你能讀誦《法華經》。

二種是讚歎能持《法華經》的人，而且通曉《法華經》的軌道，演說《法華經》。一個是能有福德智慧受持《法華經》，一個是說能夠宣說演說《法華經》。佛說，能夠受佛教導的，依教而行，受持《法華經》，就說明他修行的功力很深了；遇著《法華經》能夠受持，能夠讀誦不捨，就說明他的福德深重，有福有德。

還有二種，佛在世的時候是指說《法華經》的弟子，佛沒說《法華經》之前四十餘年，那些弟子他們沒聽到《法華經》。因緣沒成熟，佛沒說《法華經》。這是佛說法四十餘年之後說《法華經》，那些弟子一聽聞《法華經》就受持，佛入涅槃之後受持《法華經》的弟子。

我們是在滅法之後的弟子，能夠受持《法華經》就更難了。為什麼？愈是末法，業障愈深重，業障深重還能遇到《法華經》，大乘經典。當我們遇到的，現在受持的，不見得我們看得懂，依佛的教導，這是難之中難。在末法你能遇到《法華經》，能夠受持讀誦，很不容易，這也是佛給我們授記。但是你得遇到《法華經》，得有緣，無緣在跟前的你遇不到，信嗎？我們對面做工程的，他知道什麼叫《法華經》嗎？我們在這屋裡講，他有這個因緣嗎？沒有這個因緣。很多佛弟子出家多年，連《法華經》的名字都沒聽說過。

有一種外道，他聞到《法華經》名字，把《法華經》當作外道經典，《法華經》在那裡呢？都在他身上。講法授記了，都在他身上。外道却認為是胡

說！這是謗法。不過謗也好，他能聽到《法華經》的名字就好了。

如果你簡擇一下，現在六十五億人口，能聽到《法華經》的名字有好多？有十分之一嗎？有百分之一嗎？因此，大家聞到《法華經》的名字，我們不說他的義理，不說講解，你能聽到《法華經》的名字，難中之難。這個善根應當歡喜，就像那二千人，有學無學都想佛給他授記。授記是授記，時間可長了。但是像我說的，佛沒給他授記，沒聞《法華經》，但是他本身具足佛性，人出生的時候也沒有認識到佛性，只要修都能得到，就是這個涵義。

爾時世尊因藥王菩薩告八萬大士藥王。汝見是大眾中無量諸天。龍王夜叉乾闥婆阿修羅迦樓羅緊那羅摩睺羅伽人與非人及比丘比丘尼優婆塞優婆夷求聲聞者求辟支佛者求佛道者如是等類。咸於佛前聞妙法華經一偈一句乃至一念隨喜者我皆予授記。當得阿耨多羅三藐三菩提。

這一品是〈法師品〉，法師有多少種？以法為師，所有在座的都是以佛法為師，都叫法師。佛所教授我們的方法，我們就把佛的法當為師，這就叫「法師」。受持讀誦，乃至於念一部《地藏經》，念〈華嚴三品〉，受持讀誦也叫「法師」，就是「讀誦法師」。與人說，講解的法師，給人家說法，這也是「法師」。這一品就說專說《法華經》的，以《妙法蓮華經》為師，自己以《法華經》為師，向別人宣揚《法華經》。這是說者、講者。

佛就跟藥王菩薩、乃至與會的八萬大士說，藥王於大眾中，你看到這些大眾沒有？在這次法會當中，所有參加法華法會，有天龍八部鬼神，也有四眾弟子，比丘、比丘尼、優婆塞、優婆夷。他們有的是求聲聞乘的，聲聞乘就是二乘人。有的是求辟支佛乘的，這裡頭也有求佛道的，求成佛的。

「如是等類」，就是法會當中，有種種的類別。他們都聽見佛演暢《妙法蓮華經》。這裡有來得早的，法會一開始就來了，有來得晚的，不論來的早晚，能夠聽到《法華經》一偈一句都好，「一念隨喜」，就是很少很少的一

念，不是聽一座，聽一念，來讚歎《法華經》。

聞到《法華經》，聽聞《法華經》這個名，讚歎隨喜，「隨喜」就是領受的意思。我當得給他們授記阿耨多羅三藐三菩提記，「我皆予授記」，這就是普遍授記。聞到《法華經》一句經文，或者一念，一定能成菩提。這是遠因。因為這一念，以這個遠因都能得阿耨多羅三藐三菩提。

《法華經》上講，若有人入於塔廟中，單合掌、小低頭、皆共成佛道，就是這個涵義。凡與《法華經》能沾到一點點緣的，佛都給他授記，但是時間可長了。

佛告藥王。又如來滅度之後若有人聞妙法華經乃至一偈一句。一念隨喜者我亦予授阿耨多羅三藐三菩提記。

現在佛在世，法華會上說的這個話，假使我涅槃之後，末法當中，正法當中，要是有人聞《妙法蓮華經》，聽到這部經的一句一偈，一偈有四句，一句

就是一句話，「一念隨喜」，生了歡喜心，起個隨喜的念，佛也給他授阿耨多羅三藐三菩提，將來一定能成佛。

若復有人受持讀誦解說書寫妙法華經乃至一偈於此經卷敬視如佛種種供養華香瓔珞末香塗香燒香繒蓋幢幡衣服技樂乃至合掌恭敬。

受持《妙法蓮華經》、讀誦《妙法蓮華經》、解說《妙法蓮華經》，書寫《妙法蓮華經》，寫完了去宣揚，印刷的功德就更大了。現在不用手寫，印刷就好了，乃至用電腦打都算上，乃至一句話、一卷經。但是得生尊重心、恭敬心，對一句《法華經》的話，或者全部的經，把經看成如佛在，應當對經供養。或者供養華，供養香，一切供養具。末香、塗香、燒香、幢幡寶蓋，衣服技樂。如果什麼供養都沒有，合掌恭敬，沒有供養物質，就合個掌，恭恭敬敬

的，只說對《妙法蓮華經》恭敬。

藥王當知是諸人等已曾供養十萬億佛於諸佛所成就大願愍眾生故生此人間藥王若有人問何等眾生於未來世當得作佛。

對《法華經》合掌恭敬，沒有其他的供養。佛就這一念恭敬心，都在過去供養十萬億佛，沒有這個因緣，遇不到《法華經》。

我在諸佛所，成就這個願力，憐愍哀愍眾生，以後到末世的時候，生到人間，又生作人了。佛又跟藥王菩薩說，藥王，若是有人問的話，「何等眾生，於未來世，當得作佛」，在以後的末世當中，什麼樣善根的人能夠聞到法？哪一類眾生未來能夠成佛？佛跟藥王菩薩說，假使有人問，哪一類眾生種的善根將來能夠成佛？

應示是諸人等。於未來世必得作佛何以故若善男子善女人於法

華經乃至一句受持讀誦解說書寫種種供養經卷華香瓔珞末香塗香燒香繒蓋幢幡衣服技樂合掌恭敬是人一切世間所應瞻奉。

「應示」，就是答覆這個人，跟他顯示。佛跟藥王菩薩說，如果在末世當中有人問，說哪一類人在未來世中能作佛？你答覆他，若於《法華經》聞見一句一偈，給人解說，或者受持、讀誦、解說、書寫、供養過《法華經》，或一香一華、瓔珞、末香塗香燒香、繒蓋幢幡、衣服技樂，這是供養具。不論是以什麼物質供品供養《法華經》，乃至於一切供養具都沒有，能對《法華經》合掌恭敬，說這個人哪，一切世間都應把他當成佛來看待，供養佛，他將來一定能成佛。

應以如來供養而供養之。當知此人是大菩薩成就阿耨多羅三藐三菩提哀愍眾生願生此間廣演分別妙法華經何況盡能受持種種供養者。

乃至你一句一念，甚至讀誦、解說《法華經》，這是大菩薩。你種這個根是大菩薩，將來能成就阿耨多羅三藐三菩提。佛給法華會上一切眾生授記，只是與《法華經》沾點邊的，多少有點善根的都能成佛。佛給這類眾生，只要是受持《法華經》、聞見《法華經》、聽見《法華經》都能成佛。

《法華經》的功德，它的慧力福德，有這麼深這麼廣。《法華經》沾邊，因就非常深。因深就是善根深厚，這個得《法華經》種的善根，善根深厚。你跟《法華經》沾一點點，一念善心，未來酬答這個因的果報就是成佛。這就佛給一切沾《法華經》邊的，都給他們授記。假使要有人受持、恭敬、禮拜，功德就更大了，一定能成佛。

藥王當知是人自捨清淨業報於我滅度後愍眾生故生於惡世廣演此經。若是善男子善女人我滅度後能竊爲一人說法華經乃至一句當知是人則如來使如來所遣行如來事何況於大眾中廣爲

參、開佛知見分 法師品第十

人說。

五濁惡世，就是我們現在。在這個時間，這個時間，危難重重，善根咸少，福德業都很少。在這個時間還能夠說《法華經》，「廣演此經」，說《法華經》。若是善男子善女人，在我滅後，能夠為一個人說《法華經》給他說，只說一句，你為一個人說《法華經》，乃至說得很少的一句。「當知是人」，這個人是如來派去的，使他如是說，「如來所遣，行如來事」。見了人，給人家說《妙法蓮華經》，只念這部經的名字，每位都能做得到。見了人，給人家念《法華經》的名字，這位法師不是很大智慧的，只念個名字，他們只要給人家念《法華經》的名字，使他如是說，「如來所遣」，他做的就是佛事」。「何況於大眾中，廣為人說」，有很多人來聞聽《法華經》！

藥王若有惡人以不善心於一劫中現於佛前常毀罵佛其罪尚輕。

若人以一惡言毀訾在家出家讀誦法華經者其罪甚重

這個人沒有做什麼善事,盡作壞事。他以不善心,不善心就是惡心。「於一劫中,現於佛前,常毀罵佛。」偶然間在末劫中見到佛,或者在佛像前,「常毀罵佛」,這個是謗佛。「其罪尚輕。若人以一惡言,毀訾在家出家讀誦法華經者,其罪甚重」,謗佛都沒有謗經的罪重。

佛跟藥王菩薩說,罵佛謗佛毀佛,跟謗《法華經》的人比,那謗《法華經》的罪就甚重,謗佛這個罪就很輕,經比佛還重要。佛跟藥王菩薩說,誦經,經在,一切諸佛都在。恭敬《法華經》的功德,超過供養諸佛的功德,讀誦的功德更大了。

藥王其有讀誦法華經者當知是人以佛莊嚴而自莊嚴則為如來肩所荷擔其所至方應隨向禮一心合掌恭敬供養。

有一生受持《法華經》者,「當知是人,以佛莊嚴而自莊嚴」,具足佛的莊嚴。「則為如來肩所荷擔,其所至方,應隨向禮」,一切諸佛荷擔於受持《法華經》者,受持《法華經》的人,也應當如佛看待。

佛是已成就的佛,受持《法華經》的人是未成就的佛。眾人皆應供養受持《法華經》的人。「一心合掌,恭敬、供養」,佛對藥王菩薩說,應當怎麼樣的恭敬、供養、受持《法華經》的人,把受持《法華經》的人,當成佛那樣的供養。

尊重讚歎華香瓔珞末香塗香燒香繒蓋幢幡衣服餚饌作諸技樂。人中上供。而供養之應持天寶而以散之天上寶聚應以奉獻所以者何是人歡喜說法須臾聞之即得究竟阿耨多羅三藐三菩提故。

供養受持《法華經》,包括自己讀誦,給人家解說都在內。你有這麼大的福德能夠承受得供養,乃至供養須臾之間,都能夠成得究竟無上正等正覺。這一

段經文的意思是勉勵一切眾生能遇到《法華經》，你受持《法華經》的功德與佛相等。佛怕眾生不能完全了解，用重頌再說一次。

爾時世尊欲重宣此義而說偈言。

若欲住佛道　成就自然智　常當勤供養　受持法華者
其有欲疾得　一切種智慧　當受持是經　并供養持者

假使你想住佛家、住佛道，住在菩提道上，得成就自然智。「自然智」，你本具的智慧都能夠發展茁壯，乃至究竟成佛，這叫自然智。不假修行，就是我本具的佛性智慧。

「常當勤供養，受持法華者」，因此佛說，我們常供養受持《法華經》的人，包括讀誦，「其有欲疾得，一切種智慧」，假使有人想很快成佛，「一切種智慧」就是究竟成佛的智慧。「疾得」，想快證得。「當受持是經」，你就

應該受持《法華經》，還要供養受持者。

這一段的涵義，我們每位都具足了佛的智慧，那是本具的。眾生都有佛性，那是自然的慧。但是那個慧，無行、無相、無作、無願，畢竟空。《華嚴經》所講的真空絕相，這裡頭含的有事有理，理法界、事法界，《法華經》只有事理二種相，二種智慧，把這個智慧成為自然智。

要想成就自然智，就是一切佛的智慧，一切種智，這個智慧就顯現了。這個智慧是無功用道，讀誦《法華經》的，受持《法華經》的，很快就會得到一切智慧，因此「當受持是經」。你沒有受持供養受經者，也得如是功德，「并供養持者」。

若有能受持　妙法華經者　當知佛所使　愍念諸眾生
諸有能受持　妙法華經者　捨於清淨土　愍眾故生此。

佛教導宣揚《妙法蓮華經》，為什麼？給眾生種大的福德，任何福德都

沒有受持《法華經》者福德大。「諸有能受持，妙法華經者，捨於清淨土，愍眾故生此」。有人受持《法華經》的，他就捨棄清淨佛國土，如果他在極樂世界，要來利益眾生，捨到那個淨土，生到娑婆世界來宣揚《法華經》，自在的，捨離淨土到穢土來宣揚《法華經》。爲什麼？度眾生，愍眾生故。

吾滅後惡世　能持是經者　當合掌禮敬　如供養世尊
應以天華香　及天寶衣服　天上妙寶聚　供養說法者
當知如是人　自在所欲生　能於此惡世　廣說無上法。

這是菩薩大願裡大慈悲心生的，「能於此惡世，廣說無上法」，在五濁惡世當中，能說《妙法蓮華經》而受持、而讀誦。「應以天華香，及天寶衣服，天上妙寶聚，供養說法者。吾滅後惡世，能持是經者，當合掌禮敬，如供養世尊。」佛說，在我滅度、入了涅槃之後，這個世界上有人能誦持《妙法蓮華

參、開佛知見分 法師品第十

經》的，應當把他作佛看待，合掌恭敬供養，像供養佛一樣的。

若能於後世 受持是經者 我遣在人中 行於如來事。

飲食、衣服、臥具，以一切最美好的供養他，當作佛供養。「供養是佛子，冀得須臾聞」，供養他是為什麼？為了聞《法華經》。須臾之間能聽到《法華經》的名字，都能夠成佛。「若能於後世，受持是經者」，若在末法當中，還能受持《法華經》的，那就是我遣派的。佛說，那就是我遣來在人中作大佛事，行如來佛事，最大最上的佛事。

上饌眾甘美 及種種衣服 供養是佛子 冀得須臾聞

若於一劫中 常懷不善心 作色而罵佛 獲無量重罪

其有讀誦持 是法華經者 須臾加惡言 其罪復過彼。

一劫中，以不善心、惡心來罵佛，罵佛當然不是好顏色，憤怒相，罪過無量，獲得無量罪。「其有讀誦持，是法華經者，須臾加惡言，其罪復過彼。」對佛辱罵，這個罪是無量的，然而這個罪還可以原諒懺悔。但是對讀誦《法華經》的人加以惡言，那個罪過比謗佛的罪過還重。

有人求佛道　而於一劫中　合掌在我前　以無數偈讚。
由是讚佛故　得無量功德　歎美持經者　其福復過彼。

佛說這段偈頌是比較而言，一個想求佛道的，在一劫之中經常的供養我。合掌站在佛前懺悔來讚偈，讚佛功德福德無量，都不如持經的功德大。讚歎一個受持《法華經》的人，那福報比供佛的福報還大。

於八十億劫　以最妙色聲　及與香味觸　供養持經者

如是供養已　若得須臾聞　則應自欣慶　我今獲大利

藥王今告汝　我所說諸經　而於此經中　法華最第一

這是好衣服、好飲食、美妙的音聲，「於八十億劫」，這麼長的時間，來供養受持《法華經》者。「如是供養已，若得須臾聞，則應自欣慶，我今獲大利。」因為供養持《法華經》的人，只要他為你念經迴向，給你解說，就得到大利益，獲大利益。

「藥王今告汝，我所說諸經，而於此經中，法華最第一。」我所說的一切經，法華是最無上的，法華最第一。

爾時佛復告藥王菩薩摩訶薩我所說經典無量千萬億已說今說當說而於其中此法華經最為難信難解。

釋迦牟尼佛跟藥王菩薩說，我所演經，所有說的經典已經千萬億。而過去

已經說的，現在正在說的，當來還在說的，但是《法華經》，「此法華經，最為難信難解」，很難得信也很難得解悟，為什麼佛給藥王菩薩這樣說？佛自己解釋這個涵義。

藥王此經是諸佛祕要之藏不可分布妄授予人諸佛世尊之所守護從昔已來未曾顯說而此經者如來現在猶多怨嫉況滅度後。

《法華經》是最秘密的，《法華經》整部經都是密宗，秘密之藏。「不可分布，妄授予人，諸佛世尊之所守護」，非人不授。這是一切「諸佛世尊之所守護」的，「從昔已來，未曾顯說。」佛跟藥王菩薩說，我四十餘年說法，沒有說《法華經》。

「而此經者，如來現在，猶多怨嫉，況滅度後。」我現在說，就有些人不信，我滅後了之後，說起來恐怕有人要謗誹。佛為什麼說這個話？佛剛要欲演

《法華經》的時候，不是五千退席嗎？就是這個涵義。

有人聽了不信，佛說的這個太容易，一聽到《法華經》就成佛，他不相信，還要謗誹。謗《法華經》的罪過那麼大，他說，我不相信，他就要謗誹。所以說秘密之藏，佛隱而不說，就秘密了。佛成道四十餘年，才開始演法華。這是真如實相的甚深處，因此說《法華經》遭人嫉怨，很多人怨恨，佛在世就這樣。佛滅度後，就是我生前都這樣子，我入了涅槃不就更謗誹嗎？佛說此經宣傳之難，是這樣的意思。

藥王當知如來滅後其能書持讀誦供養爲他人說者如來則爲以衣覆之。

假使我涅槃之後，還能有人書寫《妙法蓮華經》、受持《妙法蓮華經》、讀誦《妙法蓮華經》。對這個應當供養，不但不謗誹，應當供養，讓藥王菩薩

護持《妙法蓮華經》。乃至於為他人說《妙法蓮華經》的,「如來則為以衣覆之」,以如來的衣覆護他。

又為他方現在諸佛之所護念是人有大信力及志願力諸善根力。當知是人與如來共宿則為如來手摩其頭。

不止我護念誦經宣揚經者,一切諸佛都在護念。「是人有大信力」,真正的發大菩提心行菩薩道,有願力願意成佛,有諸善根力,「當知是人,與如來共宿」,如來共住一處,共宿一處。「則為如來手摩其頭」,如來常時加持他,「手摩其頭」是加持的涵義。

藥王。在在處處若說若讀若誦若書若經卷所住處皆應起七寶塔。極令高廣嚴飾不需復安舍利。

不論什麼地方,「若說、若讀、若誦、若書」,「書」就是書寫《法華經》。「若經卷所住處」,《法華經》所住的地點,「皆應起七寶塔,極令高廣嚴飾,不需復安舍利。」《法華經》就是佛的全部舍利,不必另外再安舍利,把經擱在七寶塔裡就好了。

所以者何。此中已有如來全身。此塔應以一切華香瓔珞繒蓋幢旛。技樂歌頌供養恭敬尊重讚歎若有人得見此塔禮拜供養當知是等。皆近阿耨多羅三藐三菩提。

《法華經》就是如來的法身、報身、化身。諸佛以法為師,特別是《法華經》,應該以華、香、瓔珞、幢旛、寶蓋、歌頌、讚揚、恭敬、供養、尊重、讚歎《法華經》。《法華經》在塔裡,「若有人得見此塔」,塔裡是《法華經》。「禮拜、供養,當知是等,皆近阿耨多羅三藐三菩提」,要成道了。

《法華經》普徧給一切眾生都授記,原因就在此。因為一切眾生都有佛性,都能成佛。如果再遇見《法華經》,決定能成。這是法輪之中最大的法輪。

藥王!多有人在家出家行菩薩道若不能得見聞讀誦書持供養是法華經者當知是人未善行菩薩道。

不論在家的菩薩、出家的菩薩,都在行菩薩道。但在行菩薩道、發大心的時候,他沒有見聞、讀誦、書持供養是《法華經》者,雖然發了菩薩心,行菩薩道,但是他沒能見到《法華經》,沒有讀誦受持供養《法華經》。「當知是人未善行菩薩道」,他不算是善行菩薩道的菩薩。

若有得聞是經典者乃能善行菩薩之道其有眾生求佛道者若見若聞是法華經聞已信解受持者當知是人得近阿耨多羅三藐三

菩提。

聞到《妙法蓮華經》，乃能善行菩薩之道，這是真正的行菩薩道。「其有眾生，求佛道者」，假使有人發心發菩提心，求生正等正覺的。「若見」，見到《妙法蓮華經》，「若聞」，聽到《妙法蓮華經》，「聞已」，聽到之後「信解受持」。信一定要求解，《法華經》是什麼意思？等你得到解了，就是成佛的法華，什麼意思？你要成佛，依著《法華經》而決定能成佛。

「當知是人，得近阿耨多羅三藐三菩提」，他跟阿耨多羅無上正等正覺的果，相近了。初發菩提心，發心菩提，這是後發心菩提。初住了菩提，住在菩提就是圓因，圓滿成佛之因，證得菩提之果，就圓滿了，此經具足成佛的因果。佛恐怕這個意思眾生還不能理解，佛又跟藥王菩薩假比方來說。

藥王譬如有人渴乏需水於彼高原穿鑿求之猶見乾土知水尚遠。

渴得很厲害，要想飲水。「於彼高原，穿鑿求之」，在高山頂上去求水，「猶見乾土」，見著挖了很深還見了是土，「知水尙遠」，那離水還遠，繼續再挖。

施功不已轉見溼土遂漸至泥其心決定知水必近菩薩亦復如是若未聞未解未能修習是法華經者當知是人去阿耨多羅三藐三菩提尚遠若得聞解思惟修習必知得近阿耨多羅三藐三菩提。

繼續再挖，挖到溼土了，好了，快得水了；「遂漸至泥」，挖到泥巴，知水必近。那水，離泥很近了，再挖挖就能得到了。菩薩修菩薩道想成佛，也是這樣。「未聞、未解，未能修習是法華經者」，知道離水尙遠。雖然發了菩提心菩薩道，沒聽見《法華經》，沒理解《法華經》，不能修習《法華經》。當知是人離阿耨多羅三藐三菩提還遠呢！

你要想成佛，一定得學《法華經》，若得聞《法華經》、能理解《法華經》，完了依著《法華經》思惟修習，這就得近於阿耨多羅三藐三菩提，成佛很快了。見到濕地了，見到泥巴了，水很快就得到了。換言之，很快就能成佛。

所以者何。一切菩薩阿耨多羅三藐三菩提皆屬此經。此經開方便門示真實相是法華經藏深固幽遠無人能到今佛教化成就菩薩而為開示。

這個是什麼道理？「一切菩薩阿耨多羅三藐三菩提，皆屬此經」，一切菩薩要想求阿耨多羅三藐三菩提就從《法華經》求，因為《法華經》具足阿耨多羅三藐三菩提。為什麼？

《法華經》方便善巧示現真實的相，這是「法華經藏」。涵義很深遠的，「深固幽遠無人能到」，唯佛與佛能到。現在佛教化成就的菩薩而為開示，這

是開示悟入佛的知見。開示佛的知見，讓你證得佛的知見。

藥王。若有菩薩聞是法華經驚疑怖畏當知是為新發意菩薩若聲聞人聞是經驚疑怖畏當知是為增上慢者。

聽到《法華經》、讀誦《法華經》、見到《法華經》，驚疑怖畏，生起恐怖感，聞到《法華經》沒生歡喜，生了恐怖感。

有的認為《法華經》說的，聞了《法華經》能成佛，他感覺沒有這麼容易吧？業障這麼重，距離佛道還很遠，那就不相信《法華經》。他還能讀誦禮拜嗎？還能信《法華經》學道嗎？若聲聞人聞是經，一定驚疑怖畏，他認為自己已經成就了，這叫增上慢。此經對那些聲聞，佛一剛說《法華經》，五千人退席了。

藥王若有善男子善女人如來滅後欲為四眾說是法華經者云何

應說。

佛又跟藥王菩薩說，假使有善男子善女人，這個時候持五戒、行十善、修一切法門。「如來滅後」，佛不在世了，滅後，「欲為四眾說是法華經者」，在佛滅了之後要想演《法華經》，「云何應說？」怎麼樣說呢？

是善男子善女人入如來室著如來衣坐如來座爾乃應為四眾廣說斯經。

不但到如來室，穿如來的衣服，坐如來的座，「爾乃應為四眾廣說斯經」，說《法華經》，你不能隨隨便便說，應該怎麼說呢？依照佛的教導，說如來衣，我們得穿比丘所穿的袈裟，這就是如來衣。「坐如來座」，凡是講經說法都坐這個座，這個座就是如來座。誰坐如來座？依法為師宣說法，佛力加持。

「爾乃應為四眾廣說斯經」，這是什麼意思？依法，佛法代表佛，你宣說的是佛法，這是佛所說的，何況是《法華經》呢？以下如來解釋一下，什麼是如來衣、如來座？說法者得具足什麼心？

如來室者。一切眾生中大慈悲心是。如來衣者柔和忍辱心是。如來座者。一切法空是安住是中然後以不懈怠心為諸菩薩及四眾。廣說是法華經。

要發大慈大悲心，演說斯經，演說《法華經》。「如來衣者，柔和忍辱心是」，我們所披的這件袈裟叫柔和忍辱衣，但是心是柔和的，是忍辱的，不是憍慢的。同時對法說，承認、忍辱、印可《法華經》是成佛之要道，這就是忍辱心。如來座者，法空座，這個大家都懂了。所有說的一切法，坐的法空座，披忍辱衣，說的大慈悲心演說。「安住是中，然後以不懈怠心，為諸菩薩及四

眾，廣說是法華經。」不是略說，而是廣說，這是弘揚圓滿《法華經》，利益一切眾生，讓一切眾生都成佛。

藥王我於餘國遣化人為其集聽法眾。亦遣化比丘比丘尼優婆塞。優婆夷聽其說法是諸化人聞法信受隨順不逆若說法者在空閒處我時廣遣天龍鬼神乾闥婆阿修羅等聽其說法我雖在異國時時令說法者得見我身若於此經忘失句讀我還為說令得具足

釋迦牟尼佛又稱藥王菩薩說，「我於餘國，遣化人」，「餘國」不是此土，而是遣化人。「為其集聽法眾，亦遣化比丘、比丘尼、優婆塞、優婆夷。」佛說，凡是說《法華經》的，我都遣一些人去宣揚宣傳，讓他們來聽《法華經》。佛遣的是化比丘，化人也是釋迦牟尼佛化的。乃至於化現比丘、比丘尼，優婆塞，優婆夷，「聽其說法」。

說法必須有聽眾,所以佛就化現很多的人來聽,解說《法華經》的。這一個佛所選的化人,「聞法信受,隨順不逆」,隨法爾心,順不逆。「若說法者在空閒處」,說法者,這是空閒處,空閒處就是山裡,或者人煙少的地方,或者沒有人煙,空閒的地點。

「我時廣遣天龍、鬼神、乾闥婆、阿修羅等,聽其說法。」佛以神力,讓這些天龍八部來聽法師說法。「我雖在異國,時時令說法者得見我身」,不管我在什麼地方,凡說《法華經》的,能夠見到我的身。如果說法者在經中忘失句讀,「我還為說,令得具足」。

爾時世尊欲重宣此義而說偈言。

欲捨諸懈怠　應當聽此經　是經難得聞　信受者亦難。

你要想把懈怠的煩惱斷了,那你應該聽聽《法華經》。「是經難得聞,

信受者亦難」，能夠聞到《法華經》非常難得。聞了，不見得能信，即使信了也不見得去受持。受持是照著《法華經》讀誦，爾後又照著《法華經》所指示的，經所說的來去做，這就難了，「信受者亦難」。

如人渴需水　穿鑿於高原　猶見乾燥土　知去水尚遠
漸見溼土泥　決定知水近。

像人渴了必需飲水，向著高原地方去打井，「穿鑿」，但是很不容易見到溼土，「猶見乾燥土」，那時離水還很遠。能夠見到溼土，乃至見到泥巴，知道快成就了，能夠得水。

藥王汝當知　如是諸人等　不聞法華經　去佛智甚遠

學佛者沒有聽《法華經》，想開智慧很難，離佛很遠；聽《法華經》就可

以開示悟入佛的知見。《法華經》就是悟入佛的知見，開佛知見、示佛知見、悟佛知見、證得入佛知見。

若聞是深經　決了聲聞法。是諸經之王　聞已諦思惟
當知此人等　近於佛智慧。

不必再學小乘法，因為《法華經》是諸經之王，「王」就是自在義，學《法華經》，都能自在。但是得要修，「聞已諦思惟」，聞到《法華經》了，如理，什麼理呢？真實好好的修觀，以《法華經》為觀行，開示悟入佛之知見的觀行。「當知此人等，近於佛智慧」，說「成佛的《法華經》」就是這個涵義。好像得到佛智慧了，最初是近，近而能修，修而能成就。

若人說此經　應入如來室　著於如來衣　而坐如來座

處眾無所畏　廣為分別說。

凡說《法華經》，應當到如來的地方去說，就是如來室。著如來的衣，坐如來的座。「處眾無所畏，廣為分別說」，在大眾當中演《法華經》無所畏，無所畏懼。一般人說法是有所畏懼的，不論說什麼經都如是。那你要修觀，以慈悲心宣揚如來教法。你自己要成佛，同時發願，讓一切眾生都成佛，無所畏懼，分別廣說。

大慈悲為室　柔和忍辱衣　諸法空為座　處此為說法。
若說此經時　有人惡口罵　加刀杖瓦石　念佛故應忍。
我千萬億土　現淨堅固身　於無量億劫　為眾生說法。

具足三種，一個大慈悲，一個柔和忍辱，一個法空為座，但是以大悲心為

室。「若說此經時」，在說《法華經》的時候，有些惡人以惡口來罵你，或者刀杖瓦石加諸你身上，你想到念佛、忍耐、忍受。

「我千萬億土，現淨堅固身，於無量億劫，為眾生說法。」佛自稱在無量千萬億的國土當中，現的是清淨的堅固身，這是指法身說的。在很長的時間，無量生為眾生說法，這有化身、也有報身。

若我滅度後　能說此經者　我遣化四眾　比丘比丘尼
及清淨士女　供養於法師　引導諸眾生　集之令聽法。
若人欲加惡　刀杖及瓦石　則遣變化人　為之作衛護。

假使我滅度了，我的弟子能說此經者，「我遣化四眾，比丘比丘尼，及清淨士女，供養於法師」，就派我的弟子來供養這位說法者。說法得有聽眾，我集合一些眾生，讓我弟子集合來聽法。

「若人欲加惡」，有時惡者加惡，加給誰？加給法師。加惡，或者打他，不許讓他說，或者刀杖，或者瓦石。我就派化人給他作衛護，護持說法的法師。

若說法之人　獨在空閒處　寂寞無人聲　讀誦此經典
我爾時為現　清淨光明身　若忘失章句　為說令通利

假使在幽靜處，讀誦《法華經》的時候，佛就出現了。或者是清淨光明身，現了光明，你見到光或者見什麼，那就佛現身。佛以光明為身。你誦誦就忘了，句讀不清楚，佛就加持你，令你通利，講經講不去下了，佛就來加持你，讓你通利。

若人具是德　或為四眾說　空處讀誦經　皆得見我身
若人在空閒　我遣天龍王　夜叉鬼神等　為作聽法眾。

若人讀誦《法華經》，自讀，讀讀斷了，想不起來了，佛就現身了，讓你想起來。講說當中，讀誦當中，遇到有什麼難，說法當中有障礙，那佛就遣天龍王，夜叉鬼神，八部鬼神眾來護持你。

是人樂說法　分別無罣礙　諸佛護念故　能令大眾喜。

若親近法師　速得菩薩道　隨順是師學　得見恆沙佛

只要你能演《法華經》，不必恐怖，不要認為有障礙，佛會派八部鬼神眾，乃至派人加持你，諸佛護念，能令大眾歡喜。聞經者都能歡喜，都能親近法師。「若親近法師，速得菩薩道，隨順是師學，得見恆沙佛。」專門演《法華經》的法師，隨順他們學《法華經》，以此能見恆沙一切諸佛。

妙法蓮華經講述（上冊竟）

國家圖書館出版品預行編目資料

妙法蓮華經講述/夢參老和尚主講. -- 初版.
-- 臺北市：方廣文化事業有限公司, 2025.06
　　冊；　　公分
ISBN 978-986-99031-7-2(全套：精裝)

1.CST: 法華部

221.5　　　　　　　　　　　　1114005660

妙法蓮華經講述（上冊）

主　　　講：夢參老和尚
編輯整理：方廣文化編輯部
出　　　版：方廣文化事業有限公司
設　　　計：鎏坊工作室
通訊地址：台北市大安區青田郵局第120號信箱
電　　　話：02-23920003
傳　　　真：02-23919603
劃撥帳號：17623463 方廣文化事業有限公司
網　　　址：*http://www.fangoan.com.tw*
電子信箱：*fangoan@ms37.hinet.net*
出版日期：2025年6月 初版1刷
定　　　價：新台幣1,600元（精裝上下二冊）
總 經 銷：聯合發行股份有限公司
電　　　話：02-29178022
傳　　　真：02- 29156275
行政院新聞局出版登記證：局版臺業字第六〇九〇號
ISBN：978-986-99031-7-2

No.T306
Printed in Taiwan

【老和尚的叮嚀】

◎ 本書經夢參老和尚授權方廣文化編輯整理出版發行

本書編輯內容如有疑義歡迎不吝指正。
裝訂如有缺頁、破損、倒裝，請電：(02)2392-0003